VICTOR MIRSHAWKA
VICTOR MIRSHAWKA JR.

A Roda da Melhoria

INFORMAÇÕES
IDEIAS
INOVAÇÃO
INSISTÊNCIA
INTEGRAÇÃO
IMPLEMENTAÇÃO
INTROSPECÇÃO
INICIATIVA

Como utilizar os 8 Is e iniciar o processo de **melhoria contínua**

DVS EDITORA

VICTOR MIRSHAWKA
VICTOR MIRSHAWKA JR.

A Roda da Melhoria

DVS EDITORA

www.dvseditora.com.br

São Paulo, 2014

A Roda da Melhoria

Produção Gráfica: Spazio Publicidade e Propaganda
Design da Capa e ilustração: Grasiela Gonzaga

Dados Internacionais de Catalogação na Publicação (CIP)
(Câmara Brasileira do Livro, SP, Brasil)

Mirshawka, Victor
A roda da melhoria : como utilizar os 8 is e iniciar o processo de melhoria contínua / Victor Mirshawka, Victor Mirshawka Junior. -- 2. ed. -- São Paulo : DVS Editora, 2014.

Bibliografia.
ISBN 978-85-8289-090-5

1. Arte de contar histórias 2. Atitude - Mudança 3. Autorrealização 4. Decisões 5. Soluções de problemas 6. Sucesso I. Mirshawka Junior, Victor. II. Título.

14-11123 CDD-158.1

Índices para catálogo sistemático:

1. Sucesso : Psicologia aplicada 158.1

Sumário

Capítulo 0

Os 8Is e os *Supereights* (*S8s*)

Comumente ninguém lê prefácios.

Inicialmente, pensamos em dar a ele o nome de Capítulo 1, podendo, a partir dessa solução, surgir um novo problema: o Capítulo 1 ser enfadonho.

Talvez a nova solução fosse jogar fora a ideia de ter um Capítulo 1 e chamá-lo de Capítulo 2.

Bem, mais aí, se acontecesse uma nova insatisfação estaria se incorrendo no risco de não termos nenhum capítulo para ser lido... Assim, resolvemos chamar o prefácio de Capítulo Zero e nele explicar realmente, logo de saída, qual é a proposta dos 8Is e como se quer chegar a uma pessoa *Supereight* (*S8*), capaz de impulsionar continuamente a sua vida pessoal, bem como do próprio trabalho e dos seus colaboradores para o progresso e a melhoria.

A nossa intenção ao escrever ***Roda da Melhoria*** foi a de transformar o(a) caro(a) leitor(a) em uma pessoa *S8*, ou seja, que domine os **oito** conceitos básicos que lhe permitirão ter uma evolução constante, tanto na sua vida particular, bem como para realizar com sucesso o seu trabalho na empresa.

A primeira atitude que ela deve ter sempre é a **iniciativa**, que é o traço de caráter que leva alguém a empreender alguma coisa ou tomar decisões por conta própria, provenientes de uma **motivação intrínseca**.

Quem tem iniciativa, demonstra claramente uma disposição natural para introduzir, para inicializar ações, está pronto e entusiasmado para conceber e executar antes que os outros.

Tem a vontade de se antecipar e procura ser autônomo, sem que ninguém lhe diga o que precisa ser feito.

A iniciativa fica evidenciada quando, por conta própria, se está motivado a buscar coisas novas e, nesse sentido, a pessoa é ávida por **informações**.

Para alguns, informação é o acontecimento ou fato de interesse geral tornado de conhecimento público ao ser divulgado pelos meios de comunicação.

O que se pretende transmitir neste livro é que mais do que ter informações, as pessoas precisam, a partir delas, saber construir o seu **conhecimento**. Portanto, a ideia de se tomar a iniciativa, de obter informações, não é apenas com a finalidade de se esclarecer e se posicionar, mas sim de se educar e, dessa maneira, estar apto a romper paradigmas.

E vivemos numa época em que são muitas as oportunidades oferecidas pelo atual estágio da tecnologia da informação e comunicação (TIC), em particular pela Internet.

Quem tem muitas informações transformadas em conhecimento passa a ter muitas **ideias**.

Uma ideia é a representação mental de algo concreto, abstrato ou quimérico.

A ideia significa que se tem opinião pensada, que se tem noção e que se está inclusive a fantasiar e, a partir daí, ir para a descoberta.

Claro que quem possui muitas ideias tem a oportunidade de iniciar o processo de transformá-las em alguma **inovação**.

Como veremos, existem vários níveis ou tipos de inovação.

Qualquer que seja o tipo da inovação, a introdução de algo novo exige muita perseverança, denodada persistência e muita **insistência**.

Não foram poucos os casos em que as inovações fracassaram, pois não houve a dedicação, o empenho, o cuidado e a insistência necessária para que as mesmas se transformassem em sucesso.

Muitas vezes, isso acontece, pois a **insistência (influência)** não alcançou um grupo representativo, ou seja, não se conseguiu a importante condição de chegar depois à **integração**, com todos concordando com a inovação proposta.

A integração, às vezes, é evidenciada no excelente trabalho de equipe quando se nota que todos estão cientes de como devem proceder para, por exemplo, promover a transição para uma nova condição ou *status quo*.

Para se conseguir a integração é preciso formar um todo coerente e, entre os mecanismos que devem ser usados para se alcançar isto, deve-se incluir a liderança, as políticas e os valores organizacionais, a tomada de decisão por consenso e o controle por coordenação.

Só quando existe a integração é que a **implementação** se torna mais fácil.

Implementar significa promover o desenvolvimento, por em execução na prática ou implantar a mudança pretendida.

Lamentavelmente, no mundo em que vivemos, rapidamente muitos processos, procedimentos, regras ou comportamentos, tornam-se obsoletos e daí a necessidade premente de se fazer a **introspecção** sobre aquilo que foi implementado com êxito no passado.

Na realidade, a introspecção é também a reflexão que a pessoa faz sobre o que ocorre no seu íntimo, sobre as suas experiências.

Quem faz introspecção busca indagar sobre o que existe; sonda a validade do que está sendo feito; penetra nos detalhes e muitas vezes conclui que é necessário promover uma nova mudança, quando aí então toma a **iniciativa** de buscar novas **informações** que lhe permitam gerar novas **ideias** que o conduzam a algum tipo de **inovação**, a qual, sem demasiada **insistência** (**influência**), possa ser aceita por alguns (geralmente os mais importantes na hierarquia empresarial), para daí **integrar** a novidade entre todos os envolvidos e ter um apoio para a **implementação** e, uma vez concretizado a mesma, já se preparar para uma nova **introspecção**.

É assim que se consegue girar a roda da melhoria, (a **espiral da evolução**), baseando-se nos 8Is.

Todo aquele que se tornar um(a) *S8* terá a grande habilidade de girar velozmente essa roda e estará de acordo com os requisitos do século XXI, no qual a rapidez será um dos atributos mais valorizados, desde que não seja confundida com afobação ou pressa sem rumo.

O(a) *S8* não é apenas a pessoa que sabe girar a roda da melhoria, impulsionada pelos 8Is. Ele (ela) tem muitas outras qualidades, e uma delas é que como ninguém aprendeu a dominar a estratégia de usar bem os **3S**, isto é, consegue ser **sensível**, **solícito** e **sensato**.

Com a mesma elegância dessa dançarina, aprenda a girar da melhor forma possível a roda da melhoria!

No lugar de ser levado e controlado por reações habituais, ser **sensível** significa ter a habilidade de manter a objetividade e saber selecionar o rumo para a ação ou a opção mais adequada para cada caso.

S8 **sensível** é aquele(a) capaz de incluir todas as variáveis na equação, no lugar de fazer uma análise superficial. Além disso, ele (ela) está disposto(a) a mudar de direção se for necessário e inclusive admitir seus erros quando isto for constatado.

Já **solícito** significa estar aberto a ideias e sugestões. Quer dizer que o(a) *S8* está pronto(a) para receber o que quer que seja necessário para solucionar algum problema ou implementar uma mudança: dados, informações, novas ideias etc.

S8 não tem a mente fechada e nem é teimoso.

As pessoas que são solícitas estão dispostas a ter uma "**mente de iniciante**", ávidas para aprender, mesmo que sejam consideradas especialistas.

Sensato, por sua vez, sugere a habilidade de ver as coisas de maneira justa. Ser sensato inclui a habilidade de se colocar no lugar dos outros, conseguir enxergar o quadro maior e de manter-se objetivo.

As pessoas sensatas raramente têm inimigos e seus conflitos são mantidos no grau mínimo.

Quando o(a) *S8* conseguir também agregar às suas competências o uso da estratégia 3S, perceberá que é muito mais fácil encaixar todas as coisas que deseja nos devidos lugares.

Neste livro vamos contar algumas histórias que acreditamos ser muito úteis para reconhecer e fixar os conceitos que aparecerão indicados com o **desenho ao lado.**

Dizemos que toda boa história é aquela que tem na proporção certa **3Fs**, ou seja, **fatos**, **ficção** e **fantasia**.

Aliás, existem várias vantagens de se contar histórias, associando-as às melhores formas de gerenciar e de se comportar no sentido de girar mais velozmente a roda da melhoria.

Acreditamos que ao se contar uma história existe uma parte que não pode ser desprezada: que é a **diversão**.

Isso provavelmente vem da nossa infância.

Todos nós escutávamos histórias quando crianças e adorávamos ouvi-las (parece que atualmente isto está sendo substituído pelos inúmeros programas de desenhos animados que existem na TV ou que podem ser vistos nos *smartphones* ou nos *tablets*).

Dá para recordar quando falávamos:

"Papai, conta de novo a história do Peter Pan";

"Mamãe, quero ouvir de novo a história da Branca de Neve."

Agora, as crianças querem ver os vídeos da *Tinker Bell* ou da *Frozen* e elas mesmas conseguem isso acionando o Netflix!?!?

Não somos psicólogos, porém partimos do princípio de que a maioria de nós gostou muito da sua infância, dos dias tranquilos em que não tínhamos que nos preocupar com muita coisa.

Se isso vale para o(a) estimado(a) leitor(a), seguramente irá apreciar as histórias, pois se lembrará de épocas alegres e de muita diversão. Além disso, contar histórias faz parte de um adequado processo de ensino e aprendizado (que esperamos ocorra no decorrer da leitura do livro...), pois assim toma-se conhecimento do tipo de coisas que poderão levar cada um a ter progresso na sua vida pessoal.

As histórias traçam também diretrizes e uma vez que os indivíduos incorporem as mesmas, terão mais facilidade de gerenciar a si mesmos.

Quando estivermos contando histórias, optaremos pelo vocabulário simples, para manter a impressão de infantil.

Procuramos, dessa maneira, usar palavras que formem na cabeça do(a) leitor(a) uma imagem que dificilmente esquecerá.

Quando as histórias são interessantes, simpáticas ou descrevem feitos históricos geram uma excelente comunicação.

Contar histórias (*storytelling*) é realmente uma parte eficaz do treinamento, pois mostra de maneira evidente o que é que se espera das pessoas!!!

Em resumo, acreditamos que contar histórias é um meio eficaz para tornar cada um dos leitores um gerente melhor, que vamos às vezes chamar de *S8*.

Vamos, portanto, com o auxílio dessas histórias dar ao leitor(a) condições para se transformar em *S8*.

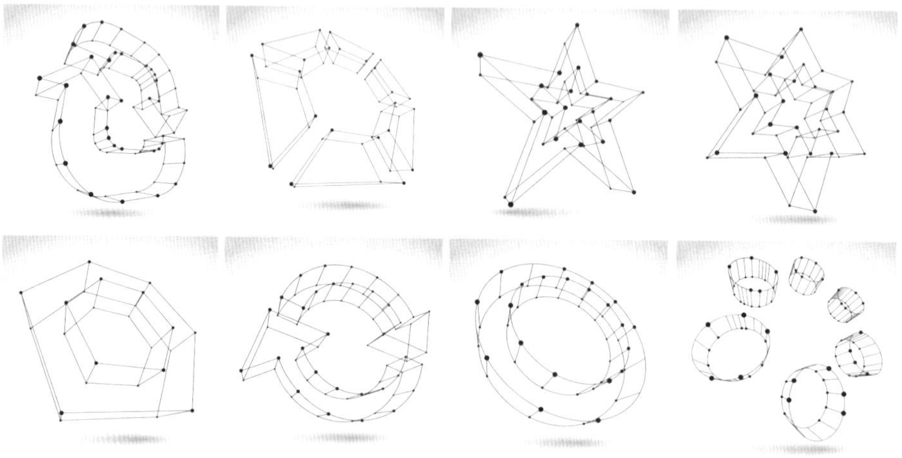

Cada um dos 8Is bem assimilado e executado permitirá que você se torne realmente um *S8* talentoso.

Observação importante – Este livro foi escrito para que tanto um homem como uma mulher tenha condição de ser *S8*, mas daqui para frente, não vamos mais usar esse destaque, como foi feito até agora, usando o gênero masculino e feminino.

Ter iniciativa, buscar informações, ter ideias, desenvolver invenções, manter a insistência (ou buscar influenciar), conseguir a integração, promover a implementação e realizar a introspecção, são competências (aptidões) que todo ser humano deve ter se quiser ter sucesso no trabalho ou na vida pessoal.

Esperamos que todos adquiram um comportamento que permita girar sua roda da melhoria e, com isto, fiquem protegidos pelo escudo do ciclo da imbatibilidade, estruturado nos 8Is.

Iniciativa para progredir

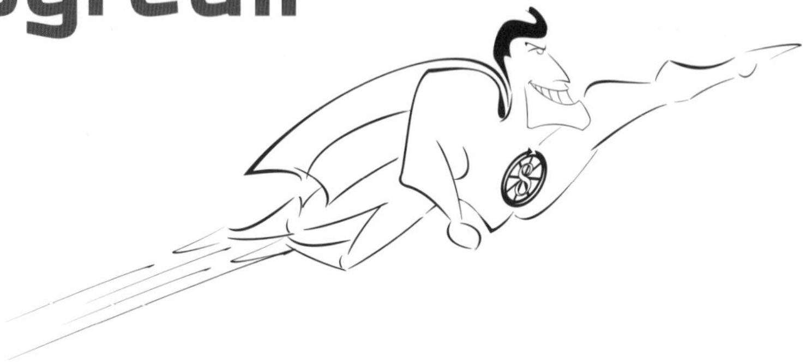

1.1 – PROCURANDO FAZER COISAS PELA PRIMEIRA VEZ.

Ter **iniciativa** é o primeiro passo para quem quer ter sucesso!!!

Claro que num mundo cada vez mais competitivo e complexo, as oportunidades estão em toda parte, entretanto nem sempre são **perceptíveis**.

O gerente *S8* deve estar repleto de iniciativas, pois este é o primeiro passo para o ingresso na roda da melhoria composta por 8Is, a saber: **iniciativa**, **informações**, **ideias**, **invenção**, **insistência**, **integração**, **implementação** e **introspecção**.

Dessa maneira, o *S8* precisa detectar oportunidades para os relacionamentos em todo lugar, tanto para si como para a sua empresa, a fim de alcançar melhorias e lucros.

Ele toma a iniciativa e não perde tempo, principalmente quando algum colaborador lhe dá uma boa ideia, digamos, introduzir um processo que possibilite uma melhor qualidade de atendimento.

O gerente *S8* também se preocupa em estimular as iniciativas entre os seus comandados, tratando de aperfeiçoar o próprio desempenho e de aprimorar os relacionamentos para a resolução de problemas, para a proposição de novas ideias.

Dessa maneira, se os seus colaboradores descobrirem uma nova forma, vamos dizer, de elaborar um programa de manutenção dos elevadores da empresa, o gerente *S8* por certo estimulará o projeto. Se os seus subordinados quiserem se especializar mais em segurança no trabalho, ele os ajudará a montar um curso sobre o assunto, apoiando seu plano.

O *S8* jamais impedirá que se tomem iniciativas, até porque ele sabe que para continuar sendo *S8* deverá também continuamente tomar iniciativas.

Aliás, a pergunta que ele mais gosta de responder é: **qual é a coisa que hoje fiz pela primeira vez?**

E você, está apto a, pelo menos, toda segunda-feira dizer que vai tomar a iniciativa de realizar algo novo?

1.2 – ENTUSIASMO E HUMOR.

Uma das primeiras atitudes que uma pessoa deve adotar para ter sucesso no trabalho e na vida pessoal é introduzir o **entusiasmo** e o **humor** como ingredientes de sua atuação.

Pois é, em algumas organizações, até hoje, parece que existe um acordo tácito estabelecendo que nelas não pode haver nenhuma expressão de genuína emoção, nenhum entusiasmo, nenhum humor e nenhuma futilidade.

A norma de conduta apropriada exige um semblante austero e preocupado.

Porém, essa não é a melhor receita, pois se alguém gosta do seu trabalho deveria poder evidenciá-lo.

Nesse sentido, uma das coisas a fazer é tomar a iniciativa de destruir o "muro de Berlim" erguido pela tradição da empresa, que deixa o entusiasmo isolado, de quarentena.

Outro tabu é o humor no mundo dos negócios. Parece que é **proibido**!

Mas onde é que isso está escrito?

Claro que não está...

O fato é que as pessoas que riem juntas criam entre si um elo momentâneo.

Elas se identificam e reagem da mesma forma a um estímulo comum – nesse caso, o humor.

O humor é seguramente um fantástico agente de fermentação para se construir parcerias.

O proprietário de uma pequena empresa especializada em ferramentas e moldes, que se tornou referência num país desenvolvido, sabia como poucos, introduzir o humor em todos os setores da sua organização, especialmente com os seus fornecedores.

Ele ficou famoso num discurso seu, em um almoço, no qual ele queria homenagear Silvino Felizardo, um gestor de uma empresa poderosa, que tivera a coragem e a confiança de ser a primeira a experimentar os serviços de sua pequena empresa.

Aí ele disse: "Felizardo, aqui está um pequeno presente da nossa companhia para você. Por favor, vá abrindo-o enquanto eu estiver falando."

Silvino Felizardo começou a abrir a primeira caixa.

"A nossa empresa vende para a sua bem mais de R$ 4 milhões por ano, graças a você", disse o proprietário.

Felizardo começou a abrir a segunda caixa que estava dentro da primeira.

"Embora receba comissões em dinheiro da nossa empresa, todo mês, você nos deu a entender que isso não é suficiente", ressaltou o dono.

Nesse momento, Silvino Felizardo já estava começando a abrir a terceira caixa que estava dentro da segunda, mais lentamente e um pouco assustado. Alguns colegas dele, convidados para a festa, começaram a rir nervosamente.

"Felizardo, você me disse na semana passada que sua esposa realmente apreciaria um lindo anel de diamante", enfatizou o gestor principal.

Felizardo parou de abrir a quarta e pequena caixa, dentro da terceira, pois esta tinha inclusive o tamanho de uma caixa de anel.

Os olhos dele passaram a encarar um por um os dos convidados do almoço.

Iniciativa para ter uma boa saúde deve ser uma das prioridades do *S8!*

Seu semblante se modificou e se tornou suplicante, apesar de ele esboçar um sorriso forçado.

"Felizardo, por favor, abra a caixa do anel de diamantes e aprecie o presente da nossa empresa", disse o diretor.

Ele finalmente abriu a quarta caixa e, com um murmúrio de alívio, encontrou dentro dela **duas aspirinas**!!!

Após um momento de tensão, ocorreu um verdadeiro pandemônio.

Aplausos, assobios e um genuíno bom humor, aliados a um desafogo, dominaram a sala.

Realmente foi um grande momento, uma grande recordação e, novamente, todos notaram que isto ajudou a estreitar ainda mais os laços de amizade e a parceria, pois ficou clara a mensagem que – com produtos da empresa de ferramentas e moldes – jamais Felizardo precisaria tomar aspirina para passar a dor de cabeça por ter cometido a falha de comprar deste fornecedor.

É assim que o humor nos auxilia a ficarmos mais próximos dos clientes e também dos empregados.

Pode-se então dizer que para a construção de boas parcerias e o estabelecimento de uma comprometida colaboração, deve-se adotar o **entusiasmo** e o **humor** porque:

1. Entusiasmo sincero é essencial para o sucesso nos negócios... e na vida.
2. Entusiasmo é contagioso.
3. Humor é uma linguagem universal.
4. Humor dissipa os momentos de tensão.
5. Humor serve como um catalisador, um dispositivo para consolidar as relações humanas.

Conclusão – Por tudo isso, as empresas não devem inibir em seus funcionários o entusiasmo e o humor, que são a expressão de emoções humanas sinceras.

A receita para se construir parcerias fundamentadas em entusiasmo e humor é a seguinte:

1. Seja sempre você mesmo.
2. Deixe sempre que puder seu entusiasmo interior brilhar.

3. Pense em caminhos específicos para valorizar os aspectos positivos de seu local de trabalho. Sabe-se que a produtividade aumenta quando a tensão e a pressão são dissipadas com o humor.
4. Compartilhe as vitórias com os seus funcionários, colaboradores e com os seus clientes.
5. Sinta prazer em seu trabalho, e assim nem vai sentir o tempo passar.
6. Principie já a se comportar desse jeito! Comece agora mesmo!!!

1.3 – RECEITA PARA UMA BOA INICIATIVA: SER UM BOM IMITADOR.

Todo aquele que já visitou um museu famoso, como o Louvre em Paris, Prado em Madri, viu muitos aspirantes a artistas sentados com cavaletes e telas diante de pinturas famosas.

Muitos museus dão permissão a essas pessoas, em horários preestabelecidos, para que desenvolvam suas habilidades artísticas.

Ao **copiar** os grandes mestres, os jovens pintores tomam uma das melhores iniciativas, visto que de alguma maneira estão adquirindo as técnicas que eles usaram para produzir uma obra de arte.

Naturalmente esses aspirantes a artistas aprenderiam de forma eficaz se os próprios criadores os instruíssem, mas isto não é possível...

Todos nós conhecemos, tanto em nosso trabalho como fora dele, pessoas que são muito boas no que fazem (*marketing*, vendas, solução de problemas, *design*, educação, tecnologia, medicina, advocacia, política etc.).

Pois uma excelente iniciativa é chegar nessas pessoas para tentar compartilhar e aprender como fazem o seu trabalho, e daí para frente, no mínimo, imitá-las de maneira razoável.

Naturalmente, não se deve imitar tudo o que os outros fazem, mas deve-se observar detalhadamente aqueles com um bom desempenho e tentar incorporar alguns aspectos e práticas do estilo das pessoas admiradas ao seu próprio trabalho.

Cada um de nós pode tomar a iniciativa de fazer as seguintes coisas:

- Sempre que for possível, observar com cuidado os indivíduos com desempenho superior no trabalho, procurando encontrar algo em comum com a própria *performance*.

A iniciativa de observar o que o rodeia é uma atitude vital.

- Fazer perguntas às pessoas "admiradas" pelo seu desempenho na empresa sobre as coisas que as auxiliam a serem tão eficazes.
- Ler sobre os profissionais que são comumente destacados em artigos de jornais e revistas ou ver suas entrevistas na televisão para descobrir o que há de similar consigo mesmo.
- Conseguir visitar empresas, assistir a palestras, ou quem sabe até conversar com as pessoas que quer imitar.

Para que você tenha mais sucesso nessa sua iniciativa de pelo menos conseguir imitar, eficientemente, os bem-sucedidos, para no futuro constituir um estilo próprio e inédito, eis algumas sugestões:

1ª) Nunca aprenda com a pessoa errada.

Assegure-se antes que a pessoa que você escolheu realmente tenha as aptidões que gostaria para ser seu *coach*, para poder aprender muito com ele.

2ª) Não se limite a querer imitar apenas as pessoas que fazem o seu tipo de trabalho.

Quem quer girar a sua roda da melhoria não deve espelhar-se apenas no bom desempenho de quem trabalha na mesma área. Por exemplo, se você está na área de recursos humanos, o seu desempenho poderá melhorar se você aprender algo de um especialista em atendimento a clientes.

3ª) Observe atentamente todos os seus superiores e principalmente os chefes.

Sem dúvida, se alguém ocupa um posto ou cargo superior ao seu, ele foi promovido para o mesmo por ter apresentado um comportamento específico desejável. Aí a preocupação está em saber como você poderia adaptar alguma das melhores atitudes ou qualidades do seu chefe.

4ª) Converse com os especialistas de solução de problemas.

Caso conheça pessoas que sejam competentes na solução de situações difíceis ou de "maçadas" empresariais, peça-lhes que falem sobre o processo que desenvolvem para chegar às soluções.

5ª) Fale costumeiramente consigo mesmo em voz alta.

A prática mostra que todos os indivíduos que se tornaram eficientes, quando se deparam com um problema difícil falam consigo em voz alta, pois isto torna as coisas mais claras.

Se você, caro leitor, não se convenceu de que é bom imitar quem tem um excelente desempenho, observe o que dizem os esportistas ou os cantores famosos sobre como foi o início das suas carreiras.

Eles sempre contam em quem se inspiraram e procuraram imitar no começo das suas trajetórias.

Imitar quem faz as coisas bem é o melhor que se tem a fazer no início para todo aquele que quer ser um *S8*, ou seja, o gestor que sabe girar velozmente a roda da melhoria.

1.4 – AS INICIATIVAS DE UM EMPREENDEDOR VENCEDOR.

Dizem que o fundador de uma empresa de aluguel de automóveis, que depois se tornou uma das mais bem-sucedidas de seu país, partiu para esse negócio, pois queria:

- ganhar muito dinheiro (e quem não quer...);
- experimentar grandes emoções (viver "perigosamente");
- ser seu próprio chefe (ter liberdade);
- ser melhor que todos os outros em seu setor de atuação (empreendedor destacado);
- dar uma contribuição à sociedade (responsabilidade social).

Desde o princípio ele fez tudo o que fosse legitimamente possível imaginar para alcançar seus objetivos, e todas as oportunidades que teve ele as **agarrou**.

Sem dúvida ao se tomar a iniciativa para expandir os negócios globalmente é vital planejá-los bem.

Algumas pessoas se contentam simplesmente em lançar-se em aventuras, por exemplo, através do cinema ou da literatura, ou ainda limitando-se a sonhar acordadas, achando que fazem o papel de algum garboso personagem da época (mulher sedutora, empresário vencedor, publicitário bem-sucedido, político bem avaliado etc.).

Outras pessoas, em compensação, não se satisfazem com meras aventuras mentais.

Algumas dizem que os empresários, esses ativistas aventureiros, começaram a surgir no princípio do século XIX, tendo características semelhantes às do dono da empresa de aluguel de veículos, há pouco descrito.

A ideia é que o leitor deste livro tome a iniciativa de ter uma aventura na sua vida que talvez não seja tão radical como aquela dos exploradores espanhóis e portugueses, dos colonizadores da América do Norte ou dos cosmonautas nas últimas décadas do século XX, mas que se aproxime dos feitos dos empreendedores notáveis que mudaram tanto o nosso mundo, principalmente nestes últimos setenta anos.

O observador francês Aléxis de Tocqueville, em sua célebre obra *A Democracia na América*, descreveu assim o fenômeno democrático nos anos 30 do século XX:

"Nas democracias, não existe nada de maior nem de mais brilhante que o comércio; ele atrai a atenção do público e inflama a imaginação das multidões; todas as paixões cheias de energia para ele se voltam.

Os que vivem em meio às flutuações democráticas têm sempre diante dos seus olhos a imagem da ***oportunidade****; e acabam gostando de todos os empreendimentos dos quais a oportunidade é um dos ingredientes.*

Portanto, todos se dedicam ao comércio, não somente pela utilidade que propicia, mas também por amor às contínuas emoções que esta atividade produz."

Se aquela já era uma época de expansão febril dos negócios, pode-se dizer que nesta segunda década do século XXI as oportunidades estão em vários segmentos para aqueles que abraçarem as **iniciativas corretas**.

Para que você saiba como escolher e ser bem-sucedido na sua aventura empresarial ou no seu progresso dentro de uma organização é que foi escrito este livro que o ensinará a tornar-se um *S8*, ou melhor, alguém que domine bem a roda da melhoria estruturada em 8Is, onde o primeiro I é ter a coragem de tomar uma iniciativa.

O *S8* acaba sendo uma espécie singular de herói, uma pessoa que muitos gostariam de imitar se soubessem como.

Ele sabe ser independente, move-se livre de engrenagens, constantemente está quebrando o molde e, mais do que tudo isso, oferece com seu exemplo a solução para o desejo tão autêntico de cada um de ter liberdade pessoal.

O *S8* sabe como fazer com que a vida não seja rotineira, até porque tem objetivos semelhantes àqueles do fundador da empresa de aluguel de carros, isto é, o desejo de aventura, de independência, de se tornar o melhor, ocupando o primeiro lugar e de prestar serviços significativos para os outros, pois a obtenção de dinheiro acaba se tornando uma consequência de tudo isso desde que se apliquem "corretamente" os 8Is.

Tome sempre a iniciativa de experimentar produtos novos. Saia assim da sua rotina.

1.5 – UMA INICIATIVA VITORIOSA, A AMAZON.COM.

Como referência de uma pessoa que deve servir de modelo para justificar a importância de se tomar iniciativa, vale a pena contar a história de um grande empreendedor e a nossa escolha recaiu sobre Jeff Bezos, fundador da Amazon.com e que figurou em 4º lugar na lista dos 12 principais empreendedores do mundo, que foi elaborada pela revista *Fortune* em 2011, ficando atrás de Steve Jobs (Apple), Bill Gates (Microsoft) e Fred Smith (Federal Express) – os três primeiros pela ordem -, mas na frente de Larry Page e Sergey Brin (Google), classificados em 5º lugar, que serviram de inspiração para entender quem fez muito para a difusão de informações e dados, como se explica no capítulo seguinte.

Jeff Bezos, o criador da maior loja via Internet do planeta é um exemplo excelente de alguém com muita **iniciativa**.

Ele tornou-se um dos homens mais ricos do mundo, foi eleito **"Personalidade do Ano"** pela revista *Time* e coroado **"rei do cibercomércio"**.

Eis aí uma parte da história que levou Jeff Bezos a tomar a iniciativa de fundar a Amazon.com.

Em dezembro de 1990, Jeff Bezos – que se formou com *summa cum laude* em 1986 na Universidade de Princeton em engenharia elétrica e computação – foi contratado como gestor da empresa D. E. Shaw, da qual seria o seu vice-presidente dois anos depois..

Jeff Bezos, exemplo de uma pessoa com muita iniciativa.

Foi na D. E. Shaw que Jeff Bezos acabou encontrando Mackenzie Tuttle, com a qual se casou em 1993.

A maioria dos especialistas indica o período entre setembro de 1993 e março de 1994 como o momento histórico em que a Internet penetrou na cultura de massa.

Foi a época em que grandes empresas começaram a criar *sites* que se destinavam menos a **transações** e mais à publicação de informações estatísticas como relatórios anuais, informações sobre produtos e especificações técnicas, comunicados à imprensa, e endereços e telefones dos escritórios regionais.

David Shaw, o proprietário da empresa, não deixou de perceber tudo isso e tomou a iniciativa de usar a Internet.

Em 1994, incumbiu Jeff Bezos de investigar as várias possibilidades de negócios via Internet.

Depois de um ano de análises Jeff Bezos constatou que o uso da *Web* nos Estados Unidos da América (EUA) estava crescendo à razão estonteante de 2.300% ao ano, ou seja, um aumento **exponencial**!!!

Na procura do melhor produto que pudesse vender na *Web*, Jeff Bezos compilou uma lista de 20 possibilidades, entre elas *softwares*, suprimentos para escritórios, roupas e música.

Porém, ao longo da sua pesquisa, Jeff Bezos constatou que os livros tomaram a dianteira da música!!!

As vendas de livros nos EUA estavam crescendo continuamente desde o início da década de 1990, atingindo o pico de 513 milhões de exemplares em 1994, o que representou um aumento de 6,3% em relação a 1993.

Em 1994, 17 títulos venderam mais de um milhão de exemplares, e 83 títulos venderam mais de 400 mil exemplares.

As lojas físicas representavam altos investimentos em **estoques**, **imóveis** e **pessoal**.

Consequentemente, Jeff Bezos notou que: "Com aquela imensa diversidade de produtos, era possível montar uma loja *on-line* que simplesmente não poderia existir de outra forma. Era, pois, possível montar uma verdadeira superloja com uma seleção bem mais completa e os clientes dariam um grande valor à mesma por essa ampla possibilidade de escolha."

Uma livraria *on-line* imporia limite praticamente nenhum ao número de livros disponíveis para o cliente e a tecnologia da interface de pesquisa na *Web* facilitaria a navegação por todo o banco de dados de livros disponíveis.

Seria também possível facilitar as decisões dos clientes oferecendo-lhes informações mais abundantes e melhores, como sinopses, trechos e críticas.

Servindo a um mercado amplo e internacional numa central de encomendas e distribuição, a livraria *on-line* poderia ser programada para oferecer atendimento personalizado e barato aos clientes e, o que é ainda mais importante para uma livraria *on-line*, seria possível adicionar informações sobre as preferências e os hábitos de compra dos clientes, o que poderia gerar possibilidades de *marketing* direto e serviços personalizados.

Outra vantagem de vender livros *on-line* era a **disponibilidade**.

Era fácil adquirir os livros diretamente nas editoras ou por meio de uma rede de distribuidoras que contavam com cerca de 400 mil títulos em estoque.

Nos EUA (e em outras partes do mundo...) as editoras e as livrarias são dois lados de um comércio ineficaz, no qual editoras, fornecedores e varejistas têm propósitos conflitantes.

Meses antes de produzir um livro, as editoras precisam decidir quantos exemplares devem imprimir, porém só podem chegar a uma conclusão depois de vender o título às livrarias.

Para convencer as livrarias e ter muitos exemplares em estoque e exibi-los em local visível, as editoras permitem às livrarias que **devolvam** os livros que não conseguiram vender...

Não surpreende, pois – como conta Robert Spector no seu livro *Amazon.com* – que uma das maiores deficiências do comércio livreiro fosse o número de encalhes devolvido às editoras que em 1994, nos EUA, alcançou o "absurdo" de **35%** dos **400 milhões de livros entregues**.

Aliás, os elevados custos de devolução chegaram a arrasar algumas editoras.

Jeff Bezos imaginava inclusive que uma livraria *on-line* reduziria o número de devoluções, o que tornaria **mais eficiente ainda a livraria virtual**!!!

Por fim, outro motivo importante para que os livros fossem o primeiro produto que Jeff Bezos queria vender na Internet é que todo mundo sabe o que é um livro.

Não era, pois, preciso explicar as especificações do produto; o livro que comprasse via Internet seria o mesmo livro que se compra em qualquer loja tradicional.

Caso Jeff Bezos quisesse vender artigos eletrônicos via Internet, teria que fazer comparações entre modelos, oferecer críticas a respeito dos produtos, comentários de outros usuários etc.

Isto para a Amazon.com e outras lojas, viria mais tarde...

Evidentemente, quem já estava usando a Internet era experiente em informática, abastado (!?!?) e, o que é mais importante, comprava livros com frequência.

Jeff Bezos recomendou a David Shaw que o primeiro empreendimento da D.E. Shaw na Internet fosse a venda de livros.

E se surpreendeu com a rejeição da sua ideia!?!?

Porém Jeff Bezos não conseguiu desistir da mesma, pois brilhava na sua mente a expansão anual de 2.300% da Internet e essa oportunidade não podia ser desperdiçada.

Pouco tempo depois, Jeff Bezos disse a David Shaw que tomara uma decisão: "Vou me demitir da empresa, e fazer aquela **'loucura'**, ou seja, abrir a minha própria empresa de venda de livros pela Internet."

David Shaw ainda tentou dissuadi-lo, salientando que iria abrir mão da sua segurança financeira e também de um papel importante no presente e no futuro na D. E. Shaw.

Mas Jeff Bezos estabeleceu um "sistema de arrependimento mínimo", ou seja, um esquema com o qual reduziu ao mínimo o número de decisões das quais poderia se arrepender no futuro e demitiu-se da D.E. Shaw!!!

Em novembro de 1994, Jeff Bezos, Shel Kaphan e Paul Barton-Davis se estabeleceram na garagem reformada da rua 28 em Bellevue, em Seattle, e iniciaram a tarefa de criação da Amazon.com.

Depois de encerrada a fase de teste, a empresa mudou-se da garagem de Bellevue para um espaço na First Avenue South, nº 2714, num bairro industrial de Seattle, em frente à sede da Starbucks Coffee e distante 1,5 km do estádio Kingdome.

A Amazon.com dividia inicialmente o prédio com uma loja de azulejos chamada Color Tile, ocupava um espaço de 102 m^2 no 2º andar e tinha direito ao uso de um depósito de 37 m^2, mais ou menos o tamanho de uma garagem para dois carros.

Finalmente, em 16 de julho de 1995, foi lançado o *website* da Amazon.com.

Quando o usuário se conectava, via no canto superior esquerdo da tela do computador o primeiro logotipo da Amazon.com – uma letra **"A"** azul marinho na forma de uma pirâmide com o topo recortado.

De baixo para cima, no meio da letra aparecia a representação de um rio bem largo na base e cada vez mais estreito conforme ia subindo.

Ao olhar para a figura, de certa maneira percebia-se que ela formava a letra "**A**".

Quando se olhava para ela de outra forma, parecia realmente um rio.

Sob o "A" estava o *slogan*: "**A maior livraria da Terra**."

A página inicial era essencialmente uma lista de textos informativos com barras textuais de navegação na parte superior e inferior.

No alto da página aparecia o destaque: "Bem-vindo a Amazon.com Books! Pesquise um milhão de títulos. Desfrute preços constantemente baixos."

Bem, daí para frente começou a avalanche de pedidos e a Amazon.com apresentou um crescimento astronômico, virando inclusive um *case* de logística pela eficiência com a qual entregava ao cliente os seus pedidos.

Como deu certo a **iniciativa** de Jeff Bezos, não é?

Mesmo antes da origem da Amazon, o notável empreendedor Jeff Bezos – que na edição de 2013 da revista *Fortune* aparecia novamente na lista dos 10 mais importantes empreendedores dos EUA –, já pensava em criar uma loja virtual com um grande catálogo e uma enorme coleção de produtos.

Ela deveria ser a maior do mundo, assim como o rio Amazonas, cuja vazão é muitas vezes maior (em volume) que o segundo colocado.

Em 2014, ele comanda a empresa que tem a **maior operação de comércio eletrônico do mundo**, com um faturamento de US$ 74,5 bilhões registrados em 2013 e com valor de mercado de US$ 153,8 bilhões, vendendo quase tudo, de livros e eletroeletrônicos, a roupas, sapatos e joias.

Nos últimos anos, a Amazon.com passou a disputar mercados impensáveis para uma operação de comércio eletrônico.

Agora ela presta serviços de computação em nuvem, tem um *tablet* cada vez mais sofisticado, desenvolveu um serviço de música digital e outro de vídeo *on-line*. Por isso, o número de adversários, ou seja, concorrentes agressivos da Amazon.com, tem crescido na mesma proporção em que ela entra em novos mercados.

Com isso, Jeff Bezos está se transformando em uma espécie de **inimigo público nº 1** de uma série de empresas muito importantes como IBM, Google, Apple e Netflix, pois a Amazon tem obsessão por **preços baixos** e presta um bom serviço ao consumidor, o que atormenta seus competidores, pois força-os a reduzir também os seus preços e melhorar o seu atendimento.

Claro que isso é excelente para os consumidores, mas nem tanto para os rivais, não é?

Na 2ª quinzena de junho de 2014, Jeff Bezos veio com outra novidade da Amazon: o lançamento do seu *smartphone*, com o qual ele deseja desafiar a hegemonia de empresas como a Apple, Samsung, LG e Lenovo, que atuam num mercado que em 2013 vendeu **1 bilhão de aparelhos!!!**

O *Fire Phone*, como foi batizado o produto, usa o sistema operacional *FireOS*, uma versão bastante alterada do *Android* do Google, e sua proposta de uso está focada no cliente que consome o produto da Amazon, ou seja, ele é uma espécie de caixa registradora móvel, pensada para melhorar a experiência de consumo.

O dono do celular inteligente da Amazon aponta a câmera para um livro, um televisor ou um sapato e é automaticamente direcionado para uma página com informações sobre o produto, **só podendo, obviamente, adquiri-lo na Amazon.**

A plataforma também registra sons, permitindo que se reconheçam músicas, filmes e séries de televisão.

O usuário, é claro, pode comprar esses conteúdos na Amazon, ou seja, o grande objetivo do *Fire Phone* é fidelizar mais ainda o cliente!!!

Mas garantir participação no mercado de *smartphones* não é uma missão fácil, como mostra a experiência do Google que tentou em vão com a aquisição da Motorola, pela qual pagou US$ 12,5 bilhões, e depois de algum tempo "livrou-se" da mesma, vendendo-a no início de 2014 por US$ 2,9 bilhões, ou seja, com um grande prejuízo.

Mas Jeff Bezos nunca temeu tomar novos rumos e assim acredita que essa sua estratégia também vai dar certo, sem ter medo algum de um eventual fracasso.

Afinal, a empresa de Bezos está fechando um ciclo de consumo. Ela é dona do mais popular leitor de livro digital, o *Kindle*, conta ainda com boa participação no mercado de *tablets* com o *Kindle Fire*, e entrou com força na disputa pelo mercado de televisão com o *Fire TV*, lançado em abril de 2014.

Eis aí alguns pensamentos de Jeff Bezos que demonstram o quanto ele é motivado para **novas iniciativas**:

- "Para decidir arriscar e abrir a minha companhia usei a regra de minimização de arrependimentos.

  Sabia que, aos 80 anos, não me arrependeria de ter largado Wall Street. Mas me **arrependeria muito** de não ter participado do começo dos negócios valendo-me da Internet".

- "Sempre me perguntam o que vai mudar nos próximos dez anos, sendo uma pergunta interessante.

  Quase nunca me perguntam: **o que não vai mudar nos próximos dez anos**?

  É impossível imaginar um futuro em que um consumidor me diga: 'Jeff, eu adoro a Amazon, mas vocês não poderiam ter preços um pouco mais baratos... ou demorarem um pouco menos para entregar seus produtos?'

  Então, é isso que eles querem e nós, continuamente, tomamos novas iniciativas para atender essas demandas!!!"

- Quando disseram que a Barnes & Noble, com seus 30 mil empregados e US$ 3 bilhões de receita, estava entrando na Internet e ia nos destruir, reuni nossos 125 empregados e disse: 'Sim, vocês devem acordar todos os dias aterrorizados, com seus lençóis encharcados de suor, mas não por medo dos concorrentes.

  Cuidem, isso sim, dos clientes que já temos agora, porque são eles que têm o dinheiro que recebemos e **não podemos perdê-los**.

  Nossos concorrentes nunca vão nos mandar dinheiro..."

- "Quando você começa uma empresa, é algo de uma só pessoa.

  Você tem de descobrir **o que** fazer e ao mesmo tempo **como** fazer.

  Aí a empresa começa a crescer e você passa a descobrir o que tem de ser feito, mas não como.

  Até que você chega ao ponto de tentar descobrir não mais o que tem que ser feito, mas quem vai fazer aquilo.

  Então, um modo de pensar na evolução da empresa é na transição de perguntas de 'como' para 'o que' e para 'quem'.

  E aí uma pergunta crucial para qualquer executivo: 'Você está avançando nessa curva na velocidade correta?'"

Jeff Bezos é o CEO (*chief executive officer*, ou seja, o executivo principal) e provavelmente é também o mais **motivado** e **maior vendedor dos nossos tempos**.

Recentemente, ao dar uma entrevista coletiva para um grupo de jornalistas, ele deixou claro que o sucesso de sua empresa não está em uma linha individual de produtos, e sim na sua **ambiciosa estratégia: ser tudo, fazer tudo!!!**

Parece insano, mas está funcionando até agora.

É impressionante como ele consegue ser informal ao passar uma mensagem que seguramente foi muito ensaiada.

Assim ele disse aos jornalistas: "Existem algumas coisas que você pode simplesmente fazer ou fazer muito bem, se conseguir atuar em toda a cadeia".

Esse vai ser o caso do botão de suporte técnico *Mayday* (*Mayday button* é o botão de socorro) do *Kindle Fire* que oferecerá assistência em vídeo durante 24h, nos 7 dias da semana, nos 365 dias do ano (24/7/365) ao vivo.

Com o botão *Mayday* vamos chegar quase à perfeição na satisfação do nosso cliente.

Em menos de 15 s esse serviço colocará o nosso usuário em contato com um técnico em uma videochamada e com a possibilidade de usar o seu *tablet* para receber (ou dar) as instruções necessárias.

Isso exige um nível muito alto de customização e a Amazon conseguiu fazer isso já que tem o seu próprio *hardware*, a sua variação do *Android* (o *Fire OS*) e tem o controle de diversos serviços.

Para fazer isso funcionar, precisamos otimizar o gerenciamentos dos pacotes de transmissão de vídeo e, além disso, tivemos que promover uma integração profunda para que tudo funcionasse bem.

É preciso compreender que esta é uma tarefa complicadíssima; basta imaginar os *call centers*, *data centers* e a infraestrutura de nuvem necessários para lidar com milhares de usuários do *Kindle Fire* que, de uma vez, pressionam um botão e requerem um ser humano para uma conversa em vídeo com eles!!!

É impressionante, mas também pragmático, visto que a Amazon emprega milhares de pessoas para prestarem apoio técnico ao *Kindle Fire*, o que acaba viabilizando todo o processo.

Isso tudo só é possível porque a Amazon tem recursos, tem a computação em nuvem e, além disso, a ambição constante de criar novas e próprias soluções para os problemas.

Conforme a Amazon cresce, ela fica em posição de identificar oportunidades únicas para satisfazer mais clientes; bastando, para tanto, casar alta tecnologia com trabalho pesado, o que estamos prontos para fazer.

Devemos fazer tudo pelos nossos clientes, para que continuem comprando o que oferecemos.

Ninguém vai comprar algo que não quer adquirir.

Mas na Amazon se quiser comprar não vai precisar fazer sete passos ou mais para o que **precisa de apenas um**.

É isso que permite que o preço do *Kindle Fire* seja tão baixo!!!"

Jeff Bezos está sempre vendendo os seus produtos, destacando que eles "são *premium* por um preço não-*premium*" e que no caso do *Kindle Fire*, ele trará dinheiro para a Amazon quando os consumidores utilizarem os mesmos.

Tudo indica que um futuro promissor está à frente do *Fire* e do *FireOS* através de atualizações eficientes e lineares de *hardware* e um *software* que é único da Amazon.

Um dos princípios da Amazon, sob o comando de Bezos, é que a Internet, mesmo agora, ainda está na sua **infância**!?!?

E os *tablets,* particularmente, são imaturos em comparação com o que eles serão no futuro.

É verdade que a Amazon está surpresa com a quantidade de famílias e especialmente crianças que usam os dispositivos *Fire*, e quantos deles já estão sendo usados em muitos locais de trabalho para aumentar a produtividade dos usuários do equipamento.

Completou Jeff Bezos: "A maioria das coisas inovadoras virá do *software*, apesar de ser gritante a diferença de tecnologia entre a geração anterior ao *Kindle Paperwhite* com o *Kindle Fire*.

No lançamento de uma nova geração de produtos, as pessoas normalmente ficam focadas no *hardware*, mas à medida que se vai observando o que elas fazem com os dispositivos, conclui-se que o *software* acaba sendo o mais importante.

É por isso que acredito que o botão *Mayday* é muito importante."

1.6 – MORAL DA HISTÓRIA DO PRIMEIRO I.

Todo aquele que iniciou por conta própria alguma atividade, está tomando uma **iniciativa**.

Cada um deve tomar a iniciativa de ser responsável pelo seu futuro e pelo futuro da comunidade na qual trabalha.

Todos devem tomar a iniciativa para serem vencedores, e isto não se alcançará sem inteligência, a qual não se pode desenvolver se não estivermos aprendendo continuamente novas coisas.

Tomar iniciativa significa querer ficar à frente, e para que isto aconteça no século XXI deve-se ser mais **veloz**.

É a iniciativa que permitirá a cada pessoa comprovar que não existe sorte nas profissões.

Tomar iniciativa é, pois, o fator fundamental que determina os resultados que se deseja alcançar.

Por isso, todos os que quiserem ter sucesso precisam demonstrar iniciativa.

Se você ainda assim está temeroso de tomar iniciativa, entenda que para mudar é necessário rever as suas concepções, a fim de assumir novas atitudes e transformar seu comportamento.

O *S8* está sempre tomando a frente para que novas plantas cresçam.

Gire, então, os primeiros 45° da sua roda da melhoria tomando sempre a iniciativa, tendo a coragem de continuamente transformar para melhorar a sua vida e a dos outros.

Este é o primeiro atributo que deve dominar a pessoa que quer ser *S8*. E a iniciativa principal que vem a seguir é a busca incessante de novas **informações**.

Caro Moisés, seu relatório seria melhor,
se nele você demonstrasse mais iniciativa...

Ele tomou essa iniciativa, depois que foi permitido que cada
funcionário se vestisse de acordo com o seu gosto!!!

Obtendo informações para chegar ao conhecimento e à sabedoria

2.1 – INFORMAÇÕES DEMAIS GERAM ESTRESSE.

O cérebro humano possui cerca de 100 bilhões de neurônios (existem cientistas que dizem que esse número é um pouco menor...).

Cada um deles envia sinais para outros 20 mil e recebe sinais de outros 20 mil neurônios.

Essa intrincada rede, que capacita o cérebro a receber, assimilar e registrar informações tem sofrido sérios abalos.

O motivo: o homem moderno está cada vez mais exposto a um volume incrível de informações, que chega a todo instante, de forma veloz e pelos mais diversos meios, o que costuma provocar muita **ansiedade**, levando inclusive as pessoas a ficarem tensas.

É que as pessoas tentam buscar e absorver o máximo de informações no menor tempo possível, porém, comumente, não conseguem organizar de forma adequada a aquisição desse excesso de informação.

O resultado é um sentimento de frustração, desgaste mental, fadiga dos neurônios, em casos mais sérios, um quadro de **estresse** com consequências nefastas para o organismo.

Você viu o que
estão falando da
Henriqueta...?

Esse jeito de propagar a informação com fofocas já era...

De acordo com os especialistas, um dos grandes desafios para se ter sucesso no século XXI é conseguir lidar com a avalanche de *bits*, números, frases, gráficos, sons, tabelas, imagens e afins presentes na vida a todo o momento.

Não se pode esquecer que apesar desse enorme fluxo de informações, as pessoas costumam se lembrar de **90% do que fazem**, **de 75% do que dizem** e **somente de 10% do que ouvem ou leem!!!**

Realmente, a atuação do ser humano é limitada e focalizada, ou seja, é bem difícil para não dizer impossível, ter concentração em dois pontos ao mesmo tempo!

O mais angustiante disso é que, se a capacidade de **retenção** não é multifatorial, a de **percepção** é!!!

Ou seja, as pessoas conseguem identificar os diferentes e simultâneos estímulos externos (os chamados "elementos distratores" ou que distraem), como conversas paralelas ou o som da televisão, mas não conseguem assimilá-los e, ao mesmo tempo, manterem a atenção no que estavam fazendo.

A pessoa pode até ter a ilusão de que está registrando as informações vindas de duas fontes, mas ela logo vai esquecer uma delas, se não esquecer as duas!?!?

E mais: a atenção ineficiente pode significar, no futuro, **dificuldade de memorização**.

Quando a pessoa busca na memória uma determinada informação, o seu cérebro tenta "imitar" o circuito estruturado durante o recebimento e o registro dessa informação.

Se houver confusão durante a formação desse circuito, na hora de resgatar a informação uma confusão semelhante vai ocorrer.

Pois é, na 2ª década do século XXI temos assim uma nova fonte de danos para o cérebro, ou seja, a **avalanche de informações**.

Os neurocientistas e neurologistas comprovaram que quando uma pessoa, por exemplo, interrompe uma tarefa, automaticamente inibe os circuitos cerebrais que estavam sendo formados para que a informação fosse decodificada.

Ao se iniciar outra atividade, o cérebro vai ter que formar um novo circuito.

Esse vai e vem que é muito desgastante e pode causar lapsos de memória. Porém, às vezes, uma atividade não é interrompida voluntariamente, mas por causa do telefone que toca, de alguém que surge de repente falando alto, do rádio ou da TV que divulga alguma notícia "chocante" etc.

Daí, alia-se à interrupção dos circuitos cerebrais o **fator irritação**, o que potencializa ainda mais o desgaste.

Hoje já se sabe que os neurônios são suscetíveis à fadiga!!!

Não se sabe ainda concretamente como eles ficam cansados e o que especificamente causa essa fadiga neuronal, porém um indício disso é a **sonolência**.

São várias as formas de ansiedade que o excesso de informação provoca e as mais comuns são:

1ª) Frustração devido ao volume.

Ela aparece quando a pessoa toma consciência da sua falta de habilidade de lidar com a avalanche de informações que recebe.

Isso ocorre por causa de um fenômeno típico do século XXI: a informação não é mais passiva, ou seja, ela não fica à espera que o homem a procure.

A cada instante, mesmo que não se desejar, a informação está chegando. Veja o que se acumula cada dia no seu *smartphone*.

2ª) Decepção com a qualidade.

Isto acontece, pois a pessoa ansiosa por encontrar o melhor material relativo ao assunto da sua pesquisa tende a se decepcionar quando percebe que a proliferação das fontes de informação fez aumentar muito as superficialidades, ou seja, as inutilidades.

3ª) Sensação de saber pouco.

Esse problema acomete aqueles que têm a ilusão de que o acesso fácil e rápido à informação é garantia de aquisição de conhecimento. Sendo assim, eles consomem o máximo de informação possível (jornais, últimos lançamento de livros e filmes, notícias que são enviadas pela Internet etc.), mas, no final, percebem que ganharam pouco ou quase nenhum conhecimento.

4ª) Sensação de saber com atraso.

Tanto ou mais do que saber sobre um determinado assunto há quem sempre esteja ansioso por saber **primeiro** do que os outros.

Essas pessoas, quando um amigo diz: "Você sabe que a Angelina Jolie está trabalhando num novo filme?", por exemplo, ficam desoladas por não estarem *up-to-date* (atualizadas).

Bem, estamos no **século da informação**, precisamos cada vez mais ter acesso rápido às melhores informações, porém inicialmente, é vital estabelecer uma rotina de modo que se possa com muito bom senso receber adequadamente **as informações valiosas** que nos levem ao conhecimento.

Albert Einstein, quando lhe perguntaram qual era a maior força do mundo, respondeu sem hesitar: **"Juros compostos!"**

Hoje não precisa ser gênio para entender o crescimento explosivo da dívida submetida a juros compostos, ou seja, a um aumento exponencial.

➛ **Em que esse aumento difere do linear?** No crescimento linear, um número aumenta de tamanho pela mesma quantidade de cada vez, não pelo mesmo **múltiplo**. Caso alguém no início tem R$ 1.000 e aumenta essa quantia cada mês de R$ 100, terá no final de 10 meses, R$ 2.000, ou seja, terá dobrado o seu dinheiro, pois o aumento mensal foi linear.

Porém, se alguém começa com R$ 1.000 e aumenta esse valor cada mês de 10%, depois de 10 meses terá R$ 2.593,74, pois o que ocorreu foi um aumento exponencial, com um múltiplo constante: 1,1 de crescimento todo mês, ou seja, chega-se ao resultado final fazendo a conta $1.000 \times 1{,}1^{10}$.

Um expoente é o número que diz quantas vezes um certo número (1,1) deve ser multiplicado por si mesmo (10 nesse caso).

O crescimento exponencial muda as coisas qualitativa e quantitativamente. Por exemplo, quando um setor cresce depressa, Peter Drucker afirma que se isto for por volta de 50% em dez anos, a consequência é a mudança da estrutura e o surgimento de novos líderes de mercado.

Estamos numa era em que as informações não chegam mais até os nossos ouvidos só provenientes das palavras de alguém.

Os mercados crescem depressa devido ao aumento das informações e das inovações, das descontinuidades, dos novos produtos, das novas tecnologias e dos novos clientes.

Os inovadores, por definição, fazem as coisas de maneiras diferentes.

A nova maneira raramente se encaixa com os hábitos, ideias, os procedimentos e as estruturas das empresas estabelecidas.

Os inovadores podem obter, por isso mesmo, muito lucro até que os líderes tradicionais contra-ataquem...

O fluxo de informação cresceu exponencialmente nestas últimas cinco décadas em parte devido à lei de Moore.

Gordon Moore, fundador da Fairchild Semiconductor em 1957 e da Intel em 1968, publicou na *Electronics Magazine* de abril de 1965, a seguinte lei: "A cada 18 meses a capacidade de processamento dos computadores dobra, enquanto os custos permanecem constantes. Isto é, daqui a um ano e meio você vai poder comprar um *chip* com o dobro da capacidade de processamento pelo mesmo preço que você paga hoje."

Em 1999, Gordon Moore corrigiu a sua lei dizendo que o gradiente iria mudar novamente e que "o número iria dobrar a cada quatro ou cinco anos por um período relativamente longo."

Com o barateamento dos computadores e com eles cada vez mais poderosos, começaram a crescer as redes sujeitas a lei de Metcalfe.

Existem vários tipos de redes e elas são cada vez mais importantes no século XXI.

Isso pode ser visto facilmente em produtos como um telefone celular, o sistema de entregas como o da Federal Express ou a própria Internet.

Naturalmente um telefone, um caminhão (ou apenas um avião) ou ainda um *e-mail* sozinho não tem grande valor.

Dois ou mais passam a ter bem mais valor e à medida que a rede for aumentando o valor crescerá exponencialmente.

Bob Metcalfe, o criador da Ethernet, uma tecnologia para redes locais, compreendeu, antes dos outros, que redes em pequenas escalas eram pouco eficazes, mas que a reunião de pequenas redes locais multiplicava grandemente seu valor.

A lei de Metcalfe nasceu em 1980 e diz que o valor de uma rede é igual a $\mathbf{n}^2$, onde **n** é o número de membros da rede.

Assim uma rede de 10 pessoas vale 100, mas uma de 20 vale 400, ou seja, **dobrando a rede o seu valor se quadruplica!**

Isso significa que um crescimento linear no número de membros significa um aumento quadrático no seu valor.

A economia das redes incrementou e barateou em muito as informações como, aliás, está se comprovando com o baixo custo das transações via Internet.

A Internet tem permitido acrescentar clientes e aumentar as vendas de uma empresa a um custo extra bem pequeno.

Além disso, a Internet separa os fluxos de informações dos fluxos físicos.

Tomemos como exemplo uma livraria tradicional que é, ao mesmo tempo, uma entidade física – um depósito – e uma fonte de informações para o cliente – aquilo que está nas prateleiras é o que está disponível e pode ser inspecionado.

A Internet separou as duas coisas.

Por exemplo, a loja virtual da Amazon, sobre a qual falamos no Capítulo 1, inicialmente fornecia as informações sem envolvimento com os fluxos físicos. Ela podia ter grandes estoques sem possuí-los (!?!?) fisicamente, escapando à tradicional troca entre custo e opções.

A economia da *Web* criou também a possibilidade de os **clientes** de informações também passarem a ser **produtores** – muitas vezes não remunerados – de informações, como ocorre quando usuários da Amazon acrescentam comentários sobre livros ao *site*.

Um fato, porém é indiscutível: o custo da venda de diferentes produtos se reduziu drasticamente com a Internet, pois as informações obtidas na mesma custam praticamente nada!?!?

2.2 – DEZ PRINCÍPIOS PARA VOCÊ CONSTRUIR SEU *KNOW-HOW*.

Historicamente, a comunicação foi bastante lenta e esparsa.

Assim, países, empresas e pessoas podiam ter significativa vantagem competitiva se tivessem mais informações.

Pois é, por incrível que pareça, isto não é mais verdade hoje, em virtude da informação ser abundante e acessível.

Está cada vez mais fácil produzir quantidades incríveis de dados e números, organizados e analisados de todas as maneiras possíveis!!!

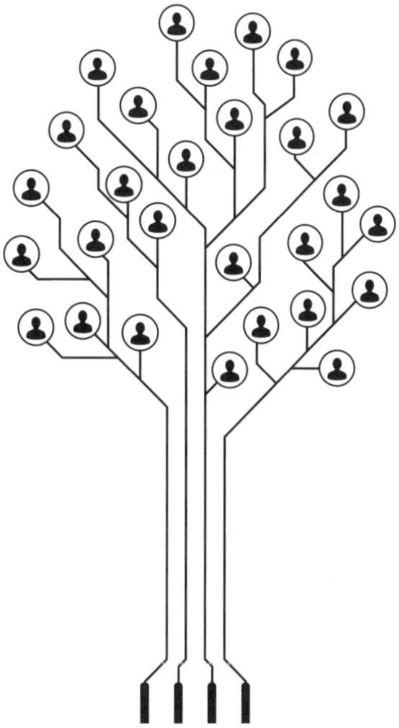

As pessoas estão cada vez mais conectadas com as outras.

Efetivamente, vivemos na **era do excesso de informações** e isto pode ter um efeito similar ao sal na comida: não colocar faz falta, entretanto há uma quantidade certa para dar o sabor adequado ao alimento, e ultrapassando esse limite a comida pode se tornar bastante desagradável.

Como entramos na revolução digital, na **era da informação**, podemos dizer que ela pode ser dividida em três segmentos:

- Informação útil.
- Sobrecarga de informações.
- Poluição de informações.

Até há pouco tempo, demorava-se muito mais para enviar um documento a alguém do que para redigi-lo.

De repente, tudo mudou e passamos a uma era de **sobrecarga de informações** graças aos computadores, aos *e-mails* (correios eletrônicos) e às redes sociais. Assim, é possível digitar uma mensagem rápida, anexar a ela arquivos, e apertando apenas um botão (ou fazendo um clique ou toque) enviar tudo isso quase que instantaneamente a muitas pessoas (milhares ou até milhões).

E tudo isto é executado com uma velocidade bem maior do que aquela com a qual os receptores possam absorver o conteúdo da comunicação.

O pior é que a era da sobrecarga conduziu a sociedade à era da poluição.

Dessa maneira, recebemos um número cada vez maior de informações, muitas vezes não solicitadas.

Um bom exercício mental é estabelecer o que vem a ser **informação inútil** que você recebe, e procurar deter-se apenas naquelas informações que lhe trazem conhecimento (*know-how*).

Theodore Rosak diz que o conhecimento, que é criado em cada mente humana, decorre da **experiência individual** e separa o **significativo** do **irrelevante**.

Portanto, toda vez que você receber algum material e essas duas ações ocorrem, pode-se dizer que está lidando com conhecimento, caso contrário provavelmente tem à sua frente informações inúteis.

Conhecimento (*know-how*) é, pois, bem diferente de **informação**.

Todavia, um número cada vez maior de pessoas está ficando preso na análise e seleção de tanta informação.

Quanto mais energia e tempo são gastos para fazer isso, menos se dispõe para a constituição de um *know-how* realmente valioso.

Por exemplo, no caso da pergunta: **o que é um acre?**

Uma resposta pode ser: um acre é 40,47 vezes maior que um are, que é a medida de um terreno de 100 m^2, ou seja, um acre é uma área de 4.047 m^2.

Essa é uma informação totalmente correta, entretanto isso não significa que você ficou mais entendido ou um especialista em algo por ter essa informação.

Se a resposta for que o acre é exatamente a área do terreno que o Magno tem num condomínio fechado de alto luxo, ou que é aproximadamente metade de um campo de futebol (o estádio Cícero Pompeu de Toledo – Morumbi – tem um gramado com dimensões de 110 m x 75 m, ou seja: 8.250 m^2), isso é **conhecimento** e vai durar pelo resto da sua vida.

Na realidade, sempre que você se defrontar com o termo "acre", se lembrará dele de uma forma útil, como sendo o "enorme" terreno onde está a casa do senhor Magno (que você admira...), ou então como sendo a metade de um campo de futebol (esporte em que o Brasil é pentacampeão, ainda...).

Por sua vez, a maior parte das pessoas (e seguramente você também) não lembrará por muito tempo quantos metros quadrados correspondem a um acre, mesmo que algum dia tenha aprendido isso em geometria.

A informação parece uma coisa inocente, mas não é!?!?

Com tantas informações hoje disponíveis, grande parte delas está sendo resumida ou colocada em forma de manchete para que as pessoas possam absorvê-las.

O problema é que a manchete (ou resumo) muitas vezes é elaborada com uma finalidade particular, e com isto consegue esconder o verdadeiro conhecimento.

É lamentável, mas a verdade é que todo dia cada um de nós recebe informações que não pediu, que não interessam e que muitas vezes são apresentadas de uma maneira tão sorrateira (como os muitos comerciais da TV) e ao mesmo tempo convincente, que acabamos usando as mesmas nas nossas decisões.

É bom que se lembre de que cada um de nós recebe num dia mais informações do que uma pessoa no século XVII em toda a sua vida.

As informações estão **sufocando** as pessoas e elas não têm tempo nem energia para se concentrarem no que deveriam estar fazendo.

Logo, cada qual deve procurar concentrar-se na criação de um *know-how* a partir das informações, nos conhecimentos específicos que o auxiliarão a alcançar resultados surpreendentes.

Para construir de maneira sistêmica um *know-how* convém seguir os conselhos que Nonaka e Takeuchi dão no seu livro *The Knowledge Creating Company* (*Criação de Conhecimento na Empresa*).

Eles afirmam que os resultados excepcionais virão quando cada um conseguir construir dois tipos de conhecimento: o **tácito** e o **explícito**.

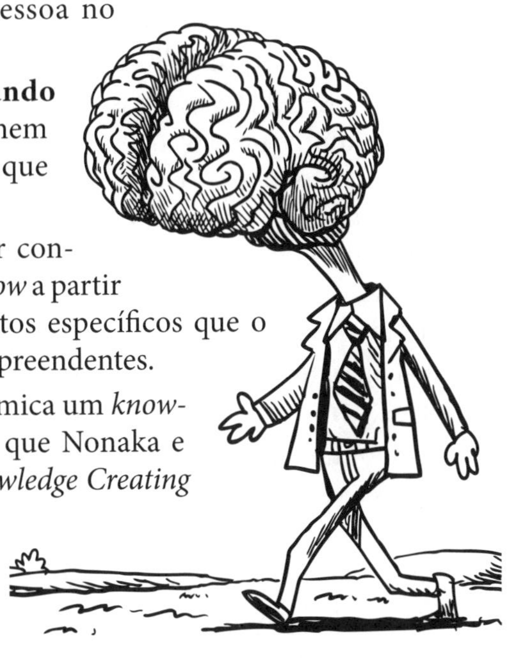

O nosso cérebro deve se adaptar cada vez mais rapidamente para captar o máximo de novas informações e não esquecê-las!!!

O conhecimento tácito é aquele construído a partir das experiências de cada pessoa.

Um grande percentual dos conhecimentos de uma companhia é a soma do conhecimento tácito dos indivíduos que nela trabalham (ou trabalharam).

O conhecimento tácito vem da experiência. Inclui *insights* (discernimentos) e entendimentos.

É o que gera a **intuição**, os palpites e o "faro para a coisa".

Já o conhecimento explícito é a expressão aberta ao conhecimento.

São os sistemas formais articulados que explicam como as coisas funcionam. O conhecimento explícito é encontrado em fórmulas, métodos escritos, manuais de procedimentos e de melhores práticas, videoteipes instrucionais, palestras ou apresentações sobre como fazer certas coisas.

Assim, o *know-how* vem da construção e da transferência dentro do local em que se trabalha, tanto do conhecimento tácito quanto do explícito.

Desse modo, um *insight* altamente pessoal terá um valor bem mais expressivo para uma organização caso algum funcionário saiba convertê-lo em conhecimento explícito, registrado de alguma forma, e que isto permita que ele seja compartilhado com os outros.

Por outro lado, se um empregado tiver um grande conhecimento tácito de um assunto e um outro também uma respeitável quantidade de conhecimento tácito, porém com aspectos diversos, e se os dois se engajarem num trabalho em grupo, provavelmente produzirão *insights* mais valiosos ou *know-how* do que se mantiverem seus conhecimentos tácitos em silos separados.

Claro que um indivíduo sem conhecimento pode construir rapidamente conhecimentos aplicáveis, se procurar todo o conhecimento explícito disponível (dentro e fora da empresa em que trabalha).

Naturalmente, a pessoa sem conhecimento também pode entrar em contato com aqueles que detêm conhecimentos tácitos – e insistir que eles transformem seu conhecimento tácito em explícito.

É quase como que pedir a alguém que, em algumas horas, lhe passe a sua experiência de 25 anos...

Seguramente, um dos maiores obstáculos para o desenvolvimento de *know-how* é que os indivíduos acreditam que sabem como os outros chegaram aos resultados ou aos fatos, mas na realidade **eles não sabem**.

Eles pensam que sabem tudo o que podem saber, mas não sabem.

E por isso não se esforçam efetivamente para saber mais no sentido de desenvolver um *know-how* aplicável.

Muitas vezes, isto é consequência de **ignorância** e, outras vezes, de **arrogância**.

Os presunçosos são aqueles que erroneamente acreditam que compreendem todo o conhecimento tácito de outra pessoa, e o rejeitam por considerá-lo irrelevante para o seu *know-how*.

O brilhante escritor Johm O'Keefe, no seu livro *Superando os Limites*, mostrou muito bem o seu conhecimento explícito ao enunciar os **dez princípios** que auxiliam muito qualquer pessoa a **construir** o seu *know-how*.

São eles:

1º) Envolver-se com as pessoas do trabalho, ao invés de manter-se isolado.

Existe uma tendência histórica de que conhecimento é poder e, por isso mesmo, cada um deve mantê-lo para si.

Para quebrar essa regra cabe a cada um, ao engajar-se numa comunidade, também passar para os outros o seu conhecimento tácito, criando assim uma relação ganha-ganha.

2º) Analisar as contradições.

Efetivamente uma parte do *know-how* é encontrada ao se discutir contradições nos diferentes procedimentos, nos conselhos distintos que se recebe, nas regras nem sempre iguais, e assim por diante. O grande aprendizado acontece ao se conseguir captar quando se deve fazer uma coisa e quando fazer outra, digamos, despedir ou não um funcionário por ter cometido certa falha.

3º) Aproximar-se dos detentores de conhecimento, bem como dos detentores de posições.

É imperioso procurar se engajar com todas as fontes de conhecimento tácito, em lugar de restringir a sua interação ao conhecimento tácito de alguém que esteja em alguma posição de mando.

4º) Entender e aceitar que o seu superior sempre possui algum conhecimento tácito.

É conveniente que você peça em algum momento que o seu chefe lhe passe em "meia hora a sua experiência de 20 anos..."

5º) Comemorar a transferência de conhecimentos em vez de ater-se às coisas que sempre funcionaram.

É vital ser influenciado pela transferência de conhecimentos de outras pessoas.

6º) Procurar entrevistar (ou dialogar) outras pessoas com conhecimento tácito.

É importante estabelecer contato constante com os "especialistas" e argui-los sobre o seu *know-how.*

7º) Buscar proativamente todas as fontes explícitas.

Como exemplos dessas fontes pode-se citar: livros, artigos, cursos, CD-ROMs, seminários e congressos, educação a distância e cada vez mais o que está pronto na Internet, como por exemplo, as espetaculares palestras TED que envolvem principalmente temas de **t**ecnologia, **e**ntretenimento e ***d**esign*. Naturalmente, devem-se buscar fontes explícitas em áreas que farão a diferença na vida profissional de cada pessoa que deve se converter em estudante pesquisador ativo e específico pelo resto da vida.

8º) Transformar conhecimento tácito em explícito.

É fantástico como isto funciona bem.

Uma maneira de concretizar isto é escrever um livro ou um artigo sobre o que você sabe ou ainda preparar uma apresentação formal para um grupo de pessoas.

Tal procedimento o levará à reflexão e à preparação.

Ademais, desenvolver maneiras de explicar as coisas (como faz um professor ou instrutor) aos outros o obriga a executar uma seleção mental.

Ao passar seu conhecimento explícito aos outros, eles o transmitirão e o usarão para auxiliá-lo no que puderem. Eles não poderão usar o seu conhecimento se estiver "escondido" na sua cabeça.

9º) Eliminar as barreiras à transferência de conhecimentos.

A síndrome do **"não-foi-inventado-aqui"** é a principal barreira à transferência de conhecimentos.

É vital inspirar-se nos bons exemplos de outras pessoas, empresas ou países.

Ninguém, inclusive, deve ser "ludita", ou seja, um indivíduo que se opõe à mudança tecnológica ou inovação, como aconteceu com os trabalhadores ingleses (*luditte*) que em 1811, revoltados por terem perdido seus empregos, invadiram muitas fábricas e **destruíram** as máquinas que os substituíram.

10º) Manter suas metas e objetivos sempre em mente.

É notável a quantidade de vezes em que você adquire conhecimentos relevantes quando as suas metas e objetivos estão bem claros na sua mente.

O cérebro recebe inúmeros *inputs* (insumos ou entradas) de informações e observações, que na sua maioria são descartados, pois não têm nada a ver com as metas e objetivos de alguém.

Em contraste, toda vez que você decidir fazer algo, percebe as inúmeras ligações e oportunidades que o auxiliarão a alcançar as metas ou objetivos estabelecidos nas diversas informações que vão passando à sua frente, parecendo estar diretamente conectadas com o que quer realizar.

Nunca esqueça, pois, de desenvolver o seu *know-how*, e os princípios acima citados o auxiliarão muito a conseguir isto.

Não se afogue também nas informações inúteis, que estão nos rodeando cada vez mais...

2.3 – A INFORMAÇÃO É ESSENCIAL.

Os dias de hoje parecem pertencer a uma era na qual não se poderá dizer mais que a tomada de decisão foi feita sob condições de informação **limitada** ou **imperfeita**!!!

O incrível é que não está longe o tempo no qual a falta de informações parecia ser um dos problemas fundamentais da sociedade, quando a escassez crônica de informações ameaçou o trabalho, a pesquisa, a inovação, o processo de tomada de decisões econômicas, quer em

Com tantas mensagens circulando cada um as entende de um jeito!!!

termos de diretrizes governamentais, de estratégias comerciais ou compras domésticas.

A única coisa de que nós aparentemente precisávamos era de mais informações. Por isso, não é nenhuma surpresa que os **infoentusiastas** (entusiastas da informação) exultem sobre o enorme volume de informações disponibilizado pela TIC.

Eles contam os *bits*, *bytes* e os pacotes de informações entusiasticamente, e ficam excitados com declarações como a de Gordon Bell e Jim Gray: *"Até o ano 2047, todas as informações sobre objetos físicos, inclusive seres humanos, edifícios, processos e organizações estarão* ***on-line****. Esta situação é tanto desejável quanto inevitável."* Tudo indica que essa previsão de Bell e Gray está errada e isso que já está acontecendo e estará por toda parte, até 2020, graças à "Internet das coisas".

Como se pode notar, claro que certas categorias de trabalho e serviço, bem como instituições e organizações estão sob pressão e poderão até não sobreviver, e para elas, o excesso de informações será um estorvo, mas ao mesmo tempo solução para corrigir os defeitos no fluxo de informação.

Os historiadores frequentemente correlacionam o início da era da informação não com a Internet, com o computador ou com o telefone, mas sim com o **telégrafo**.

Sim, com o telégrafo, a velocidade da informação essencialmente separou-se da velocidade com que o homem viajava.

As pessoas viajavam, nessa época, na velocidade do trem.

As informações começaram a viajar na velocidade da luz.

De fato, alguns estudiosos comprovam que as TICs atuais tornaram-se capazes não apenas de transmitir e armazenar informações, mas também de produzir informações independentemente da intervenção humana.

Ninguém coloca em dúvida a importância da invenção de Samuel Morse, mas com a morte do telégrafo e o descanso em paz final do código Morse em 1999, poderá ser a hora de comemorarmos menos a velocidade e mais os meios como a informação e a sociedade se entrelaçam.

Da mesma maneira, é importante não fazer vista grossa à importância do poder da informação em multiplicar-se sobre si mesma.

Mas, talvez seja a hora de retirar o volume de informações da exuberância (ou depressão) e de considerarmos o seu valor mais cuidadosamente.

Afinal de contas, os objetivos da informação são os próprios objetivos dos seres humanos.

A lógica da informação, definitivamente, deve ser a **lógica da humanidade**.

Nessa segunda década do século XXI, estamos vivendo várias transições ou até mesmo "revoluções".

A primeira delas é o escritório se tornando cada vez com **menos papel**. É claro que em certas situações isso ainda não é totalmente possível, mas o uso do **papel** está diminuindo no que se refere a ter grandes documentos registrados nesse meio.

A segunda grande mudança é o surgimento de informações *on-line* - jornais, revistas e livros eletrônicos (*e-books*).

Também, em especial, no Brasil, estamos num regime híbrido, sendo que os *e-books* ainda não são predominantes.

E a "terceira mudança", vital para a educação é o surgimento da b**iblioteca digital**.

A biblioteca convencional, com seu enorme peso em papel reunindo muita poeira e "atrapalhando" as pesquisas eficientes, é uma instituição baseada em papel que deixa os "dedos comichando", querendo mexer num *tablet* ou *iPad* da Apple que lhe permite não só ter o texto de um livro, revista ou jornal, como ainda escutar uma música ou apreciar um vídeo!!!

No geral, as pessoas olham além das informações para estabelecer um nível de confiabilidade.

Muito embora os documentos digitais possam parecer os mesmos na ausência de uma incorporação física, eles coletam bem poucos vestígios materiais e institucionais ao longo do percurso. Portanto, deve-se entender que os documentos não são meros transportadores de informações, eles auxiliam a criá-las, estruturá-las e validá-las.

Mais intrigante talvez seja o fato de que os documentos também ajudam a estruturar a sociedade, possibilitando que grupos sociais se formem, se desenvolvam e mantenham um senso de identidade compartilhada.

Enxergar os documentos como meros transportadores de informações faz com que seja ignorado o seu papel social.

Uma qualidade dos documentos digitais é a **mobilidade**, ou melhor, a habilidade para circular, diferentemente, por exemplo, das paredes das cavernas sobre as quais a humanidade deixou sua marca, muito tempo antes que o papel estivesse presente.

A outra qualidade dos documentos convencionais é a **imutabilidade**.

Assim, acreditamos que um determinado livro viaje inalterado, de forma que é igual ao que se compra na livraria.

O papel e a tinta estabeleceram um equilíbrio proveitoso: bastante leves para serem portáteis, porém suficientemente fixos para serem imutáveis.

A impressão manteve esse equilíbrio.

O telégrafo, o rádio e o telefone influíram contra a imutabilidade.

O mundo digital, da mesma forma, influi contra a imutabilidade, ao passo que, simultaneamente, adiciona-lhe uma camada de confusão.

Os documentos digitais, até certo ponto, se parecem com os documentos de papel, muito embora neles, enquanto o transporte e a mobilidade são aumentados extraordinariamente, a imutabilidade é **diminuída** sensivelmente.

Alguns documentos, como as páginas *Web*, estão constantemente se alterando.

Na *Web*, inclusive, pode ser muito difícil saber qual é o significado de "o mesmo documento".

Dessa maneira, algumas pessoas, dizem que o antigo ato de equilíbrio nos documentos digitais está terminado, e a **fixidez** cedeu lugar à **fluidez**.

Em todos os aspectos, os livros e documentos de papel estabeleceram um precedente útil não somente para o projeto de documentos, mas para o projeto da TIC em geral.

Uma comunicação eficiente depende não de quanto pode ser dito, mas de quanto pode deixar de ser dito – e mesmo não lido – no cenário de fundo.

E uma certa quantidade de fixidez – tanto nos documentos materiais quanto nas convenções sociais da interpretação – contribui bastante para este tipo de eficiência.

É claro que ao apontar para estes vários pontos interessantes da fixidez, não se quer diminuir ou minimizar a importância das novas tecnologias fluidas.

Não se pode, de forma alguma, desprezar o fato de que na era digital o acesso às informações ficou extremamente facilitado e a quantidade de informações disponíveis aumentou exponencialmente.

Não é preciso olhar para muito longe do presente para se encontrar muitas coisas que são familiares no mundo, redefinidas como informações.

Os livros são retratados como contêineres de informações, as bibliotecas como armazéns de informações, as universidades como provedoras de informações e o aprendizado como uma absorção de informações.

As empresas são descritas como coordenadoras de informações, as reuniões como consolidadoras de informações, a conversa entre as pessoas como troca de informações e os mercados como estímulos e respostas dirigidos pelas informações.

O prefixo **info** conferiu uma nova vida a uma grande quantidade de palavras antigas, tais como: **infoentretenimento**, **informática**, **infomediário**, **infológica** etc.

Oferecem também uma oportunidade para uma porção de empresas desenvolverem negócios que lidem ou tratem as informações.

Com efeito, vivemos uma era em que acrescentar **info** (ou algo similar) aos nomes não só agrega como multiplica o seu valor no mercado.

Sem dúvida, a informação é essencial a toda etapa da vida humana.

Contudo, algumas das tentativas de comprimir tudo em uma perspectiva de informações fazem lembrar o feito do bandido mitológico grego chamado Procrustes.

Ele esticava os viajantes que eram pequenos demais e amputava as pernas dos que eram grandes demais, até quase que todos coubessem nas próprias camas.

Assim, fica também a suspeita de que os atos de esticar e amputar, realizados para atender às necessidades da "**infocama**", distorcem a maior parte do que é criticamente humano.

Afinal de contas, é útil tratar as pessoas como processadoras de informações ou redefinidoras de assuntos humanos complexos, tais como amor, saudade, lealdade etc., como "**simplesmente informação**"?

Se apenas a lógica da informação, em lugar da lógica da humanidade, for levada em consideração, então muitos aspectos permanecerão obscuros, como é o caso das maravilhosas propriedades do papel, o qual já auxiliou tanto (e assim continua...) as pessoas no trabalho a se comunicarem e a pensarem em conjunto.

E os futuristas (ou futurólogos), ao se posicionarem calorosamente contra a falta de lógica da humanidade e as suas preferências "primitivas", continuarão a nos dizer **aonde deveremos ir**.

Mas se eles levassem mais em conta as pessoas, e um pouco menos as informações propriamente ditas, poderiam, talvez, nos dizer para onde estamos indo, o que seguramente é mais difícil, mas também muito mais proveitoso...

2.4 – TER MAIS INFORMAÇÕES E CONHECIMENTO SOBRE SI MESMO.

O cérebro de nossos jovens está hoje bem mais cheio de informações do que de crianças de sua idade, do século passado.

Estamos já cientes da diferença entre **informação** e **conhecimento**, e um fato muito importante é o seguinte: as pessoas, por vezes, não conhecem bem nem a si mesmas, e o que é pior, passam para os outros uma imagem que não corresponde ao que são.

Quando se pergunta a uma pessoa quem ela é, frequentemente ouve-se uma dissertação sobre sua biografia, sua personalidade, e com isto ela acredita que se **definiu a contento**.

Quatro fatores determinam a "precisão" das definições pessoais e assim existem coisas (ou atributos) que:

1. **sabemos que somos** e as pessoas que nos conhecem também **sabem que somos**;
2. **sabemos que somos** e as outras pessoas **não sabem que somos**;
3. **não sabemos que somos** e as outras pessoas **sabem que somos**;
4. **não sabemos que somos** e as outras pessoas também **não sabem que somos**.

Dessa maneira, ao estabelecer o tipo de imagem que se quer passar aos outros, corremos o risco de cometer duas falhas: não perceber o que não sabemos que somos e as pessoas sabem que somos, ou então ao tentar mostrar que sabemos que somos, porém as pessoas não conseguem captar isso.

Na empresa, assim como na vida particular, cada um de nós é antes uma **imagem** e depois a **personalidade**.

Queiramos ou não, somos muito mais forma do que conteúdo (pelo menos nas avaliações...).

Somos mais como nos **veem** do que como nos **vemos**.

Cada um de nós tem pelo menos duas imagens bem definidas:

- a imagem que acreditamos possuir;
- a imagem que os outros indivíduos têm de nós.

Mas todos nós queremos, no mínimo, ser bem interpretados, não é mesmo?

Lamentavelmente, muitas vezes a imagem que apresentamos não corresponde ao nosso ideal.

Para conquistar credibilidade, principalmente através de um programa honesto de *marketing* pessoal, devem-se tomar os seguintes cuidados:

1. Nunca divulgar uma imagem (marca pessoal) que não se fundamente na verdade, não se apresentando muito distinta do que é. A ruína da imagem não tem volta.
2. Valorizar os seus pontos positivos, minimizando a fragilidade dos pontos negativos.
3. Não complicar nem se exceder em detalhes, evidenciando aqueles pontos que forem convenientes para que se interprete sua imagem corretamente.
4. Promover os seus valores e não a si mesmo.

Apesar de existirem estas regrinhas, que se forem seguidas corretamente levam a bons resultados, mesmo assim deve-se estar ciente de que a **imagem** (marca pessoal) que estamos passando para os outros pode ser interpretada de três formas diferentes:

- **imagem fiel**, quando as pessoas sabem que somos assim;
- **imagem construtora**, quando as pessoas não sabem que somos assim;
- **imagem falsa**, quando as pessoas sabem que não somos assim.

Pode-se dizer que a primeira imagem **consagra**, a segunda não nos **revela**, porém a terceira imagem é **trágica**, já que na intepretação das pessoas, a nossa classificação é bem baixa...

Quem quiser ter uma boa imagem deve preservar os seguintes princípios ou praticar as seguintes atitudes:

1. Ser ético acima de tudo.
2. Falar com as pessoas e não sobre elas.
3. Admitir seus erros e não culpar os outros sempre que acontecer algo errado com um trabalho em que você estiver envolvido.
4. Cumprir o que prometer, pois sua palavra deve ser um ponto de honra.
5. Não fazer considerações depreciativas, principalmente sobre pessoas ausentes.
6. Ser leal com os colegas de trabalho.
7. Não querer os louros da vitória alheia.
8. Parabenizar o vencedor, mas saber também confortar e incentivar o perdedor.
9. Não criticar ninguém, principalmente na frente dos outros.
10. Ao ter certeza, agir, mas na dúvida, abster-se.
11. Defender com firmeza as coisas em que acredita, porém estar sempre disposto a aceitar o bom argumento alheio.
12. Não mentir.
13. Não exagerar, principalmente sobre os seus feitos.
14. Sempre que possível, sorrir!!!

Caro leitor, é de bom alvitre fazer uma rápida avaliação e verificar se esses princípios estão efetivamente presentes na sua conduta, caso realmente queira ser *S8*.

Se você estiver falhando em algum ponto saiba se corrigir, pois isto sem dúvida será uma mudança para melhor, por menor que possa parecer, e com poder para alterar significativamente o destino das coisas ligadas à sua vida.

Nunca se esqueça de que muitos nadadores ou atletas levam anos treinando para diminuir um segundo ou alcançar um centímetro a mais.

Eles, mais do que ninguém, sabem que um efêmero segundo ou um minúsculo centímetro faz a enorme diferença entre a glória e o fracasso.

Portanto, busque os seus segundos ou centímetros dentro dos 14 "**mandamentos**" há pouco citados, para construir uma **boa imagem**.

Desloque o rumo do seu destino, da qualidade da sua vida profissional e pessoal, mesmo que seja em um pequeno grau, porém mova-se sempre buscando uma elevação de nível.

2.5 – HAVERÁ MUITA TURBULÊNCIA NO TRABALHO DE INFORMAÇÃO.

Como já comentamos, é vital entender a diferença entre **informação** e **conhecimento**. Deve-se buscar prioritariamente o conhecimento, mas não se pode deixar de salientar que é difícil chegar a ele sem dominar a TIC, no século XXI.

Aliás, o desafio é o da pergunta: "Como podemos construir um mundo para nós com a garantia de obter mais conhecimento, fazendo menos esforço?", em vez de nos afogarmos na sobrecarga de informações.

Michael Dertouzos, que foi diretor do laboratório de Ciência da Computação do Massachusetts Institute of Technology (MIT) e um dos criadores da Internet, responde no seu livro *A Revolução Inacabada*:

"Só jogando fora o modelo de computação do século XX e adotando – na realidade, impondo – uma nova filosofia da informática, um novo plano-mestre que deixe as pessoas interagir de modo natural, fácil e deliberando umas com as outras e com o mundo físico circundante.

*De fato, necessitamos de uma **computação centrada no homem,** na qual se transformarão os computadores de hoje, a Internet e a Web em um verdadeiro mercado de informações, onde poderemos comprar, vender e trocar livremente informações e serviços de informação usando sistemas que poderão **conversar** conosco, **farão** coisas para nós, **obterão** as informações requeridas, **auxiliarão** em nosso trabalho com outras pessoas e se **adaptarão** às nossas necessidades individuais."*

Essas cinco capacidades básicas dos sistemas de computação e das comunicações, de fato estão se consolidando, pois temos uma computação cada vez mais centrada no homem, e a TIC realmente está ajudando as pessoas a fazerem mais com menos!

As crianças na 2ª decada do século XXI recebem um impacto incrível de mensagens.

Ao contrário da Revolução Industrial, que terminou de maneira natural, a Revolução da Informação ainda está evoluindo, com diversas atividades práticas, uma abundância de promessas excitantes (como é o caso da educação *on-line*), muitos modismos e, na verdade, é uma revolução em andamento, mas longe de estar terminada.

Por exemplo, são cada vez mais importantes as transações de compra e venda de produtos *on-line*, processamento de formulários de seguro, transações com informações médicas, preenchimento e revisão de milhões de formulários governamentais, ensino e aprendizado, venda de serviços aos clientes, e uma enorme quantidade de serviços *business-to-business* (B2B).

A isso é que se pode de fato chamar de **trabalho de informação**, explicando melhor: o processamento de informações por profissionais e em seguida por máquinas; e a entrega desse trabalho **onde** e **quando** ele for **necessário**.

Evidentemente, a computação centrada no homem facilita-lhe oferecer seu trabalho através do espaço e do tempo, procurando que o mercado de informações alcance o seu potencial máximo.

2.6 – UM POUCO DA HISTÓRIA QUE IMPULSIONOU AS INFORMAÇÕES.

A história da civilização pode ser resumida em uma série de esforços para transmitir e usar cada vez mais um **número maior de informações**.

Existem diversas formas para fazer isso.

Por exemplo, pelas histórias contadas pelos avós e pelos pais; através de canções e hinos; pelas fotografias e pinturas; nos jornais e nos livros; pelo cinema e televisão, e nos dias de hoje, usando os *tablets* e a Internet, pois estamos na **era da revolução digital**.

É indubitável que o que distingue as pessoas dos animais é a sua **habilidade** de entender conceitos abstratos e de comunicar esses conceitos.

Aliás, essa capacidade aumenta no ser humano à medida que ele vai obtendo essas informações, e uma maneira simples de notar isso é observando o processo que ocorre na evolução da linguagem de cada ser humano.

Quando os seres humanos viviam nas cavernas e uma pessoa queria registrar ou explicar um fato, procurava fazer um desenho na parede da gruta.

Naquela época, quando queriam passar alguma ideia ou um pensamento mais complexo, apontavam para o desenho.

Claro que naquela época, era muito difícil transmitir conceitos abstratos e fazer isto com rapidez. Mas aí, o homem começou a pensar como poderia padronizar tanto a linguagem como a comunicação.

Os alfabetos escritos primitivos (aqueles tendo letras cuneiformes e usando hieróglifos) foram utilizados pelas primeiras grandes civilizações da Mesopotâmia e Egito. Porém, foram realmente os chineses que melhor desenvolveram os desenhos primitivos e a linguagem, em caracteres "simplificados", iniciando assim a padronização de sons e palavras.

Conseguiram fazer criativas combinações para expressar pensamentos abstratos, estabelecendo desse modo uma das maiores civilizações do mundo.

Por volta da metade do século IX, eles já conseguiam imprimir milhares de livros, utilizando, para isto, blocos de madeira.

Os japoneses chamam essa escrita de *kanji*.

Por exemplo, as palavras "porta", "campo", "árvore" e "montanha" são escritas em chinês, respectivamente, da seguinte forma (Tabela 2.1):

門	田	木	山
porta	campo	árvore	montanha

Tabela 2.1 – Como o Google "espiona" você!!!

Os estudantes japoneses, chineses ou sul-coreanos, atualmente, precisam memorizar algo em torno de 10 mil caracteres básicos, o que não é nada fácil.

Os gregos conseguiram simplificar todos os conceitos, usando algumas poucas letras como (Tabela 2.2):

Ψ	Φ	Π
Psi	Fi	Pi

Tabela 2.2 – Como o Google "espiona" você!!!

Que combinadas de várias maneiras permitiam expressar quase todos os conceitos. E graças a eles, é que chegamos à base para as vinte e seis letras que usamos hoje:

A, B, C, D E, ...

Agora não precisamos mais de desenhos para comunicar os conceitos mais abstratos como, por exemplo, explicar o que é **felicidade**, ódio, **paixão, raiva**, **saudade** etc.

Sem dúvida, as línguas modernas permitem que comuniquemos uma grande quantidade de informações com uma velocidade razoável, porém o homem não parou aí...

No século XX, os engenheiros inventaram um equipamento para transmitir impulsos elétricos. Eles o chamaram de transistor, e isto foi o começo para o surgimento dos computadores.

No início, os computadores eram "burros", pois não podiam "compreender" letras, imagens, a música ou os toques humanos.

A única coisa que eles podiam entender era uma linguagem binária (ligado ou desligado; luz ou ausência de luz), o que forçou a criação de um **alfabeto de duas letras** que tivesse condições de catalogar, transmitir e processar todo o **conhecimento da humanidade!!!**

Pois é, pode-se com toda a segurança dizer que o alfabeto que predomina hoje não possui mais um conjunto de vinte e seis caracteres, mas de apenas dois: **1 e 0.**

É isso mesmo, temos hoje um **alfabeto digital**, por meio do qual se codificam e transmitem informações com velocidade e precisão extraordinárias, sendo atualmente a principal linguagem do planeta.

Vivemos com tantas informações graças ao sistema binário - 0 e 1 - que permitiu revolucionar as comunicações por meio da eletrônica.

À medida que a tecnologia foi evoluindo, ganhou-se cada vez mais eficiência na codificação, o alfabeto digital começou a permitir que se transmitissem: música, fotos, filmes, realidades virtuais e estruturou-se dessa forma o ensino *on-line*.

E agora, no século XXI, tudo está sendo conectado sem fios!!!

Quando as pessoas compartilham uma linguagem comum, elas têm mais facilidade para se unir, aliás, isto ocorre com as empresas. Três décadas atrás, as linguagens usadas por jornais, estúdios de televisão, empresas telefônicas, estúdios de gravação e aquelas de cinema eram bem diferentes umas das outras.

Porém, hoje todas essas organizações usam e trocam entre si informações digitais.

A revolução digital terá uma importância cada vez maior na genética, decifrando os códigos de vida dos seres humanos, manipulando para isso quantidades extraordinárias de informações, e com o conhecimento e sabedoria obtidas das mesmas, certamente os cientistas irão descobrir o caminho para combater (ou eliminar) doenças, com o que as pessoas nas próximas décadas poderão viver facilmente mais de 100 anos!!!

2.7 - GOOGLE REVOLUCIONOU A FORMA DE OBTER INFORMAÇÕES.

Certamente as pessoas com mais de 30 anos ainda se lembram de como era complicado e caro obter informações rapidamente.

Era necessário recorrer a jornais ou aos noticiários nas rádios e nos telejornais fazer perguntas para "pessoas sábias", fazer chamadas telefônicas para muitos indivíduos, passar horas numa biblioteca até achar o livro certo.

Daí chegou o ano de 1998 e tudo mudou com uma simples palavra: **Google**.

Ele surgiu de fato em 4 de setembro de 1998, quando Larry Page e Sergey Brin, naquela época estudantes da Universidade Stanford (EUA), se reuniram em uma garagem para colocar em prática suas pesquisas no campo de **busca de informações**.

O Google - é uma referência ao maior número cujo nome eles conheciam, o ***googol***, que é o algarismo "1" seguido de 100 zeros – teve um crescimento explosivo.

Valendo-se principalmente do *buzz marketing*, ou seja, do boca a boca, em pouco tempo tornou-se a maior ferramenta de buscas da Internet e fez dos seus donos bilionários, aparecendo logo entre os 40 maiores do mundo.

No início da evolução do Google, Page e Brin indicaram qual seria o foco da sua organização: "O Google não vai ser uma empresa convencional porque não desejamos isso."

Isso foi numa época em que as outras empresas de Internet construíram portais com dezenas de serviços, enquanto o Google oferecia apenas uma ferramenta de busca com um visual bem simples e com um lema ao estilo do mestre Yoda: "**Não seja mau**" (**Yoda** é um personagem real no universo de *Star Wars* (*Guerra nas Estrelas)*. Ele foi o grão-mestre da Ordem Jedi durante as Guerras Clônicas, um dos membros mais importantes do Alto Conselho Jedi nos últimos dias da República Galáctica, e um dos mais sábios e poderosos Jedi de todos os tempos).

O Google tornou a obtenção de informações uma coisa bem simples e mais próxima das pessoas.

Assim, datas históricas, biografias de qualquer personalidade, as notícias sobre o que ocorreu uma hora atrás, o melhor lugar para passar suas férias, a empresa aérea com o menor preço de um bilhete para ir ao exterior, qualquer outro "mistério" ou um desejo urgente para ser atendido, digamos ir a um bom restaurante, tudo isso se tornou possível solucionar em poucos minutos com a mais popular ferramenta da Internet.

O Google se tornou uma espécie de **periférico do cérebro humano**, ou seja, o principal intermediário entre nós e o enorme manancial de informações disponível na rede.

Junto com o telefone celular, especificamente agora o *smartphone*, e a pílula anticoncepcional, o Google é um dos raros casos em que uma tecnologia virou um fenômeno cultural e mudou a sociedade.

Difundido a partir dos EUA, o Google deu origem a um verbo, deste modo quando as pessoas procuram informações sobre algumas coisas, elas "**googlam**" ou "**fazem um google**", isto é, surgiu o verbo **googlar**!?!?

Naturalmente apareceram muitas outras ferramentas de busca como o Bing da Microsoft, os serviços do Yahoo!, mas até agora eles não fazem frente ao Google que se tornou tão presente na vida das pessoas que elas já têm o receio de que se alguma coisa não aparece no Google, **ela não existe!?!?**

Claro que o Google não parou apenas no desenvolvimento e aperfeiçoamento de sua ferramenta de buscas e lançou dezenas de outros produtos. Atualmente, já está atuando em outros setores, desenvolvendo um carro autônomo, lançando seus óculos ligados à Internet, recorrendo a *drones* para conectar regiões ainda isoladas do planeta à Internet etc., além de se envolver com telefonia celular, dar ao ser humano maior longevidade e certamente vai surpreender com o passar do tempo muita gente ainda, pois os seus criadores Brian e Page são muito imaginativos e futuristas.

Mas restringindo-se ao campo das informações, a preocupação com a **privacidade** está tornando cada vez maior a onda de reclamações sobre o que as pessoas podem saber sobre as outras e, com isso, o Google está começando a ser punido!!!

Por exemplo, centenas de pessoas no Reino Unido, entre as quais médicos, políticos, condenados por pedofilia etc., solicitaram ao Google para que retire de suas buscas os *links* que as mencionam.

Esses pedidos são consequência da decisão tomada em 13 de maio de 2014 pela Corte de Justiça da União Europeia (UE) e que afeta os países que fazem parte do bloco, que estabeleceu que os serviços de busca na Internet retirem informações que sejam "inadequadas", irrelevantes ou não mais relevantes.

Caso não procedam dessa forma, serão multadas.

Isso ocorreu depois que a mais alta corte europeia garantiu "**o direito de ser esquecido**" a um **cidadão espanhol**, Mario Costeja González, que por isso ficou mundialmente famoso.

O Google terá de constituir agora um "exército de especialistas em remoção de conteúdo" em cada um dos 28 países integrantes da UE.

Os europeus podem também submeter pedidos de remoção de conteúdo diretamente às empresas de Internet ao invés de recorrer às autoridades.

No Brasil, após a aprovação do Marco Civil da Internet, as pessoas que estiverem se sentindo prejudicadas nos serviços de busca existentes, podem recorrer a um juiz para que as informações a seu respeito sejam retiradas.

O Google, em 2014, é o principal mecanismo de busca on-*line* na Europa, dominando cerca de 93% do mercado, de acordo com a empresa de estatísticas global StatCounter. O Bing da Microsoft tem 2,9% e o Yahoo! 2,7%.

O especialista em Direito Digital, Ronaldo Lemos, é contra o **"direito ao esquecimento"** e enfatiza: "Sob o prisma da liberdade de expressão, esse 'direito ao esquecimento' na *Web,* aprovado pelo mais alto tribunal europeu, é mais veneno do que remédio."

Já o advogado Renato Opice Blum tem uma opinião mais esclarecedora: "Não se trata de apagar informações, mas de como essas informações são utilizadas. Se forem usadas para prejudicar pessoas, vamos ter que dar um jeito de aplicar o 'direito ao esquecimento'.

No Brasil, por enquanto, a Justiça deve ser procurada se o usuário não chegar a um acordo com o *site.*, ou seja, a pessoa que se sentir incomodada pode procurar mecanismos do próprio Google para denunciar violação."

2.7.1 – O que o Google acaba sabendo sobre você?

As respostas estão na Tabela 2.3.

ÍCONES	INFORMAÇÕES COLHIDAS
	Se usa Alertas do lado de lá, ficam sabendo quais são os tópicos importantes para você.
	Se usa o *Blogger*, fica-se sabendo sobre o que escreve, ou seja, cada palavra, cada frase e cada *link* (conexão).
	Se usa o *Calendar*, sabe-se para onde você foi e o que mais tem agendado.
	Se utiliza o *Chrome*, revela tudo sobre a sua navegação na Internet.
	Se utiliza o *Earth*, revela os lugares do planeta que pesquisa.
	Se usa o *FeedBurner* (é um conjunto de ferramentas que possibilita gerenciar e analisar de forma melhor o *RSS FEED* de qualquer *site*) fica-se sabendo tudo sobre os seus *feeds* de leitura.
	Se usa o *Gmail*, fica-se sabendo tudo sobre o seu correio eletrônico. É isso mesmo, tudo!!!

Tabela 2.3 – Como o Google "espiona" você!!!

ÍCONES	INFORMAÇÕES COLHIDAS
Google Imagens	Se usa a Pesquisa de Imagens, acaba revelando que admira a Gisele Bündchen ou o Brad Pitt e que é um(a) viciado(a) em chocolate amargo!?!?
	Se usa o *Maps*, fica-se sabendo onde poderá estar, para onde foi ou até para onde vai.
GPS	Se tiver GPS, fica-se sabendo onde está neste exato momento.
	Se usa o *Search*, o Google sabe todas as pesquisas que já tenha feito.
	Se utiliza o *Hangouts*, fica-se sabendo com quem se relaciona e principalmente quem são os seus amigos.
	Se usa o *Toolbar*, acaba revelando todos os *websites* que visitar.
	Se usa o *Translate*, fica-se sabendo, por exemplo, que tem interesse no idioma russo e também no japonês.
YouTube	Se usa o *You Tube*, acaba divulgando os vídeos que assistiu, os gêneros dos quais mais gosta, aqueles que comentou e os que enviou ou partilhou.

Tabela 2.3 – Como o Google "espiona" você!!! (continuação).

➛ **Bem, você se considera "apanhado(a)" na rede e isso é uma verdade viu?** E a culpa não é só do Google, mas também do Facebook, do Twiter, do Yahoo! e de outros *sites* da Internet, que se servem dos seus programas para acumular uma massa enorme de dados – *big data* – que eles acabam usando para fazer crescer os próprios negócios e de milhões de outras empresas espalhadas pelo mundo.

A primeira coisa que é vital desmistificar é essa afirmação: você pode usar a tecnologia, em particular recorrer ao Google e pesquisar tudo o que quiser de graça!!!

Nada mais errado!!!

Tudo o que colocamos na *Web* é pesquisável e pode ser armazenado, ou seja, na verdade estamos pagando as informações que recebemos cedendo as informações a nosso respeito, isto é, como nos comportamos *off-line*.

Não falta quem agradeça esta nossa dedicação, desde os policiais e fiscais de imposto de renda, que podem ficar sabendo muita coisa sobre como gastamos o dinheiro e de onde ele vem (!?!?), mas principalmente os anunciantes (vendedores) das mais diversas empresas que, de posse de quase todos os detalhes de nossa vida, acabam percebendo o que compramos, do que gostamos e para onde queremos ir, digamos, nas nossas férias.

E se a ideia de haver quem recolhesse informações sobre nós não seja nenhuma novidade – pois isso se tornou a base de negócio do *telemarketing* – agora foram levadas para uma outra dimensão, depois que se ficou sabendo que o Facebook usou cerca de 700 mil dos seus membros como cobaias em uma experiência psicológica (escolhidas entre os mais de 1,3 bilhão de seus usuários...).

Num mundo em que as redes sociais e os seus utilizadores continuam a aumentar exponencialmente, as perguntas não se fazem esperar: **para que querem as empresas essa informação? E o que acontece depois?**

Os testes realizados pelo Facebook foram publicados na revista científica *Proceedings of the National Academy of Sciences*, em março de 2014, na qual se salientou que: "Os estudos mencionados podem ser transferidos para outros, através do contágio emocional, levando as pessoas a experimentarem as mesmas emoções, sem se aperceberem disso."

Esse estudo foi iniciado em 2012, sem que os usuários do Facebook soubessem dele, e que acabou irritando muitos deles quando souberam que serviram a um experimento sem terem sido consultados.

O Facebook procurou se desculpar, lembrando que ao efetuarem o registro na rede social, os utilizadores autorizam, de uma forma geral, que os seus dados sejam usados para estudos!?!? Porém isso não impediu as acusações de que o Facebook violou as condições do serviço e não solicitou a autorização das pessoas testadas.

Procurando amenizar as más reações, a diretora de operações do Facebook, Sheryl Sandberg, veio a público retratar-se, do jeito que foi possível, numa declaração ao jornal *The New York Times*, dizendo que: "Esta investigação inseriu-se num conjunto de pesquisas que as empresas fazem para testar diferentes produtos. Foi isso que aconteceu. Foi mal comunicado tudo isso e por uma má comunicação pedimos desculpas!!!"

A revista que publicou a controversa experiência também admitiu estar preocupada por não terem sido respeitados nem a ética científica nem os princípios do consentimento informado.

No final da polêmica, o próprio fundador do Facebook, Mark Zuckerberg, afirmou: "Às vezes, andamos depressa demais. Passamos nesse caso dos limites!!!"

Pois é, agora nessa segunda década do século XXI, a matemática e a estatística estão sendo introduzidas nos computadores para analisar a grande massa de dados que estão armazenados neles – *o big data*.

Constroem-se assim algoritmos, uma sequência finita de instruções bem definidas, cada uma das quais pode ser executada mecanicamente, num período de tempo finito e em uma quantidade de esforço finita.

Eles, depois, são usados para **adivinhar**, ou seja, prever comportamentos com base nessas informações. Mas isso é a base de uma pesquisa na Internet: o usuário quer a resposta e não milhões de páginas na *Web*.

Os algoritmos também são programas de computador que procuram **pistas** nas páginas, para depois nos **devolverem** exatamente o que **procuramos**!!!

Assim, a questão mantém-se: **será que a Internet quer mesmo "abusar" de nós?**

Seja o Google, a empresa que se tornou sinônimo de pesquisa na Internet e que já comemorou quinze anos de buscas através dos seus algoritmos, ou o Facebook, o *site* que colonizou a rede, espalhando *clicks* de "gosto – *like*", "compartilhar – *share*" por todos os lados.

O Google, o Facebook e outras empresas similares são apreciados pelos usuários justamente devido à precisão de seus algoritmos. Mas ninguém pode esquecer que navegando na *Web* está sempre deixando um rastro, que estes programas seguem, procurando saber, cada vez mais, coisas sobre nós e, assim, a nossa **privacidade vai desmoronando**.

Não por acaso que é cada vez maior o número de pessoas que se capacitam para serem gestores de páginas do Facebook ou dos dados pessoais que fornecemos quando abrimos uma conta no *Gmail,* ou no YouTube, *Blogger* etc.

É verdade que muita gente não se sente tão confortável com isso e, em 2014, o Tribunal de Justiça da UE decretou a favor do direito dos cidadãos não aparecerem nas pesquisas via Internet.

Logo depois, uma série de meios de comunicação da Grã-Bretanha, como a rede de TV BBC e o jornal *The Guardian*, recebeu *e-mails* do Google avisando que determinados artigos ou vídeos deixariam de estar disponíveis para pesquisa.

Em pouco tempo, a gigante norte-americana recebeu centenas de milhares de pedidos de diversos países europeus para que fossem retirados *links* das versões europeias da sua ferramenta de busca, ao abrigo deste **"direito ao esquecimento"**.

Na dúvida, já existem muitos serviços úteis que estão sendo impulsionados pelo estudo do comportamento e do tratamento de informações pertinentes a uma certa pessoa.

Já está ocorrendo algo como um aplicativo (*app*) de um *smartphone* de uma pessoa rastrear o *e-mail* enviado para ela com o bilhete de avião e a reserva do seu quarto numa cidade em outro país e, um pouco depois, este indivíduo ser alertado sobre a que horas deveria estar no aeroporto, o que colocar na mala, a temperatura na cidade em que irá se hospedar, bem como o que visitar nos arredores do seu hotel!!! Arrepiante, poderia dizer alguém, mas útil ao mesmo tempo, não é?

Na realidade, essa é uma das utilidades da chamada **Internet das coisas**, que une o mundo físico ao mundo digital, de tal forma que as pessoas sejam capazes de interagir com os objetos ao seu redor, e estes, por sua vez, interagirem entre si.

Numa pesquisa recente feita pela empresa Pew Research, um grupo de reflexões (*think tank*) norte-americano sobre as questões, atitudes e tendências que estão moldando o mundo, 83% dos respondentes acreditam que até 2025, esta chamada Internet das coisas vai entrar intimamente na nossa vida. Será o caso de dizer: "*Big data is watching me ...and I like it*?" ("A enorme massa de dados está nos observando... e eu gosto disso?").

2.8 – *BIG DATA* AJUDOU BARACK OBAMA A GANHAR AS ELEIÇÕES.

A eleição de Barack Obama para a presidência dos EUA, em 2008, foi marcada por diversos acontecimentos inéditos.

Ele foi o primeiro presidente negro dos EUA, levou quase 130 milhões de norte-americanos às urnas, a maior participação de eleitores desde 1980 e conseguiu usar os meios eletrônicos para fins eleitorais como ninguém havia feito antes.

Obama mudou o jeito de fazer *marketing* político valendo-se de vídeos no YouTube, *podcasts*, obteve centenas de milhões de dólares arrecadados pelo *site*, perfis em quase todas as redes sociais. Inovou a tal ponto o uso da *Web* em campanha eleitoral que conseguiu transformar pessoas indiferentes em militantes e virou um modelo que os candidatos de outros países do mundo, depois tentaram imitar.

Quando alguém se lembra da primeira campanha de Obama, logo recorda do seu *slogan*: "*Yes, we can*" ("Sim, nós podemos"). Inicialmente pronunciado no discurso em 8 de janeiro de 2008, em New Hampshire, essa frase não só ganhou os EUA, mas também o mundo todo, tornando-se uma das mais fortes marcas do futuro presidente.

Utilizar a Internet e rostos conhecidos foi a solução que Obama encontrou para alcançar um grande efeito. Com a música *Yes we can* feita pelo compositor Will.i.am, vocalista da banda Black Eyed Peas, e baseada no discurso em New Hampshire, foi elaborado um vídeo no qual personalidades como Scarlett Johanson e Kate Walsh aparecem apoiando a campanha do democrata, misturado com imagens do próprio discurso e de Obama.

Tanto o discurso como o vídeo passam uma mensagem bem clara, a de que todos juntos poderiam mudar o país. A música, porém transmite a mensagem de forma mais contundente, empolga, e se tem menos preconceitos em relação a ela do que a um discurso político. Essa música se alastrou pelos EUA e o vídeo foi visto por milhões de pessoas.

Diversos outros vídeos foram feitos por colaboradores de Obama, de todos os tipos, desde aquele de uma velhinha de 89 anos que explica porque vai votar nele, até aquele de um grupo de *rappers* que faz um clipe com o mesmo objetivo.

A campanha de Obama para tornar-se presidente dos EUA modificou o *marketing* político e o modo como as ferramentas digitais são agora utilizadas para esse fim. Mas foi o *big data* que ajudou Barack Obama a ser reeleito presidente dos EUA.

Realmente, as eleições mudaram radicalmente depois da primeira campanha de Barack Obama à presidência dos EUA, pois o uso das redes sociais transformou o mundo digital em peça-chave da disputa.

Barack Obama conseguiu ser vitorioso e na reeleição foi bem além das redes sociais, pois também usou a tecnologia do *big data* na conquista de votos. Para isso, montou um gigantesco banco de dados, com detalhes de cada eleitor e como as pessoas reagiam a diferentes abordagens.

Essas informações orientaram voluntários que trabalharam para Barack Obama, indicaram as melhores formas de arrecadar fundos para a campanha e apontaram quem poderia ser convencido a apoiar a reeleição do presidente.

No quartel-general da campanha, em Chicago, um grupo de estatísticos e cientistas especializados na análise de grandes quantidades de dados foi contratado para trabalhar exclusivamente com *big data*, ou seja, desenvolveu-se um sistema para analisar uma enorme quantidade de informações, processar tudo e tirar conclusões a partir desses números, com o que se **aposentou a intuição**!?!?

Jogaram-se no lixo regras consideradas infalíveis pelos partidos políticos, como concentrar toda a propaganda de TV no horário nobre, enviar pelo correio toneladas de material com **conteúdo idêntico** ou disparar o **mesmo** *e-mail* para todos os eleitores cadastrados.

Nas eleições de 2012, cada procedimento foi pensado para atingir um conjunto específico de pessoas. O resultado de cada ato foi medido, comparado e analisado.

Todas as novas informações eram incorporadas ao banco de dados, que se tornou cada vez mais inteligente, permitindo elaborar provavelmente a campanha eleitoral mais sofisticada de toda a história dos EUA.

Muitas das soluções criadas para atingir os eleitores foram adaptadas de técnicas usadas por empresas para atrair consumidores, com *marketing* direcionado e microssegmentação.

O nível de detalhes foi impressionante. Por exemplo, imagine uma mãe de duas crianças que vive em uma cidadezinha no Estado de Ohio, no centro-oeste dos EUA. Ela votou em 2008, cadastrou-se e navegou algumas vezes no *site* de Barack Obama, mas nunca doou. Seus filhos estudam em escola pública. Ela costuma tuitar sobre o meio ambiente e ainda mantém uma página no Facebook sobre comida orgânica.

Tudo isso ficou registrado no banco de dados e aí foi possível o pessoal da campanha mandar para essa mãe *e-mails* de Michelle Obama sobre as políticas ambientais planejadas pelo presidente, bem como sobre educação pública. Outras mulheres com perfil semelhante ao dessa cidadã de Ohio também receberam esse tipo de mensagem.

Tentar atingir grupos específicos não é algo incomum nas campanhas políticas. Mas, geralmente, a população fica dividida em fatias grandes, como homens de 30 a 39 anos, mulheres de 20 a 29 anos ou aposentados com mais de 60 anos.

A equipe de Obama enquadrou os eleitores em núcleos bem mais específicos. Além da idade, valeu-se de itens como perfil familiar, assuntos de interesse, organizações de que participavam, suas principais preocupações políticas, nível de engajamento na campanha e até a probabilidade de as pessoas votarem.

Com tudo disponível *on-line* para consulta, os voluntários tentavam abordar os eleitores. Faziam isso pessoalmente, por telefone ou por *e-mail*, tocando nos temas que sabiam que iriam interessar àquelas pessoas.

Uma das "armas" criadas pelo grupo do *big data* foi um aplicativo para *smartphones* com os sistemas *iOS* da Apple, e *Android*, do Google.

Assim, ao baixar o *Obama for America*, os voluntários podiam ler e compartilhar as últimas notícias sobre a campanha, ver as mensagens do candidato Obama e de sua esposa, conferir os eventos programados e memorizar dados úteis para convencer eleitores indecisos. Estes, por sua vez, com poucos cliques podiam fazer doações.

Mas o maior diferencial do *software* criado era um mapa com o primeiro nome e o endereço dos eleitores cadastrados como apoiadores de Obama. Isso possibilitou que os voluntários pudessem visitar as casas desses eleitores para conversar com eles, e os resultados dessa abordagem eram depois enviados para o quartel-general, em Chicago.

O aplicativo *Obama for America* serve como um bom exemplo do uso práticos do imenso banco de dados criado na campanha.

Deve-se salientar que essas novas tecnologias que levam ao *big data* não fizeram a equipe abandonar as redes sociais. Só que elas deixaram de ser as protagonistas. A equipe de Obama conseguiu ampliar o número de seus fãs no Facebook e no Twitter; o número de seguidores ficou 20 vezes maior. Aliás, a esposa, Michelle Obama, sozinha, tinha mais seguidores que o concorrente de Obama, Mitt Romney.

O *big data* ajudou muito para arrecadar recursos para a campanha, que chegaram a quase US$ 1 bilhão.

Andreas Weigend, que já foi o cientista-chefe da Amazon e é professor da Universidade Stanford (EUA), comentou: "Atualmente os dados sabem mais sobre uma pessoa do que ela mesma!!! Por isso devemos explorar cada vez mais os enormes conjuntos de dados (*big data*) à nossa disposição, devido à enorme velocidade de processamento que dispomos com a tecnologia vigente.

Em diversas áreas, em especial na economia, essas vantagens já se tornaram evidentes.

Empresas que controlam gigantescas bases de dados, como Amazon, Google e tantas outras, já tiveram um valor de mercado multiplicado nas bolsas. Além disso, elas têm usado com muita eficiência informações que detêm sobre os seus clientes (usuários) para incrementar suas vendas. Eu próprio sou vítima contumaz do diabólico algoritmo da Amazon que me oferece quase diariamente livros aos quais não consigo resistir!!!"

As reverberações do *big data*, contudo, não estão restritas ao mundo empresarial. O fenômeno também já está influenciando profundamente a ciência, incluindo as humanidades e os mais variados aspectos da governança.

No momento torna-se complicado antever o alcance da relação que provocará a análise sistemática do *big data*. Mas o ideal seria que se definissem, desde já, certos limites para o uso do *big data*, mais especificamente o conhecimento probabilístico que ele introduz.

Assim, o *big data* nos permite estabelecer com grande probabilidade de acerto quais são as pessoas mais propensas a sofrer moléstias custosas. É razoável que as companhias seguradoras de saúde lhes neguem cobertura ou exijam sobrepreço?

Pior (mas quem sabe melhor para o país e para os sistemas de segurança...), é possível agora apontar quais são os jovens com a maior probabilidade de cometer crimes. É claro que não podemos trancafiá-los antecipadamente (*a priori*), mas seria legítimo colocá-los em programas de prevenção? Ou será que isso já constituiria uma punição antecipada? Será que nossa vida não requer um pouco de incerteza para ser plenamente vivida?

Quanta coisa essa imensidade de informações e dados à disposição das pessoas no século XXI vai permitir que sejam feitas em especial no tocante ao comportamento humano e, com certeza, levar a melhorias para a vida dos seres humanos.

Vamos agora para a situação jocosa da pizzaria Google

– Pizzaria Google, boa noite!

– De onde falam?

– Pizzaria Google, senhor. Qual é o seu pedido?

- Mas este telefone não era da pizzaria do...

– Sim, senhor, mas a Google comprou a pizzaria e agora sua *pizza* é mais completa.

– Tudo bem. Você pode anotar o meu pedido, por favor?

– Pois não. O senhor vai querer a de sempre?

– A de sempre? Você me conhece?

– Temos um identificador de chamadas em nosso banco de dados, senhor. Pelo que temos registrado aqui, nas últimas 53 vezes que ligou, o senhor pediu meia quatro queijos e meia calabresa.

– Puxa, eu nem tinha notado! Vou querer esta mesmo...

– Senhor posso dar uma sugestão?

– Claro que sim. Tem alguma *pizza* nova no cardápio?

– Não, senhor. Nosso cardápio é bem completo, mas eu gostaria de sugerir-lhe meia ricota, meia rúcula.

– Ricota? Rúcula?

– Você ficou louco? Eu odeio estas coisas.

– Mas, senhor, faz bem para a sua saúde. Além disso, seu colesterol não anda bom...

– Como você sabe?

– Nossa pizzaria tem o banco de dados mais completo do planeta.

Nós temos o banco de dados do laboratório em que o senhor faz exames também. Cruzamos seu número de telefone com seu nome e temos o resultado dos seus exames de colesterol. Achamos que uma *pizza* de rúcula e ricota seria melhor para sua saúde.

– Eu não quero *pizza* de queijo sem gosto, nem pizza de salada. Por isso tomo meu remédio para colesterol e como o que eu quiser...

– Senhor me desculpe, mas acho que o senhor não tem tomado seu remédio ultimamente.

– Como sabe? Vocês estão me vigiando o tempo todo?

– Temos o banco de dados das farmácias da cidade. A última vez que o senhor comprou seu remédio para colesterol faz três meses. A caixa tem 30 comprimidos.

– P... É verdade. Como vocês sabem disto?

– Pelo seu cartão de crédito...

– Como?!?!

– O senhor tem o hábito de comprar remédios em uma farmácia que lhe dá desconto se pagar com cartão de crédito da loja. E ainda parcela em três vezes sem acréscimo... Nós temos o banco de dados de gastos com cartão na farmácia. Há dois meses o senhor não compra nada lá, mas continua usando seu cartão de crédito em outras lojas, o que significa que não o perdeu, apenas deixou de comprar remédios.

– E eu não posso ter pago em dinheiro? Agora te peguei...

– O senhor não deve ter pago em dinheiro, pois faz saques semanais de R$ 250,00 para sua empregada doméstica. Não sobra dinheiro para comprar remédios. O restante o senhor pagou com cartão de débito.

– Como você sabe que eu tenho empregada e quanto ela ganha?

– O senhor paga o INSS (Instituto Nacional do Seguro Social) dela mensalmente com um DARF (Documento de Arrecadação de Receitas Federais). Pelo valor do recolhimento, dá para concluir que ela ganha R$ 1.000,00 por mês. Nós temos o banco de dados dos bancos também. E pelo seu CPF (Cadastro de Pessoas Físicas)...

– **Ora, vá se danar!**

– Sim, senhor, me desculpe, mas está tudo em minha tela. Tenho o dever de ajudá-lo. Acho, inclusive, que o senhor deveria remarcar a consulta a que faltou com seu médico, levar os exames que fez no mês passado e pedir uma nova receita do remédio.

– Por que você não vai à m....???

– Desculpe-me novamente, senhor.

– Estou farto destas desculpas. Estou farto da Internet, de computadores, do século XXI, da falta de privacidade, dos bancos de dados e deste País...

– Mas, senhor...

– Cale-se! Vou me mudar deste País para bem longe. Vou para as ilhas Fiji ou algum lugar que não tenha Internet, telefone, computadores e gente me vigiando o tempo todo!...

– Sim, senhor... entendo perfeitamente.

– É isto mesmo! Vou arrumar minhas malas agora e amanhã mesmo vou sumir desta cidade.

– Entendo...

– Vou usar meu cartão de crédito pela última vez e comprar uma passagem só de ida para algum lugar bem longe de você!!!

– Perfeitamente...

– E quero que você me esqueça!

– Farei isto senhor...

(silêncio de 1 min.)

– O senhor está aí ainda?

– Sim, por quê? Estou planejando minha viagem... e pode cancelar minha *pizza*

– Perfeitamente. Está cancelada...

(mais um minuto de silêncio)

– Só mais uma coisa, senhor...

– O que é agora?

– Devo lhe informar uma coisa importante...

– Fala, infeliz!!!...

– O seu passaporte está vencido...

2.9 – OBJETOS "CONVERSANDO" ENTRE SI!!!

Sem dúvida, cada dia que passa, a Internet está se tornando "como a eletricidade" presente em todo tipo de utensílio e produto.

Nesse futuro, cada vez mais próximo, o carro vai se comunicar com a geladeira, que conversará com o *smartphone*, que por sua vez possibilitará acionar os alarmes e as luzes de casa.

Não se trata de nenhuma fantasia futurística, mas de uma realidade que se aproxima rapidamente, como foi divulgado em maio de 2014 pelo instituto de pesquisas norte-americano Pew, sobre as visões do que se pode esperar da chamada "**Internet das coisas**" até o ano 2025.

Assim, o instituto ouviu cerca de 1.600 especialistas ligados à tecnologia sobre os amplos e benéficos efeitos que a Internet das coisas terá até 2025 e, entre os entrevistados estavam executivos e engenheiros de empresas como Cisco, Google, Ericsson, Pay Pal, Netflix, Comcast etc., ativistas, cientistas, acadêmicos, integrantes do governo norte-americano e representantes de diversas organizações não governamentais (ONGs).

Deve-se ressaltar que em 2014 a Internet das coisas já tinha um tamanho considerável e a estimativa conservadora é que até o final deste ano haverá 16 bilhões de aparelhos conectados a ela no mundo. Aliás, os especialistas acreditam que esse número deve chegar a 50 bilhões em 2020.

Um relatório recente da empresa de consultoria Gartner destacou muito o impacto dessa tecnologia – a Internet das coisas – em toda a cadeia de fornecimento. Com isso, uma explosão de aparelhos inteligentes irá criar uma rede rica em informações que permitirá que as cadeias produtivas se organizem e se comuniquem de maneiras diferentes. Por exemplo, será possível monitorar uma garrafa de vinho desde a vinícola até a sua chegada num supermercado!!!

No que se refere ao corpo humano, por meio de acessórios como pulseiras ou relógios (como o que foi lançado recentemente pela Samsung) vai ser possível monitorar atividades físicas e a saúde das pessoas. O monitoramento não será apenas do próprio usuário do aparelho, mas também de terceiros, como no caso dos pais que são avisados como estão ou onde se encontram os seus filhos.

Aliás, está se procurando inovar cada vez mais no tocante às babás eletrônicas, um segmento cada vez mais promissor. Assim, por exemplo, o

Baby Monitor, da Withings, permite vigiar o bebê por meio de uma câmera infravermelha que transmite imagens via *Wi-Fi* ou *Bluetooth*.

O autor do livro *Naked Future* (*Futuro Nu*), Patrick Tucker, que participou da pesquisa do Instituto Pew, comentou: "Um efeito positivo da Internet das coisas será o surgimento de **diagnósticos médicos mais rápidos, convenientes e baratos**".

Sem dúvida, a humanidade ganhará muito graças à rapidez com que poderão ser feitas as observações, as análises de grandes massas de dados e, com isto gerar informações importantes sobre a vida das pessoas.

O atual vice-presidente do Google, o famoso Vint Cerf, enfatizou que: "O monitoramento contínuo deve se tornar um elemento poderoso em nossa vida - monitoramento de saúde e controles de segurança, gerenciamento de trânsito, fluxo de materiais etc. Mas é preciso tomar muitos cuidados com a disseminação dessas tecnologias, pois elas podem gerar **sérios riscos**. Forças inimigas podem tomar o controle e criar muitas complicações para países e pessoas. Além disso, a privacidade dos seres humanos ficará cada vez mais comprometida e talvez se torne algo quase impossível de ter."

Outra coisa muito importante é que quando os objetos, mais precisamente veículos, puderem "conversar" entre si, nas cidades teremos possibilidades de alertar com grande precisão os motoristas sobre o trânsito e sugerir-lhes rotas alternativas, como aliás já acontece de forma razoavelmente eficiente, quando se usa o aplicativo *Waze*.

2.10 – CRESCE A CIBERESPIONAGEM NO MUNDO!!!

Os ciberataques são parte de um mundo novo, confuso e caótico, alimentado pela globalização e a revolução informática.

Num mundo conectado, interligado por redes, é muito mais difícil **desativar** esse tipo de atividade que obscurece as linhas divisórias entre governos e cidadãos privados, nos âmbitos nacional e internacional, estimula o roubo e pode provocar sérios desentendimentos e até guerras. E certamente não será possível fazê-lo usando mecanismos tradicionais de segurança nacional.

Assim, a **ciberespionagem** representa uma nova fronteira e ninguém dispõe ainda das ideias, ferramentas ou estratégias para enfrentar de maneira apropriada esse desafio.

O termo **segurança da informação** tem se tornado cada vez mais conhecido na medida em que:

- as organizações possuem suas informações processadas e armazenadas no ambiente computacional;
- as organizações dependem do ambiente computacional para realizarem seus negócios; e
- o acesso à informação no ambiente computacional está geralmente disponível a todos os colaboradores da empresa.

Divulgar as responsabilidades dos usuários pelas informações é uma tarefa que as empresas têm procurado através de normas, procedimentos, restrições e campanhas internas, mas isso não é suficiente, pois elas acabam sendo surrupiadas.

O fato é que qualquer informação, independentemente do seu formato, é um ativo importante de uma empresa. Por isso, os ambientes e os equipamentos utilizados para seu processamento, armazenamento e transmissão devem ser protegidos. A informação tem um valor muito importante para uma empresa e, sem ela, a organização não consegue realizar adequadamente seus negócios.

Note que a informação é muito mais do que um conjunto de dados. Ao se transformar esses dados em informação, modifica-se algo com pouco significado em um recurso de valor para a nossa vida pessoal ou profissional.

Para que a proteção da informação seja eficaz no dia a dia da organização, os conceitos e os regulamentos de segurança devem ser compreendidos e seguidos por todos os usuários.

O acesso à informação somente deve ser feito se o usuário estiver previamente autorizado. Qualquer tentativa de acesso a ambientes não autorizados deverá ser considerada pela organização como uma **violação dos regulamentos de segurança!**

A liberação da informação só será autorizada pelo gestor principal da informação (CIO, sigla em inglês: *chief information officer*) que considerará sua confidencialidade e a necessidade de acesso do usuário.

Toda informação crítica para o funcionamento da organização deve possuir, pelo menos, uma cópia de segurança atualizada em local seguro.

A divulgação não autorizada de informação confidencial pode causar grande impacto (financeiro, de imagem ou operacional) aos negócios da empresa. Mas, como já se comprovou, a **pessoa** é o **elo mais frágil** na corrente de proteção da informação.

Uma pesquisa mundial feita pela empresa de segurança eletrônica McAfee, que faz parte do grupo Intel, divulgada em 2014, apontou que as perdas que o mundo teve com o crime cibernético em 2013 foi estimado em algo próximo de US$ 575 bilhões, sendo já a terceira maior causa de prejuízo no mundo, depois do narcotráfico (estimado em US$ 600 bilhões) e da falsificação de marcas e uso ilegal de propriedade intelectual (estimada também em US$ 600 bilhões).

Avalia-se que o Brasil perdeu, em 2013, algo próximo de US$ 8 bilhões com os ataques de *hackers* roubando senhas, clonando cartões, promovendo espionagem industrial e governamental e outros tipos de pirataria virtual.

Esses crimes são arquitetados por quadrilhas internacionais, que contratam *hackers* talentosos para atacar áreas vulneráveis do comércio internacional, transferência de valores e produção de tecnologia. Os dados e informações roubados são comercializados na chamada *Deepweb*, a face negra da Internet.

Hoje, as grandes empresas, particularmente, contratam batalhões de especialistas para poderem ter uma linha de frente qualificada de defesa na guerra cibernética.

Esse é o caso da empresa de consultoria PwC (PricewaterhouseCoopers) que em alguns lugares do mundo possui equipes de investigadores cibernéticos (em sua maioria jovens com idade inferior a 30 anos) que procuram localizar níveis de ataque a organizações e alertá-las a tempo.

Para esses "detetives" da PwC, até uma sequência aparentemente aleatória de letras e números pode liberar a entrada em *e-mails*, permitir acesso a contas bancárias e até – possivelmente – controlar armas a milhares de quilômetros de distância.

Da mesma forma que a PwC e outras empresas estão oferecendo salários tentadores para jovens dotados de capacidade necessária para montar defesas em ataques cibernéticos, o lado criminoso não está parado. Ao contrário, está se valendo de um modelo empresarial e as quadrilhas estão recrutando pessoal talentoso, chegando a oferecer salários cinco ou até dez vezes maiores, que em empresas legalmente estabelecidas!!! **E assim fica difícil resistir a tanta tentação, não é?**

Observação importante – O mundo cibernético é composto de vários tipos de personagens e alguns deles têm se tornado criminosos pelas ações ou serviços que realizam. Uma das classificações desses personagens no mundo virtual inclui os seguintes tipos:

- ***Hacker*** – É a pessoa interessada em testar e recondicionar qualquer tipo de sistema operacional. Muitos deles são programadores que possuem um elevado grau de conhecimento em sistemas operacionais e linguagem de programação. Descobrem falhas nos sistemas e os motivos pelos quais elas foram detectadas. *Hackers* constantemente procuram por conhecimento dos pontos fracos dos sistemas informatizados e geralmente não têm a intenção de destruir arquivos ou sistemas!?!?
- ***Cracker*** – É o indivíduo que utiliza sua sabedoria para comprometer a segurança da rede. Os *crackers* possuem também alto grau de conhecimento em linguagens de programação e sistemas operacionais. Suas atividades incluem acesso não autorizado, danificar tudo e qualquer tipo de sistema, ações de espionagem etc. Claro que tais ações são tidas como ilegais e estão sujeitas à ações previstas em lei.
- ***Phreaker*** – É o indivíduo que possui talento para manipular a tecnologia de linhas telefônicas e dos celulares. Os *phreakers* utilizam seus talentos valendo-se da *Web* para promover seus ataques, interceptando ligações telefônicas, clonando telefones celulares, utilizando provedores sem pagar impulso telefônico etc. Realmente, o *phreaker* é um ladrão do mercado virtual.
- ***Anarchist*** – Uma pessoa sem escrúpulos que não segue as leis morais de uma sociedade. O *anarchist* se utiliza do computador, entrando na *Web* com o simples objetivo de prejudicar, badernar etc. Suas atividades incluem a utilização de dispositivos e programas para prejudicar algum componente de algum tipo de computador (*laptop, notebook, desktop* etc.), divulgação de ideias e textos absurdos como manuais de tortura, uma forma de destruir o carro do seu chefe, causar uma desordem pública no trânsito etc.
- ***Warez*** – É o pirata do *software*, ou seja, aquele indivíduo que utiliza seus conhecimentos da informática para copiar, de forma ilegal, programas com o objetivo puramente comercial. Suas atividades são vender programas piratas, desbloquear códigos que evitem a

> pirataria etc. Eles geralmente são beneficiados pelos *crackers* que descobrem números de senhas e enviam programas específicos que são aproveitados pelos *warez.* Aliás, *warez* vem da palavra *ware* (quer dizer mercadoria) significando "mercadorias que são vendidas usualmente fora do *shopping center*", local em que o comércio segue as leis vigentes num país. Essa palavra recebeu a letra "z" por causa da pronúncia. É importante ressaltar que *warez* é uma atividade (pirataria) cujo personagem frequentemente é **desconhecido**.

Um dos mais famosos *crackers* do mundo foi Kevin Mitnick que teve muito sucesso em várias invasões, não só em empresas, como também em instituições financeiras, militares e firmas de *softwares.* Ele começou muito jovem a sua carreira como um *phreaker.* Foi condenado por suas atividades e sua sentença foi de cinco anos e mais três em liberdade condicional, mas sem poder se aproximar de um computador. Depois de cumprir essa condenação, se o passado o puniu, o presente e o futuro têm sido muito promissores para o Kevin Mitnick.

De uma maneira geral, as pessoas costumam classificar os que cometem atos ilegais contra outros, valendo-se da *Web,* como sendo *hackers,* ou seja, que invadem e fazem malefícios para os computadores!?!? Mas o ex-*hacker* Mitnick é agora um muito bem remunerado consultor de segurança contra o crime cibernético, além de escritor. Ele tem a empresa de consultoria *Defensive Thinking,* e no seu livro *The Art of Deception: Controlling the Human Element of Security* (título em português: *A Arte de Enganar: Controlando o Fator Humano na Segurança da Informação)* ressaltou que se deve tomar muito cuidado com o **fator humano**, bem mais do que com o tecnológico, para poder aumentar a segurança em redes corporativas, o que realmente tirou o sono de muitos *CIOs.*

Hoje, é muito comum ouvir a palavra **ciberguerra**, que alguns especialistas não aceitam com sendo uma guerra, pois de fato não existe nada diretamente relacionado à violência que faz vítimas fatais como acontece numa batalha militar convencional, mas ela certamente faz muitas outras vítimas das mais diversas, como revelado no livro de Peter Singer e Allan Friedman, *Cibersecurity and Ciberwar* (*Cibersegurança e Ciberguerra*), que salientam: "Todos os elementos-chave no ciberespaço têm paralelos com a guerra em outros domínios."

Vejamos alguns casos que se tornaram conhecidos e famosos de ciberataques entre os países:

- Em junho de 1982, divulgou-se que em uma operação do Exército dos EUA teria implantado um vírus nos computadores responsáveis por controlar uma tubulação de gás na União das Repúblicas Socialistas Soviéticas (URSS), o que acabou provocando uma explosão equivalente a "um pequeno aparato nuclear", de acordo com um relatório oficial. Ninguém ficou ferido. Anos depois, um ex-comandante da KGB (*Komitet Gosudarstvennoi Bezopasnosti* / Comitê de Segurança do Estado), negou que o fato tenha ocorrido.
- Em março de 1998, sistemas internos do Pentágono, da NASA (National Aeronautics and Space Administration / Agência Espacial Norte-Americana) e do departamento de Energia dos EUA foram invadidos e informações confidenciais foram roubadas. O ataque ficou conhecido como *Moonlight Maze* ("labirinto" à luz da lua) e sua autoria foi atribuída pelos EUA à Rússia, que negou sua participação.
- Em novembro de 2005, tudo indica que uma operação conjunta dos EUA e de Israel desenvolveram um vírus que tinha como alvo as centrífugas de uma usina nuclear do Irã. Batizado de operação Jogos Olímpicos, o ataque ficou conhecido como *Stuxnet*. As centrífugas passaram a funcionar de modo incorreto, sem, no entanto dar **sinais de erro**. O vírus foi instalado por uma entrada *USB* (*Universal Serial Bus* / porta serial universal) de um *notebook* conectado para controlar o sistema, que estava desconectado de qualquer rede, inclusive da Internet.
- Em abril de 2007, logo após uma disputa diplomática entre Estônia e Rússia, vários *sites* do governo e de bancos estonianos receberam ataques DDoS, sigla para expressão em inglês *Distributed Denial of Service* ("ataque distribuído de negação de serviço"). Esse é um tipo de ciberataque em que vários robôs tentam acessar um mesmo *site* e sobrecarregá-lo e, assim, tirá-lo do ar!!! Naturalmente, a Rússia negou qualquer ligação com o incidente.
- Em outubro de 2007, o ministro da Segurança Nacional da China afirmou que *hackers* de Taiwan e dos EUA roubaram informações confidenciais do governo daquele país, principalmente da sua agência aeroespacial.

- Em julho de 2008, precedido de uma invasão por terra da Rússia, *sites* estatais da Geórgia saíram do ar. Obviamente, os russos, mais uma vez, negaram ter qualquer ligação com o ataque.

No teatro da guerra cibernética, o que mais se busca são as **vulnerabilidades**. Na realidade, devem-se entender as vulnerabilidades como as falhas que permitem penetrar nas redes dos computadores pessoais (PCs), que são as principais armas a serem usadas num eventual ataque cibernético.

Sabe-se agora que algumas das "ações exploratórias" de vulnerabilidades vieram dos EUA, que tem, em Fort Meade, uma base militar que sedia tanto a NSA (National Safety Agency / Agência de Segurança Nacional) como o Cyber Command.

Na realidade, outros países, em especial a China e a Rússia, têm também arsenais semelhantes, desenvolvendo ações próprias ou envolvendo-se com *hackers*.

O comandante do Cyber Command, o almirante Michael Rogers, especializado em ciberguerra, e que segundo o jornal *The New York Times* pode ter participado do ataque ao Irã, declarou: "É vital o nosso país ter uma excelente estrutura para impedir o furto de propriedade intelectual e como coletar informações preciosas, ou seja, ter um trabalho de inteligência para se prevenir contra os ataques terroristas."

Atualmente, as empresas dos mais variados tipos sofrem ciberataques com o que ficam conhecidas informações valiosas dos seus clientes (usuários) como foi em fevereiro de 2014, quando a gigante do comércio eletrônico, eBay, pediu aos seus 145 milhões de usuários que modificassem as suas senhas devido a um ciberataque que expôs as informações de seus clientes.

De acordo com a empresa, *hackers* roubaram endereços de *e-mail*, senhas criptografadas, datas de nascimento, endereços de correspondência e outros dados.

Um porta-voz de eBay informou: "Após uma extensa análise, verificou-se que apesar de um grande número de contas ter sido afetado, esse problema não se alastrou para o serviço de pagamentos eletrônicos PayPal, usado como ferramenta de transferência do *site* e que codifica e armazena seus dados separadamente. A propósito, a PayPal jamais compartilhou a informação financeira com os comerciantes, incluindo o eBay."

Pois é, o nível de sofisticação no cibercrime está se incrementando e os *hackers* são agora capazes de extrair dados de vários lugares para criar perfis muitos consistentes dos indivíduos.

Contudo, quanto mais informações os inimigos obtêm, mais possibilidades têm de serem bem-sucedidos em seus golpes.

No dia 19 de maio de 2014, o departamento de Justiça dos EUA acusou cinco membros da Unidade 61.398 do Exército da Libertação Popular (ELP) da China de espionagem econômica cibernética contra as empresas norte-americanas. Tratou-se de um ato sem precedentes contra um governo estrangeiro e a resposta das autoridades chinesas foi **furiosa**.

Poucos dias depois de as acusações terem sido anunciadas, o Ministério das Relações Exteriores da China divulgou um comunicado repudiando as acusações, afirmando que elas eram "**simplesmente fictícias**" e "**totalmente absurdas**"!?!?

No entanto, além dos desmentidos, a argumentação defensiva da China acabou revelando um detalhe importante, ou seja, a perspectiva diferente das autoridades chinesas no tocante às atividades da NSA, reveladas em 2013 pelo desertor Edward Snoweden. .

Este é um fato que **ilustra** como o governo de Pequim conseguiu justificar sua espionagem cibernética como **algo sem importância** se comparado às atividades do serviço de inteligência dos EUA.

As acusações de espionagem cibernética conduzida pelo Estado chinês começaram a ser manchetes no início de 2013, quando a empresa de segurança norte-americana Mandiant publicou um estudo de 60 páginas que ligou o exército da China a ciberataques contra empresas nos EUA.

Porém, a resposta da chancelaria chinesa foi de negar qualquer envolvimento oficial no caso, acrescentando que: "Ataques de *hackers* são transnacionais e anônimos." No entanto, alguns meses depois, os EUA foram abalados por suas próprias acusações, envolvendo a sua própria espionagem *on-line*.

Em junho de 2013, o jornal *The Washington Post* e outros veículos começaram a informar sobre os documentos divulgados pelo Edward Snowden. Essas revelações despertaram grande interesse na China e muitos blogueiros afirmaram que elas mostravam o comportamento **hipócrita** dos EUA na área de segurança cibernética.

Aliás, o jornal estatal chinês *Global Times* em seu editorial publicou: "As revelações feitas por Edward Snowden aumentaram nosso entendimento de espaço cibernético, especialmente os ataques virtuais dos EUA que, provavelmente, se constituem em uma arma muito mais poderosa do que sua força militar tradicional. Essa arma demonstrou a hipocrisia e arrogância dos EUA."

Em 20 de maio de 2014, novamente uma mensagem divulgada pelo Ministério de Relações Exteriores da China criticou acerbamente o governo norte-americano: "É fato conhecido de todos que importantes instituições dos EUA, há muito tempo, estão envolvidas no roubo cibernético organizado em grande escala, como também em escutas telefônicas ilegais e espionagem, não só contra líderes políticos estrangeiros como também contra empresas e indivíduos. A China é vítima de graves roubos cibernéticos pelos EUA e também de escutas e espionagem. Um grande volume de informações divulgadas publicamente mostra que instituições norte-americanas invadiram *websites* chineses, efetuaram escutas telefônicas ilegais e espionagem contra vários departamentos do governo da China, instituições e empresas, universidades e indivíduos."

Para o governo norte-americano, os dois casos se inserem em categorias separadas – espionagem estrangeira *versus* espionagem econômica patrocinada pelo Estado – e a diferença-chave é o fato de as informações obtidas pela NSA por meio de espionagem não serem repassadas pelas empresas privadas, ao passo que a finalidade específica das supostas informações obtidas por Pequim, em espionagens, é transmitir tais informações.

A especialista em assuntos asiáticos do Centro de Estudos Internacionais e Estratégicos, com sede em Washington (EUA), Bonnie Glaser, disse: "A diferença entre roubo de informações e segredos empresariais não existe para os chineses. Ambos são considerados um **jogo limpo** e um recurso essencial para acelerar o ressurgimento da China como uma grande potência."

A posição da China pode parecer hipócrita, mas também reflete um autêntico senso de insegurança e, dessa maneira, em fevereiro de 2014, o presidente chinês, Xi Jinping, declarou que ficaria sob sua supervisão direta um novo órgão governamental responsável pelo controle das atividades de segurança cibernética do país, numa resposta às críticas internas que recebeu com relação à **vulnerabilidade chinesa**.

Essas críticas são compreensíveis, pois se divulgou de maneira não oficial que a NSA conseguiu se infiltrar na empresa de tecnologia chinesa Huawei para conferir se ela estava realmente espionando para o Estado chinês e outras nações.

Além disso, a alegada unidade de pirataria da NSA, conhecida como *Office of Tailored Access Operations*, de acordo com o artigo de Matthew Aid na revista *Foreign Policy*, teria "se infiltrado com sucesso" em computadores e em setores de telecomunicações chineses pelo menos nos últimos 15 anos!?!?

China e EUA vêm tentando resolver suas pendências no campo da espionagem cibernética e para isso criaram, em abril de 2013, o grupo bilateral Cyber Working, que após um ano de existência não trouxe nenhuma melhoria nessa insatisfação com a guerra cibernética entre as duas nações.

Por sua vez, Eric Holder, secretário de Justiça dos EUA afirmou: "Essa é a nossa primeira acusação formal contra integrantes do Estado chinês por se infiltrar em alvos comerciais norte-americanos por meios tecnológicos. Temos que dar um basta. O governo não vai tolerar atos de nenhum país que procure sabotar empresas norte-americanas e minar a integridade da livre concorrência."

As vítimas comprovadas da ciberespionagem chinesa tendo à frente os "especialistas": Wang Dong (cujo codinome de *hacker* é *Ugly Gorilla*), Gu Chunhui (*Kandy Goo*), Sun Kailiang (*Jack Sun*), Wen Xinyu e Huang Zhenyu, foram as empresas Westinghouse Electric, Alcoa, Allegheny Technologies Inc., United States Steel, o United Steel Workers Union (sindicato dos trabalhadores siderúrgicos) e a Solar-World.

A Alcoa é a maior empresa de alumínio dos EUA, e a US Steel é a maior siderúrgica norte-americana.

Em alguns casos, os *hackers* chineses roubaram segredos comerciais benéficos para as empresas chinesas. Por exemplo, a Solar-World, uma produtora de tecnologia de painéis solares do Estado de Oregon, começou rapidamente a perder mercado para competidores chineses que, sistematicamente, passaram a cobrar por bens de exportação bem abaixo dos custos de produção, e isso porque o acusado Wen Xinyu roubou milhares de arquivos da empresa norte-americana contendo informações vitais sobre custos e preços dessa empresa.

No caso da Westinghouse Electric, uma fabricante de usinas de energia nuclear, no Estado da Pensilvânia, ele estava negociando com uma companhia chinesa a construção de quatro usinas nucleares na China. O acusado Sun Kailiang (*Jack Sun*) roubou especificações de projeto confidenciais para tubos, suportes de tubos e roteamento de tubos para essas instalações – informação que permitiria a todo competidor que quisesse construir uma usina nuclear economizar muito dinheiro em pesquisa e desenvolvimento (P&D).

Os cinco chineses acusados deveriam cumprir décadas de pena em prisão, porém eles estão todos soltos na China e reconhecem as autoridades norte-americanas que não existe nenhuma chance deles serem entregues aos EUA pela China!!! Mas, mesmo que uma condenação nunca se materialize, o indiciamento já enviou uma mensagem que tais atos não poderão ser mais tolerados nos EUA. As estimativas das perdas econômicas para os EUA da ciberespionagem comercial variam de US$ 24 bilhões a US$ 120 bilhões anuais.

A China é o país mais envolvido nessas atividades contra os EUA, segundo as estimativas da inteligência nacional norte-americana.

As autoridades do alto escalão dos EUA advertiram, repetidamente, a China de que sua pilhagem de propriedade intelectual em benefício de indústrias chinesas está prejudicando seriamente as relações bilaterais ente Pequim e Washington.

Já de acordo com o governo chinês, apenas de 19 de março a 18 de maio de 2014, os *hackers* dos EUA fizeram **2.677 ataques** com o vírus cavalo de Troia (em que o programa espião vem escondido em outro arquivo, geralmente em alguma oferta de prêmio em dinheiro ou algum tipo de pornografia).

Essas incursões teriam permitido aos *hackers* controlar cerca de 1,2 milhão de computadores na China.

A professora do MIT, Nazli Choucri (autora do livro *Cyber Politics in International Relations*, em tradução livre: *A Política Cibernética nas Relações Internacionais*) declarou: "Os EUA estão espantados diante da capacidade chinesa de efetuar ciberataques contra o país e não estão aptos a se defender adequadamente dessas ameaças.

Os *hackers* chineses podem provocar danos tremendos para os EUA, como por exemplo, penetrando em qualquer sistema de computadores do país, dando apenas uma 'olhada' ou inclusive modificando alguns dos seus conteúdos. Eles já estão fazendo isso, apesar do governo dos EUA não estar dando detalhes públicos completos sobre esse fato.

Naturalmente, o alvo maior dos chineses é o roubo de informações vitais das grandes empresas privadas norte-americanas. Os chineses querem atualmente **informações** e **conhecimento** muito mais que **dinheiro**!!!

Os EUA já tiveram um desempenho elevado em cibernética, mas agora a capacidade da China é enorme. Os chineses são mais disciplinados, melhor coordenados, mais envolvidos e eles compartilham informações sobre o que estão fazendo e conseguindo. E isso é algo que as companhias e agências norte-americanas não fazem tão bem.

Nos EUA, as empresas privadas 'hackeadas' admitem que foram invadidas, mas não revelam corretamente a **extensão da intrusão**. Não querem, dessa maneira, mostrar sua vulnerabilidade, pois isso poderia manchar a sua imagem.

Estamos vivendo um sistema bipolar no ciberespaço, ou seja, há uma ciber Guerra Fria, isto é, algo parecido com a divisão que houve entre os EUA e a URSS na Guerra Fria, nas décadas de 1950 e 1960, principalmente. E agora, temos uma séria guerra entre os EUA e a China no ciberespaço, entretanto com uma grande diferença. Antigamente era apenas entre o 'mundo livre' e o mundo comunista, mas agora há muitos outros países poderosos e a espionagem é mais diversificada, apesar de que norte-americanos e chineses se sobressaem nela."

No final de maio de 2014, o Itamaraty divulgou que sofreu ataques de *hackers*, declarando que *e-mails* e sistemas de dados sofreram invasões com um método chamado *phishing*, que consiste no roubo de senhas.

O ministério não detalhou o tamanho do dano e que tipo de informações foram acessadas. Os criminosos enviaram *e-mails* falsos, disfarçados de comunicações ou mensagens oficiais, aos endereços eletrônicos do Itamaraty.

Foram assim *hackeados e-mails*, a Intranet (rede interna dos funcionários) e alguns documentos do IntraDoc – onde ficam armazenados os documentos diplomáticos e mensagens reservadas entre os diplomatas. Foram, por exemplo, publicadas fotos no Twitter pelo grupo Anonymous Operation, que assumiu a autoria da invasão, com a capa de um telegrama do Itamaraty para a embaixada brasileira em Tel-Aviv, tratando do apoio logístico à comitiva brasileira que iria negociar um acordo de troca de informações sigilosas entre os governos do Brasil e de Israel.

Na imagem é possível ver ainda *links* para arquivo sobre subsídios para a reunião da Comunidade dos Estados Latino-Americanos e Caribenhos (CELAC) de 2013, sobre temas globais a serem tratados na próxima visita do vice-presidente norte-americano John Kerry, entre outros assuntos.

O sistema informático do Itamaraty é considerado precário no que se refere à segurança, por muitos diplomatas.

Ainda em julho de 2012, o Ministério das Relações Exteriores anunciou o seu objetivo de trocar o sistema de envio de dados sigilosos para evitar *hackers*.

A troca de informações entre Brasília e os postos no exterior é feita por Internet pública. Para evitar vulnerabilidades, a intenção era passar a usar uma rede de satélites especial, como fazem, por exemplo, os EUA e a França; mas, até o final de 2014 o sistema não mudou...

Se alguém pode pensar que o Brasil não tem muitas informações importantes e estratégicas para os governos e empresas de outros países, está totalmente enganado, viu?

2.11 – FUNCIONÁRIOS PÚBLICOS CADA VEZ MAIS CONTROLADOS!!!

A cidade de São Paulo, em 2014, tinha cerca de 160 mil funcionários que trabalhavam na sua prefeitura.

Pois é, agora, eles são obrigados a **informar** todos os seus bens para um sistema eletrônico que permite assim a análise da evolução patrimonial de todos os servidores públicos ativos, incluindo os agentes políticos, possibilitando o exame da compatibilidade com o salário que recebem.

O sistema também é útil para verificar se todos os bens foram declarados por meio do cruzamento de informações contra outras fontes, e para mapear setores mais sujeitos à **corrupção**. Além disso, permite identificar tentativas de ocultação de patrimônio, inclusive por meio do uso de terceiros (**"laranjas"**) e outras situações indicativas do crime de lavagem de dinheiro.

Vista inicialmente com desconfiança, a medida demostrou sua **eficácia** para o combate à corrupção já em 2013, pois com base nessas declarações, foi possível colocar em prática uma metodologia de análise patrimonial, que inclui o uso de matrizes de risco, o cruzamento de dados, a análise de fluxos de caixa e de tipologias que evidenciam "sinais exteriores de riqueza".

Contudo, o uso dessa metodologia permitiu a identificação de uma das maiores redes de corrupção da história recente do País, no episódio que ficou conhecido como o escândalo do ISS-Habite-se.

A partir da análise dos bens de quatro fiscais do município, que agora têm seu milionário patrimônio bloqueado pela Justiça, a Controladoria Geral do Município (CGM) desbaratou, em parceria com o Ministério Público (MP) de São Paulo, um esquema que teria desviado mais de R$ 500 milhões no período dos últimos cinco anos.

Por sinal, essa ação levou à instauração de mais de 500 inquéritos e cerca de 400 empresas do setor imobiliário passaram a ser investigadas.

Com a cobrança dos impostos sonegados por essas empresas e a aplicação de multas, poderão ser recuperados cerca de R$ 4 bilhões, de acordo com as estimativas da MP.

Na verdade, a GCM nada mais fez do que dar efetividade a uma exigência que vem desde 1992, como da aprovação da Lei de Improbidade Administrativa, que obrigou os servidores a informar, anualmente, seu patrimônio privado.

A diferença é que agora tais informações não mais permanecem engavetadas, imunes à lupa dos órgãos de controle.

O uso da TI e da inteligência aplicada tornou possível usar os indícios de enriquecimento indevido como forma eficaz de combater a corrupção.

A fim de estimular o uso dessa metodologia, a CGM está celebrando parcerias para disseminar a estratégia e também fornecer a outras prefeituras e outros órgãos interessados, sem qualquer ônus, os códigos-fonte do seu sistema de registro de bens.

Realmente, os diversos órgãos de controle – à exceção de poucos, como a Receita Federal e a CGU (Controladoria-Geral da União) – têm subestimado o potencial da análise patrimonial.

Chegou a hora de mudar esse quadro, pois vivemos na **era das informações**, quando uma enorme quantidade delas pode ser analisada rapidamente. E isso, em um País em que bilhões de reais são surrupiados dos cofres públicos, pode significar uma importante alternativa para a redução da impunidade.

O articulista do jornal *O Estado de S. Paulo*, Marcelo Rubens Paiva, no seu artigo *Me exponho, logo existo*, publicado em 17/5/2014, fez uma análise bem interessante de como a sociedade mudou e se encheu de "**informações extras**": "Invejo quem não tem celular. Existem e são admiráveis. São poucos. Estão em extinção. Quando precisam falar com alguém, ligam de um fixo. Admiro pessoas que ligam do fixo. São econômicas. Sem contar que a ligação é clara e não cai.

E invejo quem não está no Facebook, Twitter, Instagram, LinkedIn, G+, WhatsApp, em lugar nenhum: aquele que não existe virtualmente, que nunca 'teve' Orkut e nem sabe o que foi o extinto MSN. São seres analógicos, mais evoluídos do que a maioria. Caminham, olham o nada ou algo sem a urgência de um registro fotográfico ou um comentário, uma curtida, uma postagem.

Sim, existe gente que não se comunica, nem curte, nem posta. Não critica, nem milita, nem lamenta a morte de um ídolo para amigos, conhecidos, seguidores desconhecidos e amigos de amigos. Não se indigna, não se revolta, não se mostra. Não mostra seus gatos, seus pratos, sua mãe no dia delas. Nem relata suas viagens. Não pensa, não expõe, não se exibe para centenas ou milhares de pessoas. **Logo, não existe?** Nem o pôr do sol retrata. Nem a lua tem o seu momento. O que dirá de um nascer do sol? Existe?

Não posta fotos de carro parado sem permissão na vaga de deficiente. Não elogia a vida simples do presidente uruguaio, José Mujica. Não lamenta o descaso com o dinheiro público, principalmente no que se refere aos gastos com a Copa do Mundo de Futebol de 2014. Nem descobriu ainda que alguns de seus amigos têm opiniões aterradoras.

E pensar que há uns 12 anos não existiam redes sociais. Há 20 anos, a Internet não era regulamentada, nem existia o consórcio W3C (World Wide Web Consortium), não havia celular e os primeiros computadores pessoais eram incrivelmente inferiores aos de hoje.

Nessa época, a maioria nem telefone fixo tinha ou então máquina fotográfica. E mesmo assim, éramos bem informados, educados e sabíamos que **devíamos** ler um bom livro, assistir a um filme divertido, e assim por diante.

Éramos mais discretos. Menos ansiosos. Não precisávamos da aprovação alheia. Não precisávamos chamar tanta atenção, nem criar a ilusão de que somos melhores do que somos.

Somente éramos!!!"

Pois é, essa crítica de Marcelo Rubens Paiva faz sentido. Entretanto, tudo indica que haverá cada vez mais exageros nessas exposições e, sem dúvida, quando alguém desejar um pouco de privacidade, isto será impossível...

2.12 - O CONHECIMENTO LEVANDO À SABEDORIA.

Como disse o especialista norte-americano em comunicação corporativa, Bill Jensen: "A acessibilidade total que conquistamos não implica que precisamos de todas as informações."

Bem, cada ano que passa, devido ao volume extraordinário de mensagens, comunicações e informações que chegam até as pessoas, elas estão se aprimorando em selecionar o que lhes serve ou presta, e o que deve ser **descartado** (ou jogado fora...).

Mais do que isso, apesar da possiblidade cada vez maior de termos as informações que desejamos quase que imediatamente, nunca as pessoas tiveram tanta preocupação com a perda do seu precioso **tempo**, mais até que com o dinheiro, pois é a coisa mais preciosa que existe...

Ninguém mais fica confortável quando tem que esperar, ou então, quando algo a faz com que desperdice o seu tempo. Por isso, as informações precisam, de fato, serem dados endossados por relevância e sentido.

Evoluindo nesse sentido, podemos afirmar que a **informação** interpretada será **conhecimento** e o **conhecimento** vivenciado se torna **sabedoria**.

O notável empresário e bilionário Bill Gates, há algum tempo, mais precisamente em 2005, numa entrevista para a revista *Newsweek*, na matéria *A Revolução do Conhecimento*, disse: "A maior parte do que temos até agora é, na realidade, apenas **informação**: dados, fatos e inteligência básica de negócios. Conhecimento em si é algo bem mais profundo.

O acesso a dados e informações já é e será, cada vez mais, totalmente democratizado, acessível a todos como um simples bem consumível. O diferencial competitivo de cada pessoa estará exatamente na sua capacidade de interpretação altamente qualificada desses dados e informações, o que nos capacitará a desenvolver produtos, serviços e ações.

Conhecimento é, assim, informação combinada com experiência, contexto, interpretação e reflexões."

O consultor Normann Kestenbaum, no seu livro com o título bem engraçado *Obrigado pela Informação que Você Não Me Deu!*, conta que: "Uma pessoa estava num belíssimo Porsche, último ano, conversível, dirigindo-se para uma pequena cidade, bem erma e que não estava disponível no seu GPS?!?! Em determinando momento, ele vê um velhinho andando ao lado da estrada, para e pergunta: 'Senhor, qual o caminho que devo seguir para chegar a esta cidade?'.

Aí, o velhinho respondeu: 'Para chegar lá existem quatro estradas'.

O dono do Porsche pergunta: 'E as distâncias para percorrer são todas iguais?'.

O idoso relatou: 'Não, uma é de 120 km, a outra é de 150 km, a terceira é de 180 km e a última de 220 km.'

Intrigado, o dono do carro questionou: 'Mas por que essa discrepância nas distâncias? O que as distingue?

Ao que o expedito velhinho respondeu: 'Bem, a primeira, que é a mais curta, é muito íngreme e estreita, mas nela se pode apreciar paisagens lindíssimas; a segunda é uma buraqueira só, toda de terra, boa para fazer rali;

a terceira é a mais nova da região, uma via expressa, cheia de pedágios; e a quarta beira o litoral.'

Pois é, até aí a conversação entre o feliz dono do Porsche e o velhinho desenvolveu-se no campo dos dados e informações. Entretanto, a coisa mudou de figura quando o motorista perguntou ao velhinho: 'Qual é a estrada que o senhor tomaria?'

E, surpreendendo o dono do Porsche, ele afirmou: 'A de terra, cheia de buracos!!!'

No que o viajante novamente perguntou: 'Mas por que justamente esta?'

E o velhinho falou: 'Porque é a única segura da região, pois existem muitos assaltos nas demais, inclusive na via expressa!!!'

Pois bem, nesse momento o que o velhinho forneceu foi **conhecimento** e, ao fazer a pergunta, a pessoa que estava a passeio se beneficiou de toda a experiência de vida e da região que ele tinha, e chegou a uma decisão que provavelmente não teria condições de tomar sozinho!"

Claro que esse exemplo pode ser inserido no ambiente de trabalho, nas organizações, nas quais, principalmente os gestores, se encontram imersos em grandes quantidades de dados e informações sobre os quais devam refletir e tomar suas decisões.

Com o passar do tempo, eles vão criando suas "**ilhas de conhecimento**", ou seja, um material extremamente resumido e, se possível fortemente visual, cuja observação e leitura remetam rapidamente à essência do problema.

De fato, é o excesso de informações disponíveis que está criando uma enorme dificuldade para que as pessoas consigam reter tais informações. Isso significa que se deve buscar a simplificação dessas informações.

Thomas Jefferson (1743-1826), que foi o 3º presidente dos EUA, dizia: "O mais valioso de todos os talentos é nunca usar duas palavras quando apenas uma resolve."

No século XXI, é vital buscar o máximo de **simplicidade** no envio (recebimento) das informações. A propósito, há quem diga que simplicidade é a arte de tornar **claro** o que é **complexo**; é poder fazer menos do que não interessa, e mais do que realmente interessa.

Jack Welch, que durante muito tempo comandou a General Electric (GE), chegando a ser classificado como o mais eficaz CEO do século XX afirmou: "Simplicidade, essa é a regra do jogo agora. Desconfie sempre quando começam lhe pintar um quadro muito complexo de determinada situação empresarial e de negócios. Reduza tudo à sua forma mais simples e terá metade do caminho andado."

De forma resumida: **simplicidade é subtrair o óbvio e adicionar o que faz sentido!!!**

2.13 – SERGEY BRIN E LARRY PAGE, OS DOIS NOTÁVEIS QUE IMPULSIONARAM A ERA DA INFORMAÇÃO

Sem dúvida, essas duas pessoas – Sergey Brin e Larry Page – são os principais responsáveis pela facilidade que existe hoje para se obter **dados** e **informações,** valendo-se da Internet.

Larry Page (à esquerda) e Sergey Brin, os fundadores do Google.

Sergey Brin e Larry Page se conheceram em meados da década de 1990, na Universidade Stanford, nos EUA, onde conseguiram o título de doutores em Ciência da Computação.

Os estudos iniciais para o desenvolvimento do Google começaram assim, nos dormitórios dessa universidade.

Tempos depois, Brin e Page, para terem mais espaço para sua pesquisa, alugaram a garagem de uma residência em Menlo Park, no Estado da Califórnia (EUA), pagando US$ 1.700 por mês.

Com o grande progresso do Google, Brin e Page ganharam notoriedade mundial e fizeram fortuna com o negócio que criaram, chegando logo na lista de **bilionários** da revista *Forbe*s.

Page tem uma fortuna avaliada em US$ 32,9 bilhões e figura como a 16ª do mundo. Brin ocupa a 19ª posição, com patrimônio de US$ 32,6 bilhões, sendo que os dois possuem aproximadamente 16% do Google.

Sergey Mihailovich Brin, ou mais simplesmente Sergey Brin, nasceu em Moscou, os seus pais se mudaram para os EUA quando ele tinha apenas seis anos. Ele é filho de cientistas (sua mãe foi pesquisadora da NASA e o pai matemático). O fundador do Google desde muito cedo sempre se inspirou nos pais para aprender matemática.

Em 1993, ele se graduou pela Universidade de Maryland, com honras.

Em 2007, Brin se casou com Anne Wojcicki, analista em biotecnologia. Juntos, eles desenvolveram maneiras de melhorar o acesso das pessoas a informações voltadas para a área da saúde e também se envolveram com pesquisas sobre o genoma humano.

Em 2008, Sergey Brin faz uma doação milionária para incrementar as pesquisas sobre o mal de Parkinson, pois sua mãe já desenvolveu a doença e ele próprio tem grande probabilidade de ter o mesmo problema.

Sergey Brin e Anne Wojcicki tiveram dois filhos, mas recentemente ele pediu divórcio, coincidindo com a estranha saída do brasileiro Hugo Barra – vice-presidente responsável pela plataforma *Android* – um dos principais porta-vozes do Google que deixou a empresa para trabalhar numa companhia chinesa, a Xiaomi, exercendo o cargo de vice–presidente.

O fato é que Amanda Rosenberg, gerente de *marketing* do Google, teve um caso com Hugo Barra e, alguns meses depois, essa funcionária estava flertando com ninguém menos que Sergey Brin...

Tudo indica que Amanda é a pivô de uma rede de intrigas passionais!?!?

Observadores externos e internos apostam que Amanda é a responsável por essa discórdia. Ela é uma entusiasta do *Glass*, os óculos inteligentes do Google, com os quais a gerente foi fotografada em diferentes ocasiões, inclusive em muitos eventos oficiais, nos quais acompanhou Brin para promover o engenhoso dispositivo (*gadget*).

As últimas notícias sobre o caso extraconjugal de Sergey Brin com a gerente de *marketing* da Google *Glass*, Amanda Rosenberg, criou um sério mal-estar com o seu amigo Larry Page e parece que eles não estavam mais se falando.

O fato é que Larry Page tem uma postura "estritamente ética" e ficou muito chateado com a situação.

A ex-mulher de Brin, Anne Wojcicki, descobriu o caso em 2013. Ela conheceu o Sergey em 1998, quando Brin e Page desenvolveram o Google. A irmã de Anne, Susan Wojcicki, que é a atual CEO do YouTube, foi quem disponi-

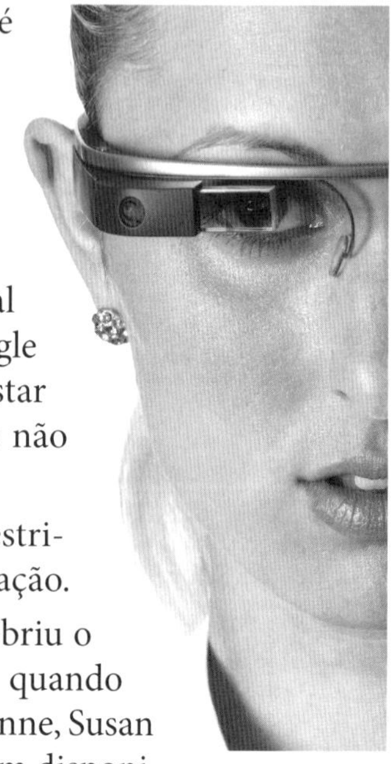

O revolucionário *Google Glass*.

bilizou a garagem de sua casa para os fundadores do Google montarem o primeiro escritório de sua organização.

Na mesma época em que Anne descobriu o caso, Amanda Rosenberg namorava o brasileiro Hugo Barra. Sem saber do caso, Barra pediu que sua namorada fosse morar com ele na China, mas ela não aceitou o pedido e terminou esse relacionamento em maio de 2014.

Diferente de seu parceiro Larry Page, Brin gosta de aparecer em fotos ao lado de figuras notáveis como o bilionário Rupert Murdock, provavelmente o mais poderoso homem no mundo das comunicações, ou então ao lado de estilistas renomados como Diane von Fustenberg.

Entre os anos 2001 e 2011, Sergey Brin atuou como o presidente de tecnologia do Google e dividiu as responsabilidades das operações ao lado de Larry Page.

Atualmente, ele dedica boa parte de seu tempo para desenvolver projetos especiais do Google, como o caso do *Google Glass*, os óculos conectados à Internet, que Brin faz questão de quase nunca tirar da cabeça...

Sergey Brin fundou, juntamente com Larry Page, a Google.org, um braço filantrópico da empresa, com o qual eles estão investindo no desenvolvimento de fontes de energia alternativas e renováveis. Além disso, é o acionista minoritário da Tesla Motors, uma empresa voltada para o desenvolvimento de carros elétricos, bem como em outros negócios de ponta como o turismo espacial.

Entre suas paixões na vida, uma delas é pilotar e junto com o amigo Page possui duas aeronaves.

Se Brin adora aguçar o seu lado *pop star* ("personalidade popular"), Larry Page prefere a discrição.

Page nasceu nos EUA e o seu gosto pela pesquisa também foi herdado da família. Seu pai, Carl Page, tornou-se Ph.D. em Ciência da Computação, em 1965, e foi considerado um dos **pioneiros da área de tecnologia no mundo**.

Page foi o primeiro presidente do Google e ficou na função por quatro anos. Em 2001, ele deixou o posto para assumir o cargo de presidente de produtos da companhia, mas, em 2011, no entanto, voltou à função de CEO.

Page está casado com Lucinda Southworth desde 2007, é pai de um menino de três anos. Embora passe a impressão de uma vida sem nenhum problema, o fundador do Google vive um drama pessoal: ele tem paralisia nas cordas vocais, que **acaba dificultando a fala**, o que inclusive o levou a fazer uma doação de mais de US$ 20 milhões para o Instituto de Saúde de Boston para o desenvolvimento de pesquisas que possam amenizar o seu problema.

Por ter dificuldade em falar, Larry Page tem evitado fazer as apresentações do Google.

Os fundadores do Google, por diversas vezes, já foram premiados por terem sido tão geniais em criar o Google e por todas suas "extensões".

Em 2002, Page e Brin entraram pela primeira vez no *ranking* (classificação) do *MIT Technology Review*, que elege as pessoas mais inovadoras do mundo com idade até 35 anos. Na ocasião, os fundadores do Google tinham 29 anos.

O Google começou a sair da imaginação de ambos e do papel em meados de 1990.

Em setembro de 1997, o domínio Google foi registrado e a empresa foi constituída um ano depois.

A companhia é considerada uma das mais rentáveis do setor de tecnologia do mundo, com um patrimônio de US$ 70 bilhões. Só em 2013, o Google lucrou US$ 12,9 bilhões (crescimento de 20% em relação a 2012 com US$ 10,7 bilhões) e gerou uma receita de US$ 59,8 bilhões (19% a mais em comparação a 2012 com US$ 50,1 bilhões).

O Google é listado na bolsa de Nasdaq desde 2004. A bolsa de valores mais moderna do mundo, a NASDAQ – National Association of Securities Dealers Automated Quotation System (Sistema Eletrônico de Cotação da Associação Nacional de Intermediários de Valores). Ela é diferente das bolsas tradicionais por ser eletrônica, ou seja, sem a presença física dos corretores, que ficam conectados por um sistema, sendo restrita a empresas de tecnologia.

Além de Page e Brin, outras pessoas foram fundamentais para a criação do Google e uma delas foi o empresário Andy Bechtolsheim, que praticamente financiou a criação do *site* com um aporte inicial de US$ 100 mil.

Outra figura importante para o sucesso do Google foi Eric Schmidt, o executivo contratado em 2001 para assumir o posto de presidente da companhia no lugar de Larry Page. Deve-se creditar à gestão eficaz de Schmidt o grande crescimento do Google no mercado. Desde 2011, ele ocupa a posição de presidente do conselho da companhia, uma vez que Page retomou o posto de CEO nessa época.

➛ **Você poderia dizer qual é o valor atual (em 2014) da maior empresa de Internet do mundo?**

Bem, é claro que se está falando do Google, que valia US$ 391 bilhões em 2014. Pode até parecer difícil imaginar, mas seus fundadores nunca puderam supor que ela chegaria a esse valor em menos de duas décadas da sua fundação.

Um bom exemplo disso está no relato do próprio Larry Page, que quase vendeu a ferramenta de busca, logo após sua criação (antes mesmo de se chamar Google), pelo valor de US$ 1,6 milhão, no final de 1997. Isso mesmo, naquele final de ano ele quase vendeu o seu maior projeto por um preço que, comparado ao valor atual (US$ 391 bilhões), passa a ser irrisório e até absurdamente pequeno.

Deve-se ressaltar que naquela época a ferramenta de busca (Google) era conhecida pelo seu nome primário – BackRub –, mas que já era capaz de grandes feitos, ou seja, algo bem maior do que a maioria estava conseguindo fazer na época.

Essa oferta foi feita por Larry Page para o portal da Internet Excite, que fez uma contraproposta de apenas US$ 750 mil. Depois disso, Larry Page voltou aos seus estudos na Universidade Stanford e, em 1998, mais o seu já sócio Sergey Brin colocaram o Google Search no ar e, desta maneira, começaram o que se transformaria em um império de informações na Internet.

➛ **Será que os investidores do Excite ainda se culpam por não terem aceitado a oferta de Larry Page em 1997?**

Em 2013, pelo terceiro ano consecutivo, segundo a revista *Forbes*, a Apple ocupou a posição da **marca mais valiosa do mundo**, com valor estimado em US$ 104,3 bilhões, ficando à frente da Microsoft (2º lugar) e Coca-Cola (3º lugar). Mas, em 2014, o Google ultrapassou a Apple e tornou-se a marca mais valiosa do mundo num *ranking* elaborado para as 100 marcas mais valiosas do mundo, pela empresa de consultoria Millward Brown Optimor.

Pois é, a companhia de Larry Page e Sergey Brin foi avaliada em US$ 158,8 bilhões, com um aumento de 40% em relação ao valor de 2013. O que pesou para essa evolução foi que o Google foi muito inovador em 2013, lançando o *Google Glass*, fazendo investimentos em inteligência artificial e estabelecendo parcerias milionárias que permitiram ao sistema operacional *Android* ser adicionado em outros produtos, como os carros. Todas essas atividades enviam um forte aviso para os consumidores sobre o que o Google está procurando ser e indicando que a Apple não está mais definindo novas tendências de tecnologia.

Nesses últimos anos, o Google se tornou famoso por comprar outras empresas com muita frequência. Uma das mais importantes aquisições feitas pelo *site* foi a compra da plataforma *Android*, em 2005, um negócio que custou cerca de US$ 50 milhões e hoje é uma das mais importantes plataformas de *smartphones* do mundo.

Outra aquisição importante feita pelo Google foi a compra do YouTube, *site* de compartilhamento de vídeos, um negócio fechado em 2006, pelo valor de US$ 1,65 bilhão. O YouTube não é a aquisição mais cara feita pelo Google, pois em 2008 também comprou o DoubleClick, empresa do ramo de publicidade de *display*, por US$ 3,1 bilhões.

Apesar de todo o sucesso que o Google já alcançou, nem todas as suas apostas foram para frente e alguns negócios fracassaram no meio do caminho, como foi o caso do Orkut, o Google Wave, o Google TV e a compra da divisão de *smartphones* da Motorola, em 2012, por US$ 12,5 bilhões e posterior venda para Lenovo por US$ 2,9 bilhões, com um belo prejuízo.

2.14 – MORAL DA HISTÓRIA DO SEGUNDO I.

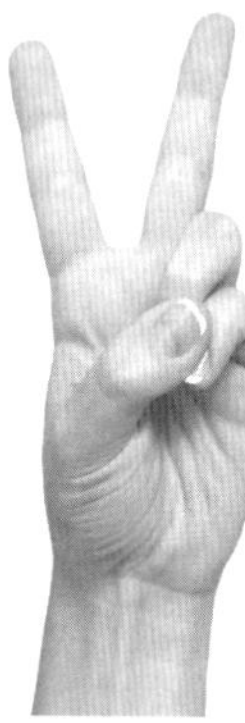

É vital nunca esquecer que cada vez mais os negócios são movidos por **informações** e **ideias**.

O século XXI será cada vez mais a **era da informação**, e em cada novo dia surgirão mais e melhores **informações**.

Informações vão em produtos e serviços, mas elas não são só consumidas; no lugar disso, novas informações são criadas.

As **informações** são retidas e ampliadas, vivas e borbulhantes, nos cérebros dos homens de negócios e nas redes e veículos estabelecidos para fornecer bens e serviços.

O mundo dos negócios é incansável, dinâmico, sempre em mudança e em expansão.

Informações geram **informações** – mais e melhores; mais diversas, mais especializadas, mais precisas.

O nosso mundo é extremamente criativo e, ao mesmo tempo, intensamente destrutivo.

Cometem-se erros e que serão corrigidos, depois se corrigem as correções, as quais contêm erros, os quais exigem novas correções... em um ciclo interminável que sempre aumenta a riqueza, mas nunca atinge a perfeição.

As **informações** nunca podem ser completas, totalmente coerentes, nem absolutamente verdadeiras!?!? Porém, quem tem incapacidade de reconhecer, colher e usar as boas **informações**, sem dúvida, bloqueia as mudanças que permitem as melhorias tanto na sua vida particular como na empresa em que trabalha.

A **informação** não pode ser "confundida" com argumentos, esclarecimentos, inteligência, conhecimento etc. Mas o que efetivamente não se pode negar é que o conhecimento é hoje fortemente dependente das **informações**, e ninguém mais pode ser um *connaisseur* (conhecedor) à antiga, que era um especialista que sabia "quase" tudo sobre algo e quase nada sobre o resto.

O conhecimento, por seu turno, é atualmente de duas espécies: podemos conhecer por nós mesmos um assunto ou saber onde podemos encontrar **informações** a seu respeito.

Parece que é a **curiosidade** o ingrediente básico que fomenta a iniciativa de buscar informações, sem as quais dificilmente se pode chegar a uma descoberta.

Claro que o pré-requisito mais importante para tomar iniciativa de querer mais informações é admitir, sem constrangimento, a própria ignorância, sempre e continuamente.

Como disse o ex-chanceler alemão Konrad Adenauer: "*Num ponto, Deus foi extremamente injusto ao impor sérios limites à inteligência do homem (apesar de ter-lhe dado 100 bilhões de neurônios) e nenhum à sua ignorância?*"

A informação transformou-se num bem de capital e já está superando, em termos de valor, a mão de obra, as matérias-primas e os recursos financeiros.

À medida que crescemos e o tempo vai passando, precisamos cada vez mais de informações para desenvolver a nossa inteligência e dar asas à nossa imaginação, sem a qual não poderemos ter muitas ideias.

A atitude realizadora e feliz de cada ser humano é a de aumentar continuamente o seu conhecimento através da aquisição de informações úteis que permitam fixar objetivos, perceber sempre as oportunidades e saber transformá-las em resultados e realizações.

O *S8* é um especialista em selecionar as melhores informações!!!

Muito mais do que isso, o *S8* sabe transformar essas informações em conhecimento.

Nesta nova era, a riqueza é produto de conhecimento, e deve-se entender isso como aprendizado adquirido por herança genética, estudo e experiências vividas.

Portanto, a riqueza deste novo tempo é o seu conteúdo pessoal, composto por informações, habilidades, aptidões, dons e capacidades que lhe são particulares e adquiridos por meio de suas experiências e heranças dos seus antepassados.

Este conteúdo, resultado do seu conhecimento vivido e herdado, é a matéria-prima básica e também o produto mais importante da nova economia que se viverá no século XXI.

Se antes a terra e depois o capital eram fatores decisivos da produção, hoje, o fator decisivo é, cada vez mais, o **ser humano em si**.

Desta forma, uma economia como a nova economia, baseada em conhecimento e informações, tem recursos ilimitados, enquanto uma economia fundamentada em matéria-prima extraída de recursos naturais terá de se precaver e se limitar para evitar a escassez.

Esta nova economia tem tudo a ver com comunicação e relacionamentos para se ter trabalho em equipe.

Nessa segunda década do século XXI, a comunicação será o alicerce da sociedade, da nossa cultura, da nossa humanidade, da nossa própria identidade e de todos os sistemas econômicos.

Nesta época de intensos relacionamentos, as pessoas desejam receber serviços ou adquirir produtos que lhes agreguem muito valor.

Para que isso aconteça, o *S8* precisa investir na própria educação contínua e dar ênfase à educação dos seus colaboradores, dirigida para a criatividade, individualidade, estética, ética, emotividade, qualidade de vida, cultura, responsabilidade social e muita vontade de inovar e participar de equipes.

Todas as pessoas neste mundo querem ser **felizes**!!!

O desejo de felicidade é o anseio primordial de toda a humanidade.

Acreditamos que todos concordam com isso.

O mundo é bom quando estamos felizes e nos sentimos otimistas quanto às possibilidades de uma felicidade futura.

O mundo é feio e árido quando estamos infelizes ou perdemos a esperança de ser felizes amanhã.

Todo aquele que aprender a girar a roda da melhoria impulsionada pelos **8Is** sempre estará vivendo momentos felizes, principalmente quando, com as muitas **informações** que possuir, puder ter muitas **ideias brilhantes**.

Será que essa é ainda uma forma eficaz de passar as informações e recomendações para os seus colaboradores?

Estou lhe dando a sugestão de que já existe uma forma mais eficiente para se comunicar, sigilosamente, durante uma reunião!?!?

Apresentando muitas **ideias** para obter melhorias

3.1 – O PONTO NEUTRO.

Uma das formas para se ter novas ideias é colocar a mente no ponto neutro, o que significa fundamentalmente limpar a mente do pensamento focalizado.

Nessa posição, em vez de pensar ativamente, a sua mente entra num estado mais passivo ou relaxado.

O motivo por que a maioria das pessoas não usa conscientemente o **pensamento neutro** é que elas não sabem reconhecer o seu poder.

Quando sua mente está no ponto neutro, os pensamentos parecem vir do nada, e surgem com abundância novas ideias e *insights* (lampejos), pois a sua mente, quando está relaxada, fica aberta e receptiva à sua sabedoria.

Claro que existem diversas situações em que é inadequado ou pouco prático colocar sua mente no ponto neutro.

Quando uma tarefa exige a concentração focalizada, ou quando se aprende algo novo, sem dúvida é melhor pensar de modo analítico.

Você acha que apesar de todos esses peixes, desse jeito ele vai pescar algum deles?

Mas sempre que uma pessoa estiver tensa ou achar que está gastando muita energia mental sem resultado, é uma boa ideia parar e recorrer ao **pensamento neutro.**

Colocar sua mente no ponto neutro é surpreendentemente simples. Aliás, cada pessoa só pode usar ou o pensamento ativo ou o neutro. É como num *walkie-talkie*, você "fala" ou "escuta", porém nunca as duas coisas ao mesmo tempo.

Dessa maneira, quando você deixa de lado o pensamento analítico, sua mente automaticamente passa para o pensamento neutro.

Existem pessoas que usam os programas de televisão para levar sua mente ao ponto neutro, ou seja, começam a assistir a alguma coisa que lhes possibilite ficar apáticas, ou pelo menos que lhes permita afastar-se do seu pensamento analítico.

Uma vez que você tenha aceitado o pensamento neutro como uma forma viável de pensamento, obter novas ideias será bem fácil.

O *S8* precisa tornar-se mestre em colocar sua mente no ponto neutro!

As coisas no mundo só acontecem devido à convicção que algumas pessoas têm (e você deve se transformar em uma delas...) de que podem fazer as **coisas acontecerem**.

É o caso, por exemplo, de Thomas Alva Edison, que era criança quando um relâmpago, durante um temporal, iluminou o quintal da casa onde morava, em Port Huron nos EUA.

O pequeno Thomas olhou e imaginou: "Se eu pudesse fabricar um relâmpago que não se apagasse...". E depois sonhou: "Acho que é possível fazer...".

No dia 21 de outubro de 1879, Thomas A. Edison anunciou a invenção da primeira lâmpada elétrica incandescente.

Estava pronto o primeiro "relâmpago" artificial do mundo!!!

Quem está em busca de ideias originais precisa de ferramentas que auxiliem a "soltar" sua imaginação. E uma forma eficaz de fazer isso é perguntar: **"E se...?"**

Algumas das inovações que revolucionaram o mundo devem ter acontecido quando as pessoas criativas como, por exemplo, Fred Smith, perguntou a si mesmo: "**E se eu** fizer as entregas mais rápidas do mundo?" e aí fundou a Federal Express...

Perguntar: "E se..." é bastante divertido e lhe dará possibilidades de pensar em coisas completamente diferentes das que você está acostumado a pensar.

Em sua mente, tudo é possível. Porém, para obter melhores resultados com essa técnica, você deve completar a pergunta com algo que não esteja relacionado a uma condição existente na sua realidade.

Vale, pois, fazer perguntas do tipo:

- **E se** a expectativa de vida humana fosse de 250 anos, o que ocorreria?
- **E se** as pessoas não precisassem dormir, como seria o mundo?

Para tornar isso mais objetivo, caro leitor, faça o seguinte exercício, perguntando-se o que aconteceria: se o ser humano tivesse sete dedos em cada mão?

É vital aqui fazer a si mesmo as seguintes inquisições:

- Seria possível abanar a mão e apontar o dedo ao mesmo tempo?
- Haveria dois polegares na mesma mão? Isso tornaria mais fácil pegar as coisas?
- Imagine os jogadores de pôquer dizendo "quero sete, quero quatorze..."
- Será que a base do nosso sistema numérico seria 14 no lugar de 10?
- Como seria o teclado de um computador?
- Que tipo de música seria composta para o piano, com as pessoas tendo 14 dedos?
- Daria para escrever com duas canetas ao mesmo tempo?

Você acha que seria um bicho incrível?

- As ferramentas manuais teriam que ser todas modificadas (tesoura, martelo, alicate etc.)?

Como uma pergunta "E se..." deixa a nossa mente flexível, não é?

Aí vai uma "sacada" criativa sobre a difusão de ideias!!!

O jornalista Marcos Sá Corrêa, um dos gênios de sua raça, ligou certa vez para o respeitado economista Eugênio Gudin atrás de notícias sobre a situação econômica do Brasil. Logo reconheceu a voz do ex-ministro da Fazenda do outro lado da linha, mas cumpriu as formalidades dos contatos telefônicos profissionais:

– Alô!

– Eu queria falar com o professor Eugênio Gudin, por favor.

– Quem deseja?

– Marcos Sá Corrêa, da revista *Veja*.

– E qual é o assunto?

– Gostaria de trocar umas ideias com ele!

– Pois não, meu filho, quais são as suas?

Bem, essa história é antiga, mas virou um *case* divertido de embaraços de profissão-repórter, entretanto talvez sirva como uma boa referência, que **nem sempre é fácil** obter uma troca de ideais e, principalmente, ouvir dos outros boas ideias.

3.2 – O PROCESSO DE IDEAÇÃO.

É muito importante ser **flexível** e **aberto** no nosso pensamento! Assim, quando alguém apresenta uma ideia é importante pensar antes de tomar decisões precipitadas.

Consegue-se essa calma e esse equilíbrio ao se analisar a ideia apresentada pelo menos sob três ângulos ou perspectivas, tentando obter as respostas para as seguintes perguntas:

- O que existe de bom (ou positivo) nessa **ideia**?
- O que há de ruim, problemático ou negativo nessa **ideia**?
- O que há de interessante nessa **ideia**?

Há quem classifique essas perguntas como sendo as que buscam as vantagens, as desvantagens e a unicidade ou originalidade de uma **ideia**.

São as ideias que nos levam as inovações. Invista no processo da ideação.

Se o estimado leitor quiser um exemplo da utilização desse esquema para meditar sobre uma **ideia**, suponha que ela seja: "É muito importante ter um dia do mês no qual ninguém possa usar a comunicação verbal!"

➔ **O que haveria de bom se não pudéssemos falar durante um dia inteiro?**

- As nossas cordas vocais poderiam ter um descanso.
- Poderíamos aprender a usar melhor a linguagem corporal, a mímica com inventividade, e inclusive caprichar mais na escrita.
- Sintonizaríamos melhor nossos sentimentos.
- Aprenderíamos a dar mais valor às nossas habilidades verbais.
- Teríamos maior empatia com os deficientes (os mudos) e com as crianças que ainda não aprenderam a falar.
- Teríamos maior paciência com as que querem falar numa língua que não conhecem...

➔ O que haveria de **ruim** em não poder falar?

- Ficaríamos muito frustrados.
- Sentiríamos que somos muito inadequados.
- Teríamos dificuldades para nos expressar.

➔ O que haveria de **interessante** em não poder falar?

- A frustração poderia ser examinada e seria muito interessante saber como cada um se sente com essa limitação (ou proibição).
- Por outro lado, é um bom momento para entender a diferença entre a simpatia e a empatia.
- Além disso, aprenderíamos muito a viver dentro dessa condição restritiva.

Vou levar para a revisão dos 10 mil anos!

Você agora poderia fazer, como exercício, essa análise tríplice para qualquer uma das seguintes ideias:

- O que aconteceria se não pudéssemos assistir à televisão durante um mês?
- O que ocorreria se não fosse permitido dar notas na faculdade?
- O que ocorreria se um aluno tivesse provas todos os dias?
- O que ocorreria se os estudantes elaborassem o currículo da escola?
- O que aconteceria se não fosse mais possível usar papel?
- O que sucederia se as faculdades fossem dirigidas por alunos?
- O que ocorreria se o nosso planeta fosse invadido por seres de outro planeta?
- O que se desenvolveria se a Alemanha tivesse vencido a Segunda Guerra Mundial?
- O que aconteceria se só as mulheres pudessem ser eleitas para as prefeituras das cidades com mais de 500 mil habitantes?
- O que sucederia se os homens pudessem viver até os 150 anos e as mulheres só até os 75 anos?
- O que ocorreria se fosse proibido escrever?

A nossa criatividade também fica suprimida ou bastante reduzida quando estruturamos o nosso comportamento em princípios do tipo:

- Não fazer nada de novo para evitar erros.
- Acreditar que existe apenas uma **resposta certa** para qualquer problema e parar com a busca assim que se alcançar a primeira solução que funcione.

- Querer uma solução rápida em lugar de incubar o problema por algum tempo.
- Não ter confiança na capacidade dos que colaboram conosco e não lhes passar o conhecimento nem repartir com eles as nossas informações.
- Mesmo achando uma solução, não conseguir implementá-la.

Você acha que os que vivem em Nova York apreciaram essa ideia da "escultura" com milhares de flores.

Provavelmente, a mais importante das ideias defendidas por quase todos os líderes empresariais bem-sucedidos é: **"Mude, antes que seja tarde demais!"**

Lamentavelmente, a grande maioria das pessoas não gosta de mudar.

Por sinal, todos têm razões que explicam de forma parcial a sua acomodação atual.

Realmente, esquecer um padrão antigo e adotar um novo na vida particular ou na empresa não é nada fácil.

O pior é que, se você (ou a sua organização) não mudar, pode apostar que alguém vai fazê-lo em seu lugar e aí as coisas ficarão pretas... Como diz Júlio Ribeiro em seu livro *Fazer Acontecer*:

"Quando se luta para divulgar ideias, no sentido de seguir sendo competitivo ou para sair de uma crise, o importante é fazer as ***coisas acontecerem****.*

Não na forma de um mágico que realiza um número buscando as coisas que não acontecem comumente, pois ***a sua matéria-prima é a ilusão****.*

Deve-se tratar de ser bruxo que é pago pelo ***resultado obtido****.*

No mundo dos negócios, a arte pela arte, o brilho pelo prazer de brilhar é uma leviandade cara e perigosa.

Às vezes acaba com a empresa.

Ao mágico loquaz, deve-se preferir o bruxo competente.

Ser bruxo é, entretanto, bem complicado.

Implica principalmente renunciar à tentação de parecer brilhante em benefício da capacidade de ser competente.

Ser bruxo é não ceder à facilidade do truque que o mágico faz."

Na vida particular ou na empresa, a **ideia** mágica não interessa, mas sim a que produz algo real.

Minha grande **ideia** nada pode, porém a nossa pequena **ideia** tudo pode, significa a força da sinergia.

A ideia excede o homem, e muitas vezes não tem limites.

Vivemos numa época em que todas as pessoas devem ter sempre mais de uma **ideia** ou uma alternativa para uma dada situação.

Ninguém pode ficar inerte diante de uma solução não percebida ou "impossível", como é o caso deste diálogo:

Pessoa X: "Se você está consciente da necessidade de atravessar o rio, por que não o faz?"

Pessoa Y (limitada): "Porque não sei nadar!!!"

Pessoa X: "E precisa?"

Moral desse papo – Numa época de tecnologia avançada, existe ainda muita gente que **não consegue pensar**.

Não pensa nem mesmo nos meios alternativos disponíveis há muitos séculos: fazer um barquinho elementar tipo jangada, alugar um helicóptero, comprar uma boa boia, ou ainda improvisar uma simples pinguela...

Viu? Só aí já temos **quatro ideias**!

Quem tem, por outro lado, muitas ideias, tem também as suas dificuldades, isto é, como escolher a melhor.

Para ilustrar a dificuldade de escolher a **ideia** (alternativa) certa, vale a pena narrar a viagem de três homens.

Numa encruzilhada, sem nenhuma indicação, três viajantes indecisos, em frente a três possibilidades de caminho, combinam que cada um seguirá por uma das opções e voltará ao ponto de origem quando descobrir a variante certa.

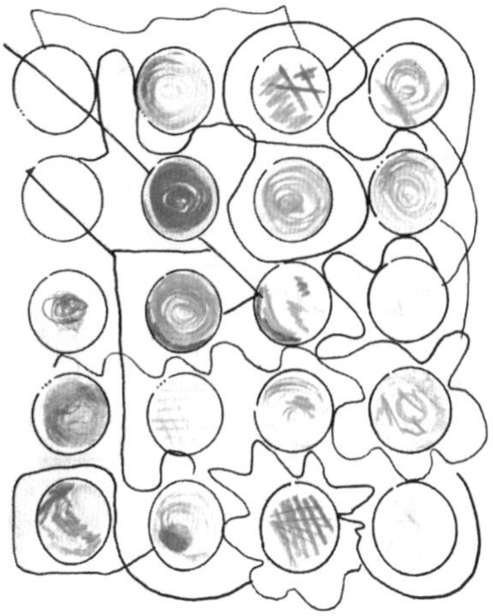

A brincadeira é: "Faça um círculo que não pareça com o meu". Há uma grande variedade de maneiras para fazer isso, não é?

Veja quantas "carinhas" diferentes é possível elaborar. Você pode desenhar umas dez diferentes?

Só dois regressaram; o outro, que acertou o caminho, prosseguiu a viagem, mas deixou a pista correta!!!

➢ **Moral desse caso** – Só quem erra volta, e nem sempre todas as **ideias** são bons caminhos.

Para quem realmente almeja o fracasso (não é o caso do *S8*), a regra eficaz para o insucesso na vida (ou na empresa que trabalha) é:

- Não deixar as pessoas pensarem.
- Desconfiar sempre de tudo e de todos.
- Controlar o mais possível as pessoas, não lhes dando nenhuma autonomia e poder.
- Evitar dizer-lhes "Bom dia!", para não criar intimidade.

Aliás, num ambiente em que só existe "mão de obra", não se confia em ninguém, não há independência e a cortesia e o amor desapareceram, dificilmente surgirão **ideias**.

➢ E aí vai a grande questão: "**De onde vêm as grandes ideias?**"

Talvez a maior autoridade em criatividade do mundo seja *Mihaly Csikszentmihalyi* – junto com Edward de Bono – autor de *Creativity: Flow and the Psychology of Discovery and Invention (Criatividade: Fluxo e Psicologia da Descoberta e Invenção)*.

Ele deu uma contribuição extraordinariamente importante à pesquisa e à teoria do pensamento – o reconhecimento de que a criatividade é inseparável do contexto. Nesse sentido, para ele, as ideias são tanto um produto e reflexo do mundo existente quanto um passo além dele.

Mihaly Csikszentmihalyi destacou que a criatividade exige tanto um contexto (o domínio) quanto um público (os juízes).

Dessa forma, o mero talento é menos importante para a criatividade que a riqueza do domínio e a receptividade dos juízes, pois estes são aqueles que de um lado inspiram e do outro recompensam a criatividade.

Csikszentmihalyi criou assim um triângulo (ver a Figura 3.1)

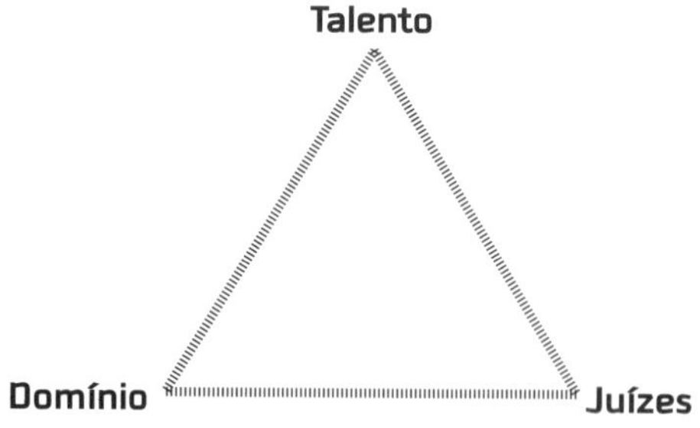

Figura 3.1 – O triângulo de Csikszentmihalyi.

De fato, todas as ideias criativas precisam ser medidas, avaliadas, recompensadas, valorizadas (ou desvalorizadas) pelo domínio – o contexto mais amplo no qual elas se inserem – e pelos juizes, ou seja, aquelas pessoas que detêm o poder de julgar e estabelecer recompensas e penalidades.

Csikszentmihalyi explorou também o conceito de **fluxo** – a sensação intensa de excitação e criatividade provocada por um esforço concentrado e que promove surtos criativos.

Ele analisou o fluxo tanto em forma de dinâmica individual quanto em termos de sociedade.

Mais uma vez, o resultado foi uma noção dinâmica da criatividade, como algo que muda e evolui constantemente, estabelecendo uma conexão profunda entre o que ocorre nos níveis individual e social.

Joey Reiman, um publicitário que inovou muito ao fechar uma prodigiosa agência de publicidade – na qual se davam de graça as ideias e se cobrava pelos anúncios –, e abrir a primeira empresa do mundo de ideias,

a BrightHouse, combinou o sugerido pelo psicólogo Graham Wallis, no seu modelo de preparação, incubação, iluminação e verificação; pelo criativo *Mihaly Csikszentmihalyi*, no seu triângulo baseado em três áreas: domínio, talento individual e juízes; por Marshall McLuhan que disse: "Todos experimentam mais do que são capazes de entender, mas é a experiência, mais do que o entendimento, que influencia o comportamento", e estabeleceu um processo de criação de ideias que depende de quatro etapas ou de **novos 4Is**, a saber:

- Investigação.
- Incubação.
- Iluminação.
- Ilustração.

A ideia de fazer um urso pedalar foi muito interessante para daí promover entretenimento para as pessoas. Não foi?

A **investigação** é a primeira etapa do processo de criação de ideias. Para essa finalidade, pode-se contratar professores, psicólogos, cientistas, pesquisadores, estatísticos etc.

A melhor maneira de criar uma ideia de alta qualidade é gerando uma grande quantidade de ideias.

E a melhor maneira de fazer isso é pensando.

Pensar leva tempo, de modo que a etapa mais demorada do processo de criação de ideias é a **incubação**.

Isso, no fundo, significa praticar o ato de sonhar acordado, imaginando continuamente possibilidades fantásticas e impensadas.

Durante a etapa de incubação, deve-se procurar justapor, reforçar, mesclar, polarizar, compartilhar, reformular etc. o problema ou a "encrenca" para qual se quer obter a ideia solucionadora.

Desse "fermento" criativo surgem comumente dezenas (ou até centenas) de ideias criativas para serem podadas, analisadas, criticadas e lapidadas.

Na realidade, as grandes ideias comumente não surgem do nada, mas evoluem a partir de outras.

Claro que o objetivo primordial dessa etapa é chegar, ou seja, **iluminar** a *master idea* (a ideia mestra).

→ **Como fazer para saber que se está diante da *master idea*?**

Bem, a marca característica de uma boa ideia é que quase todos aqueles envolvidos, de alguma forma no seu surgimento, pensam que ela é boa!?!?

E na iluminação que surge o **"Ah! Ah!"**, ou seja, a indicação que se está frente a uma grande ideia.

Finalmente, na quarta etapa se faz a **ilustração**, ou seja, retrata-se e personifica-se a *master idea*.

Na realidade, isto significa quando se dá à ideia uma forma concreta, tornando-a passível de ser implementada.

Se fosse possível filmar o nascimento de uma ideia, as imagens que obteríamos seriam seguramente tão extraordinárias como as da fecundação de um óvulo. Num balé de movimentos estonteantes, os neurônios – num ritmo veloz, de até 200 vezes por segundo – em sincronia perfeita, em configurações inauditas. Porém, a dúvida persiste: o que leva os neurônios a se combinarem, criando algo novo? Ou seja, mais uma vez: **como nascem as boas ideias?**

O prolífico escritor Steven Johnson passou vários anos investigando esse assunto e chegou à conclusão que o surgimento das ideias **costuma seguir um padrão!?!?**

Uma boa ideia surge como se fosse um *slow hunch* (**"lento matutar"**) e passa em seguida por um período de incubação.

Na maioria dos casos, entretanto, o palpite (*hunch*) não é suficiente, e a colaboração, ou combinação de diversos palpites, é crucial para se chegar à **invenção** (ou solução) definitiva (isso será analisado no Capítulo 4).

No seu livro *Where Good Ideas Come From* (*De Onde Vêm as Boas Ideias*?), Steven Johnson procurou explicar o enigma da origem das boas ideias, propondo assim, em contrapartida, uma história natural da inovação.

Destaca Steven Johnson: "A colaboração é vital para o surgimento das boas ideias, assim como é o **entorno** – o ambiente humano -, ou seja, ele é crucial para se ter sucesso no jogo da inovação."

Claro que existem "ecossistemas" melhores e piores para que as ideias vicejem. Um fator histórico para o aumento de volume de ideias e, como consequência, de inovações, é a **conectividade** crescente entre as pessoas.

Portanto, as melhores ideias vêm das melhores cabeças, mas também dos melhores ecossistemas.

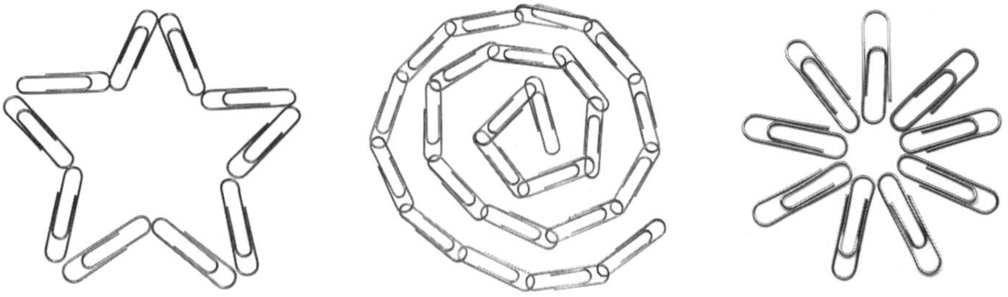

As boas ideias surgem muitas vezes de coisas muito simples... Brincar com clipes pode levar a ideias muito interessantes.

Um bom "ecossistema", na analogia de Steven Johnson, foi a de Londres do século XVIII. Assim, o Iluminismo inglês originou-se não só da contribuição de grandes cientistas e filósofos, mas também do surgimento **de muitos cafés na cidade!!!**

Assim, a discussão séria de ideias foi propiciada, em boa medida, por aquilo que as pessoas começaram a beber. Elas trocaram a cerveja, o vinho e o gim pelo café, uma **bebida bem estimulante.**

O filósofo Joseph Priestley, descobridor do oxigênio, costumava discutir e aprimorar suas ideias nas mesas dos cafés londrinos, frequentadas por muitos dos seus colegas.

No Vale do Silício, no Estado da Califórnia (EUA), a revolução da informática nos anos 1970 começou no Homebrew Computer Club, um clube amador de *nerds* (pessoas aficionadas à informática e as TICs), entre os quais estavam Steve Jobs e Steve Wozniak, cofundadores da Apple.

O segundo *hub* (local de convergência) é **mental**. As melhores ideias aparecem em organizações nas quais impera a cultura de *serendipity* (serendipidade), uma palavra de difícil tradução, mas que afinal quer dizer que se trata de uma propensão humana de fazer descobertas (ter ideias originais) ao buscar respostas nas fontes mais inusitadas.

Um bom exemplo de criação de uma cultura de serendipidade é o de Bill Gates, o fundador da Microsoft, que nas suas férias, na sua mala, costumava levar livros das mais diversas áreas do conhecimento, fazendo, depois de lê-los, um exercício: tentava combinar ideias de várias disciplinas – biologia, antropologia, artes cênicas etc. – à solução de problemas concretos da Microsoft.

Ele sempre aconselhou a todos os seus engenheiros e técnicos especialistas em computação a fazerem o mesmo.

Conclui Steven Johnson: "Se você analisa a história, a inovação não surge de incentivos dados às pessoas, mas sim da criação de um ambiente (interno e externo), onde as ideias podem se **conectar livremente**."

E aí vão algumas **ideias "perigosas"** de Steve Jobs (1955–2011) que levaram a Apple, na 2ª metade do século XXI a ser a empresa **mais admirada do mundo** pelos seus produtos inovadores:

1ª Ideia – Pessoas nível B atraem outras B, que atraem gente C. Evite essa sequência.

De fato, com o crescimento da Apple e o *marketing* que se fez em torno da "genialidade" de Steve Jobs, a empresa que comandou até a sua morte, não tinha dificuldade de atrair gente acima da média.

Entretanto, ter um grande capital humano não é gratuito e a Apple gastou muito para ter empregados talentosos, ou seja, para tê-los, mantê-los e repô-los. Até porque Steve Jobs demitiu as pessoas com as quais se desentendia sem nenhuma compaixão, inclusive era seu hábito humilhar os funcionários **na frente de todos**. Ele nunca quis dar espaço à mediocridade e não conseguia conviver com ela.

Steve Jobs fazia muita coisa de forma exótica e uma delas era fazer as más perguntas para os entrevistados do tipo: "Você é virgem? Já tomou LSD (dietilamida do ácido lisérgico, um alucinógeno)? E aí a pessoa acabava ficando perplexa e não sabia o que responder ou então mentia!?!?

Steve Jobs (1955–2011), considerado um dos mais geniais empresários do século XX.

Para ele, a pessoa que queria trabalhar na Apple precisaria "querer deixar a sua marca no mundo".

Segundo o jornalista norte-americano Walter Isaacson, que escreveu um livro biográfico sobre Steve Jobs: "Ele queria estar sempre cercado de gente criativa, muito inteligente e ligeiramente rebelde!!!"

Entretanto, deve-se recordar que Steve Jobs não tinha curso superior. Mas aí se pode "aceitar" que ele foi um gênio e não precisou estudar muito...

Mas e o resto da empresa?

O pior de tudo, é que a Apple é uma das empresas que investia pouco na capacitação de seus funcionários.

Bob Sanders, presidente da empresa de consultoria norte-americana Sanders, disse: "Pegar alguém medíocre e levá-lo a níveis que ele nunca sonhou é a marca de um grande líder!!!". Entretanto, Steve Jobs nunca disse isso e nem procurou fazer algo assim.

2ª Ideia – Só se deve lançar algo quando estiver perfeito.

Steve Jobs preferia atrasar o lançamento de um produto, caso ele ainda não estivesse excelente para os seus olhos!!!

Essa perfeição poderia ser no *Gorilla Glass*, o resistente vidro do *iPhone* ou então o material de revestimento de uma loja da Apple que deve ser com um arenito específico da Toscana (Itália).

Steve Jobs tinha uma atenção obsessiva pelos detalhes, o que fazia com que ele provocasse conflitos até com a sua esposa, gerando discussões de semanas para se adquirir algum eletrodoméstico. Mas, indiscutivelmente, esse seu esmero tornou a Apple um símbolo de *design* nos últimos 25 anos.

Entretanto, todo esse exagero na busca da perfeição de um produto, nem sempre dá certo; e certa tolerância com certas imperfeições pode levar também ao sucesso.

Assim, o *iMacG4 Cube*, de 2000, era um cubo tão sofisticado que parou no Museu de Arte Contemporânea de Nova York (EUA). Ele fracassou nas vendas por ser caro demais.

Às vezes, apostar em algo sabiamente inferior que a concorrência pode ser **correto** e **certeiro**.

Deve-se recordar que o Nintendo *Wii*, de 2006, era bem menos potente que os concorrentes, porém mudou o rumo dos *videogames*, com o seu controle sensível a movimentos.

Por anos o *Wii* vendeu mais que o *PlayStation* 3 e *Xbox 360* juntos.

3ª Ideia – Foco no produto, nem sempre o melhor caminho para o sucesso.

A Apple sempre procurou criar um fetiche em cima de fetiche com os seus produtos. Durante suas passagens à frente da empresa, nos períodos de

1976 a 1985 e 1997 a 2011, Steve Jobs sempre buscou isso, como foi o caso do alumínio escovado do *iMac* ou a iluminação do teclado do *MacBook Air*.

O foco na excelência do produto esteve **teoricamente à frente da busca por lucros**.

O que se percebia claramente na atenção assombrosa que ele dava aos mínimos detalhes como foi o caso em 1998, quando Jobs bateu o pé com a entrada do *compact disc* (CD) do *iMac*. Ele exigia um *slot* (lugar para encaixar um periférico) como um daqueles dos mais sofisticados aparelhos de som da época, no lugar de uma simples bandeja. Conseguiu o que queria, mesmo contrariando toda a sua equipe.

Porém, essa **não foi a primeira vez** que Steve Jobs **errou**!?!? Ele insistiu no *slot drive*, mesmo sabendo que ele era incompatível com uma tecnologia que despontava na época, o gravador de CDs, **só disponível no formato bandeja**.

A Apple ficou de fora do incipiente mercado dos CD-Rs. Além disso, o foco no produto não é o único caminho do sucesso.

A Apple já tinha um sistema operacional de interface gráfica, quando a Microsoft lançou o *Windows*, em 1985. Aliás, Jobs e Bill Gates "roubaram" essa ideia da Xerox.

Bill Gates disponibilizou o *Windows* para qualquer PC. Por sua vez, Steve Jobs manteve seu sistema apenas em computadores Apple e, novamente, perdeu muito com isso...

4ª Ideia – O uso da manipulação, distorcendo-se a realidade e ficando fascinado por comportamentos não convencionais.

Não se pode negar que Steve Jobs foi um mestre da persuasão manipuladora e convenceu muita gente. Assim, ele dobrou as gravadoras, inimigas do *download* ilegal, a vender música na Internet, na *iTunes Store*. Pois é, ele procurou muito distorcer a realidade para fazer todos verem o que ele queria, e a fazerem o que ele desejava que fosse feito, porém com uma **influência ditatorial.**

Ele não aceitava bem as críticas, como foi o caso das reclamações da antena do *iPhone4*, quando declarou: "Não somos perfeitos. Celulares não são perfeitos."

Não assumiu a falha e, na entrevista que estava concedendo, soube de forma magistral mudar o foco, alocando a culpa entre todos os fabricantes de celular. Mas, a sua trajetória mostrou que se deixou **enganar** por diversas vezes pelas suas ideias.

Dessa maneira, ele não deu atenção adequada ao tratamento convencional para o câncer que o acometeu e foi descoberto em 2005. Apostou em bizarros jejuns e dietas exóticas, na esperança de que isto possibilitaria sua cura.

Aliás, quando jovem achava que não devia tomar banho para não ficar doente!?!?

Sem dúvida, essa sua decisão não foi boa, se bem que curar-se de um câncer não é algo simples e eficiente com a medicina tradicional...

5ª Ideia – Tudo se divide em ótimo ou lixo.

Para Steve Jobs havia apenas duas classes ou categorias: ou tudo no mundo é **excelente** ou uma **porcaria**, sem meio-termo.

O medo dos empregados da Apple era enorme, pois Steve Jobs podia mudar de opinião sobre cada um deles no dia seguinte.

O *designer* do primeiro *Mac*, Bill Atkinson, num testemunho para a biografia do ex-patrão, disse: "A gente vivia atormentado e com muito medo, pois qualquer dia poderia ser derrubado do pedestal." Por exemplo, quem sentiu a transição do céu ao inferno foi a Adobe.

A Apple ajudou a empresa (Adobe) a crescer ao adotar seus programas, mas nos anos 1990 a Adobe tinha dado mais atenção ao *Windows*. Aí, Jobs se vingou dos antigos aliados ao vetar o *Flash* da Adobe no *iPhone* e no *iPad*. A explicação que ele deu foi: "O *Flash* é uma mixórdia tecnológica!!!"

Assim, a Apple abriu uma guerra com o Google, acusando-o de roubo de patentes, como também com a Samsung. Mas isso não está sendo construtivo, pois o *Android*, sistema operacional do Google, realmente é bom e mais popular do que aquele usado pela Apple (o *iOs*).

Pois é, abandonar o maniqueísmo e aceitar o meio-termo pode ser bom, como foi o caso em 2011, quando LG e Sony baixaram armas após brigas por patentes, com o que pouparam suas energias e muito dinheiro.

6ª Ideia – Quanto menos gente souber dos próximos passos, melhor.

Steve Jobs foi muito centralizador. Do material de acabamento dos *iPods*, *iPads* e *iPhones* às vidraças das Apple Stores, do que ocorria na fábrica ao *marketing* dos produtos da empresa, **ele estava em tudo**. Mas, pouquíssimos funcionários tiveram contato com o *iPhone* antes do seu lançamento!?!?

Ele confiava tanto no próprio instinto que levou a Apple até onde chegou: **tornar-se a empresa mais valiosa do mundo!!!**

Centralização em excesso pode ser um sério problema.

Um caso célebre é o dos executivos principais da Kodak que não deram valor a Steve Sasson, engenheiro da empresa que inventou a câmera digital, em 1975 e que poderia ter mudado o rumo da companhia e talvez assim em 2012, a gigante da fotografia – baseada em filmes – não teria pedido concordata.

Já o oposto ocorreu (e ocorre...) na companhia 3M, na qual a alta administração ouviu e investiu na ideia de dois funcionários. Dessa maneira, em 1980, ela lançou um dos seus mais simples e famosos inventos, os pedacinhos de papel adesivos, o *Post-it*.

7ª Ideia – Quem usa muito o *PowerPoint* não sabe exatamente sobre o que está falando!?!?

Steve Job foi um *showman* (excelente apresentador) e até seus desafetos reconheciam isso. Mas, nas reuniões que promovia, Steve Jobs se irritava muito quando alguém, para apresentar alguma ideia, recorria ao *PowerPoint*. E isso não porque fosse um programa da Microsoft (o *PowerPoint* tem também uma versão para o *Mac*), mas sim porque, para Jobs, quem sabe do que está falando não precisa da muleta corporativa dos *slides*.

"**Imbecil**" era um adjetivo que ele usava bastante, atribuindo-o a quem fazia monótonas apresentações valendo-se do *PowerPoint*, e dizendo: "E agora é o último..."

Porém, ele mesmo usava *slides*!?!?

Entretanto, brilhar muito em apresentações nem sempre é a chave para uma carreira bem-sucedida.

O próprio Steve Wozniak, cofundador da Apple, compensou a sua timidez extrema, apesar de ser um engenheiro fora de série, usando *slides* (imagens).

Portanto, não se esqueça dessa aversão de Steve Jobs e evite terminar suas apresentações como ele próprio fazia, usando a saída triunfal de "só mais uma coisa". Isso porque você poder correr o risco de ser, nas palavras dele, classificado como: "**Um babaca**!!!".

Bem, as **ideias** sem o amor que as fecunda são como o Sol de inverno em Moscou, que certamente ilumina, mas cujos raios não impedem que se possa morrer congelado.

Todos os seres humanos devem tomar a **iniciativa** de, continuamente, receberem boas **informações** que aumentem o seu conhecimento, o qual os conduz à sabedoria.

A sabedoria da parábola que vem a seguir mostra uma resposta (**ideia**) ímpar.

Na literatura árabe, é muito comum dar-se grande importância à sutileza, ao ardil, à valentia.

Assim, numa recepção no palácio, um nobre aproximou-se do rei e lhe perguntou: "O que tenho nas mãos?"

Disse o rei: "Um pássaro."

Falou de novo o nobre: "Ele está vivo ou morto?"

É aí que surgiu o grande impasse: se o monarca falasse que ele estaria morto, ao abrir a mão o nobre soltaria o passarinho que voaria, e o rei estaria derrotado. Entretanto, se ele dissesse que o pássaro estaria vivo, o nobre (não muito ético...) poderia, com leve pressão dos dedos, sacrificar a pequena ave.

Então, o soberano, usando a sua sabedoria, teve uma grande ideia e disse: "**O destino do pássaro está em suas mãos**!!!"

O sucesso de cada um de nós está em nossas mãos, passa pela capacidade de podermos ter, continuamente, muitas ideias, e principalmente coragem de experimentar na vida real várias delas, valendo-nos até mesmo, em algumas situações, exclusivamente do **instinto** e da **intuição**.

Vejamos o que vem a ser intuição.

A intuição é um dos mistérios mais impenetráveis da natureza humana. Porém, está longe de ser uma lenda: a intuição não só existe como é essencial para a nossa vida.

E o incrível é que, em certas situações, as decisões motivadas pela intuição podem ser melhores que as mais racionais.

➔ O que é a intuição, afinal de contas?

Pode-se inicialmente dizer que existem três tipos diferentes de intuição:

- O primeiro tipo de intuição é aquele que **permite saber** o que a outra pessoa está sentindo sem fazer muita força.
- O segundo tipo é o que possibilita "**ler a mente dos outros!!!**". Esse tipo de intuição é o que está vinculado com a experiência de uma pessoa. Você pratica tanto alguma coisa que não precisa mais pensar para fazê-la, como, por exemplo, trocar as marchas do carro

ou então executar os passos de uma dança. O "grande salto" acontece quando as pessoas aprendem, valendo-se da intuição – fazer coisas bem menos banais, na realidade quase sobrenaturais.

- O terceiro tipo de intuição é o mais polêmico, ou seja, é aquela capacidade da pessoa de **prever o futuro**!!!

Aliás, do ponto de vista científico, nós temos **premonições** o tempo todo. Mas, premonição para valer é algo bem mais complexo, como ter certeza que um avião vai cair ou então que sua mulher (ou homem) vai traí-lo(la), não é?

➝ **Você até sabe disso, mas o seu cérebro não!?!?**

Isso porque ele trata dos problemas simples e dos complexos, mais ou menos do mesmo jeito. Por exemplo, graças à massa cinzenta que você tem no seu cérebro, tem 100% de confiança que, depois de um raio, vai vir o som de um trovão.

Isso é certo, pois tem tudo a ver com as leis regulares da natureza e o seu cérebro lhe indica o próximo evento com toda a certeza. Porém, o cérebro é "gente como a gente" e bastam uns poucos sucessos que ele se empolga, fica se achando e entra para a área emocional e começa a lhe sussurrar sobre a **próxima infidelidade amorosa** da pessoa que você ama...

Só que tem uma coisa: se você não der ouvido a ele (cérebro), deixar o tempo correr e tudo continuar bem na sua vida sentimental, a sua premonição errada vai para o lixo da mente junto com centenas de milhares de outros erros de avaliação que o seu cérebro fará ao longo de sua vida. E ficará tudo por isso mesmo!!!

Mas, se você ficou com tanto medo de uma **traição** e até contratou um detetive para acompanhar os passos da pessoa amada, e ele acabou descobrindo que ela está em andamento, então a sua premonição está certa, e o que você deve ter agora é uma enorme resiliência para seguir a sua vida, provavelmente com outra pessoa para ser amada...

Bem, basta engatar uma conversa com alguém para um turbilhão inconsciente invadir sua cabeça.

É a sua mente tentando descobrir o que o outro está pensando e sentindo de verdade. Por exemplo, se você conhece duas pessoas em um dia, pode muito bem ficar com impressões completamente opostas de cada uma, mesmo que o teor das conversas tenha sido **exatamente o mesmo** (é o que ocorre numa entrevista de emprego). Uma dessas pessoas pode parecer

simpática e a outra **falsa**. Isso acontece porque a comunicação verbal não vale nada para o seu inconsciente. O que ele capta muito são as expressões faciais da outra pessoa.

Se uma daquelas pessoas riu durante a conversa, mas sem mover os olhos, seu cérebro vai saber que aquilo é uma expressão **forjada**. Você pode nem perceber que viu um sorriso de mentira, mas seu cérebro percebe – e isso vai afetar o julgamento que você fez do interlocutor.

A análise de expressões faciais é tão instintiva que, se você cutuca um bebê que está na dele, brincando, ele vai olhar no seu rosto para saber se você é uma **ameaça**. E se você simular que é uma ameaça, fazendo uma careta, por exemplo, ele vai dar logo seu sinal de desaprovação.

Nada é mais amedrontador para um ser que nasceu recentemente, mas que já tem a capacidade de compreender (ler) expressões do que significam um monte de músculos distorcidos na face de alguém!!!

Apesar de ser tão fundamental, isso de ler a mente dos outros a partir de expressões sutis do rosto é, infelizmente, ainda uma ciência pouco estudada...

Quase tudo o que se sabe vem do trabalho de dois cientistas: Silvan Tomkins (1911-1991) psicólogo da Universidade Princeton (EUA), que se gabava de saber ler as expressões dos cavalos, e Paul Ekman, seu pupilo, que trabalhava na Universidade da Califórnia (EUA) em São Francisco.

Os dois, por sinal, serviram de inspiração para o dr. Carl Lightman, protagonista da série de TV *Lie to me* (*Minta para mim*). Se você assistiu a algum capítulo dessa série, conhece o principal trabalho de Paul Ekman: a **descoberta das microexpressões**. Ele catalogou uma a uma, aproximadamente **três mil combinações** de movimentos musculares do rosto. O resultado foi um **mapa quase completo das expressões humanas**.

Mas, o principal veio depois, ou seja, depois de estudar horas e horas de vídeos de milhares de pessoas, ele notou a presença de movimentos faciais que duram **uma fração de segundo**. Eram movimentos correspondentes à emoções que, pelo visto, as pessoas estudadas **estavam tentando ocultar**. Alguém simulando bom humor, por exemplo, poderia mostrar muito brevemente os **lábios estreitados** que caracterizam uma **expressão de raiva**.

A mera existência das microexpressões significa que nossos instintos podem ser capazes de ler a mente dos outros de forma muito mais complexa do que detectar sorrisos falsos.

**Que tal esses dois rostos, um é risonho e o outro é triste.
Vire o livro de "ponta cabeça"e o que vê agora?**

Realmente, Silvan Tomkins e o seu "auxiliar" Paul Ekman, tornaram--se notáveis pelas conclusões corretas a que chegaram sobre o que havia na mente das pessoas, analisando apenas as suas expressões faciais. Porém, isso significa apenas que algumas pessoas sabem ler microexpressões melhor do que as outras.

Mas, o leitor deste livro também pode ser um mestre nato nesse tema e não saber que tem esse talento... Aliás, se você tiver a certeza de que ainda não sabe ler a mente dos outros, não está tudo perdido!!! Do mesmo jeito que um especialista em tênis aprende a enxergar (ler) antecipadamente os movimentos dos jogadores, você, com bastante treino, poderá interpretar corretamente certas expressões que passaram batidas anteriormente e melhorar a sua capacidade intuitiva.

Um aviso importante: mesmo que você fique bom nessa interpretação, tome suas decisões com muito cuidado.

O próprio Paul Ekman faz uma ressalva importante: a presença de microexpressões serve apenas para indicar que a pessoa está reprimindo certas emoções. Não é suficiente, portanto, para revelar o porquê dos sentimentos conflitantes.

Portanto, uma cara de raiva disfarçada não significa automaticamente que a pessoa está brava com você. Pode ser por qualquer outro motivo. E isso **você não tem como saber de forma intuitiva**, viu?

Outro problema de seguir a intuição cegamente, que costuma levar a erros, é o fato de que uma grande parcela das pessoas é **preconceituosa**!!! Mesmo quando achamos que não.

Aí vai um teste geográfico, responda rápido: qual cidade que fica mais ao norte no planeta, Toronto ou Lisboa? A alternativa certa é a cidade portuguesa, mas com a imagem do Canadá sempre coberto de neve, **intuitivamente** a pessoa responde que é Toronto, **erradamente**!!!

O psicólogo Keith Payne, da Universidade da Carolina do Norte (EUA), fez um experimento muito interessante, no qual ele mostrava uma face **sombria da mesma coisa**. Payne colocava os participantes diante da tela de um computador e aí aparecia rapidamente um rosto branco ou negro. Tudo num piscar de olhos. E as pessoas tinham que dizer o que viram.

➛ **E qual foi o resultado?**

Elas identificavam mais rápido o revólver quando a imagem dele era precedida por um rosto negro do que por um branco!?!?

Payne, então colocou os voluntários sob pressão: tinham de dar a resposta em **meio segundo**!!! Aí, muitos passaram a dizer que a chave inglesa era um revólver quando aparecia depois do personagem negro!?!?

A única maneira de diminuir o preconceito inconsciente nas respostas era dar mais tempo para o pessoal determinar, **com calma**, o que tinha visto. E isso vale para todo mundo, ou seja, reflita bem antes de concluir que o sorriso do seu vizinho com que ele o cumprimentou não era verdadeiro!?!?

Pensar de menos, afinal, pode ser tão perigoso quanto pensar demais!!!

A filosofia define a **intuição** como o processo de apreensão racional, não discursivo de um fenômeno.

Aqui surge um problema de difícil resolução, pois a intuição, em si mesma, não é um fenômeno racional. **A rigor, ela é sem explicação!?!?**

Toda explicação precisa de uma casualidade, o que não é o caso da **intuição**. Ela situa-se além da inteligência, que lida frequentemente com coisas mais palpáveis, materiais, e segue comumente na direção da ciência e da tecnicidade, enquanto a intuição volta mais a sua atenção para o próprio espírito, não se afastando da simplicidade da experiência em que se manifesta.

A intuição e a inteligência são duas faculdades intelectuais distintas!?!?

A intuição, frequentemente, é confundida com a **expressão de um sentimento**, sendo-lhe negado, o caráter intelectual que é próprio da inteligência.

Para o filósofo, escritor, ensaísta e diplomata francês Henri Bergson (1859-1941) – autor de diversos livros como *Matéria e Memória, o Riso, a Evolução Criadora* etc. – embora intuição e inteligência não sejam a mesma coisa, a **intuição** não se comunicará ou surgirá senão pela inteligência!!!

Sendo a inteligência e a intuição faculdades mentais distintas, podemos afirmar que a primeira comunica uma verdade que a segunda enxergou. E é disso que se trata: a intuição apenas vê o que será elaborado discursivamente com a contribuição da lógica.

Como bem anotou Bergson: "Todo filosofar irrompe de uma intuição, visão simples e imediata que se dá ao filósofo como sentimento da sua coincidência com o real."

A partir desse instante, o seu esforço consistirá em comunicar essa intuição, o que fará, obviamente, recorrendo às formas de linguagem já estabelecidas.

Até dois modos distintos de conhecer algo: o **relativo**, que se dá pela aproximação e análise do objeto e que se multiplica em sucessivos pontos de vista; e o **absoluto** ou **intuitivo** que, a partir de um esforço da imaginação penetra no objeto, e que não se desdobra, mas se encerra em um ato simples.

A intuição aparece assim como o caminho original que um filósofo deve seguir, a fim de conhecer o objeto.

A sua conferência sobre o tema, que originou a publicação do livro: ***A Intuição Filosófica*** data de 1911, sendo que na *Introdução à Metafísica,* de 1903, ele já antecipava algumas questões relacionadas a esta temática.

Deve-se, também, discorrer um pouco sobre a **intuição mística**.

No geral, as correntes místicas do pensamento condenam o primado da razão, pois esta não consegue responder por si mesma às questões mais complexas da existência, em especial do ser humano.

Mas, a verdade é que estamos aprisionados nos limites do pensamento lógico.

Para o indiano Osho, a intuição é alguma coisa que está a acontecer sem ter uma causalidade, sem ter qualquer origem. Nem sequer é um fenômeno, sendo talvez unicamente **"um pulo do nada para o ser"**.

O nosso intelecto tem a ver com o **conhecido**, com o **desconhecido** e com o **incognoscível** (aquilo que não se pode conhecer).

Quando alguma coisa do incognoscível vem a ser conhecida, há um salto; não há uma passagem de um ponto para outro!?!?

Explica Osho: "A razão é um esforço para conhecer o desconhecido e a intuição é o acontecer do incognoscível.

A intuição é vidente, tem seus olhos. Ela vê a verdade, não se põe a questão do pensar nela.

Existe, pois, um paralelo entre o instinto e a intuição, pois não se pode fazer nada quanto a eles!?!?

O intelecto tenta sempre dominar e, como tem a lógica ao seu lado – a razão, o argumento, mil e uma provas –, pode conseguir, no que diz respeito à sua mente consciente, convencê-lo de que o **instinto é mau**.

É por esta razão que todas as religiões têm condenado o instinto."

Finalmente, é vital comentar resumidamente a **intuição criativa**. Na realidade, os mais variados tipos de criatividade são intuitivos, para não dizer todos...

Contudo, um indivíduo criativo, ou seja, um profissional talentoso sabe que não basta **intuir** (aqui dito no sentido de **inspirar-se**), ele deve empenhar-se para realizar sua obra criativa, e seguir um **método de trabalho** que pode ser muito particular, apenas seu, mas ainda assim, é um **método**!!!

Bergson também investigou a relação entre **arte** e a **intuição**, concluindo que, por um feliz acidente, surgem indivíduos nos quais os sentidos ou a consciência são menos aderentes à vida. Por um capricho da natureza, a faculdade de perceber desses indivíduos não se liga, de forma automática, à faculdade de agir. Eles percebem por prazer, sem as intenções triviais que os levariam a uma atitude prática diante da vida.

Por sua vez, a **lógica** é a arte que dirige o próprio **ato da razão**. Da apreensão – ato pelo qual o nosso cérebro percebe alguma coisa sem nada afirmar ou negar – até o raciocínio – que aponta para um novo conhecimento – há um longo percurso, tendo o juízo como intermediário. Este contém a verdade ou a falsidade do conhecimento. Já o ato de raciocínio supõe que certas proposições já foram construídas pelo espírito, ou seja, pelo conjunto de nossas faculdades mentais.

Fora da razão, outras vozes podem se manifestar, mas elas escapam ao interesse da filosofia.

A psicografia, vocábulo derivado do grego que significa **escrita da mente**, revela a capacidade atribuída aos médiuns de escrever as mensagens dos espíritos. O processo lógico fica em suspenso nesse fenômeno. Nele presume-se a intervenção de espíritos na escrita de textos que são narrados em fluxo contínuo.

Em toda filosofia há uma marca do que se concebe como sendo intuição, seja esta analisada sob o ponto de vista dos lógicos ou dos místicos. Claro que nem tudo possui a lógica que pretende boa parte dos filósofos. Contudo, é verdade que o pensamento discursivo ao qual estamos atrelados demanda um labor mental bem mais complexo do que uma simples iluminação!!!

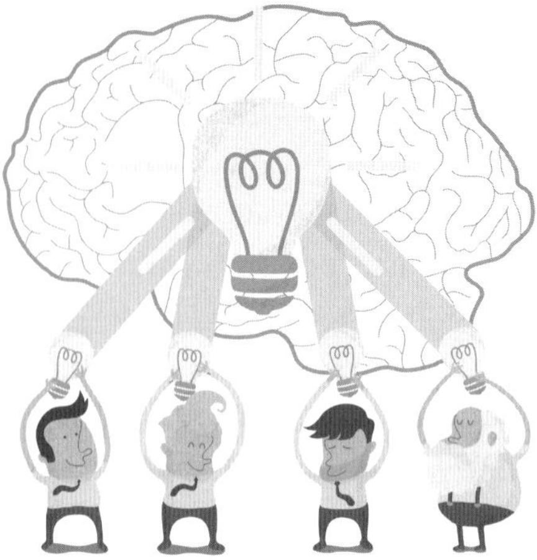

Na época em que vivemos só serão reconhecidos e valorizados os profissionais com muita imaginação.

3.3 – VOCÊ SABE O QUE OCORRE NO SEU CÉREBRO NO NÍVEL SUBCONSCIENTE?

No mínimo, **milhares de atividades**!!! Existem, no entanto, três atividades extremamente importantes que nos permitem gerar tantas ideias.

A **primeira** é a **gerência total do maravilhoso e complexo mecanismo físico do ser humano.**

Dessa forma, respiração, circulação sanguínea e digestão dos alimentos são algumas das atividades vitais feitas pelo subconsciente humano.

Obviamente podemos influenciar algumas atividades, como é o caso dos batimentos cardíacos.

Veja os seguintes impressionantes números pelos quais, durante 24h e "sem nenhum esforço", o nosso subconsciente é responsável por 100.000 batimentos do coração, pelo bombeamento de 16.300 litros de sangue, fazendo-o realizar 1.450 voltas completas no corpo, e pelo ato de 23.000 respirações.

A **segunda atividade** do pensamento subconsciente é a **armazenagem** e a **recuperação** de todas as informações referentes a experiências em nível consciente, sejam elas ou não imaginárias.

Todos os sentimentos e as reflexões são tratados da mesma maneira. Eles são "anotados", acumulados e armazenados no nosso cérebro, a fim de constituir uma base para o sistema de pressupostos e princípios de cada um.

Este sistema, por seu turno, influencia o modo de pensar e de se comportar de cada um.

Toda imagem mental que focalizamos deixa um rastro na memória que utilizamos para pensar de determinada forma.

Existem, por certo, muitas teorias a respeito de como um estímulo entra no córtex e segue o seu caminho até a área do hipocampo, onde é verificado em termos de conteúdo emocional. O fato é que ele entra no âmago do seu cérebro, onde uma transformação química ao longo do caminho daquela informação efetua uma marca de memória.

Uma marca ou traço de memória é uma cadeia de células nervosas ligadas por sinapses, nas quais os impulsos nervosos saltam de uma célula para outra.

Existe uma teoria que está tentando provar que as próprias sinapses são as sementes da memória.

Outra teoria parte da hipótese de que o tecido cerebral registra os dados sensoriais de forma semelhante a um holograma.

Nós nos maravilhamos com as formigas. Suas colônias parecem tão complicadas, mas totalmente integradas. No entanto, uma formiga possui 500 células cerebrais. Nosso cérebro possui mais de cem bilhões de neurônios – uma quantidade equivalente à de estrelas no céu.

Segundo estudos da neurocientista brasileira Suzana Herculano-Houzel, o número mais correto de neurônios no cérebro humano é de 86 bilhões!?!?

Na verdade, cada neurônio se liga a milhares de outros, e a quantidade de configurações possíveis em nosso cérebro é grande demais para se entender usando qualquer metáfora.

Nosso cérebro representa cerca de 3% do peso de nosso corpo, porém é preciso quase 25% do nosso sangue para "alimentar" e refrescar esse órgão fantástico.

O cérebro normal pesa de 1,25 kg a 1,5 kg. Não existem nele partes móveis.

Se você pegasse um cérebro em suas mãos, teria a sensação de estar segurando uma bexiga cheia com seis xícaras de água.

Ao contrário de um sistema telefônico, o cérebro oferece milhares de caminhos para uma mensagem percorrer.

A capacidade de armazenamento do cérebro humano faz o melhor computador do momento ainda parecer o cérebro de um pássaro.

Segundo o dr. Herbert A. Simon – especialista em psicologia, ciência política, sociologia e economia – o cérebro pode guardar 100 bilhões de *bits* de **informações**.

Mesmo que a estimativa estivesse 99% errada, a mente comum teria uma capacidade de armazenamento maior que a do computador.

Bem, tudo isso é apenas o maior estímulo para que as pessoas de um modo geral possam "bolar" milhares de ideias novas ao longo da sua vida.

Faça isso, meu caro *S8*, e você será um vencedor!!!

Tudo o que uma pessoa pode visualizar pode ser transformado em realidade.

Existe sempre uma maneira diferente de fazer algo, e a maneira mais **simples** é a **mais elegante** e **melhor**!!!

Você, estimado leitor, e nós, temos capacidades criativas extraordinárias (e elas têm muito a ver com as suas ideias...).

Nenhum computador se compara a nós em termos de inventividade (ainda...).

Nós, no entanto, não processamos informações de maneira tão correta ou tão rápida quanto ele, nem somos programados para permanecer tão destemidamente no mesmo caminho.

Podemos optar por cair fora, porém, às vezes, fazemos isto cedo demais.

Geralmente um pouco mais de esforço traria a vitória, mas paramos próximos do limiar, e o triste é que nunca saberemos quão perto chegamos.

➛ **E por que fazemos isso?**

Um dos motivos é que temos a tendência de subestimar nossas próprias capacidades.

Descobrimos rapidamente nossas falhas e fraquezas.

Denegrimos nossas habilidades quando fazemos as seguintes autoavaliações:

- "Eu tenho uma memória horrível."
- "Essa tarefa parece difícil demais para mim."
- "Não sou criativo."
- "Isso requer matemática, a minha maior fraqueza..."

Pior fica quando alguém nos pergunta em algum seminário (ou uma aula) algo do tipo:

- "Você é capaz de citar o nome de 40 pássaros diferentes em três minutos?"
- "Você é capaz de citar o nome de 20 flores diferentes em dois minutos?"
- "Você é capaz de memorizar 13 objetos em ordem e lembrar-se perfeitamente deles dois dias depois?"
- "Você é capaz de pegar qualquer problema e redefini-lo de seis maneiras diferentes?"
- "Você é capaz de multiplicar mentalmente um número de treze dígitos por onze e escrever o seu resultado diretamente?"

A primeira reação das pessoas quando lhes fazem essas perguntas é dizer que não são capazes de responder.

Apesar disso, caso você pergunte se eles se lembram dos pássaros que podem comer (codorna, peru, galinha, pato, ganso etc.), e depois dos pássaros que vivem em volta da sua casa (sabiá, beija-flor, pardal, pombo etc.), e ainda os que você já viu na natureza ou no zoológico (ema, arara, pavão, tucano-de-bico-verde, alma-de-gato, sabiá-laranjeira, joão-de-barro, socó-dorminhoco, garça-branca, bem-te-vi, quero-quero, pica-pau-benedito, martim-pescador, carcará, urubu etc.), eles alcançam 50 ou 75 pássaros.

E no começo, essas pessoas pensavam que a tarefa era assustadora demais para tentar executá-la...

Se alguns dizem que o bem-estar é contagioso, exatamente como a doença, o **pensamento positivo** e a **autoconfiança** são ingredientes indispensáveis para achar que qualquer obstáculo pode ser vencido.

A **terceira importante atividade** subconsciente relaciona-se à **solução de problemas ou resolução de conflitos**.

Toda vez que temos de resolver alguma "enrascada", os nossos processos subconscientes trabalharão para nos ajudar a solucioná-la.

Aí o que acontece é uma busca nos arquivos da nossa memória para encontrar uma possível solução.

Se, por acaso, não existir uma resposta conveniente no momento, a mente transcenderá a sua própria base de conhecimentos acumulados e buscará fontes externas de **ideias**, conceitos ou inspiração.

É uma grande maravilha realizada pela nossa mente – às vezes, como se fosse um passe de mágica, no meio da madrugada – fornecer-nos a resposta para um problema que estava incubado dentro do cérebro.

Entretanto, isso só acontece com mais facilidade para os que estão cheios de **informações** dentro do cérebro.

3.4 - COMPETÊNCIA EMOCIONAL.

Entre as ideias que devem ser levadas avante para se ter sucesso no século XXI, uma delas é a de desenvolver a sua **competência emocional**, que será vital para atender um cliente, e todos nós temos clientes!!!

A competência emocional significa ter a capacidade de conhecer as emoções das outras pessoas, saber gerenciar as emoções (as suas e as dos outros), conseguir motivar-se, saber levar em conta as emoções dos outros e, basicamente, estar apto para lidar com os relacionamentos.

Como está o seu humor? É possível que um dia isso aconteça e vamos receber boas ideias dos macacos!?!?

Claro que são grandes os benefícios que trazemos para o trabalho se somos hábeis nas competências emocionais básicas: afinamento com os sentimentos daqueles com quem lidamos e a capacidade de administrar as discordâncias evitando que se agravem.

Uma das grandes defensoras da necessidade de domínio das habilidades emocionais para ser bem-sucedido no século XXI, é a presidente emérita da Saybrook Graduate School em São Francisco, a psicóloga Maureen O'Hara, que afirmou:

"Todos devem estudar a natureza humana em sua magnífica complexidade, e neste sentido, é preciso exercitar 'músculos' psicológicos, tais como: tolerância, flexibilidade e empatia para ampliar a sua competência no trabalho.

Tudo, hoje, está pressionando as pessoas a serem mais flexíveis psicologicamente do que antes.

As pessoas precisam do que chamo de empatia coletiva, e isto abrange um conjunto de habilidades mentais de ordem superior, abertura para o aprendizado, capacidade de autocrítica, atitudes menos defensivas e capacidade de processar várias realidades e valores.

Mas adquirir competência emocional, ou seja, mostrar compreensão das suas emoções e aquelas dos outros pode ser difícil e até causar um certo estresse.

Entretanto, isso deve ser feito, principalmente nas organizações que lidam com o atendimento, quando se deve, inclusive, saber lidar bem com reclamações nos relacionamentos. O bom atendimento exige o refinamento emocional, assim como a escrita de uma linguagem de computador requer habilidades de programação.

Aqueles que não têm competência emocional para oferecer o atendimento eficiente do ponto de vista emocional, devem ser remanejados para posições que exijam menos contato humano, assim como aqueles que não conseguem aprender a usar um computador precisam ser alocados em postos em que não seja necessário utilizá-lo (o que é cada vez mais raro no século XXI...)."

Vivemos em um mundo de interdependência no lar, nas cidades, nas equipes de trabalho, nas empresas, nas instituições públicas e na comunidade global.

A maioria das pessoas emprega grande parte do tempo em relacionamentos comerciais ou organizacionais interdependentes.

No início do século XXI, a respeito de todo esse tempo gasto, torna-se necessário responder à pergunta: **qual é a melhor forma de relacionamento comercial e organizacional**?

A resposta é que a melhor maneira é a que possibilita às pessoas alcançarem o nível em que dois seres humanos estão vinculados em um sistema de honra e respeito mútuos.

Caso isso não ocorra, elas passarão a maior parte da vida apenas executando tarefas umas para as outras, mas sempre fora do contexto de uma verdadeira relação humana.

Dessa forma, se os funcionários e os clientes não atingirem um nível de vínculo humano, os clientes serão considerados "aqueles que bagunçam a mercadoria", e os vendedores, "os que nunca estão próximos quando se precisa de ajuda".

Se os tecnólogos e os clientes não alcançarem um nível de vínculo humano, os clientes serão "os usuários tolos que nem os manuais sabem ler", e os tecnólogos, "os metidos e arrogantes que sempre perguntam logo à pessoa se ela ligou o computador..."

Por exemplo, se comissários de bordo e passageiros não conseguirem chegar a esse nível de vínculo humano, os passageiros representarão sempre "tarefas maçantes" para os comissários, e os comissários "apenas aquelas pessoas que mandam apertar o cinto", para os passageiros.

Existe pouco ou nenhum incentivo em relacionamentos como esses para os clientes voltarem ou os empregados demonstrarem mais entusiasmo pelo trabalho.

As competências emocionais para cargos de atendimento precisam ser delineadas tanto quanto as competências técnicas, ou seja, detalhadas cuidadosamente.

Dessa maneira, os pilotos de aviões precisam ter uma visão quase perfeita; os garçons devem ter a habilidade de anotar os pedidos com exatidão; os bombeiros devem ter força e destreza para puxar e erguer equipamentos pesados; os corretores da bolsa e os funcionários do pregão devem ter a capacidade de concentração em um ambiente caótico etc.

Já para definir com certa precisão as características emocionais exigidas de um indivíduo que trabalhe em atendimento, quer dizer, as tais habilidades mentais de ordem superior, incluem-se aí: a capacidade de ler a linguagem corporal, a flexibilidade de comunicação e a capacidade de permanecer envolvido em situações altamente emocionais e empáticas, e a capacidade de estabelecer um bom relacionamento.

Se essas competências forem definidas e as pessoas contratadas as tiverem, é mais provável que os requisitos emocionais sejam tomados como um desafio em vez de serem um fardo.

As posições de serviço exigem níveis variados de trabalho emocional.

As experiências de curta duração em geral não exigem tanta sofisticação quanto os relacionamentos mais duradouros com o cliente.

Na verdade, encontros breves com os clientes podem, de determinada forma, seguir um roteiro.

Uma posição que envolve cumprimentar os clientes e dirigi-los a um local específico não exige muita competência emocional. Entretanto, uma posição que demande conhecimento detalhado das finanças de alguém – como um analista financeiro – exigirá habilidades adicionais, como gerenciar clientes aborrecidos, ansiosos ou agressivos.

Embora poucos concordem que todas as pessoas têm capacidade para levar em conta as demandas emocionais do atendimento, o setor de serviços é conhecido por contratar "pessoas acolhedoras", mas que realmente **não têm** competência emocional.

Este não parece, porém, ser o caso da empresa de transporte aéreo dos EUA, a Southwest Airlines, que se tornou líder em rentabilidade e que oferece um excelente atendimento ao cliente.

Porém, para conseguir essa qualidade de serviço exemplar, a Southwest Airlines desenvolveu um intenso esforço para entrevistar bem até encontrar as pessoas certas, tendo inclusive competência emocional.

Um exemplo interessante é aquele que envolveu, há algumas décadas, o próprio diretor-presidente da Southwest Airlines, Herb Kelleher, quando foi necessário entrevistar 34 pessoas para uma única vaga de sinalizador. Contou Herb Kelleher:

Herb Kelleher, o criativo executivo que tornou a Southwest Airlines tão bem-sucedida.

"Os futuros funcionários na Southwest Airlines passam às vezes por testes estranhos, pois queremos o tipo de atitude que eles têm e qual é o seu senso de humor.

O senso de humor dá, na realidade, uma noção de proporção da competência emocional que possui cada pessoa.

Ninguém deve acreditar que poderá fazer montanhas a partir de montinhos, e nós não temos na empresa tempo para desenvolver a competência emocional de todos os nossos funcionários.

Assim, quando certo candidato à vaga de sinalizador entrou, foi lhe dito: 'Tire as calças. Não entrevistamos pessoas de terno, só de shorts. Shorts da Southwest Airlines'.

Isso pode parecer estranho, mas o que queremos analisar são as reações das pessoas.

Como ele nem ligou e até encarou a situação com bastante humor, foi o contratado!"

Bem, caro *S8*, você entendeu que desenvolver a sua competência emocional cada vez mais e de todos os seus colaboradores é uma ideia excelente e essencial para o sucesso do seu trabalho, não é?

3.5 - O MAIOR APROVEITADOR DE IDEIAS DO MUNDO: YOSHIRO NAKAMATSU!!!

➢ O que o disquete e o relógio digital têm em comum?

Além de serem ícones tecnológicos – afinal, o disquete foi o antecessor do seu *pendrive* (caneta de transporte, ou seja, um meio de transporte de dados), esses dois inventos (e outras três mil patentes) são do mesmo **idealizador**: Yoshiro Nakamatsu (ou simplesmente dr. Nakamats) que detém o recorde da maior quantidade de ideias registradas, ele que nasceu em 26 de junho dc 1928.

Nem Thomas A. Edison – o famoso inventor norte-americano que ficou famoso com a patente da lâmpada elétrica e tornou-se conhecido também por registrar muitas patentes – é páreo para Nakamatsu.

O dr. Nakamats já é considerado por alguns especialistas, devido às suas milhares de ideias novas, como um dos cinco cientistas mais influentes da história, da humanidade (!?!?) juntamente com Arquimedes, Michael Faraday, Marie Curie e, obviamente, Nikola Tesla. Esse título foi concedido pela Sociedade Internacional de Tesla – uma organização que congrega inventores no Estado do Colorado (EUA).

➛ **Nada mal, não é?**

Pois é, dr. Nakamats tem um currículo de dar muita inveja.

E mesmo que você ache que o disquete é praticamente do tempo das cavernas, saiba que o pai dessa ideia está vivo e com boa saúde.

Na década de 1990, cerca de 12 cidades norte-americanas chegaram a criar o "**Dia do dr. Nakamats**", em comemoração à sua visita ao país, estando entre elas San Diego e Pittsburgh.

O jornal norte-americano *The New York Times*, numa reportagem sobre esse genial japonês, destacou: "As invenções de Nakamatsu relacionam-se com os mais diversos objetos ou funções, indo desde um taco de golfe que produz um som musical assim que a bola é atingida corretamente a salgadinhos destinados a melhorar a atividade mental.

Mesmo estando na terceira idade, dr. Nakamatsu não parou de criar protótipos e, por essa razão, passou da casa dos 3 mil registros de patentes.

Com uma lista tão grande de ideias assim, é possível afirmar que o dr. Nakamats está realmente gravado na história e no seu *pendrive*, já que não haverá como '**deletar**' o fato de que o processo de armazenamento atual tem em seu DNA, os resquícios dos antigos disquetes."

O genial e imaginativo dr. Yoshiro Nakamatsu.

Entre todos os tributos e homenagens que já recebeu, o que mais agradou ao dr. Nakamats é o título de ***sir*** que uma antiga ordem da Igreja Católica Romana – a de São João de Jerusalém de Rodes e de Malta lhe outorgou.

Dr. Nakamats se orgulha muito de ter, segundo ele, o recorde de invenções – com 3.377– bem mais do que as de Thomas A. Edison, que chegou a 1.093 registros de patentes, nos EUA, se bem que no mundo chegam a 2.322.

Claro que muitas dessas invenções não são tão extraordinárias assim, como se pode perceber na lista abaixo:

- Óculos em forma de olhos para que pareça que o usuário não está usando óculos!?!?
- Um travesseiro que evita que o condutor de um carro venha a cochilar.
- Um cigarro com um dispositivo que serve para "ativar o cérebro".
- Sapatos que permitem pular, pois têm molas em suas solas!?!?
- Uma poltrona especial denominada *Cerebrex*, que supostamente melhora a função mental, como a execução de cálculos e elaboração de raciocínios complexos, pois permite resfriar a cabeça e, ao mesmo tempo, aquecer os pés!?!?
- Um levantador automático do assento do vaso sanitário.
- Um sistema denominado *Enerex* para a geração de hidrogênio e oxigênio.
- Um preservativo com um imã embutido para, supostamente, "melhorar a sensibilidade"...
- A "peruca para autodefesa", ou seja, uma faixa e um peso estão "embutidos" na peruca e, assim, quando o usuário girar a sua cabeça esse peso se desprende da peruca e vai bater no agressor.

Você pretende experimentar o método do dr. Nakamatsu para o surgimento de grandes ideias, ou seja, mergulhar até ficar sem condição de permanecer embaixo da água?

Essa é uma amostra das "incríveis" invenções do dr. Nakamats. Mas ele sabe se promover muito bem e já apareceu nos programas de TV mais assistidos do mundo, como no de David Letterman, na rádio e TV BBC, e assim por diante.

Em 2009, o cineasta dinamarquês Kaspar Astrup Schröder fez um documentário muito bem-humorado sobre ele, intitulado *The Invention of dr. NakaMats*.

Em 2013, dr. Nakamats foi destaque no programa Sky 1, *Os Gemidos da Vida*, no qual Karl Pilkington viaja o mundo para ver como as pessoas enfrentam os maiores problemas das suas vidas.

O próprio Nakamatsu enfatizou: "A grande diferença entre Thomas A. Edison e eu é que ele morreu aos 84 anos, enquanto eu estou ainda na metade da minha vida e, claro, vou inventar muita coisa mais." Quando disse isso, ele tinha 84 anos (em 2012) e se baseava no fato de que descobriu para si uma dieta espetacular com alimentos específicos que, segundo a sua opinião, vão permitir-lhe chegar aos 144 anos de idade!?!?

Afirmou dr. Nakamats: "Tenho fotografado, catalogado e analisado todos os alimentos que como diariamente, procuro também saber qual é a influência disso no meu sangue e busco estabelecer correlações sobre todos esses dados.

Até agora, a minha conclusão é que os seres humanos vivem menos do que poderiam, pois comem demais e erradamente. Não se devia beber nada com álcool e evitar chá, café e inclusive o leite, pois tudo isso gera danos ao cérebro!?!?

A ingestão de alimentos por um adulto, no período de um dia, não deveria superar a 700 calorias e os alimentos devem ter pouco óleo.

O número de horas de sono deveria ser limitado a seis horas por dia.

Na minha dieta, os alimentos que fazem parte são: ovos, fígado de galinha, camarão seco, iogurte, queijo, carne de boi e, além disso, cerca de 55 tipos diferentes de grãos.

Dr. Nakamats não se "intimidou", e em 2005 foi receber o prêmio Ig Nobel da Nutrição por sua pesquisa que conectava os hábitos alimentares e a melhoria da inteligência dos seres humanos. Na realidade, ele mostrou as fotografias de todas as refeições que consumiu num período de 34 anos... Essa premiação é organizada pela publicação bimensal de *Annals of Improbable Research*, revista dedicada ao humor científico, homenageando as realizações ou pesquisas que fazem as pessoas rirem...

Ele é realmente uma pessoa muito extravagante. Assim, concorreu algumas vezes, sendo uma delas em 2003, para governar Tóquio – todas sem sucesso, quando o seu *slogan* era: "Eu posso inventar um dispositivo que faça os mísseis, que eventualmente a Coreia do Norte soltar sobre nossa cidade, darem uma reviravolta de 180° e assim caírem no lugar em que foram lançados." Apesar de ser uma promessa provocante e até instigante, ela pouco o ajudou para se tornar vitorioso nas eleições.

Dr. Nakamats é um especialista em promover a sua **marca pessoal** e, dessa maneira, ele divulga como ninguém a sua magnificência, importância, grandeza ao dizer: "As pessoas não deveriam se preocupar com a sua grandeza, pois alguns já nascem grandes ou brilhantes, alguns acabam chegando a essa grandeza ou excelência e outras têm a grandeza empurrando-as para frente. Acredito que tenho a soma dessas três coisas!!!"

Essa sua capacidade de se autopromover nem sempre foi vista com complacência pelos profissionais criativos e inventores. Assim, Kenji Kawakami, o anárquico fundador do *chindogu* – que é toda criação aparentemente tola, não razoável e inexequível, isto é, que não pode ser comercializada, comentou: "As invenções reais abrem os nossos cérebros, enriquecem nossa vida, permitem que as pessoas as desfrutem e se aproveitem delas conjuntamente. O que o dr. Nakamats tem feito até agora visa apenas à obtenção de dinheiro, fama e uma constante massagem no seu ego."

De fato, deve-se recordar que o dr. Nakamats começou a inventar novos objetos e novas formas de utilizá-los desde o seu tempo de estudante, na Faculdade de Engenharia da Universidade de Tóquio, quando inclusive começou a divulgar as bases do seu sistema para desenvolver produtos de forma criativa: o ***ikispiration***.

O *ikispiration* tem três elementos essenciais: *suji* ("teoria do conhecimetno"), *pika* ("inspiração") e *iki* ("praticidade"). Comentou dr. Nakamats: "Muitos inventores tem *pika*, mas não possuem o *iki* para tornar reais os seus sonhos."

O dr. Nakamats segue uma rotina diária muito especial para deixar o seu cérebro livre para a imaginação. Sendo assim, toda noite, na sua *Naka Penthouse* (cobertura de um edifício), em Tóquio, ele vai para o "quarto da calma" que na realidade é um banheiro revestido com ouro que bloqueia as ondas de rádio e os sinais de televisão, os quais ele diz serem prejudiciais para a imaginação.

O "quarto da calma" foi construído sem usar um único prego, pois os pregos desviam e refletem os pensamentos. Depois de passar um tempo calmamente sentado no vaso sanitário para pensar e escrever algumas ideias, ouvindo a descarga da água, dr. Nakamats vai para o "quarto dinâmico", que é de fato um elevador, no qual ouve um pouco da música de Beethoven.

Finalmente, o dr. Nakamats diz que quando uma pessoa tem oxigênio demais no seu cérebro não consegue se inspirar. Para que alguém tenha uma intensa inspiração é preciso mergulhar numa piscina bem funda e permitir que a pressão da água preencha o cérebro da pessoa com sangue, ocorrendo uma intensa dificuldade para respirar e a falta de oxigênio no cérebro.

Completa dr. Nakamats: "Mergulho sistematicamente na piscina e procuro aguentar sem respirar o mais que possa e aí, meio segundo antes de morrer, consigo visualizar uma invenção!?!?"

É uma receita terrível, mas dr. Nakamats declara que já gritou muitas vezes: "Eureca" no fundo de uma piscina(?!?!) e que, inclusive, já inventou um dispositivo, na realidade um caderno, para anotar suas novas ideias debaixo da água.

Deixando de lado as suas excentricidades, muitos dos produtos que ele patenteou estão em uso e, inclusive, ele próprio relatou: "O meu *Love Jet* (um *spray* de Horemon, líquido que aplicado à pele aumenta a quantidade de DHEA – hormônio responsável pelo desejo sexual) é 55 vezes mais poderoso que o Viagra e torna o sexo 300% mais agradável e divertido. Aliás, digo isso após ter colhido a opinião de mais de 10 mil mulheres. Não fiz sexo com elas, apenas ouvi as suas considerações..."

Caro leitor, procure se informar mais sobre o que anda inventando o dr. Nakamats, pois é bem instigante o que ele tem feito!!!

3.6 - MORAL DA HISTÓRIA DO TERCEIRO I.

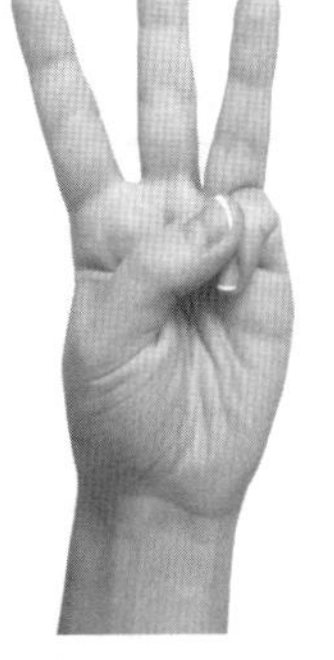

Deu para perceber que as **ideias** são fundamentais para estruturar um projeto, se chegar a uma invenção, elaborar um plano de negócios ou efetuar uma criação.

É através das ideias que se manifesta a inteligência criativa, e todo ser humano tem de valer-se da sua criatividade se almeja ser um vencedor como um *S8*.

As ideias, nos tempos de hoje, envelhecem mais depressa do que as palavras, e por isso as que eram boas ontem podem não servir hoje.

É por essa razão que devemos tomar a **iniciativa** de obter muitas **informações** novas que nos darão conhecimento e sabedoria adicionais para imaginar, refletir e dessa maneira podermos gerar **ideias novas** que seguramente vão transformar e melhorar a nossa vida, principalmente se conduzirem a alguma **inovação** de nossa autoria...

Pensar é o que nos diferencia de todos os outros seres vivos, pois só os homens conseguem formar imagens mentais que depois se transformam em invenções e inovações.

Quem quer resultados, ou melhor, ver as invenções transformadas em **inovações** precisa "bolar", antes de qualquer coisa, ideias vencedoras.

Isto é o que aprende a fazer um *S8*!!!

"Zé Antônio, com ele tenho plena convicção que poderemos desenvolver um novo tipo de marketing."

Numa reunião como essa há o aspecto positivo de que todos têm ideias diferentes!!! O difícil vai ser obter um consenso, não é?

Buscando as inovações

4.1 – FOMENTANDO O AMBIENTE CRIATIVO.

Hoje em dia, as empresas mais admiradas, ou nas quais é mais agradável trabalhar, são aquelas nas quais a administração criativa está em primeiro lugar.

É lá que estão os gerentes *S8s*, ou seja, aqueles que estimulam os seus colaboradores a movimentarem a roda da melhoria dos 8Is.

Claro que o processo de gerar novas ideias e persistir até sua implementação constitui um dos aspectos mais atraentes (e complexos) da administração.

E as oportunidades para a **gestão criativa** surgem a todo instante. Aliás, no século XXI, qualquer empresa que reprima a criatividade acabará por comprometer seriamente o seu próprio sucesso futuro, pois do lado de fora está uma concorrência cada vez mais agressiva, ameaçando conquistar o seu espaço e exigindo respostas mais criativas para que você mantenha os seus clientes.

Cuidado para não se mutilar ou cometer um desatino quando está pensando em inovações!

O *S8* é, sem dúvida, um gerente criativo (é o que você deve pensar em ser, se ainda não é...) e ele sabe conviver muito bem com essa turbulência, pois também é dinâmico. Ele, para estar sempre à frente dos competidores, incentiva o desenvolvimento da criatividade e está continuamente procurando novas maneiras de fazer sua equipe trabalhar coesa e eficazmente para superar os obstáculos que vão surgindo.

O gerente estimula os seus colaboradores a virem com ideias novas e os ajuda a terem condições para ampliar a sua imaginação. Claro que as ideias podem ser a respeito de tudo que seja relativo à qualidade de vida na empresa e aos próprios processos produtivos e prestação de serviços, não esquecendo nunca de que também se deve, ininterruptamente, fazer o bom *marketing* criativo da organização, porquanto a imagem representa muito no momento de diferenciar-se dos concorrentes.

O *S8* é aquele que tem plena convicção de que é a criatividade que o impulsiona para um desempenho notável e a empresa conseguir lucros maiores. Ele sabe como extrair o melhor de cada um dos seus colaboradores.

Matt Kingdon é um especialista em inovação, autor do livro *Os Verdadeiros Heróis da Inovação* (em inglês *The Science of Serendipity* da DVS Editora), no qual descreve mais de 20 anos de sua experiência no desenvolvimento de processos inovadores.

Logo na introdução do seu livro destacou: "Existe algo **mais excitante que pegar uma folha de papel em branco e nela elaborar um plano ou criar algo que tem valor real**? Conseguir fazer algo do nada ou ao apontar para algo que existe no mercado e poder dizer: 'Fui eu quem criei isso!', é realmente entusiasmante. De fato, não há muita coisa na vida que seja mais excitante que isso. Estar no lugar certo no momento certo, ver o que nenhuma outra pessoa enxergou, poder conectar os 'pontos' e, dessa forma, levar adiante uma ideia até que ela se transforme em um grande sucesso comercial, esses são os relatos que comumente se ouvem de um **empreendedor bem-sucedido**!!!

Nesse relato prevalece a ideia de que é vital abrir uma nova empresa (uma *start-up*) e daí, de certa forma, as palavras 'empreendedor' e 'inovador' parecem ser **complementares** ou então até sinônimas de alguma pessoa superdotada, superinteligente e surpreendentemente jovem, que está ganhando milhões de reais.

No meu livro procuro analisar minuciosamente algo tão desafiante como a história de uma *start-up* (empresa iniciante) e como isso é igualmente recompensador. Desejo, ainda, apresentar nessa obra como se desenvolve a história da inovação nas empresas médias e grandes, nas quais há necessidade de **renovação**, de **reestruturação**, de **introdução de novas formas de trabalho** está **sempre presente**.

Todas as empresas um dia foram *start-ups* e, infelizmente, à medida que foram progredindo, tornaram-se menos criativas, com um espírito mais dormente, e é nelas que é preciso realmente reativar a sua capacidade imaginativa. Lamentavelmente, depois de um certo tempo de evolução contínua, muitas organizações atingem uma certa estabilidade, e aí surgem muitos obstáculos para as mudanças, para a introdução de inovações, pois todas as novas sugestões encontram muitos dos seus gestores com os 'braços cruzados'.

Após mais de 20 anos ajudando as grandes companhias a inovar, cheguei à conclusão de que a '**invenção serendipista**' e a exploração criativa das ideias são os músculos que toda pessoa deve procurar desenvolver e não permitir que eles se debilitem.

O **serendipismo**, ou seja, 'a ocorrência de acidentes felizes', é um conceito fascinante. Na realidade, os conceitos de serendipismo e inovação pertencem à mesma família... O serendipismo é o material de conexão que leva à inovação. É, portanto, um importante elemento da inovação, principalmente se, numa grande organização, for possível notar que os seus funcionários estão a maior parte do tempo com as cabeças voltadas para baixo e, dessa forma, têm a sua visão periférica bem reduzida. Dificilmente se consegue instaurar um clima de inovação numa organização de porte razoável se os seus empregados não voltarem a apoiar-se no **serendipismo**."

Serendipismo é uma palavra interessante e está relacionada a três príncipes de Serendip (hoje a região é denominada Sri Lanka), que nas suas viagens faziam muitas descobertas, muitas graças ao acaso ou devido à sua sagacidade. A palavra serendipismo foi cunhada em 1754 por Horace Walpole (1717-1797), um escritor inglês, a partir do seu conto de fadas *Os*

Três Príncipes de Serendip, cujos heróis sempre faziam descobertas, acidentalmente, de **coisas que não procuravam**!!!

No dicionário *Houaiss* explica-se *serendipity* como a facilidade ou dom de atrair o acontecimento de coisas felizes ou úteis, ou descobri-las por acaso. Com essa definição, parece realmente que serendipismo acontece puramente ao acaso ou como algum evento aleatório. Entretanto, o elemento "sagacidade" (capacidade de aprender algo a partir de indicações bem simples) que Horace Walpole tinha indicado no seu livro foi abandonado.

Deve-se entender o serendipismo não apenas como um evento feliz e proveitoso que ocorre de forma não antecipada, porém que ele foi **compreendido não por acaso**!?!? Deve-se qualificar como serendipitoso alguém que teve sorte – aconteceu-lhe um "acidente feliz" – depois de ter desenvolvido um trabalho árduo. O serendipismo ocorre com aquela pessoa que está apta a fazer conexões com aquilo que está trabalhando ou desenvolvendo. Você não pode ser serendipista ou inovador se não souber como lidar com o fato de, lá e onde for possível, fazer novas reflexões ou conexões.

É vital entender que uma **pessoa inovadora** tem certos atributos e, para que ela seja **protagonista**, deve ter muita aptidão para explorar essas suas qualidades dentro do ambiente corporativo. Nesse sentido, é fundamental compreender os seguintes fatos sobre como são ou comportam-se os **inovadores:**

- Toda inovação é propulsionada pela emoção humana: **ambição**, **raiva** ou **paranoia**.
- Um grande processo de inovação dificilmente será executado por pessoas **pouco imaginativas**.
- O perfil de um inovador ideal é aquele de alguém que respeita a sua organização, porém que não fica **venerando-a**.
- Um inovador é um **ambicioso insensato**, sempre vivendo nos limites de uma maneira que nem sempre faz sentido...
- Um inovador não é um egomaníaco, exibindo atitudes ou comportamentos voltados apenas para si e insensível com as preocupações dos outros. Ele sabe também **ficar calado** e **ouvir** os outros.
- O inovador não é alguém que pesquisa muito, sendo muito confiante no seu próprio julgamento e em suas próprias **convicções**.
- Os inovadores, de um modo geral, trabalham bem em equipe e são bastante **colaborativos**.

- Os inovadores são bem **talentosos** e bem **hábeis** socialmente, tendo aptidão para orientar os outros nesse mundo expandido, repleto de novas ideias, bem como para o mundo bem mais reduzido das decisões.
- Os inovadores não são necessariamente muito criativos, porém costumeiramente **bons implementadores**.

Atualmente, em muitas empresas existe o diretor executivo de inovação (*chief innovation officer – CIO*), cuja função é supervisionar os vários empreendimentos inovadores que estão em evolução na organização. Cabe ao CIO também examinar os bastidores da inovação para encontrar pessoas frustradas, impacientes e ambiciosas.

É a energia humana que alimenta a inovação: **pessoas que despertam pessoas**! Raramente alguém diz que foi o processo ou a estrutura organizacional que "**fez a coisa acontecer**".

Os **protagonistas**, aqueles que incentivam e desincentivam novas ideias dentro de uma grande empresa, precisam ter algumas qualidades especiais para sobreviverem aos combates que enfrentarão. Necessitam de uma dose absurda de ambição, devem ser humildes o suficiente para saber que não têm todas as respostas e ainda assim continuarem confiantes o suficiente para se respaldar. Eles precisam não apenas saber trabalhar bem em equipe, mas serem colaborativos – e devem ser competentes para fazer as coisas acontecerem.

A inovação precisa de um malabarismo delicado, e isso significa ter uma pessoa que "**uma hora é capitão, outra pirata**". Quando o capitão dá a "**direção do navio**" e em outras situações precisa ser pirata, para com sua perspicácia **"encurtar o processo e derrubar o sistema** ".

As qualidades de um líder "**uma hora é capitão, outra pirata**" são:

1ª) **Exageradamente ambicioso** - A inovação começa com uma pessoa que atira uma pedra bem de longe. Os inovadores são bons nisso. Eles sabem que ampliar metas – estabelecendo alvos que vão além de seus próprios limites – **geram melhor desempenho**. Portanto, o inovador é alguém que sempre quer romper fronteiras.

2ª) **Humilde** - O inovador precisa de um equilíbrio saudável entre **autoconfiança** e **insegurança**. Ele precisa de uma grande ambição, mas de um ego pequeno. Não há ninguém mais perigoso dos que o “**sabe-tudo**”; o indivíduo que tem resposta para tudo. Por isso, o inovador tem de saber quando silenciar e começar a ouvir.

3ª) Confiante – O inovador precisa ter uma pele de rinoceronte para suportar as rajadas que certamente receberá para transmitir bem suas ideias na maioria das empresas. Esse não é um trabalho para pessoas que se sentem muito subjugadas com o que os outros pensam.

A inovação pode ser tão enervante e intimidante quanto é estimulante. Essa área exclui principiantes e favorece os que já estão “cicatrizados”, os que são autoconfiantes e que não têm medo de dar a cara a tapa.

Autoconfiança não é sinônimo de ego gigante. Confiança é aquela coisa que vem de dentro e lhe diz o que você está fazendo está “certo”.

4ª) Colaborativo - Há uma diferença fundamental a ser feita entre trabalho em equipe e colaboração, mas essas palavras normalmente são empregadas como sinônimas. Não há dúvida de que a inovação precisa de pessoas que trabalhem conjuntamente como equipe, mas o que ela de fato necessita é que essas pessoas sejam bem relacionadas com contatos e organizações de fora da empresa – talvez concorrentes e fornecedores, talvez até pessoas com as quais a empresa nunca cogitou entrar em contato. **Colaboração** significa reconhecer que você e sua equipe não têm todas as respostas.

5ª) Flexível - Existem dois mundos entre os quais um inovador precisa **transitar**, um deles pode-se chamar de planeta Expande e outro de planeta Reduz.

Durante o processo de inovação, orbitamos em torno de um planeta e depois em torno do outro. Enquanto giramos em torno do planeta Expande, buscamos estímulos externos, procuramos alternativas e temos ideias. Derrubamos deliberadamente todas as barreiras e discutimos ideias. Isso pode ser muito divertido, mas ficar muito tempo no planeta Expande pode levar a maioria das pessoas à loucura.

Em algum momento acabamos precisando lançar o foguete e escapar da pressão gravitacional do planeta Expande e aterrissar no planeta Reduz, também conhecido como “**mundo real**”. Um lugar completamente diferente, no qual vamos utilizar nossa experiência para reduzir a quantidade de opções que criamos.

6ª) **Finalizador** – É uma pessoa que tem uma motivação implacável para "atravessar a linha de chegada". Qualquer inovador veterano, já calejado, lhe dirá: "Ter a ideia foi a parte mais fácil, mas introduzi-la no mercado foi o que quase me matou." Realmente, o inovador precisa ser um bom finalizador. Ele precisa controlar mentalmente o final do jogo, **concentrar-se** e **arremessar** com precisão para frente a sua ideia...

Em seguida é preciso analisar como um executivo (ou um gestor) ocupado consegue sair do seu serviço tradicional e adquirir o hábito de estabelecer novas conexões ou refletir sobre novos conceitos. Esse processo pode ser ensinado e administrado, tornando-se, no final das contas, a matéria-prima para o serendipismo. Trata-se de preparar a mente de cada indivíduo para que ele aproveite da melhor forma possível todas as chances ou oportunidades a seu favor!!!

Aí não se pode esquecer que a inovação é sempre impelida por um novo *insight* (lampejo ou discernimento), ou seja, um profundo conhecimento de por que as pessoas **fazem o que elas fazem**!!! Um bom *insight* é como um jardim bem cuidado, isto é, ele acaba permitindo que se chegue a novas "ideias verdes". Dessa maneira, o *insight* é criado pela colisão serendipista de observações provocativas.

Infelizmente, a rotina em que se acaba caindo, com frequência, nas grandes organizações pode criar um ambiente em que as pessoas têm pouca oportunidade de serem provocadas, ficarem perplexas ou até entusiasmadas com algo que esteja acontecendo pela primeira vez...

No fundo, é necessário valer-se de "**lentes de provocação**", ou seja, conseguir olhar para as coisas ao seu redor descobrindo uma grande quantidade de novas observações ou fatos estimulantes.

Uma indagação provocativa nem sempre é confortável, e o gestor inovador é aquele que tem a coragem de sair do seu escritório e ir ao cerne do que de fato é necessário executar para satisfazer e encantar os clientes, fazendo a diferença no mercado. O gestor inovador não pode enfrentar essa questão da provocação sem estar preparado para aproveitá-la. É uma verdade praticamente insofismável, a **sorte**, realmente, joga a favor daqueles indivíduos que têm uma "mente preparada adequadamente."

Uma característica importante do inovador é a de conseguir transformar as suas ideias em algo **real** (produção de um novo objeto, uma nova forma de executar uma tarefa, um novo processo de ensino etc.). Ter a habilidade de executar uma série de pequenos experimentos para comprovar e estruturar algo, a partir de uma ideia, é fundamental para poder valer-se bem da serendipidade. Assim, é essencial conhecer tanto a filosofia como a prática de como se deve proceder para transformar ideias em realidade, isto é, desde o seu surgimento até a construção de um protótipo, da elaboração de uma linha piloto de produção, do lançamento do artigo no mercado e ir mesmo além desse estágio, incrementando a oferta desse produto.

Making ideas real (fazendo com que as ideias se tornem realidade) é um estado da mente que orienta uma pessoa a traduzir a sua ideia em alguma forma com a qual todos os seres humanos possam reagir emocionalmente e isso quando quiserem...

Making ideas real faz com que se tenha uma inovação logo, pois força a pessoa a **parar de falar** e **começar a fazer**. É uma forma prática para que todo indivíduo aprenda a conviver e tolerar os riscos. É uma maneira de agir eficaz e convenientemente, que devia tornar-se uma **cultura** em todas as empresas que desejam ser admiradas pelos seus clientes e invejadas pelas organizações concorrentes.

O indivíduo imaginativo pode fazer com que as coisas sejam reais em cada estágio do processo de inovação, desde as conversas iniciais, nas simulações, na construção dos protótipos, na montagem das linhas piloto de produção e mesmo após o lançamento do produto (ou serviço).

No cerne de "fazer com que algo se torne real" está um **enfoque iterativo**, ou seja, um programa de experimentos repetitivo no qual se testa e se constrói apoiando-se e aprendendo com cada um dos novos resultados obtidos até se alcançar o que se deseja.

Não se pode esquecer nunca que os quatro pilares que sustentam o *making things real* são: uma **boa crença** (pressuposto mental), um enfoque inicial de **baixo custo**, aplicação da "**imovação**" (algo como um "roubo criativo") e um ambiente semelhante ao que existe nas estufas, com um **cuidado especial para as coisas novas**...

Bem, o *making ideas real* é a ferramenta favorita dos inovadores.

Uma forma simplificada para explicar a jornada da inovação é por meio da fórmula:

I x I x I x I = I

ou seja,

Identificar x *Insight* x Ideia x Impacto = Inovação

Nessa equação, o significado de cada palavra no lado esquerdo da equação é:

- **Identificar** o propósito estratégico.
- ***Insight***, ou seja, ter um lampejo sobre uma necessidade não atendida, enxergar uma oportunidade não aproveitada ou ainda vislumbrar um espaço não ocupado.
- Ter a **ideia**, isto é, o conceito básico ou essencial para se desenvolver.
- O **impacto** no fundo é a comercialização lucrativa do produto (serviço) elaborado a partir da ideia.

Deve-se observar que se tem uma equação em que os elementos (ou seja, as variáveis) se multiplicam e não estão adicionadas. Essa é a forma simbólica para indicar que se houver falha em algum dos elementos, ou seja, ele for nulo, o resultado obtido com a inovação será também um **fracasso**. Isso significa que cada um desses elementos na jornada da inovação tem um papel crítico.

Um tópico que não se pode esquecer no desempenho do inovador refere-se à **trajetória de colisão**, que é, de fato, um elemento fundamental no surgimento do serendipismo. Na realidade, trata-se da sua capacidade de explorar e analisar todo o **espaço físico** que está ao seu redor e que o guia ou orienta no sentido de conectar as ideias e lhe proporcionar a confiança de trabalhar mais nas novas ideias que surgem, para transformá-las em realidade.

O espaço físico ao nosso redor tem um forte impacto na maneira como pensamos e interagimos com os outros. A adequada configuração do nosso espaço de trabalho pode promover uma intensa colisão de *insights* e ideias, e isso pode acelerar a aptidão de toda a equipe para desenvolver mais depressa o seu trabalho de criação.

Os inovadores precisam ter um interesse ativo pelo espaço onde estão.

Os inovadores costumam promover certos choques ou perplexidades nas suas interações sociais e por isso devem aprender a administrá-los melhor, em especial planejar para que as suas *performances* ou espontaneidades não criem muitos embaraços. Isso significa que os espaços em que trabalham devem ser sérios e, ao mesmo tempo, alegres e até jocosos, mas nunca parecerem muito solenes. Os espaços propícios para o serendipismo devem ter um pouco de desordem ou confusão. A inovação é **alérgica** a ambientes muito limpos, muito certos e extremamente organizados.

Se de um lado a inovação necessita de espaços flexíveis, isso ao mesmo tempo quer dizer que eles devem ser de baixo custo e sem muita sofisticação. A prática mostra que os melhores ambientes para a inovação não são criados por meio dos canais tradicionais de administração, mas, sim, quando eles se auto-organizam à medida que o processo de inovação vai evoluindo.

Finalmente, é vital que o inovador esteja preparado para sobrepujar a política da organização no tocante à introdução de qualquer mudança ou alteração. Os inovadores de sucesso são aqueles que conseguem vencer a "**batalha da máquina corporativa**".

Difundir uma ideia nova través de toda uma organização, frequentemente, é mais difícil do que ter a própria ideia inicialmente. Às vezes, o inovador deve chegar a afirmar que se a sua ideia não for seguida pela empresa, ela pode, em breve, ficar fora do mercado!?!?

Vale ameaçar, viu?

Para sobreviver no século XXI, toda organização precisa apoiar-se na inovação, mas ela deve saber ou ao menos conseguir esquematizar o tipo de inovação de que precisa e em que proporção, pois também não se deve abandonar o que continua dando certo...

Para que a inovação ocorra, os principais executivos precisam demonstrar um forte apoio a ela, praticamente devem estar apaixonados por ela. Em toda empresa de médio e grande porte devem existir locais ou estruturas que permitam a profissionais talentosos ter bastante autonomia e sentirem que estão num ambiente seguro para inovar. Ou seja, que eles não correm o risco de serem demitidos se o seu processo de inovação não levar a resultados expressivos imediatamente.

Em todas as empresas existem obstáculos, e um deles é o grande contingente de pessoas que são contra qualquer tipo de inovação, que se acostumaram a uma rotina e não aceitam abandoná-la de forma alguma.

Os inovadores não devem ficar deprimidos pelas negativas que recebem dos *naysayers* ("**os do contra**") e devem persistir mostrando continuamente que a sua ideia leva a maior eficiência, eficácia e efetividade. Uma forma eficaz de um inovador lidar bem com um *naysayer* é ouvi-lo atentamente e depois procurar "magnetizá-lo" com sua proposta.

Por fim, o inovador deve ter a competência de explicar e convencer os seus patrocinadores de que um trabalho de inovação, não pode ter uma métrica igual a outras tarefas realizadas por empregados qualificados. Para se criar uma mensuração da eficácia de um processo de inovação deve-se promover um diálogo especial e muito bem inspirado entre os inovadores e os patrocinadores, pois não é nada fácil renumerar corretamente a qualidade da criatividade e da posterior inovação. Mas, de qualquer forma, o que ninguém discute é que deve ser um pagamento bem superior àquele que se atribui pelo serviço de profissionais competentes, mas que não são **inovadores**...

Fazer com que uma ideia seja aceita dentro de uma organização é muito mais difícil do que ter a própria ideia. Às vezes parece que o combate ocorre dentro da própria empresa e não no mercado.

De fato, a forma como um desafio de inovação é enquadrado e formulado determina seu sucesso posterior. Precisamos saber o **quanto** é necessário inovar, **que tipo** de inovação é essencial e **quando**.

Por outro lado, o desafio de inovação deve ser dimensionado desde o princípio. Quanto mais conseguimos definir o que está dentro e fora do escopo, menos outras pessoas farão suposições limitantes.

Os líderes inovadores, que demonstram paixão em ver seus produtos (serviços) lançados no mercado, acabam aprendendo como contornar a burocracia. Entretanto, não é possível inovar se sua mente estiver em outro lugar. Por isso é preciso ter um "espaço de respiro" essencial por meio de um "brado de guerra" focado e instigante. Aliás, toda grande empresa precisa ter zonas de segurança para a inovação.

No ambiente de trabalho, o poder que os boatos, os rumores ou as histórias passadas de boca em boca têm para acelerar ou destruir uma inovação não deve ser subestimado.

As organizações sempre terão pessoas que serão do contra. Em vez de ficarem deprimidos com as pessoas que veem sempre o "copo metade vazio", os inovadores devem se encher de entusiasmo para persuadi-las a aceitarem as novas ideias.

4.2 - BIÔNICA: NADA SE CRIA, TUDO SE COPIA!?!?

Muitas inovações, ou seja, as formas e mecanismos naturais projetados pela natureza para animais, plantas e até mesmo para os homens têm servido de inspiração para o desenvolvimento de tecnologias. Aliás, existe uma ciência denominada **biônica** que pesquisa as características dos organismos vivos para reproduzi-las nas formas e mecanismos de novos produtos.

Os exemplos de sua aplicação estão por toda parte: da engenharia à medicina, passando pela área militar.

Foi, aliás, no campo militar que a biônica nasceu oficialmente. O termo foi criado na década de 1960, pelo major norte-americano J. E. Steele, que a definiu como a ciência baseada em seres vivos e sistemas que possuem as características dos organismos vivos ou que se parecem com eles.

Nessa época, as estratégias militares se concentravam em solucionar problemas relativos a **controle**, **coordenação** e **detecção**. Por essa razão, pesquisadores da Força Aérea norte-americana começaram a desenvolver estudos sobre a estrutura dos **olhos das abelhas**.

A ideia era utilizar na aeronáutica um sistema de orientação parecido com os dos insetos.

Uma das aplicações mais conhecidas da biônica na área militar é a **camuflagem**.

A inspiração veio da capacidade que alguns animais têm de se misturar à natureza.

A técnica foi utilizada pela 1ª vez na Primeira Guerra Mundial, quando navios norte-americanos

Para ações militares perigosas certamente os robôs serão muito úteis.

e britânicos foram pintados com listras semelhantes às das zebras (!?!?), o que dificultou muito a visualização pelo inimigo.

Um outro mecanismo de camuflagem que está sendo pesquisado é o das **libélulas** (insetos de abdome largo e estreito possuindo quatro asas alongadas e carnívoras) que inclusive está servindo de modelo para o desenvolvimento de uma futura geração de mísseis.

O objetivo no fundo é imitar a estratégia da libélula, denominada de camuflagem de movimento, pelo qual o inseto finge que está parado para não afugentar sua vítima. Para isso, a libélula se posiciona entre um ponto fixo na paisagem e a sua presa, que não percebe sua aproximação e é capturada.

A estratégia da libélula já foi filmada por pesquisadores australianos, que traçaram os movimentos utilizados pelos insetos durante o ataque e este mecanismo de camuflagem já foi incorporado a mísseis virtuais, em *game* (jogo) de guerra. Inclusive, diversos mecanismos já foram desenvolvidos inspirando-se nas asas largas e flexíveis da libélula, que capturam a radiação solar, aquecem seus músculos e preparam o inseto para o voo.

A capacidade que os peixes possuem para se locomover sem grandes esforços debaixo da água pode originar minissubmarinos com a mesma capacidade. Esse, por sinal, é objetivo dos engenheiros do Instituto de Tecnologia da Massachusetts (MIT na sigla em inglês), que conseguiram desenvolver o sistema de propulsão do atum – peixe com maior habilidade de nadar longas distâncias – e desenvolveram um robô de quase 3 m , que possui quase os mesmos atributos do peixe.

O atum vive nos oceanos, predominantemente no oceano Atlântico, sendo um dos maiores peixes com carne de alto valor comercial, nadando extremamente rápido.

O objetivo dos pesquisadores do MIT foi o de analisar todos os movimentos do atum, bem como a quantidade de energia gasta para executá-los e replicá-los num robô.

Ao se desenvolver um veículo autônomo aquático que possua um sistema de propulsão tão eficaz como o do atum, será possível executar pesquisas em profundidades nas quais o homem não conseguiu chegar ou que são muito arriscadas.

As lagostas e lampreias (animal marinho de corpo alongado e boca circular com a qual sugam os peixes ou se prendem a uma superfície) já se tornaram aliadas da Marinha norte-americana na busca de minas submersas e armadilhas localizadas em estuários, rios e portos.

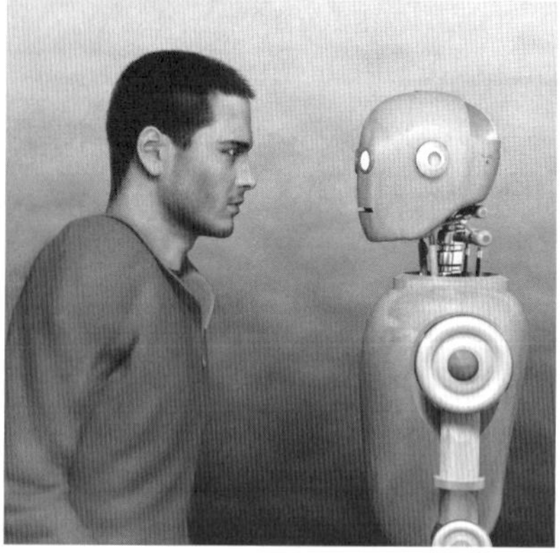
Será que em breve existirão robôs com os quais poderemos trocar ideias?

É com base nos sistemas de locomoção e fixação desses animais que os pesquisadores norte-americanos estão desenvolvendo robôs para essa finalidade. As lagostas, por exemplo, possuem o formato do corpo ideal para andar debaixo da água sem precisar lutar contra o empuxo, como acontece com os humanos.

É por esse motivo que uma máquina com o mesmo *design* é ideal para procurar minas localizadas em grandes profundidades. Existem empresas que produzem aquecedores que se parecem com a lagosta. Elas utilizam lentes parecidas com a do olho do crustáceo para turbinar o poder do aquecimento. Elas concentram até cinco vezes mais energia infravermelha.

Com relação às lampreias, o objetivo é simular as ondulações de seu corpo. Esse tipo de movimento é perfeito para detectar minas flutuantes e fixar-se a superfícies dentro da água.

Existe um tipo de besouro que vive no deserto da Namíbia, na África, que pode resolver o problema da falta de água de soldados que viajam em regiões secas. Para não morrer de sede, em um das regiões mais quentes do planeta, o inseto utiliza sua carapaça cheia de ondulações para coletar o orvalho carregado pelo vento durante a noite.

Assim, cientistas britânicos do Ministério de Defesa estão estudando o besouro, com o objetivo de fabricar tendas que permitam encher os cantis dos soldados durante a noite, do mesmo modo que o besouro, ao abrir suas asas contra o vento, desvia para a sua boca a água acumulada entre os nódulos de cera. Na realidade, é nas costas do besouro que está a zona onde ele armazena a água capturada do vento. Em outras palavras, ele coleta o sereno com suas próprias costas. Pela manhã, consegue finalmente ingerir o gole diário e vital da água.

A tolerância do animal ao calor também está sendo estudada para a fabricação de mísseis.

Quando serviu como militar no Afeganistão, o bioengenheiro norte-americano Kit Parker percebeu que os uniformes camuflados tornavam os soldados alvos fáceis para os inimigos!?!? Isso porque, na opinião dele, não havia de discreto no uniforme camuflado e alguns soldados estavam sendo mortos porque podiam ser vistos de bem longe...

De volta ao seu laboratório na Universidade Harvard (EUA), ele se dedicou a criar uniformes que possam se **adaptar automaticamente ao meio ambiente**. Afinal, se camaleões e lulas podem se camuflar conforme a situação, porque o Exército norte-americano, dos *drones* e dos óculos de visão noturna, não pode **recriar a tecnologia da natureza**?

Dessa maneira, os soldados norte-americanos passaram a receber dois uniformes, um verde e outro marrom-claro, para combiná-los de acordo com o ambiente.

O problema é que, frequentemente, as missões acontecem em mais de um cenário e não há vestiário no campo de batalha para trocar de roupa. Para criar o uniforme camaleão, Parker buscou inspiração mais nas lulas do que nos lagartos que mudam de cor, os, pois os moluscos são considerados mestres na camuflagem. Eles têm reservatórios de pigmentos nas camadas da pele, que são expelidos e fazem com que mudem de cor.

O pesquisador trabalhou na análise de como as proteínas da pele das lulas permitem essa troca de cor. Aí, aplicou pigmentos semelhantes em fibras têxteis, num tecido que permitirá que os soldados possam se camuflar de verdade!!!

Porém, não é só para a área militar que a biônica tem servido. Por exemplo, muitos materiais foram inventados observando-se insetos, répteis e plantas.

Assim, no final da década de 1940, o engenheiro suíço George de Mestral resolveu investigar, com a ajuda de um microscópio, as plantinhas que grudavam em sua roupa toda vez que ele ia caçar nas montanhas. Ele descobriu uma enorme quantidade de ganchos flexíveis que aderiam ou se soltavam, conforme a força de fricção e aí teve a ideia de produzir um fecho baseado no mesmo princípio. O novo sistema foi desenvolvido durante a década de 1960 e batizado de ***velcro***, que significa gancho em francês.

Uma grande preocupação é aquela de proteger certas superfícies de pedra, tecido, papel e aquelas pintadas com tinta, do acúmulo da poeira. E a solução veio a partir da análise do lótus, uma flor que se transformou em um símbolo de pureza para as religiões asiáticas, até porque apesar de crescer em pântanos, tem a capacidade "milagrosa" de manter suas folhas secas e limpas.

A flor de lótus, por conta dessa característica, despertou o interesse e grande admiração dos cientistas que há anos tentam desenvolver e imitar esse mecanismo do lótus.

Aliás, o mesmo ocorre com as asas da borboleta *morpho*, conhecida no Brasil como borboleta-seda-azul, que estão sempre limpas sem que ela gaste tempo ou energia na faxina. A combinação da superfície das suas asas com as propriedades das moléculas de água impede a aderência da sujeira, e também torna a lavagem pela chuva mais rápida. Já existem empresas que estão produzindo tintas que copiam o princípio autolimpante do inseto.

No início de 2003, pesquisadores turcos conseguiram desenvolver um método para produzir um material à prova de água. Esse produto passou a ser usado na fabricação de revestimentos para antenas de rádio de carros, asas de avião, cascos de navio e vidros em geral.

O sistema autolimpante da flor de lótus foi a inspiração para cientistas alemães criarem, em 2002, um *spray* denominado de "**efeito lótus**", um produto com o qual se repele a água e se protege as superfícies da mesma.

Em agosto de 2003, foi publicado na revista *Nature* o trabalho científico de pesquisadores ingleses, explicando a produção sintética da seda, fundamentada no mecanismo pelo qual o bicho-da-seda e a aranha conseguem produzir as fibras.

Com o conhecimento desse processo está sendo possível manipular características fundamentais do tecido como: **resistência** e **elasticidade**.

Em 2000, cientistas da Universidade da Califórnia, nos EUA, descobriram a explicação química para a habilidade adesiva das lagartixas.

De fato, as lagartixas podem grudar e desgrudar as patas das superfícies graças ao formato de microcerdas ramificadas presentes em seus dedos. Essa propriedade das cerdas se baseia no princípio químico das chamadas forças de Van der Walls. Hoje já existem superadesivos baseados no sistema de aderência da lagartixa, desenvolvido por pesquisadores holandeses, ingleses e russos.

Parecem estranhos, mas os "bichos" tem coisas importantes para que os humanos aproveitem nas suas invenções.

Em setembro de 2003, um zoólogo inglês apresentou a sua invenção: uma bengala para cegos inspirada no sonar dos morcegos, técnica pela qual ele se localiza no espaço por meio de ecos dos seus "gritos". O aparato emite sons em uma frequência que o ouvido humano não consegue detectar e utiliza seus ecos para mapear obstáculos em uma distância de até 3m. Botões localizados no cabo da bengala vibram para avisar quando a pessoa deve desviar. À medida que o obstáculo se aproxima, as vibrações tornam-se mais rápidas e intensas.

O *design* e a arquitetura também estão entre os principais campos de aplicação da biônica. Um dos exemplos mais conhecidos na área de *design* de objetos são as nadadeiras modernas, inadequadamente chamadas de "pé-de-pato" - aquelas que possuem uma abertura no meio.

Já o formato do rabo das baleias inspirou o engenheiro norte-americano Pete McCarth a projetar o aparato que facilita a passagem de água, reduzindo o esforço do mergulhador.

Por seu turno, foi com base em uma substância presente no interior das conchas dos moluscos, conhecida como nácar, cujas principais características são resistência e flexibilidade, que os pesquisadores desenvolveram recentemente uma espécie de cerâmica. Esse material poderá se usado para a fabricação de componentes de aeronaves e ossos artificiais.

Por falar em osso, a torre Eiffel, o monumento símbolo de Paris, conhecida em todo o mundo, que foi projetada pelo engenheiro francês Alexandre Gustave Eiffel (1832-1923), cujo engenheiro responsável pelos cálculos da torre, Maurice Koechilin, foi aluno do engenheiro Karl Culmann, que em suas aulas sempre comparava o fêmur a uma grua - aparelho usado para levantar grandes pesos - baseado em minuciosos cálculos matemáticos. Portanto, tudo faz crer que daí teria vindo a inspiração, pois a torre Eiffel é bem parecida com a estrutura interna da cabeça do fêmur!!!

O arquiteto alemão Frei Otto, que projetou o telhado do estádio olímpico de Munique, construído em 1972, sem dúvida baseou-se no conhecimento que tinha sobre as teias das aranhas, desenvolvendo assim uma estrutura leve e rígida, com o mínimo desperdício de materiais.

Por sua vez, o famoso arquiteto catalão Antonio Gaudi (1852-1926) que observou e estudou muito as estruturas naturais, acabou traduzindo isso na sua mais famosa obra: a catedral Sagrada Família, símbolo religioso da Renascença em Barcelona. Realmente, o templo é sustentado por pilastras ramificadas nas extremidades superiores, semelhante a troncos de árvores.

Evidentemente, foram as formas espiraladas das conchas do *nautilus* (um tipo de molusco) que serviram de inspiração para a construção da sede mundial da Igreja de Jesus Cristo dos Santos dos Últimos Dias, localizada nos EUA. A espiral foi escolhida pelos representantes da religião por lembrar também a estrutura do cordão umbilical, do chifre da cabra e das nebulosas.

Sem dúvida, que o palácio de Cristal, construído na Inglaterra em 1851, para hospedar a primeira Exposição Universal de Londres, um prédio feito de ferro e vidro e idealizado pelo arquiteto e jardineiro inglês Joseph Paxton (1801-1865), originou-se da observação que ele tinha das folhas de uma planta originária da Amazônia: a **vitória-régia**.

Joseph Paxton descobriu que a força da vitória-régia, que suporta até o peso de uma criança, estava nas nervuras centrais de suas folhas, interligadas em forma de cruz, e usou o mesmo princípio para construir o palácio de Cristal.

No que se refere à medicina, a natureza tem sido uma poderosa aliada na busca de novos tratamentos e cura de doenças. Um exemplo da contribuição dos bichos para a medicina é o aproveitamento de substâncias presentes em seus organismos para a fabricação de remédios.

No Brasil, pesquisadores da Universidade de Brasília comprovaram que a pele de rã é, de fato, um curativo biológico e constaram que ela possui uma grande capacidade antibacteriana e um poder de cicatrização de feridas e de queimaduras.

O látex extraído da seringueira é um novo material desenvolvido por pesquisadores da Faculdade de Medicina de Ribeirão Preto da Universidade de São Paulo, que apresenta excelentes resultados na cicatrização de úlceras crônicas e na reconstrução de tímpanos perfurados.

Já está sendo produzido no Brasil e custa muito menos que os similares de empresas farmacêuticas internacionais.

Os pesquisadores observando os chimpanzés da África perceberam que eles ingeriam as sementes e a seiva de uma planta chamada *Vernonia amygdalina*. Ela contém a dose exata de vermífugo para que um chimpanzé infectado por esquistossomose possa ter uma melhoria no seu estado de saúde em 24 h.

Hoje, temos remédios para o mesmo fim, para os seres humanos, fabricados a partir de semente da planta.

Os pesquisadores brasileiros da Universidade Estadual Paulista, a partir do veneno da cascavel, desenvolveram uma cola composta pelo mesmo e pelo fibrinogênio – uma proteína de plasma responsável pela coagulação do sangue – de grandes animais. A combinação dos dois componentes forma uma espécie de coágulo na região da cirurgia , facilitando a sua cicatrização. A substância já foi utilizada em enxertos de gengivas. Os pacientes que receberam a cola em um lado da arcada dentária e pontos cirúrgicos no outro, apresentaram cicatrização mais rápida nos enxertos que receberam adesivos.

É praticamente impossível falar das aplicações da biônica na tecnologia sem citar a famosa analogia entre as redes neurais do cérebro e os circuitos de um computador.

Dessa maneira, um computador que usa luz, no lugar de transistores para transportar informações digitais, já está sendo desenvolvido por cientistas norte-americanos com a ajuda de uma bactéria que vive em pântanos e lagos de águas salgadas.

A ideia é usar na máquina uma proteína presente nesse organismo, denominado *bacteriodopsin* que converte luz em eletricidade. O *bacteriodospin* é um material perfeito para a fabricação de memórias para computadores ópticos.

Aliás, no início de 2003, um microprocessador feito somente de DNA (a base de seres vivos) e enzimas foi apresentado por uma equipe de cientistas israelenses.

A inovação foi reconhecida pelo *Guinness* o livro dos recordes, como o menor computador biológico do mundo.

Os pesquisadores descobriram que a molécula tem um potencial de processamento 50 vezes maior do que os aparelhos feitos de microchips de silício.

Realmente, o segredo para o desenvolvimento de engenhocas muito eficientes está dentro dos organismos biológicos. E um claro exemplo disso é a "língua eletrônica", que é um substituto eletrônico para a língua humana, criada para verificar a qualidade de bebidas e alimentos nas indústrias brasileiras.

A evolução dos robôs será a nossa redenção ou será o nosso inferno, pois eles acabarão com o trabalho dos seres humanos.

A partir das pupilas gustativas presentes no órgão humano, pesquisadores da Embrapa Instrumentação Agropecuária e da Escola Politécnica da Universidade de São Paulo desenvolveram o primeiro sensor gustativo artificial para a avaliação de líquidos.

Por meio de sinais elétricos, a "língua eletrônica" identifica a presença de contaminantes, pesticidas e metais pesados. Também diferencia padrões básicos de paladar, como doce, salgado, azedo e amargo, em concentrações abaixo do limite de detecção do ser humano.

O aparato também distingue diferentes tipos de vinho, café, chá e até água mineral.

Talvez um dos robôs mais importantes para a humanidade venha a ser o ***robobee*** (robô abelha), inspirado nas abelhas, que poderá substituir as próprias abelhas, procurar vítimas de desastres, monitorar o tráfego e mapear o clima. É o menor robô voador, do tamanho de uma moeda.

Robobee.

O ***robobee*** tem as seguintes características e funções:

1ª) Sensor ótico – O ***robobee*** possue um "*olhar*", que na realidade trata-se de um minúsculo sensor que pesa 25 mg, desenvolvido especialmente para o projeto que permite que esses robôs voadores encontrem e desviem dos alvos (obstáculos) visualmente.

2ª) Asas – São músculos artificiais capazes de bater as asas 120 vezes por segundo e, por esse motivo, o ***robobee*** consegue se manter no ar durante um tempo.

3ª) Sistema nervoso – É equipado com um sistema eletrônico de nervos (um *chip* que age como uma espécie de cérebro) que diz quando é necessário, por exemplo, bater as asas.

4ª) Apêndice de polinização – Possibilita que ele auxilie na polinização artificial de plantas e, assim se torna solução para o problema da diminuição de abelhas no planeta.

5ª) Fonte de energia – Esse inseto artificial depende de uma fonte de energia externa e os cientistas estão trabalhando na criação de uma bateria muito pequena para poder ser instalada nele.

Que beleza, não é?

E viva a biônica que permitiu essas e muitas outras inovações inspirando-se nos polvos, atum, formigas, abelhas, libélulas, besouros, lulas, camarões etc.

E que permitirá milhões de outras no futuro!!!

4.3 – O FIM DAS MUDANÇAS!!!

Morgan, Hoving, Smit e Der Slot, no seu livro *The End of Change* (*O Fim da Mudança*), mostram a importância da inovação e classificam as empresas em quatro estruturas geométricas, mais precisamente: **pirâmide**, **cubo**, **cilindro** e **esfera**, salientando como é difícil e possível ao mesmo tempo introduzir mudanças em organizações assim constituídas.

As empresas no mundo todo precisam competir, cada vez mais, duramente no tocante à sua aptidão de mudar rápido e mais eficazmente que os concorrentes.

Quer a inovação esteja na estratégia, nos processos, nos produtos, nos serviços ou na organização; quer seja implícita ou um diferenciador de *marketing*, que a empresa tenha ciência disso ou não, o fato é que a inovação agressiva e acelerada tornou-se o motivo principal de busca para as empresas nessa segunda década do século XXI.

Muitas dúvidas estão aborrecendo os executivos principais (CEOs) das organizações e os seus auxiliares diretos, e entre elas estão as seguintes:

- Como uma empresa pode prosperar na turbulência cada vez maior da economia global?
- Como a organização pode escapar do desastre iminente de ser absorvida pelo concorrente?
- Como se pode evitar a aceleração dessa perturbação insustentável, mantendo-se mesmo assim na frente dos competidores em inovação?
- Como é possível assegurar um alto desempenho sustentável no ambiente imprevisível da economia mundial?
- Como uma empresa pode permanecer flexível e receptiva sem sofrer com o desgaste e a fadiga provocados pela mudança?

Para sanar algumas dessas preocupações, as empresas inovadoras devem fixar-se não na mudança, mas sim concentrar-se na maximização da estabilidade, tendo embutida dentro dela a **inovação**.

Para prosperar dentro da turbulência, uma organização tem que maximizar o que chamamos de inovação estável.

Quando se levam em conta todas as pressões nos negócios de hoje, parece que a melhor forma ou maneira prática de diferenciá-los está na análise da frequência de inovação e no nível de inovação de uma certa organização.

A frequência de inovação (o eixo horizontal da Figura 4.1) varia de relativamente **baixa** – talvez uma a cada dois ou três anos – para muito **alta**, isto é, aquela que acontece em poucas semanas ou mesmo em alguns dias.

O nível de inovação (eixo vertical) está graduado desde o nível baixo – em que você sabe como fazer a mudança e não existe nada fundamentalmente inovador exigido -, até o extremo de enveredar para um território totalmente desconhecido.

Justamente na Figura 4.1 mostra-se que no ambiente global de negócios em rápida mudança, as empresas precisam aprender a lidar com quatro padrões diferentes de inovação, a saber:

- **Inovação incremental** - Aquela na qual os rompimentos ou mudanças ocorrem ocasionalmente e são provocados por fatores com os quais as empresas sabem lidar.
- **Inovação espasmódica** – Aquela quando as empresas apenas ocasionalmente têm que lidar com uma mudança quase instantânea e intensa que sacode a organização de uma parte a outra.
- **Inovação repetitiva** – Verificada nas empresas que continuamente estão diante de mudanças de natureza recorrente, uma após a outra.
- **Inovação incessante** – Observada nas organizações que devem enfrentar mudanças rápidas e violentas como nunca tinham experimentado antes, com os desafios surgindo de todos os lados.

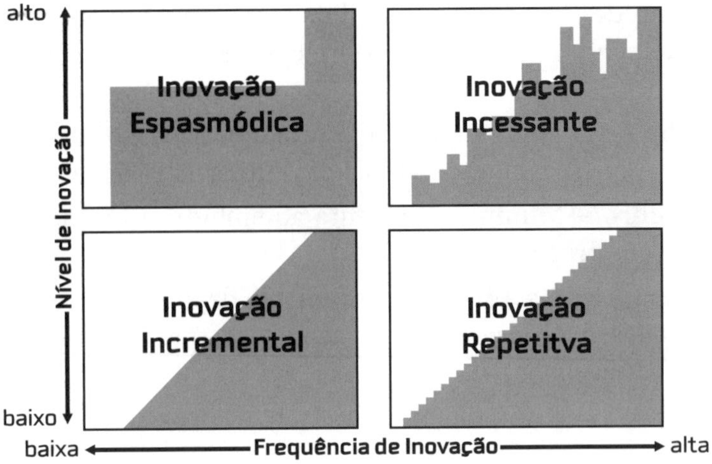

Figura 4.1 – Mapa de inovação

Naturalmente, cada uma dessas categorias necessita de sua própria estrutura organizacional para poder otimizar o seu desempenho através de uma ruptura mínima.

Podem-se denominar essas estruturas de **estabilidade organizacional** (ver Figura 4.2).

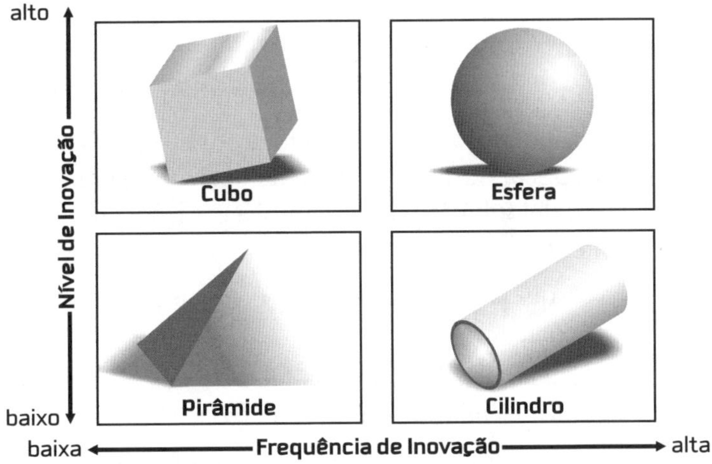

Figura 4.2 – Mapa de estabilidade.

- **Pirâmide** – Mantém a estabilidade em um ambiente de inovação incremental, seguindo uma estratégia de adaptação lenta e evitando atropelos.
- **Cubo** – Maximiza o período de estabilidade pelo confinamento da inovação espasmódica em rajadas curtas, mas eficientes.
- **Cilindro** – Minimiza a ruptura ao embutir a inovação repetitiva nos seus processos.
- **Esfera** – Reduz a ruptura proveniente de uma inovação incessante pelo desenvolvimento de várias opções, que permitem escolher o mais estável.

Para "sentir" um pouco melhor como essas estruturas funcionam, o leitor deve imaginá-las realmente como se fossem sólidos geométricos e tentando movimentá-las sobre uma superfície plana, **não podendo levantá-las**.

A **pirâmide** é a estrutura mais complicada para ser deslocada horizontalmente.

Ela está solidamente assentada na sua base e é muito difícil de sacudir ou balançar.

A maneira mais simples de deslocá-la é dar-lhe empurrões ou cutucadas na direção horizontal, mas mesmo assim ela oferece bastante resistência.

É bem difícil, e talvez seja impossível mover a pirâmide para muito longe **bem depressa**.

O **cubo** também é estável, firmemente assentado sobre a sua base.

Quem quiser empurrá-lo para algum lugar precisa utilizar a sua aresta como eixo (pivô) e aplicar bastante pressão na horizontal para, assim, talvez conseguir rolá-lo ou derrubá-lo para uma nova posição. Geralmente é bem difícil deslizar um cubo.

Então, toda vez que se quiser movê-lo é preciso aplicar uma grande pressão e ver se ele rola.

O **cilindro**, por sua vez, é bem mais fácil de deslocar desde que seja empurrado na direção perpendicular ao seu eixo.

Caso se queira empurrar o cilindro em uma outra direção, é tão difícil movê-lo (ou até mais) como no caso da pirâmide ou do cubo.

Uma vez que o cilindro esteja rolando, é bem simples guiá-lo, mas somente de forma gradual.

A **esfera**, naturalmente, é a mais simples de se mover em qualquer direção, e pode ser conduzida facilmente à medida que está rolando.

Pode-se mudar sua direção sem nenhuma dificuldade e quando se desejar.

Comparada com outras estruturas a esfera é extremamente móvel, mas assim como as outras é bem difícil de ser levantada (ou abaixada) e, por isso, também não se pode dizer que seja **completamente móvel**...

Se essas quatro estruturas fossem colocadas no **mapa de inovação**, pode-se dizer que a correspondência seria: pirâmide com inovação incremental, cubo com inovação espasmódica, esfera com inovação incessante e cilindro com inovação repetitiva.

Analisemos agora cada uma delas:

1ª) A estrutura piramidal – As palavras-chave para lembrar da empresa pirâmide são: **perfeição** e **continuidade**.

A empresa piramidal procura manter-se estática, hierárquica e burocrática.

É por isso que ela apoiou a **gestão da qualidade total** *(Total Quality Management* – TQM, iniciada no Japão por W. Edwards Deming, em empresas japonesas como Toyota, Kawasaki, Sony etc.).

Lá se formaram, na década de 1970, do século XX, os círculos de qualidade, nos quais equipes voluntárias aplicavam os diagramas de Ishikawa para descobrir as causas dos problemas, e assim melhorar incrementalmente as operações num trabalho vindo de baixo para cima (*bottom up*).

Isso sem dúvida cria estabilidade porque as melhorias são incrementais, não ocorrem desconexões mais radicais e as mudanças acontecem em transições suaves. Técnicas como TQM são baseadas nos resultados produzidos pelas próprias pessoas afetadas pela mudança, e aí os envolvidos têm menos medo da ruptura do que se a mudança tivesse sido imposta por alguém de fora.

A estrutura piramidal permite, então, apenas uma evolução lenta, com o que se minimizam os sentimentos de medo que a mudança cria.

A estrutura piramidal não é, portanto, um ambiente revolucionário, e as pessoas que trabalham numa **empresa pirâmide** acreditam que podem ficar aí até a sua aposentadoria...

Pode-se, de forma simplificada, conceituar o modelo piramidal da seguinte maneira:

Profissionalismo = Progresso uniforme + Previsibilidade

O ideal dos "indivíduos piramidais" é o de construir e manter solidez e resistência.

Sua filosofia é: "**Fugir de qualquer tempestade**."

Com as várias características do caráter humano, o indivíduo piramidal tem suas vantagens e desvantagens também.

Do lado mais (ou positivo), o indivíduo piramidal é extremamente confiável, capaz de fazer o que prometeu dentro do prazo certo e do orçamento estabelecido.

Do lado menos (ou negativo), ele pode ser conservador, teimoso e bitolado.

→ **Você conhece alguém que pode ser taxado de piramidal**?

2ª) Estrutura cúbica – A empresa cúbica é a que busca uma forma avançada para poder lidar com uma tremenda mudança que acontece de vez em quando.

As palavras-chave da empresa cúbica são: **preparação** e **momento oportuno**.

Sem dúvida nenhuma que os temores da mudança durante a transição podem ser minimizados, inicialmente, se for mantida constante a estrutura dominante da organização.

Na última década, muitas empresas foram forçadas a entrar em uma reviravolta completa, uma atrás da outra.

A sequência típica era a de "descongelar" uma empresa, empurrá-la no decorrer da transição e então "congelá-la" de novo e, depois de um certo tempo, repetir o processo.

Esse processo foi descrito algumas décadas atrás por Kurt Lewin, e passou assim a ser conhecido como a **mudança de Lewin**. Porém, nestes tempos de turbulência sem fim, a mudança de Lewin é crescentemente irrelevante, porque após o novo congelamento a empresa pode perceber que muita coisa já não existe mais; tendo sido transformada em algo diferente...

Na estrutura cúbica, nunca se "recongela" completamente durante o período de calmaria.

Aliás, no tempo mais calmo, começa-se a antecipar a nova transição e já se fazem planos para isso.

Para maximizar a estabilidade cúbica busca-se manter as coisas constantes o mais que possa, antes, durante e depois da transição.

Um exemplo de organização cúbica talvez tenha sido a NASA (*National Aeronautics and Space Administration*) durante a década de 1960.

A NASA iniciou um programa que tinha como objetivo enviar o homem à Lua.

O objetivo do programa Mercury foi colocar uma espaçonave em órbita em torno da Terra.

O programa Gemini tinha como finalidade uma maior permanência no espaço e uma possível acoplamento (encontro no espaço).

Já o programa Apollo visava capacitar a exploração lunar, inclusive com algum tipo de deslocamento na superfície do nosso satélite.

Durante cada um desses programas - que ao serem bem-sucedidos provocavam uma inovação espasmódica - o objetivo foi alcançado através de uma sequência de projetos, que no final rolavam o cubo de uma face para outra.

Cada programa estava apontando para a próxima etapa na direção do objetivo principal, mas cada um deles se fundamentava na sua peculiar situação do momento.

Assim, não se pode esquecer que quando um cubo rola para frente, passando de uma face para outra, a maior parte da estrutura de poder, bem como os mecanismos de *feedback* (realimentação) permanecem os mesmos.

Na estrutura cúbica o modelo mental é:

Profissionalismo = Transição eficaz + Consolidação eficiente

A característica mais apropriada do indivíduo cúbico é: **"Já chegamos neste topo, vamos descansar um pouco e em seguida vamos subir mais..."**

No aspecto positivo deve-se destacar que os indivíduos cúbicos são corajosos para tomarem decisões e gostam de tomá-las e, no aspecto negativo, é que às vezes eles podem ser muito brutos e um tanto quanto perturbados.

Seu provérbio favorito é: "**Não dá para fazer uma omelete sem quebrar os ovos.**"

E aí, a característica de uma pessoa cúbica se aplica a você, caro leitor?

3ª) Estrutura cilíndrica - Numa organização cilíndrica as palavras-chave são: **eficiência** e **aprendizado**.

Na **estrutura cilíndrica** procura-se manter a continuidade através de ciclos para, assim, minimizar o efeito das rupturas provocadas pelas mudanças. Dessa forma, os processos repetitivos de inovação, necessários na **empresa cilíndrica,** são embutidos dentro de um ciclo total que combine a taxa dominante de repetição dessas mudanças. Assim, os processos repetitivos de inovação necessários na **empresa cilíndrica** são embutidos dentro de um ciclo total que combine a taxa dominante de repetição dessas mudanças.

Embora a estrutura cilíndrica seja muito boa para absorver aquilo que em outras estruturas seria entendido como mudança, ela não é adequada para absorver qualquer tipo de mudança, mas somente aquelas na dimensão na qual o cilindro foi projetado para rolar.

Na **estrutura cilíndrica** as estratégias, os processos, os recursos e a organização são bastante diferentes daqueles da estrutura cúbica e da piramidal. Na estrutura cilíndrica, o foco é muito mais no desempenho do ciclo e na aptidão de transformar esse ciclo gradualmente.

A liderança é focada no estímulo de um senso de competição para melhor aperfeiçoar o desempenho dentro do ciclo.

O sucesso dentro de uma estrutura cilíndrica é buscado através de muita perícia (expertise) e o treinamento é voltado para os métodos de padronização de trabalho, de modo que a passagem entre os ciclos torne-se mais fácil e as melhorias dentro dos ciclos sejam alcançadas de maneira mais simples.

Todos os valores, cultura e regras escritas são dirigidos para desenvolver (ou contratar) os melhores especialistas (*experts*) dentro dos campos de conhecimento necessários.

Um exemplo da estrutura cilíndrica talvez tenha sido o da indústria de semicondutores, que evoluiu obedecendo à lei de Moore.

Gordon Moore, um dos fundadores da Intel, postulou que o desempenho de um *chip* podia ser dobrado a cada 18 meses, e assim os fabricantes de *chip* precisavam constantemente renovar as suas linhas de produção. Isso também colocou uma terrível pressão sobre todos os fornecedores dos fabricantes de *chips*.

Na estrutura cilíndrica, as estruturas de poder da organização são mantidas quase na sua totalidade, bem como os principais mecanismos de *feedback* através dos ciclos.

É muito grande o estímulo ao aprendizado individual, bem como de toda a organização, visando a embutir bastante experiência e conhecimento para se lidar bem com a inovação repetitiva dentro do ciclo.

Só assim a inovação pode continuar.

O modelo mental na estrutura cilíndrica é:

Profissionalismo = Especialização + Novos desafios

Os indivíduos que se ajustam particularmente bem, dentro da cultura cilíndrica, adoram ser empurrados até os limites e acreditam que "**conhecimento é poder**".

O lado **mais** dos indivíduos cilíndricos é que eles são profundamente bem informados e estão continuamente questionando, ou seja, são curiosos. Porém, também têm o seu lado **menos**, pois possuem "pontos de cegueira" que, combinados com a arrogância, os tornam tremendamente perigosos.

O ditado preferido dos indivíduos cilíndricos é: "**Só a prática leva à perfeição.**" Você conhece alguém que pode ser rotulado de cilíndrico?

4ª) Estrutura esférica – As palavras-chave numa empresa esférica são: **avaliação e ação.**

As esferas rolam facilmente, mas levantá-las é bem difícil...

Na **estrutura esférica** busca-se sempre a rota mais estável entre as inúmeras alternativas possíveis de deslocamento.

É claro que as estratégias, os processos, os recursos e a organização de uma estrutura esférica precisam encorajar bem amis a **flexibilidade** do que nas outras estruturas (pirâmide, cubo e cilindro).

Dessa maneira, não é difícil ver uma empresa-esfera entrar em rotas que outras empresas já criaram.

Um bom exemplo de uma empresa-esfera é o da Cisco Systems, líder mundial na produção de equipamentos para comunicação de dados para aplicações na Internet, e agora investindo na computação em nuvem.

A Cisco sabe que tudo no Vale do Silício – perto da cidade de São Francisco -, nos EUA, muda e se move muito depressa, e sabe também que ela não pode desenvolver todas as coisas sozinha.

Assim, a empresa se arrisca fazendo investimentos em tecnologia desenvolvida por outros e, dessa maneira, cria para si uma estabilidade no meio de uma turbulência. Usa a estratégia de integrar a nova tecnologia praticamente no último momento, quando já são grandes os indícios de que se deve absorver a pequena empresa que a desenvolveu.

Para as pessoas que trabalham numa empresa-esfera, os sentimentos e os temores em relação à mudança são minimizados inicialmente, pois elas vivem num ambiente em que se busca enfrentar riscos, no qual existem poucas regras formais e onde se tem liberdade de ação, naturalmente dentro de certos limites previamente estabelecidos.

Os indivíduos esféricos são comunicativos e não "sobrevivem" se tiverem que trabalhar num lugar onde os diferentes departamentos são herméticos e separados dos outros por fronteiras.

Pode-se dizer que a organização do ponto de vista hierárquico é quase horizontal, não existindo, portanto, um pequeno grupo de pessoas no topo decidindo como os outros precisam agir e se comportar.

O modelo mental na empresa-esférica é:

Profissionalismo = Flexibilidade + Oportunismo

A característica mais importante dentro da estrutura esférica é a de apreciar e gostar de atracar-se, continuamente, com novos desafios.

Os indivíduos esféricos acreditam que: "**A eterna viagem é o seu destino**."

O lado **mais** dos indivíduos esféricos é que eles são incrivelmente flexíveis, criativos e inovadores. O lado **menos** é que eles podem transformar-se em borboletas que não podem ou que não consolidarão nenhuma das suas novas ideias.

O refrão favorito dos esféricos é: **"Às vezes se ganha e às vezes se perde."** Isso lhe faz lembrar-se de alguém que se comporta desse jeito?

Com tudo isso, conclui-se que as mudanças sempre vão existir; cabe apenas a cada um descobrir como é a sua organização para se movimentar na direção de que melhor permita executá-las.

4.4 - INOVAÇÃO TECNOLÓGICA NO CONTEXTO DE UMA NAÇÃO.

Hoje, no mundo globalizado em que vivemos, a **inovação tecnológica** é considerada a alavanca para o desenvolvimento das nações.

As empresas e os governos de alguns países têm divulgado como propaganda do seu poder as vultosas somas que gastam em ações inovadoras para chegarem a novos produtos.

Cientistas recorrem a diversos canais de comunicação, reclamando que são insuficientes os recursos disponíveis (principalmente no setor estatal de algumas nações...) para financiar seus laboratórios e suas pesquisas, destacando que com isso está se barrando a inovação e o desenvolvimento nacional.

Para a população, de um modo geral, o conceito de inovação tecnológica é bastante confuso e, frequentemente, o próprio termo inovação tem sido utilizado de forma incorreta.

Realmente, para ser inovador, um produto, um processo ou serviço, deve ser melhor, mais barato, aceito pelo mercado, e gerar lucros maiores que os de seus competidores.

Já o nível de inovação tecnológica é avaliado pelo "índice de inovação" que é proveniente dos gastos e do número de doutores e engenheiros que participaram da pesquisa e desenvolvimento, do nível educacional da sociedade, da proteção da propriedade intelectual do produto interno bruto (PIB) da nação e de suas políticas comerciais.

Não há, por conseguinte, uma relação direta entre o nível de inovação tecnológica de um país e o de sua ciência.

De fato, a inovação é comumente mais arte do que ciência.

Contudo, deve-se enfatizar que a capacidade de inovação tecnológica de um país está relacionada com sua história e cultura.

Para inovar, a ideia deve ser mais prática do que teórica, e a política deve ser favorável ao risco, premiando o sucesso, mas não punindo um fracasso que não seja proposital.

Comumente, os países considerados produtores de inovação são aqueles cuja população é mais pragmática e sabe que depender de si própria é mais importante do que depender do governo.

Existe um consenso mundial de que o desenvolvimento das nações depende de sua capacitação científica e tecnológica. Todavia, essa relação entre ciência, tecnologia e desenvolvimento não é linear e muito menos direta.

Consequentemente, se de um lado todos os processos contemporâneos de desenvolvimento a médio e longo prazos de uma nação estiverem associados à incorporação de ciência e tecnologia na atividade produtiva, de outro não é nada elementar saber como estes vínculos se estabelecem.

Nesse cenário, a gestão do conhecimento coloca-se como um fator essencial para estabelecer uma interdependência entre ciência, tecnologia e desenvolvimento nacional.

Torna-se assim imperioso considerar a revolução em curso nos processos de produção do conhecimento.

Antes, o desenvolvimento do conhecimento estava fortemente ligado ao aumento do conhecimento inerente a cada disciplina. No entanto, atualmente o contexto em que o conhecimento é aplicado é que passa a ser o fator determinante.

As necessidades sociais do meio ambiente, do setor produtivo, entre outras, adquirem um peso decisivo na orientação da pesquisa científica e de suas aplicações.

A sociedade, o Estado e a economia é que passam a ser os elementos vitais para a definição de focos de investigação, somando-se aos requerimentos internos da própria ciência.

Redes de conhecimento devem ser formadas, envolvendo desde a comunidade científica até os clientes, organizações sociais, Estado e empresas.

Nesse cenário de profundas transformações, as antigas e ainda dominantes formas de gestão do conhecimento presentes no Brasil tornam-se completamente obsoletas e restritivas aos avanços impostos ao conhecimento e à inovação.

Dessa maneira, estruturas organizacionais rígidas e verticais, regras vigentes da burocracia pública e rigidez de conhecimento disciplinar fechado surgem como reais barreiras à inovação.

Sem dúvida que o avanço do conhecimento e da inovação no século XXI irá impor a mudança organizacional e de reforma do Estado nas áreas da ciência e da tecnologia, principalmente pelo avanço avassalador da revolução da genética.

Portanto, a introdução sistemática de maneiras de pensar no futuro e de definir focos e estratégias, não estando preso aos sistemas tradicionais de planejamento, passa a ser, nesta segunda década do século XXI, uma necessidade que não pode deixar de ser atendida.

De forma alguma, a ciência e a inovação podem continuar a ser tratadas de acordo com os modelos burocráticos existentes.

→ **E como está o Brasil e a sua inventividade?**

O Brasil ganhou três posições no Índice Geral de Inovação (IGI), em 2014, e assim ficou em **61º lugar** entre 143 países, num cenário de menor crescimento de pesquisa e desenvolvimento (P&D) na economia internacional.

O IGI é elaborado pela Organização Mundial de Propriedade Intelectual (OMPI), pela Cornell University dos EUA e Insead, uma escola superior francesa voltada para a administração.

Lamentavelmente, o Brasil não deu o salto esperado, proporcional ao seu PIB, como aconteceu com a China.

A avaliação fundamenta-se em critérios ligados a estímulos de atividade de inovação, como instituições de ensino superior (IESs), capital humano e pesquisa, infraestrutura, satisfação do mercado e dos negócios etc.

Constatou-se que esses insumos para a inovação não são eficientemente transformados em conhecimento, tecnologia e criatividade no Brasil, o que também leva o País a ter uma taxa bem modesta de inovação na economia.

No grupo dos BRICS, quatro países melhoraram suas posições em 2014: o Brasil que teve uma melhoria modesta (três postos), a Rússia subiu 13 postos e ficou em 49º lugar, a China que melhorou seis postos e está em 29º lugar, e a África do Sul que ganhou cinco posições e ficou em 53º lugar. A Índia foi o único país do bloco a cair no *ranking*, pois perdeu dez posições e ocupou o 76º lugar. Suíça, Reino Unido, Suécia, Finlândia, Holanda e EUA ocuparam respectivamente os seis primeiros lugares do IGI.

De acordo com a OMPI: "Esses seis melhores classificados são países onde o investimento em capital humano, combinado com forte infraestrutura para inovação, contribui para altos níveis de criatividade."

O Brasil tem dado alguns saltos em inovação tecnológica apesar de, um modo geral, estar atolado em um enorme lodaçal burocrático que impede que uma quantidade expressiva de empresas se utilize adequadamente do capital intelectual que existe em diversas universidades públicas e privadas.

Um fato que vai na contramão dessa situação – ainda bem – foi a inauguração, em julho de 2014, do Centro de Tecnologia em Nanotubos de Carbono (CTNanotubos). Assim, numa parceria que envolveu a Universidade Federal de Minas Gerais (UFMG), BNDES (Banco Nacional de Desenvolvimento Econômico e Social), a Petrobras e o grupo Camargo Corrêa, com um aporte inicial de R$ 36,2 milhões vai se instalar uma produção de nanotubos, com os quais o País pode lucrar muito.

Em 2000, o laboratório do físico Luiz Orlando Ladeira da UFMG foi o pioneiro, no Brasil, na produção regular de nanotubos, material que foi descoberto em 1991.

Da eletrônica à biotecnologia, muita gente já convive com esses "tubinhos". Eles se parecem com uma tela de galinheiro enrolada e têm diâmetro de poucos nanômetros (milionésimos de um milímetro, o que significa que um fio de cabelo é cerca de 100 mil vezes mais espesso que eles).

Os nanotubos tem altíssima resistência à tração, podendo ser até 50 vezes mais fortes que o aço, embora com densidade de apenas 1/6 desse composto metálico.

Excelentes condutores de energia térmica tornam-se especialmente interessantes para aplicações em materiais que precisem resistir a altas temperaturas.

O importante também é que o nanotubo é biocompatível, pois em temperatura ambiente não reage com nenhuma substância, orgânica ou inorgânica.

O físico Luiz Orlando Ladeira tem uma maneira curiosa de descrever os nanotubos: "Representam a melhor agulha que existe na natureza. Com ela, o meu colega Ary Corrêa Jr., do departamento de Microbiologia da UFMG, consegue penetrar na parede da célula de um fungo que ataca o feijoeiro sem que seja preciso empurrá-lo!?!?

A doença, conhecida como ferrugem do feijão é causada por fungos *Uromyces*. Ao cair sobre o vegetal, o organismo lança projeções celulares (apressórios) que penetram pelos estômatos, aberturas nas folhas pelas quais a planta troca gases com o ar.

Dessa forma, Corrêa Jr. consegue impedir a formação do apressório, inativando a mensagem genética responsável pelo ataque. Para isso, usa uma sequência com a instrução para o fungo produzir a proteína invasora.

O material genético contrabandeado, o 'antissenso', funciona como se fosse uma trava na engrenagem celular do fungo. Para isso precisa chegar no interior da célula do fungo. É aí que entra, literalmente, a agulha do nanotubo, com um milésimo da espessura da célula do fungo. O antissenso vai grudado nela e passa pela parede celular como um alfinete atravessando um tecido.

Como a sequência genética é específica de fungo, só ataca o próprio fungo."

Por sua vez, salienta o próprio Ary Corrêa Jr.: "Seria o fungicida perfeito, não fosse por um problema: vai demorar para alguém obter licença que permita aspergir RNA (ácido ribonucleico) e nanotubos sobre uma plantação de feijão!?!?"

Aí vai mais um exemplo de um inovador brasileiro, ou seja, de Gilberto Janólio, da Eletrocell. Essa *start-up* foi pioneira no Brasil ao lançar uma célula combustível que transforma a energia química do hidrogênio em energia elétrica.

Disse Gilberto Janólio: "Há alguns anos tive um estalo e percebi que a tecnologia que desenvolvi, há bem mais de uma década, poderia ser aplicada, com pequenas adaptações, aos íons de lítio, ou seja, o mesmo material usado nas baterias dos *smartphones*, *laptops*, *tablets* etc. E, se o hidrogênio por enquanto é ainda um zero à esquerda, economicamente falando, as baterias são um grande negócio."

Porém, não dá para fazer uma lista de milhares de pessoas como ele no Brasil, no tocante a inovações, lamentavelmente!!!

4.5 - A ACEITAÇÃO DE INOVAÇÕES TECNOLÓGICAS.

Como já constataram os estudiosos Everett Rogers e Geoffrey Moore, o grande problema é que as indústrias estão muito focadas nos clientes **fanáticos** por tecnologia, que compram as novidades tão logo elas saiam no mercado (ver o ponto 1 da Figura 4.3), porém esses clientes são a minoria, ignorando as pessoas comuns que são a maioria do mercado.

Nesse caso, na primeira fase do ciclo vital de uma tecnologia inovadora, o segmento dos clientes é composto de **entusiastas** que impulsionam os **primeiros** e ainda **incipientes** produtos, e os ajudam a ganhar força e aceitação.

Como são poucos os compradores e a tecnologia ainda é muito nova, o fabricante tem que cobrar caro pelo produto. Porém, esses usuários parecem não se importar com o preço. Sofisticados, eles adoram experimentar as coisas, ter as novidades. São os *early-adopters* (adeptos iniciais - usuários que rapidamente adotam novas tecnologias), ou seja, os **usuários pioneiros** indicados com o ponto 2 na Figura 4.3.

Se um produto é bem-sucedido, continua a crescer nas vendas, alcançando a maioria - os **pragmáticos** - que busca a sua praticidade (ponto 3) e atinge até mesmo os mais **conservadores** (ponto 4).

Se as vendas crescem, os produtos vão barateando, e assim chegam a atingir os *late-adopters* (demoram a adotar), isto é, os **retardatários** (ponto 5).

Se os primeiros usuários estavam interessados na superioridade tecnológica, os retardatários querem produtos baratos, fáceis de usar e práticos.

Querem, portanto, **conveniência**!!!

Existe, por conseguinte, um "fosso" entre os clientes entusiastas e pioneiros, e os outros.

As empresas, comumente, não estão preparadas para a fase em que os produtos devem atingir um número cada vez maior de pessoas.

Cada vez que um produto emplaca com os primeiros usuários, as empresas já estão pensando em agregar recursos novos para fazer com que os consumidores comprem produtos novos, todos os anos, e assim sucessivamente (veja a recente história do *iPhone* da Apple...).

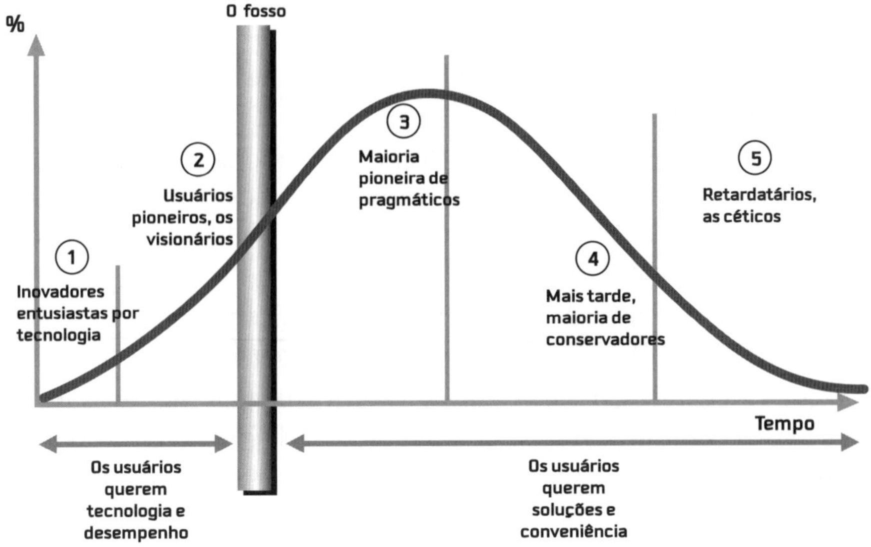

Figura 4.3 – O ciclo virtual da difusão da inovação tecnológica.

Infelizmente, muitas empresas estão sofrendo hoje da séria doença de **inovação exagerada**. Em outras palavras, existem organizações que têm boas ideias de sobra (!?!?) e, com tantas ideias realmente inovadoras, o pessoal dessas companhias fica frustrado se não as colocar em prática. Talvez isso tenha ocorrido porque as empresas de muitos lugares do mundo seguiram, ao pé da letra, conselhos de gurus da administração, como Peter F. Drucker e Gary Hamel, que recomendaram que as organizações precisam **inovar cada vez mais**!!!

O que lamentavelmente não ficou muito claro nesse apelo é como fazer para poder cobrar, ou melhor, ressarcir-se de toda inovação incluída num produto.

Se a definição de um novo modelo de negócios for a resposta ao dilema: "**O que cobrar e o que dar de graça**?", é patente que empresas virtuais de todas as orientações vão dizer que a inovação "costuma" entrar na rubrica do gratuito. Foi esse o *marketing* que muitas delas fizeram, mas hoje se sabe que nada acaba sendo totalmente de graça...

Realmente, é assim que tem seguido a vida no **mundo do fetiche da inovação**.

Incentivadas por gurus da estratégia que insistem na inovação acima de tudo, e amparadas pela economia da informação gratuita da mídia digital (!?!?) e da Internet, as empresas continuam a lançar e distribuir, a custo zero, uma ideia inovadora após outra.

Na verdade, existe um subsetor tecnológico montado a partir da ideia de distribuir inovações de graça. É o movimento do chamado *open source* (código aberto). A questão que está aberta é, naturalmente, se o movimento de ***open source*** é viável e capaz de dar lucros.

O que se sabe é que o princípio econômico na sua base gera um resultado irônico, perverso e paradoxal que é o **atual excesso de inovação**.

A oferta de novidades no campo digital atualmente está superando, em muito, a demanda que existe. Basta analisar os milhões de aplicativos (*apps*) que já existem para os *smartphones*, porém um grande percentual deles com pouco uso e aquisições irrelevantes. É nessa hora que entra em ação uma dura realidade econômica: **quanto mais inovação houver, menor é o seu valor**.

Isto não quer dizer que inovar não seja importante, relevante ou valioso. Significa somente que, numa era de crescente abundância digital, é muito mais complicado que a recompensa por uma determinada inovação faça jus ao esperado pelos inovadores e principalmente pelos investidores.

Tirar proveito financeiro de novidades é difícil porquanto a própria tecnologia digital que **simplifica e barateia o processo de inovação, também agiliza, simplifica e barateia o processo de imitação.**

Assim, quando cai muito a diferença entre **inovação** e **imitação**, muitas empresas, e basicamente as da Internet, abrem mão daquilo que inventaram e procuram ganhar dinheiro "em outra praia".

O guru do *marketing* Regis McKenna diz: "É muito difícil distinguir a inovação real e duradoura do modismo. Para mim, existem as empresas que oferecem '**inovações tecnológicas**' e aquelas que competem em '**inovações do mercado**'. No primeiro grupo coloco empresas como Intel, Microsoft, Cisco, que ganham muito bem pela inovação produzida.

Já no segundo grupo, ou seja, as grandes inovadoras da era da Internet, podem-se incluir empresas como Amazon, eBay, Apple, Google, que criaram novos canais de distribuição para diversos serviços.

A inovação de mercado é também uma tarefa difícil, pois todo mundo tem acesso aos mesmos recursos!!!"

Em meio a uma montanha de inovações digitais, muitas empresas ponto. com tentaram destacar-se com promoções e *marketing* estrondosos.

Companhias de comércio eletrônico investiram quantias fabulosas em publicidade para fixar sua marca na liderança. Mas, o culto da inovação a qualquer preço ignorou a terrível dificuldade de distinguir a **inovação duradoura** da **novidade passageira**.

Se a Amazon de Jeff Bezos – que já foi o homem do ano, segundo a revista *Time* – não chegar lá, será descrita como uma inovação tecnológica do mercado ou fiasco empresarial? Uma empresa inovadora que fracassou? Ou uma falsa inovadora que chegou às alturas graças a uma bolha especuladora?

Na realidade, todas essas questões a Amazon conseguia responder positivamente, como já foi descrito no Capítulo 2.

Os diretores-presidentes de muitas empresas têm hoje verdadeiros calafrios com a mentalidade: **inovação** ou **morte**. E até os investidores de risco estão desdenhando bastante a inovação!?!?

Então, mesmo que seja uma grande ideia, as empresas têm receio de implementá-la, pois temem ser impossível um retorno sobre o capital investido, ou porque nem sejam capazes de convencer investidores a colocarem capital para concretizar sua execução.

O resultado é que grande parte das ideias inovadoras do mercado hoje nem sequer vai ver a luz do dia!!!

A boa notícia foi o lançamento do livro de Clayton Christensen, *O Dilema dos Inovadores* (*The Inovattor's Dilemma*), lançado no Brasil em 1997, no qual ele descreveu, entre outras coisas, a luta que as corporações poderosas travaram no passado diante de uma tecnologia revolucionária que assolava o seu setor, caracterizando a **inovação disruptiva**. A partir daí, começou a crescer, em especial, a consciência no campo digital, a necessidade de se inovar constantemente nesse campo.

Um exemplo de inovação exagerada talvez tenha sido o *Aibo*.

O robozinho *Aibo* – um cãozinho – era praticamente inútil, custava por volta de US$ 2 mil e, apesar disso, até o início de 2004 já haviam sido vendidas **160 mil unidades**!!!

O *Aibo* foi lançado pela Sony em 1999 e sua primeira geração não fazia grande coisa,

***Aibo*, que não foi o sucesso esperado...**

e a funcionalidade que tinha era bastante irregular. Embora o robô-cão fosse capaz de transpor obstáculos e de reagir a certos comandos, nem sempre obedecia às ordens. De maneira inteligente, a Sony vendeu a criatura como um robozinho para diversão...

Segundo a Sony, a desobediência do *Aibo* era uma manifestação de sua "vontade" própria. A verdade é que o sistema de reconhecimento de voz do *Aibo* era falho e, por vezes, o produto simplesmente não funcionava.

Enquadrar o *Aibo* como um bicho de estimação possibilitou a Sony obter o máximo de resultados com o mínimo de funcionalidade. Aliás, a empresa conseguiu, dessa maneira, inserir a tecnologia robótica no lar e se posicionar como líder da categoria para o futuro. Esse processo, por conseguinte, gerou no público o entusiasmo por robôs domésticos e, na empresa, o interesse pelo aprimoramento do produto.

Como o público consumidor perdoava as idiossincrasias do *Aibo*, a empresa teve uma tremenda margem para testar a nova tecnologia. Além disso, ao lançar no mercado uma tecnologia imperfeita, a Sony também teve a oportunidade de obter valioso *feedback* (realimentação) para o contínuo aprimoramento do produto.

O sucesso do *Aibo* é uma prova crucial do enquadramento no *marketing* de uma inovação. Se a empresa quiser que o grande público adote uma nova tecnologia, precisa definir, logo no início do desenvolvimento do produto, qual a melhor maneira de enquadrá-lo e ater-se a ela.

A estratégia a ser adotada consiste, pois, em saber a diferença entre o que o produto é, e o que o consumidor espera que seja.

Se o consumidor pensa que seu robô é um bichinho de estimação, melhor para ele – e para a organização que o lança, pois assim terá mais tempo para aperfeiçoar a tecnologia e não deixar que o cliente perceba que pagou exageradamente caro por algo sem muita utilidade.

Em outras palavras, no século XXI existem empresas que têm ideias de sobra, porém nem sempre estão certas se elas conduzem a inovações com uma utilidade contínua, porém, para não frustrar o seu pessoal inovador, as colocam em prática.

O *Aibo*, no qual a Sony fez várias modificações entre 1999 e 2006, era caro e as pessoas acabaram chegando à conclusão de que era melhor ter um cão de verdade e, sendo assim, sua produção foi descontinuada em março de 2006. Entretanto, alguns anos depois, a fabricante japonesa de brinquedos

Takara Tomy voltou a fabricar o novo cão-robô, o *Omnibot i-Sodog* que foi lançado em 2013, mas não fez sucesso até agora...

A má notícia é que o excesso de inovação nesse mercado destruiu a capacidade da maioria das empresas de cobrar mais pela inovação.

Hoje, inovar por inovar é uma indulgência?!?!

O novo desafio está em achar um equilíbrio entre uma cultura que promova a inovação e outra que monte um negócio sustentável.

Imagen do cão-robô, o *Omnibot i-Sodog*, cujas vendas também não foram satisfatórias.

4.6 – A OBSCURIDADE DO INVENTOR DA TELEVISÃO.

Chegar a uma invenção e tornar-se um inventor reconhecido e bem pago pelo seu trabalho não é uma coisa muito fácil.

Talvez, o último grande exemplo tenha sido o da **invenção da televisão**, que em setembro de 2014 completou 87 anos.

Muita gente sabe quem criou a lâmpada (Thomas A. Edison) ou o telefone (Alexander Graham Bell), porém isto não é tão fácil de dizer com relação à televisão, uma invenção que, como nenhuma outra, mudou o século XX (que é o que está fazendo a Internet com o século XXI...).

Evan I. Schwartz, autor do livro *The Last Lone Inventor – A Tale of Genius, Deceit and the Birth of Television* (original em inglês, não traduzido para o português, em tradução livre: *O Último Inventor Solitário – História de um Gênio, o Engodo e o Nascimento da Televisão*) explicou: "*Apesar do seu impacto cultural, a saga da genialidade, ganância e decepção que deu origem à TV não faz parte, comumente, do currículo escolar. Eu diria que 99% das pessoas nunca ouviram falar do visionário Philo T. Farnsworth, o inventor da televisão, assistida em média* 4 h por dia por uma família dos EUA."

O jornalista Daniel Stashower, autor do livro *The Boy Genius and the Mogul – The Untold Story of Television* (título original em inglês, não traduzido para o português – tradução livre: *O Jovem Gênio e o Magnata - a História Não Contada da Televisão*), assim se refere a Philo T. Farsnworth: "*Ele é o exemplo do último inventor solitário, um jovem que perseguiu o seu sonho. Imagine quão improvável era para um menino fazendeiro mórmon, de 14 anos, isolado num campo de batatas no Estado de Idaho, desenhar os princípios básicos da câmera de TV. Sua família nem tinha rádio, pois só recentemente se mudara para uma casa com eletricidade. Entretanto, de alguma maneira, ele conseguiu trabalhar em sua ideia e se dedicou a desenvolver um vasto projeto científico sobre raios catódicos e ondas eletromagnéticas, de modo a fazer com que tudo funcionasse. Sua determinação foi realmente notável."*

Philo T. Farsnworth, um inventor, não reconhecido corretamente pela sua invenção...

O menino Philo era tímido e introvertido, mas se tornara passional e convincente sempre que falava sobre televisão. Ele foi capaz de convencer alguns filantropos locais a investir US$ 6 mil (muito dinheiro na época, com o qual dava para comprar uns 15 automóveis Ford...), e depois banqueiros, mesmo que eles não fizessem a mínima ideia sobre o que ele falava – apenas porque acreditaram na sua convicção.

Depois de um período de tentativas, Philo conseguiu montar um laboratório em São Francisco. Tinha 21 anos em 7 de setembro de 1927, quando realizou a primeira **transmissão eletrônica de vídeo do mundo**!!!

O feito teve uma ampla cobertura da imprensa da época, e uma das pessoas mais interessadas em acompanhá-lo foi David Sarnoff, presidente da Radio Corporation of America (RCA), o barão da mídia daquele tempo.

David Sarnoff arquitetou uma campanha para convencer o público de que a televisão ainda não estava pronta. Ele agiu dessa maneira para evitar que as vendas de rádio sofressem diminuição – seu negócio principal. Nada seria pior para a RCA do que ver a televisão surgir em mãos independentes.

A RCA tinha se tornado a maior corporação de mídia dos EUA graças ao domínio do rádio. Cada rádio fabricado e vendido pagava *royalties* a General Electric (GE), criadora do modelo original, que fundou a RCA para também dominar a transmissão. Porém, paralelamente ao desenvolvimento da campanha contra a televisão, David Sarnoff encontrou-se com Vladimir Zworykin, o principal cientista da Westinghouse, e os dois preparam um plano secreto para criar a televisão para a RCA.

Uma das plataformas essenciais do plano de negócios de David Sarnoff é que a RCA jamais pagou para usar uma patente criada por um inventor particular.

A RCA tinha que ter seus próprios inventores e, caso contrário, ela comprava as patentes de todas as invenções que fossem surgindo e que eventualmente um dia pudesse precisar...

David Sarnoff gostava de dizer: "Nós não pagamos *royalties*, nós os coletamos."

Em toda a sua longa carreira de 50 anos na RCA, David Sarnoff só lidou com uma exceção, e esta – depois de uma longa e sangrenta batalha legal – foi Farnsworth.

Em abril de 1930, Sarnoff mandou o cientista Vladimir Zworykin para uma visita de três dias ao laboratório de Farnsworth, em São Francisco. Ele pegou o *Image Dissector* de Farnsworth, a primeira câmera eletrônica de TV do mundo, e exclamou, com o seu sotaque russo: "Que lindo instrumento, gostaria de tê-lo inventado!"

Finalmente, o próprio Sarnoff fez uma vista ao laboratório de Farnsworth, em 1931. O jovem tinha esperanças de realizar um bom negócio, mas Sarnoff já trabalhava em seu protótipo e disse, ao olhar o trabalho do inventor, com certo menosprezo: "Aqui não há nada que possamos aproveitar!?!" Foi um golpe duro no orgulho do jovem inventor, no entanto, o pior estava por vir.

Sarnoff queria criar um monopólio similar ao rádio em torno da televisão e, para isso, tentou adiar ao máximo a viabilidade comercial da TV. Entre suas artimanhas, o empresário influenciou a FCC, a agência federal de comunicações, "para impedir que a televisão fosse comercializada".

Farnsworth já estava pronto para vender seu sistema de televisão na metade da década de 1930. Contudo, a TV só chegou às lojas em 1939 e, ao contrário do que se esperava, **foi um fracasso de vendas**.

Quando a RCA começou a vender os aparelhos, o público se mostrou cético e, por um curto período, denominou a televisão como "a loucura de Sarnoff". Mas Sarnoff conseguiu combinar uma percepção intuitiva da tecnologia nascente com o seu indiscutível senso de negócio, e apesar de ter atrasado o desenvolvimento da televisão, não há como esconder que investiu milhões de dólares em pesquisa e nunca diminuiu seu apoio ao projeto, mesmo durante a depressão da economia norte-americana.

A bem da verdade, parece que ele investiu mais de US$ 50 milhões na televisão antes de ver um centavo sequer de retorno...

A disputa entre Farnsworth e Sarnoff durou mais de três décadas e ocorreu em vários níveis – no laboratório, na imprensa, nas cortes de patentes, nos mercados financeiros e, em última instância, na própria televisão.

A ironia é que Farnsworth obteve a vitória legal, porém tarde demais... Ele lutou bravamente para que a televisão fosse produzida, de maneira a poder ganhar com suas patentes. Mas, quando ganhou a batalha das patentes, em 1939, veio a Segunda Guerra Mundial e a produção da televisão deixou de ser prioridade.

Por outro lado, quando as coisas finalmente começaram a acontecer, suas patentes estavam prestes a expirar e ele nunca recebeu o pagamento que merecia.

Alguns anos mais tarde, precisamente em 7 de janeiro de 1949, a rede de TV NBC exibiu o programa *Especial de Aniversário de 25 Anos da Televisão*, comemorando a obtenção da patente da invenção pela equipe da RCA.

No programa, David Sarnoff falou do seu escritório no Rockefeller Center, contando ao público sua versão de como a TV tinha sido inventada. Ao seu lado estava Vladimir Zworykin, apresentado como o "inventor da televisão".

No ano seguinte, David Sarnoff conseguiu pressionar a Associação dos Fabricantes de Rádio e Televisão para consagrá-lo com o título de "**pai da televisão**".

Nascia assim a fama de "fábrica de mentiras" (!?!?) que segue até hoje alguns programas de TV.

Comenta Evan I. Schwartz: "Este foi um momento bizarro, quando Sarnoff conseguiu usar toda a força da sua cadeia de TV, NBC, para apoderar-se do crédito pela invenção da televisão, apesar de a RCA ter perdido todas as batalhas legais pela patente para Philo T. Farnsworth."

O inventor, evidentemente, ficou arrasado e esquecido, pois para a maioria das pessoas a televisão foi inventada pela RCA.

Se Sarnoff era um empresário visionário e Zworykin um pioneiro-chave da televisão, não há dúvida alguma que eles tomaram a invenção de Farnsworth como se fosse deles, contribuindo para a depressão, alienação e praticamente total obscuridade de Farnsworth.

Farnsworth apareceu uma única vez diante das câmeras que lhe possibilitou existir !?!? Isso foi em 1957, num *show quiz* (programa de perguntas) chamado *I've Got a Secret*, no qual foi identificado como Dr. X perante um painel de celebridades. Todos os *experts* (especialistas) falharam em adivinhar seu "segredo", que era: "Eu inventei a televisão."

Quando uma das celebridades perguntou se o segredo envolvia uma máquina que doesse quando usada, a resposta de Farnsworth arrancou gargalhadas: "Sim", ele disse, "às vezes me dói muito".

Philo T. Farnsworth estava desapontado com a televisão no final da sua vida. Não obstante, um fato parece que redimiu o seu desgosto e aconteceu em 1969, quando viu o homem caminhar na Lua. "Isto fez tudo valer a pena e tanto sacrifício e desapontamento", disse para sua esposa Pem. Ele morreu dois anos depois, de úlcera...

Resta saber se o império econômico criado a partir dos sonhos furtados de um menino finalmente lhe dará o devido reconhecimento. **Parece que sim**!!!

O lado nefasto do conceito da invenção é o que se descreveu no caso de Philo T. Farnsworth, vale dizer que, muitas vezes os inventores não obtiveram quase nenhum proveito econômico e nem satisfação moral pelo seu trabalho persistente e por sua fértil imaginação.

4.7 - APRENDENDO O ESTILO DE INOVAÇÃO DA 3M.

Ernest Gundling, co-fundador e diretor administrativo da Meridian Resources Associates, escreveu um livro espetacular com o título *The 3M Way to Innovation – Balancing People and Profit* (em tradução livre: *A Fórmula 3M para a Inovação - Equilibrando Pessoas e Lucro*), no qual descreveu o modelo de inovação visionário da Minnesota Mining and Manufacturing (3M), empresa criada em 1902, e que ao comemorar o seu centenário em 2002 talvez possa ser considerada **a mais inovadora organização do mundo**!?!?

Costumeiramente designa-se a empresa apenas por 3M. Toda organização busca as chaves que lhe abram o caminho para a inovação, porém poucas conseguem alcançar o seu objetivo.

Durante décadas a 3M foi apendendo se tornar **inovadora**, e hoje ela usa esta aptidão como a sua grande vantagem competitiva.

A inovação não surge num único momento de inspiração, através de uma pílula mágica ou após uma viagem de observação a uma empresa criativa.

Por exemplo, na 3M a inovação é o resultado da instituição de um ambiente bem complexo, no qual o clima no local de trabalho está ajustado por meio de vários fatores inovadores que permitem que cada funcionário saiba ajudar o outro, assim que for necessário.

Mais do que isso, as seguintes ideias desafiadoras sobre inovação são do conhecimento dos *3Mers* (os empregados da 3M).

- **Padrão de sabedoria nº 1 – Específicas práticas inovadoras podem rapidamente ser observadas (*benchmarked*) e importadas de outros ambientes, mas isto não significa que elas terão impacto significativo na sua empresa.**

  Na realidade, a importação de certas práticas inovadoras pode até ter impacto zero, pois a sua implementação nunca é simples.

- **Padrão de sabedoria nº 2 – As empresas precisam estabelecer uma estratégia inovadora para divulgar externamente o seu produto ou serviço que se ajuste adequadamente ao seu mercado.**

  Na 3M tem-se constatado que os melhores resultados ou casos de sucesso ocorreram na introdução correta de produtos sobre os quais os clientes nunca ouviram antes...

  Claro que os *3Mers* são ecléticos, sabem aproveitar as oportunidades e procuram criar aquilo que funcionará, de preferência sobre aquilo que deveria funcionar!!!

- **Padrão de sabedoria nº 3 – A melhor maneira de estimular a inovação em escala é a de criar internamente diversas unidades empreendedoras, porém que não sofram influência direta dos procedimentos operacionais, dos sistemas estabelecidos, do pessoal administrativo e da cultura corporativa**.

  A 3M busca fazer com que as práticas inovadoras sejam parte do dia a dia do fluxo corporativo. Estimula todos os seus empregados, inclusive os mais tímidos e envergonhados a se tornarem inovadores.

- **Padrão de sabedoria nº 4 – A verdadeira inovação surge da quebra de paradigmas ou de uma ruptura revolucionária**.

  Realmente, rupturas revolucionárias são raras em qualquer empresa, e também na 3M elas constituem uma pequena parcela do seu grande repertório de inovações.

  Um olhar mais atento nas inovações de sucesso da empresa revela que elas surgiram de diversas formas, ou seja, da revolução, da evolução, de novos paradigmas e também de velhos paradigmas.

→ **Padrão de sabedoria nº 5 – A inovação é um produto de ações de gestão estratégica.**

Evidentemente que, sem ações efetivas de uma gestão estratégica voltada para a obtenção da inovação, não se colhem resultados expressivos.

Na 3M parece que todos estão sempre ligados nos esforços da inovação, buscando que se "tenha chuva em estação seca"...

Em vista desse conhecimento e do ambiente propício, é muito difícil passar um dia na 3M sem ouvir algo sobre alguma inovação em desenvolvimento na empresa.

Aliás, a declaração oficial da visão da empresa é:

"Ser a empresa mais inovadora do mundo."

Isto faz com que, de uma maneira não-oficial, cada *3Mer* tenha o seu projeto pessoal ou uma atividade em grupo que esteja focada em promover a inovação na sua particular área de ação.

A definição básica de inovação da 3M é a seguinte:

Novas ideias, com ações ou implementações que resultem numa melhoria, ganho ou lucro para a empresa ou para o cliente

Claro que os *3Mers* imediatamente percebem que isto não é a mesma coisa que criatividade.

A inovação no entendimento da 3M é algo muito mais do que apresentar uma **ideia brilhante**. Deve ser a ideia brilhante implementada e produzindo um impacto real.

Em outras palavras, é fazer com que alguém faça as coisas acontecerem. Existem vários tipos diferentes de inovação.

O primeiro e o mais **radical** – **tipo A** – é aquele que faz nascer um **novo tipo de negócio**, como foi o caso quando a 3M lançou a sua fita adesiva (*Scotch tape*).

O segundo tipo – **tipo B** – é aquele que permite mudar a "base de competição", conforme o conceito de inovação disruptiva de Clayton Christensen.

Tais inovações criam um novo nicho ou uma **nova posição competitiva** dentro de um campo já existente.

O terceiro tipo de inovação – **tipo C** – é no fundo uma extensão da linha de um produto, o qual permite um **avanço incremental**.

Por exemplo, a 3M, ao oferecer os seus blocos de folhas *Post it* em múltiplos tamanhos e nas mais variadas cores, possibilita à empresa uma extensão da vida do seu produto no mercado.

Naturalmente, cada tipo de inovação envolve um diferente tipo de interação com o cliente.

O tipo A transcende os desejos existentes no cliente, pois lhe oferece algo para atender às necessidades que ele comumente nem articulou (pense nas vantagens que a Internet possibilitou a tantas pessoas, que antes nem pensavam que podiam obter várias coisas dessa maneira).

As rupturas do tipo B geralmente se originam em um laboratório de pesquisa antes de atenderem às necessidades dos clientes (por exemplo, o lançamento de um remédio sem efeitos colaterais).

Finalmente a inovação do tipo C é com frequência intimamente alinhada com às necessidades explícitas do cliente (por exemplo, a melhoria da embalagem de um produto).

Na 3M pratica-se ainda um quarto tipo de inovação - tipo D -, no qual se busca uma integração compreensiva das necessidades do cliente, tanto as expressas claramente por ele como aquelas não "articuladas" pelo consumidor.

É o caso das equipes que a empresa formou para desenvolver *software* que permitisse imprimir nos blocos *Post-it*, usando tanto as impressoras a jato de tinta como as a laser.

Naturalmente, o caminho convencional que seguem os *3Mers* é o de identificar inicialmente um problema, e então buscar a solução.

Entretanto, em muitos casos as "soluções" podem surgir antes dos problemas, quando os pesquisadores percebem no desenvolvimento de uma nova tecnologia as novas possíveis aplicações para certos problemas.

Obviamente, existe alguma correlação entre a sequência da solução/problema e os diferentes tipos de inovação. Assim, às vezes surge o seguinte padrão de raciocínio: **"Esta é uma grande tecnologia com muitas propriedades novas. O que é que se pode fazer com as mesmas?"**

Este é o caso de se estar em frente de uma **ruptura revolucionária**, quando se pode atender às necessidades do cliente não expressas (inovação tipo A).

Por outro lado, as formas de inovação mais imediatas ou previsíveis resultam de pressuposições do tipo: **"Aqui está o que o cliente precisa. Em quanto, isto vai atender aos seus desejos?"**

Este é o caso típico de inovações do tipo B e C.

Na 3M é muito estreita a relação entre os pesquisadores, as pessoas que trabalham no *marketing* e nas vendas, para que se possa saber realmente quais são os problemas, isto é, os desejos não atendidos dos clientes, e assim, a solução possa chegar o mais breve possível ou antes do problema...

Certos "romances" entre soluções e problemas têm tido histórias cômicas na 3M até se chegar ao "casamento" feliz.

O truque para que se tenha sucesso com a inovação é o de assegurar uma circulação de informações adequada entre os parceiros, ou melhor, os pesquisadores da 3M e os clientes.

A 3M aprendeu que a inovação sempre se desloca do impasse para a inovação, passando praticamente por cinco eventos ou "aberturas mentais" que são:

1º) **Conexão** – É necessário, inicialmente, estabelecer uma "ponte" entre o que já existe e o que se quer resolver.

2º) **Associação** - Estabelecer ligação mais ampla de coisas que eventualmente parecem não ter nenhuma ligação entre si.

3º) **Estimulação** - É adequado trazer ideias externas ou pessoas com DNA diferente para que assim se gere um enfoque não usual. É como fazer um engenheiro eletrônico opinar sobre como melhor defender uma pessoa que cometeu um crime passional.

4º) **Inversão** – Muitas vezes para se chegar a uma inovação deve-se inverter (ou olhar do avesso) as suposições ou hipóteses estabelecidas, modificando radicalmente a estrutura conceitual do problema. Por exemplo, em lugar de se pensar em ter a melhor bateria para ser colocada num *laptop* ou *tablet*, talvez uma ideia mais acertada seja aperfeiçoar a iluminação da tela, ou então melhorar a eficiência do consumo de energia da bateria existente.

5º) **Combinação** – Nesta etapa se busca, como o próprio nome diz, a combinação de várias tecnologias, o que pode nos levar a um novo mundo de possibilidades.

Na 3M a inovação está sempre presente em diversos níveis, a saber:

- Descoberta de algo original.
- Adaptação de produtos existentes.
- Melhorias nos processos organizacionais.
- Aperfeiçoamento de produtos que cumpram a legislação ambiental.
- Desenvolvimento de produtos que cumpram a legislação ambiental.

É por isso que os *3Mers* inventaram a palavra *inventorpreneur* para denominar aqueles entre eles que se tornaram **inventores admirados**.

Na realidade, na 3M existem muitas oportunidades para se tornar *inventorpreneur*, pois há vários níveis para se inventar. Porém, de fato, *inventorpreneur* é alguém que cria ou inventa um novo produto que atende a uma necessidade específica; promove esta nova oportunidade ou produto; gerencia, organiza e assume todos os riscos em estabelecer um negócio baseado nesse novo produto.

William L. McKnight, que se tornou presidente da 3M em 1929, permanecendo no cargo por décadas, enfatizou: "As pessoas que trabalham na 3M são o seu principal capital, e a nossa oportunidade de sucesso depende totalmente da sua capacidade."

É por isso que na empresa tem-se uma estrutura organizacional e um clima para o trabalho no qual:

- **existe** o **respeito** à dignidade e ao valor de cada indivíduo;
- **encoraja-se** a **iniciativa** de cada empregado;
- **desafia-se a capacidade** de cada um, dando-lhe sempre responsabilidade e auxiliando-o continuamente, no seu desenvolvimento;
- **fornecem-se as mesmas oportunidades** a todos para que possam demonstrar um desempenho excepcional.

O atual CEO da 3M, desde 2012, é o seuco Inge G. Thulin.

Conclusão - A 3M tem ocupado com frequência a lista das *top ten*, ou seja, as "**dez mais**" da lista das empresas mais admiradas dos EUA, elaborada pela revista *Fortune*, por ter estabelecido um elevado padrão ético na condução dos seus negócios; pela sua habilidade de atrair, reter e desenvolver empregados de alta qualidade; pela atenção que dá aos problemas e às preocupações com o meio ambiente, sendo por isso altamente recomendada pelos seus empregados a seus amigos como um excelente lugar para trabalhar.

A inovação tem sido a pedra fundamental da 3M no passado, e é o que garantirá o seu futuro.

Os empregados da 3M exprimem um entusiasmo e demonstram uma energia contagiante. Praticamente todos têm o seguinte pensamento:

"*Não quero que a 3M seja um lugar aonde as pessoas chegam apenas para trabalhar. Desejo que seja um lugar onde as pessoas tenham vontade e alegria de vir trabalhar.*"

Essa ambição incomum é voz corrente na 3M.

Na 3M o clima de inovação é, entre outras coisas, um ambicioso experimento social no qual se busca aplicar os valores da liberdade, da tolerância e da iniciativa individual no contexto de um negócio.

Nesse sentido, a organização 3M é um dos mais promissores e exemplares empreendimentos humanos da nossa era.

A 3M já existe há mais de 112 anos, com muita pujança, e isto se deve ao fato de que os seus valores básicos foram mantidos e continuam a inspirar a inovação em ambientes desafiadores e totalmente novos.

Isto prova, de forma inequívoca, que a inovação a serviço da prosperidade e da liberdade vale a pena sempre!!!

Pois é, caro leitor, talvez os *3Mers* da empresa devessem significar **magnífica, magistral** e **maravilhosa** empresa que busca, cada vez mais, melhorar a vida do ser humano.

4.8 - INOVAÇÕES QUE NOS DEIXAM PERPLEXOS!

Um dos inventores mais "badalados" nessa 2ª década do século XXI, Colin Furze, que aos 34 anos tinha mais de 600 mil seguidores no YouTube, que procuram acompanhar *on-line* suas invenções, num primeiro momento ridículas, mas, ao mesmo tempo, extravagantes e que atraem principalmente os fãs de histórias em quadrinhos e filmes da série *X-Men*, da Marvel.

Dessa forma, um de seus vídeos começa com um alegre jovem de gravata e camiseta que lança o desafio: "Será que posso fazer algumas garras de *adamantium* totalmente automáticas?"

Logo depois, ao som de guitarras roqueiras, Furze corre em meio a uma oficina, equipado com uma mochila e duas engenhocas metálicas caseiras presas aos seus braços. Ele ergue os punhos para a câmera e, claro, seis garras metálicas afiadas despontam de suas mãos: ele é Wolverine!

Esta talvez seja uma das cenas mais inofensivas numa série de vídeos feita por Colin Furze, de Stamford, na Inglaterra, um audacioso adepto da filosofia "**Faça você mesmo**".

Alguns dizem que suas invenções são de "fundo de quintal" e, entre elas, têm-se a motocicleta mais longa do mundo e uma lambreta que solta fogo pela parte traseira (que o levou a ser preso...).

Colin Furze nem é engenheiro formado. Na verdade, ele nem terminou os estudos; abandonou a escola aos 16 anos para ser encanador. Enquanto ainda morava com os pais, fez experiências com metalurgia, mas não tinha recursos suficientes para testar os limites da sua **imaginação**.

O próprio Colin Furze lembra: "Embora meu pai tivesse um enorme galpão, eu, na verdade, não podia entrar nele." Depois que seu pai morreu, em 2007, Furze assumiu o galpão e, finalmente, foi possível para ele passar a usar a enorme coleção de poderosas ferramentas que havia ali.

Não demorou muito e Colin Furze começou a mexer com bicicletas e motores elétricos, sempre filmando seu processo criativo. Desde então, suas invenções o ajudaram a conseguir cinco recordes mundiais no *Guinness*, sendo um deles por ter construído o mais veloz veículo elétrico do mundo para idosos e deficientes (atinge uma velocidade máxima de 132,7 km/h). Mas, foram os seus projetos mais recentes – explorando os poderes dos super-heróis *X-Men* – que o transformaram em uma estrela do YouTube.

Ele também recriou as habilidades do personagem Pyro, com braceletes que soltam labaredas com dois movimentos dos pulsos. Para as garras de Wolverine, Colin Furze precisou valer-se de um processo de **tentativa e erro**, colocando lâminas de aço inoxidável em seus braços para ver quais se encaixavam melhor.

Para fazer com que as lâminas se abrissem e fechassem, ele criou um sistema de válvulas conectadas a um tanque de ar em uma mochila; quando ele cerrava o punho para pressionar os botões embutidos em suas palmas, as válvulas usavam ar pressurizado para empurrar as garras para fora e para dentro de seus compartimentos metálicos.

Em seu projeto *X-Men* que mais desafia a gravidade, Colin Furze se propôs a fazer "sapatos Magneto" – botas magnéticas lhe permitiram andar no teto de sua oficina. Para chegar a isso, ele retirou bobinas magnéticas de velhos micro-ondas, passando uma corrente ao longo delas para que os eletroímãs fossem fortes o suficiente para aguentar o seu peso.

Depois, Colin amarrou os imãs a um velho par de tênis Vans, e *voilà* ("eis"), logo depois já estava pendurado de ponta-cabeça!!!

Colin Furze tem, entretanto, atraído tantos os fãs como os críticos; alguns se queixam que suas criações são muito perigosas. Segundo ele, porém, em geral as respostas das suas inovações têm sido **positivas**.

Para Colin Furze, o principal objetivo é inspirar os espectadores que desconhecem o próprio potencial criativo. Ele afirmou - "Se você perguntar a alguém: 'Você quer fazer um imã?', provavelmente a pessoa vai dizer: 'Não, não estou muito interessado'. Mas, se você perguntar a alguém: 'Quer fazer sapatos magnéticos e andar de ponta-cabeça?', mais pessoas provavelmente dirão: 'É, parece bacana!' "

Contudo, as inovações que estão proliferando e que nos deixam bem perplexos são aquelas em que as ideias são apresentadas e levantam-se grandes quantias de dinheiro através do *crowdfunding* (levantamento coletivo de recursos). Muitas vezes, as pessoas que doam o seu dinheiro não têm nenhuma garantia que o produto proposto vai se transformar em uma grande inovação que irá gerar muitos negócios ou simplesmente por diversão, como ocorreu recentemente com um rapaz nos EUA que levantou uma significativa cifra para **criar e vender uma salada de batatas**!

Na realidade, o que ocorreu tem a seguinte cronologia: um jovem da cidade de Columbus, que fica no Estado de Ohio (EUA), chamado Zack ("Danger") Brown, no dia 3 de julho de 2014, promoveu uma campanha de doações pelo Kickstarter, um *site* usado para *crowdfunding*, para fazer uma **salada de batatas**!

Ele não oferecia aos potenciais colaboradores nenhum projeto de negócio ou prova do conceito, nem declarava que uma salada de batatas seria o próximo *cupcake* (pequeno bolinho individual; bolo de xícara) ou *cronut* (o lançamento de uma mistura de *croissant* com *donut*) - que fizeram sucesso nos EUA. Comunicou apenas: "Vou fazer uma salada de batatas. Ainda não decidi de que tipo." Para tanto, Zack Brown pedia uma contribuição de US$ 10.

Em menos de uma semana, Zack recebeu "apoios" que no total ultrapassaram **US$ 70 mil**!

Em suas normas para o usuário, o Kickstarter diz que auxilia potenciais empreendedores sobre como identificar e desenvolver uma campanha na qual eles possam confiar, inclusive possibilitando que os apoiadores entrem em contato com os criadores para que estes compartilhem o seu projeto de uma forma clara, detalhando como seu plano será concluído e demonstrando que tem competência de executar a ideia que possuem, ou seja, sabem fazer o que estão propondo.

No caso de Zack Brown, estranhamente o seu projeto não merecia muita confiança, pois ele próprio escreveu: "**Talvez essa salada de batata não seja tão boa assim**!?!?"

No entanto, o dinheiro continuou entrando graças a mais de 350 mil visitas à página de levantamento coletivo de dinheiro no Facebook, e a uma ampla cobertura e discussão do assunto pelo *site* Reddit, bem como a cobertura no programa *Good Morning America*, de grande audiência nos EUA.

Grande parte do dinheiro doado foi de pequeno valor individual, ou seja, de US$ 1 ou US$ 2 por pessoa, mas também se contou com mais de uma centena de pessoas que colaboraram, cada uma, com US$ 50 ou até mais.

Os **doadores de elite**, integrantes de uma categoria que Zack Brown denominou de "Saladas de Batatas do Mundo", iriam receber diversas recompensas, inclusive uma porção de salada que seria entregue em suas casas (o que talvez não venha a se concretizar...). Aí, surge a questão: por que motivo as pessoas doam dinheiro para um estranho desenvolver uma "inovação" – uma salada de batatas – que ele próprio não está convicto de executar?

Pois é, dependendo do senso de humor da pessoa, a ideia despretensiosa do plano e sua simplicidade é algo que parece muito engraçado para alguns indivíduos. Assim, um doador que colaborou com US$ 2 escreveu: "Ri muito quando li a proposta", ao que outro postou: "Fico feliz quando as pessoas não encaram tudo com a maior seriedade."

Tudo levou a crer que o dinheiro arrecadado não foi uma doação para uma realização futura, mas sim um presente por ter espalhado um pouco de alegria na Internet!

Bem estranho, não é?

Evidentemente, não é essa a intenção do Kickstarter e, até há pouco tempo, o *site* avaliava melhor as campanhas para a divulgação de projetos sérios e rigorosos.

Claro que pode ser que alguns doadores usaram a brincadeira da salada de batatas como uma maneira de criticar a nova sensação de liberdade total da plataforma ou para zombar do tom das campanhas do Kickstarter em geral.

O fato é que à medida que o projeto se tornava mais famoso e eram levantadas mais objeções por pessoas perplexas com seu sucesso, mais dinheiro foi entrando.

Um usuário sem papas na língua explicou sua motivação: "Estou doando US$ 1 simplesmente por divertimento e pelo surrealismo da coisa. E, para desejar um belo '**danem-se**' aos desprezíveis moralistas por aí afora."

Essa campanha ganhou imitadores, entre eles os das saladas de batatas do Estado de Idaho, para competir com a que Zack Brown prometeu fazer em Ohio em duas campanhas concorrentes para saladas de repolho. As de repolho receberam pouco apoio, comprovando que esse tipo de auxílio só funciona uma vez !?!?

Entretanto, muitas outras pessoas seguem diariamente procurando despertar os doadores para os seus problemas que vão desde dificuldades para poder voltar à escola, como estar sendo despejado da casa em que vive por não ter dinheiro para pagar o aluguel.

Zack Brown finalmente foi para o programa *Good Morning America* e, com uma **seriedade sem graça**, a brincadeira do seu experimento chegou ao fim, pois não haveria nenhuma salada de batatas!?!?

No tom de um representante de alguma organização não governamental quando dá uma conferência ou uma entrevista, Zack Brown ressaltou: "Vou aproveitar esse momento, o resultado dessa campanha, todo esse dinheiro que arrecadei e fazer todo o bem possível com ele!?!?"

Uma pessoa que, influenciada pela sua mulher, doou US$ 1 para a brincadeira da salada de batatas disse: "Considero o sucesso viral do projeto o exemplo de alguém que ganhou na loteria da Internet."

Evidentemente, a sorte repentina de Zack Brown pode não ser justa na opinião das pessoas sérias que se valem do Kickstarter para alavancar seus projetos inovadores.

Zack Brown ficou abonado, digamos, quase que por acaso, enquanto outros tentam chegar à mesma situação com muito esforço sem esperanças... Mas, **fingir** que um prêmio (um grande ganho) é sempre (ou até raramente) proporcional à quantidade de esforço de uma pessoa, equivale a **não entender como o mundo funciona**!

Se a salada de batatas levou as pessoas a refletir sobre as injustiças do moderno capitalismo – em especial o norte-americano – isso é uma consequência interessante, ou seja, elas estão no caminho certo para mudar esse tipo de comportamento.

Por enquanto, talvez seja uma boa ideia se juntar, de certa forma, um pouco relutante, ao coro dos "conselheiros do momento": "Zack Brown, você teve uma ideia extravagante que deu certo. Faça agora o que quiser com o dinheiro que arrecadou!"

Saindo de uma "brincadeira", vamos para o que almeja a fundação privada Mars One: **mandar pessoas em uma viagem sem volta para Marte**.

***Mars One*, um projeto bem audocioso, não é?**

A ideia é de dois holandeses - um engenheiro, Bas Lansdorp, e um físico, Arno Wielders que passou pela Agência Espacial Europeia (ESA) – e o **objetivo deles é estabelecer o primeiro acampamento de humanos em Marte, em 2025**!!!

Para executar esse projeto, Lansdorp e Wielders precisam conseguir cerca de US$ 6 bilhões – até agosto de 2014 tinham arrecadado cerca de US$ 2 milhões. Eles abriram uma lista para candidatos para essa viagem – ao todo, 24 pessoas em todo o mundo embarcarão em 2024 e chegarão a Marte em 2025!!!

Na realidade, mais de 200 mil pessoas se inscreveram no Mars One para entrar numa lista de 1.058 primeiros aprovados. Entre eles está a engenheira brasileira Priscila Hamad, e eles ainda serão submetidos a uma nova seleção que consta de um total de quatro fases até se chegar aos **24 escolhidos definitivos**.

Os candidatos tiveram de enviar vídeos para uma espécie de rede social, dizendo por que queriam fazer parte da empreitada.

Priscila Hamad disse: "Acredito que a humanidade pode evoluir para algo melhor. Sei que a minha vida mudará de forma irreversível caso seja convocada para a missão. **Mas, fazer parte desse momento histórico faz tudo valer a pena, não é?**"

Thais Russomano, coordenadora do centro de pesquisa em microgravidade da Pontifícia Universidade Católica do Rio Grande do Sul, e única brasileira entre os 26 consultores do projeto, explicou: "Marte é o único planeta que podemos ousar habitar com o conhecimento científico que temos hoje. Claro que existem muitos desafios a serem vencidos e, entre eles, os altos níveis de radiação que os astronautas receberão na viagem de 210 dias até o planeta. Também há perda de massa óssea e atrofia muscular. Além disso, experiências de confinamento podem resultar em abalos graves. O diagnóstico é da ESA, que simulou uma missão de 520 dias em 2010 e 2011 com seis tripulantes. Eles tiveram depressão, letargia e insônia. Os meios acadêmico e científico internacional se dividem em dois polos: os que apostam no projeto e os que o criticam. Eu me enquadro no primeiro, assim como muitos outros cientistas ligados à ciência espacial."

Projetos como esses costumam despertar ceticismo na comunidade científica, apesar de que, sem dúvida, levem ao surgimento de muitas invenções e inovações.

No caso do Mars One, o orçamento de cerca de US$ 6 bilhões é considerado baixo, e haja *crowdfunding* para se chegar ao valor mínimo. Além disso, é fundamental alcançar uma maior maturidade tecnológica para poder cumprir um projeto como o Mars One.

Mandar satélites é uma coisa; enviar pessoas é algo bem diferente!

Nem a NASA tem planos tão ambiciosos de missões tripuladas ao planeta. O objetivo da agência é levar astronautas a Marte em 2030, numa viagem que não ultrapassará a órbita do corpo celeste.

O Mars One não é o único projeto de excursões espaciais privadas em Marte. Fundada pelo multimilionário Dennis Tito, a Inspiration Mars pretende levar um casal de meia idade para orbitar o planeta em 2018.

Recorde-se que Dennis Tito foi o primeiro a pagar por um assento para ir à Estação Espacial Internacional, sem ser um astronauta treinado, o que ocorreu em 2001.

→ **Você sabia que um vaso sanitário com alta tecnologia tornou-se agora um produto de grande consumo!?!?**

Em 2014, assim como os *iPhones*, os vasos sanitários cheios de aplicativos são objetos de desejo no Japão e também em muitos outros países do mundo...!!!

Num desses vasos, a tampa levanta automaticamente, o assento aquece, jatos de água instalados no seu interior fazem a limpeza necessária e alguns até podem ser sincronizados com o *smartphone* do usuário, via *bluetooth*, para tocar uma música favorita nos alto-falantes embutidos do vaso.

Cerca de 80% dos lares japoneses já possuem esses vasos sanitários, sendo a maioria deles produzidos por duas empresas: a Toto, a maior produtora nipônica, e a Lixil, cujo diretor-presidente é Yoshiaki Fujimori.

Fujimori explicou: "Estamos lançando agora os nossos produtos nos EUA, incluindo os vasos sanitários da Lixil com os "bidês internos" no catálogo da American Standard Brands, empresa que compramos em 2013 por US$ 542 milhões. Poucas pessoas precisavam de um *smartphone* antes da Apple lançar o seu *iPhone*. O mesmo vai acontecer nos EUA, com os novos sanitários inteligentes da American Standard".

A Toto e a Kohler, fabricante americana de acessórios para banheiro, vendem há vários anos nos EUA o que denominam de bacia sanitária com funções de bidê – o *Washlet*. Mas, a não ser em banheiros de celebridades de Hollywood e do mundo esportivo profissional, o produto ainda não conquistou espaço em muitas residências, pois o seu preço é da ordem de US$ 5.000, ou seja, cerca de dez vezes mais que um excelente bidê convencional.

E não está faltando propaganda nos lugares certos, como foi o caso da famosa atriz Woopi Goldberg ao participar do programa de grande audiência da apresentadora Oprah Winfrey, isso em 2011, disse: "*Washlet*, esse assento eletrônico que se encaixa na maioria das bacias sanitárias convencionais – fabricado pela Toto – é para mim a **maior invenção da face da terra**."

Lançada em 1980 no Japão, a linha *Washlet* fez da Toto uma pioneira em dispositivos inteligentes. Ela está nos EUA desde 1993 e chegou ao Brasil em 2011, sendo que o seu carro-chefe, o assento *Washlet* que custa cerca R$ 3.000, é responsável por 80% das vendas para os nossos hotéis de luxo, residências de pessoas abastadas e inclusive na Arena Corinthians, onde ocorreu a primeira partida da Copa do Mundo de Futebol de 2014, com o jogo do Brasil contra a Croácia. Nos seis camarotes para pessoas importantes (VIPs) elas podem usufruir nos banheiros os assentos *Washlets*!!!

Bem, caro leitor, o que o deixou mais perplexo: as invenções de Colin Furze, a "arrecadação" obtida pela Zack Brown, a "oferta" de ir para Marte ou a possibilidade de comprar um vaso sanitário para passar nele alguns momentos da sua vida sem ficar enfezado?

4.9 - OLHE MAIS ALÉM.

Andy Stefanovich, curador chefe e investigador na Prophet, é conhecido atualmente como um dos consultores mais **disruptivos** e eficazes do mundo dos negócios. Usando a experiência obtida nos trabalhos da empresa de criatividade e inovação Prophet, ele descreve isso no seu livro *Olhe mais Além*, (DVS Editora), no qual enfatiza como é possível implementar uma **inovação sustentável**.

Logo na introdução do seu livro, Andy Stefanovich ressaltou: "Depois de passar mais de 20 anos ajudando algumas das maiores empresas do mundo a se tornarem mais inovadoras, posso dizer que a alternativa mais eficaz para desatrelar a inovação é a **inspiração**. A inspiração alimenta a criatividade, e os pensadores criativos inovam**. É isso**!!!

O problema dos mais sofisticados modelos, teorias e metodologias, bem como de todo o resto, é que eles **não inspiram**.

→ **Mas como inspiramos as pessoas**?

Bem, precisamos aprender a pensar de uma maneira diferente e estimular os outros a fazer o mesmo. Infelizmente, para a maioria de nós, essa não é uma transição que ocorre por si só. Tornar-se uma pessoa inspirada requer rigorosa disciplina e muita prática.

Um método que possibilita que a pessoa seja mais inspirada é o LAMSTAIH (*Look at More Stuff; Think Sbout It Harder*, ou seja, '**olhe mais além e pense mais a fundo a respeito**'). Esse acrônimo está escrito em letras garrafais em meu escritório e tornou-se parte do vocabulário diário de algumas das maiores corporações do mundo.

O LAMSTAIH é bem menos complicado, mais fácil de aprender e muito mais eficaz, ou seja, mais propenso a inspirar do que outras abordagens sobre inovação com as quais alguém já tenha se deparado antes. Na verdade, aprender a pensar de maneira diferente requer apenas **bom senso**.

Atualmente, um dos grandes problemas é que a palavra **inovação**, sob vários aspectos, é um obstáculo para si mesma. Ela tem sido tão repetida e enfatizada nos últimos tempos, que se tornou quase **inexpressiva**. Um problema maior, no entanto, é que a maioria das organizações **não está preparada** para estimular seus funcionários a buscarem **inspiração**.

Pesquisas recentes evidenciam que cerca de 70% dos funcionários de importantes empresas não recebem nenhum tipo de inspiração dos seus supervisores ou dos seus gestores indiretos. E a maioria das empresas não avalia ou recompensa a **inspiração** e a **criatividade**.

Em vez disso, os funcionários são motivados a trabalhar rápido e eficazmente para finalizarem as suas tarefas e seguirem para as próximas. Em outras palavras, eles não são pagos para pensar – pelo menos **não criativamente**.

→ **E qual a solução?**

É vital que cada pessoa aprenda a se sentir confortável para buscar inspiração na direção e sentido contrários aos dos lugares para os quais costuma olhar. Para muitas pessoas e empresas, **girar 180°** em relação ao atual processo de inovação é quase como ir contra as leis da Física. Mas isso é possível. Uma inovação sustentável começa com funcionários inspirados. Por isso, o primeiro passo é respirar fundo e parar de se preocupar tanto com o resultado final. No lugar disso, é preciso começar a prestar mais atenção, todos os dias, na sua responsabilidade de gestor – um *S8* – de inspirar as pessoas de sua organização. Isso significa fazer grandes mudanças em suas expectativas, nos métodos que você utiliza para medir o sucesso e na forma como recompensa um excelente desempenho. Isso leva também a se concentrar em buscar inspiração para novas ideias de seu negócio, normalmente em lugares que você nunca havia imaginado antes estar.

Aprender a buscar inspiração em tudo o que faz e em todos os lugares que você vai, é essencial para o processo de desenvolvimento de habilidades de **pensamento criativo**. Pensar de uma maneira diferente é uma habilidade que pode ser aprendida, que deverá ser praticada para o resto da vida.

Apenas as pessoas que pensam monoliticamente acreditam que já tenham dominado a criatividade!?!?

Por exemplo, a maioria dos grandes músicos e atletas passa mais tempo praticando do que se apresentando ou competindo contra outros atletas ou equipes. É assim que eles aprimoram suas habilidades e sua disciplina.

Correr, pulando uma série de obstáculos e/ou treinar escalas musicais durante horas a fio são exercícios rigorosos e muitas vezes cansativos. Contudo, quando um músico finalmente sobe no palco ou um atleta pisa no campo (pista), o tempo e a energia que eles investiram no treinamento são recompensados.

Sabendo e compreendendo que para fazer uma apresentação musical soberba ou para ter um excelente desempenho atlético é necessário praticar intensamente, então, por que não tentamos a disciplina de buscar inspiração para novas ideias nos negócios e/ou na vida pessoal da mesma maneira?

Realmente, na maioria dos casos, entretanto, a **inspiração ocorre** – parafraseando um antigo ditado – quando a **preparação encontra a oportunidade**!!! Em outras palavras, tudo depende de você exercitar a pensar de maneira diferente e criativa para saber o que precisa fazer quando surgir uma oportunidade.

Temos a tendência de considerar a inspiração como um notório relâmpago – uma daquelas coisas que simplesmente acontecem e que é impossível projetar. Mas essa caracterização é muito limitada. Na verdade, existem três maneiras de encontrar inspiração: **por prazer**, **intencionalmente** e **por encomenda**.

- **Inspiração ocasionada pelo prazer** – Essa inspiração refere-se a momentos puramente inesperados (serendipitosos) que todos nós já tivemos uma vez ou outra. Somos repentinamente tocados por um acontecimento na rua, pela beleza da natureza ou pelas palavras extraordinariamente sábias de uma criança. Você não planeja tal coisa, mas estava no lugar certo, na hora certa. Entender a dinâmica filosófica e mental que está em jogo nesses momentos de pura surpresa e prazer é crucial para direcionar a inspiração para um objetivo específico.
- **Inspiração intencional** (ou seja, por meio do *design*) – Essa inspiração ocorre quando você coloca, intencionalmente, em uma situação em que existe uma probabilidade maior de você se inspirar, como ver uma exposição de arte ou ter aula com um professor genial. Infelizmente, em geral nos limitamos a encontrar inspiração em relativamente poucas fontes – museus, livros, cinemas, teatros, salas de aula e assim por diante. Contudo, se você continuar aperfeiçoando isso, poderá ampliar sua capacidade de encontrar a inspiração em outros lugares menos óbvios.

  A inspiração que você precisa para seu negócio não está necessariamente no lugar para o qual costuma olhar. E, embora você não possa prever os resultados de uma inspiração intencional, é possível prever os custos de não buscar inspiração: seus pensamentos ficam insípidos e você diminuirá sensivelmente as possibilidades de aproveitar algo que está ao seu redor...

- **Inspiração por encomenda** – Queiramos ou não, em nossa vida profissional diária, algumas vezes precisamos de inspiração em um momento específico, mas não temos tempo, recursos, nem permissão para tentar obtê-los. Isso funciona mais ou menos como os programas de TV por encomenda (*pay-per-view*). Aliás, o setor de entretenimento criou um modelo baseado na forma como as pessoas desejam assistir à TV, armazenando os programas para que eles possam ser assistidos no momento mais oportuno para cada um.

Se você prestar atenção especial a cada um desses tipos de inspiração, conseguirá intensificar a influência de todos os três sobre o seu processo criativo. Por exemplo, quanto mais você praticar inspiração encomendada, maior será a probabilidade de estar totalmente atento quando for inspirado por prazer. Além disso, você desenvolverá sua habilidade para utilizar esses engenhosos momentos de inspiração em sua própria vida e em seu trabalho.

Algumas pessoas podem até defender a ideia de que não é possível criar **serendipidade**, mas é possível impelir a nós mesmos e a equipe que colabora conosco para *insights* e convívios com significados, associando **disposição** (abertura mental) e um pouco de **convicção**. Assim, embora não se possa ensinar alguém a ter um "lampejo" onde e quando desejar, existem várias técnicas e perspectivas para incitar uma tempestade de inspiração, criatividade e inovação.

Uma coisa importante que Andy Stefanovich explica no livro *Olhe mais Além* é como alguém pode se tornar um **curador de inspiração** de sua própria vida pessoal e profissional. Ou seja, um caçador e coletor de ideias e inspiração para chegar a soluções melhores no contexto privado e no seu trabalho.

Desatrelar a capacidade criativa de cada indivíduo em uma organização e nas equipes em que ele trabalha é um jogo de malabarismo complicado; mas, para se dar bem nele é vital utilizar o esquema LAMSTAIH, que tem cinco propulsores (pilares) principais: **atmosfera** (*mood*), **mentalidade** *(mindset)*, **mecanismos**, **mensuração** e *momentum*. Juntos, esses cinco pilares, originalmente chamados de **5Ms** (considerando os termos em inglês), funcionam como diagnóstico e roteiro para mudar as pessoas, dar autonomia e poder às equipes e transformar as organizações. Se você concentrar suas iniciativas em cada uma dessas áreas, abrirá um caminho para a mudança e o crescimento que todas as empresas almejam.

Atmosfera *(Mood)*

Pode-se também chamar a isto de estado de espírito, representando as atitudes, os sentimentos e as emoções que criam o contexto para a inovação e a criatividade. Pense nisso como se estivesse indo a um novo restaurante ou bar e você saberá (ou lembrará a sua decisão), em poucos minutos, se lhe apetece ficar lá ou não.

- Qual é o aroma do ambiente?
- As luzes são ofuscantes?
- Os outros clientes são velhos demais, jovens demais, modernos demais, insuficientemente modernos?

Atmosfera é o ambiente mental no qual as pessoas, em qualquer nível, atuam e colaboram, sendo algo que os líderes precisam mostrar e adaptar constantemente. O sucesso ou insucesso de seu empenho para inspirar sua organização, e mudar a maneira como ela pensa e atua, depende muito da atmosfera existente nela. Existem três alternativas muito importantes que possibilitam mudar a atmosfera e inspirar as pessoas dentro de uma empresa:

1ª) Criar rupturas intencionais - Interromper deliberadamente a dinâmica física e mental de um grupo, o que se chama de ruptura intencional, é seguramente um bom método que todos os líderes deveriam utilizar para mudar a atmosfera. Entretanto, é preciso ter intuição e tolerância ao risco para interromper totalmente um momento ou interferir em um ritual e mudar a atmosfera.

2ª) Faça perguntas provocativas e afirmações ousadas – Uma pergunta provocativa e bem feita pode mudar completamente a disposição de ânimo de uma pessoa ou equipe ao convidá-la a pensar alto com você. Essas perguntas são especialmente úteis para mudar a dinâmica de uma sessão de trabalho. Idealmente, elas devem ser abstratas e abertas, e as respostas não devem ser fáceis. Aí vão alguns exemplos de perguntas provocativas:

- E agora?
- Quando você criou algo pela última vez?
- O que o deixaria um pouco mais desconfortável?
- O que deveríamos iniciar, interromper e continuar?
- Quando foi a última vez que você, de fato, olhou para fora de sua empresa, de seu setor ou de seu mundo?

Além de fazer perguntas provocativas, você deve sacudir a atmosfera de sua organização, criando um fórum para afirmações ousadas. É aconselhável ter afirmações que gerem um pouco de controvérsia. A afirmação deve se ajustar ao tema e ao objetivo em questão e, ao mesmo tempo, desafiar os ouvintes a ampliar sua forma de pensar. Ela deve também fazer com que eles o envolvam em uma discussão, ao invés de apenas sentar e ouvir (ou ignorar) o que você fala.

3ª) **Realizar mudanças físicas** – Talvez a maneira mais fácil (e barata) de começar a definir ou mudar a atmosfera de sua equipe seja, simplesmente, ir para um **lugar diferente**. A ideia de mudar o ambiente físico para mudar a forma de pensar não é nenhuma novidade, mas, mesmo assim, deve-se ter em mente que:

- O ambiente tridimensional representa apenas metade da equação – provavelmente a metade menos importante!?!?
- Quando você pensar em ambientes alternativos para trabalhar com sua equipe, precisará ir além de ficar em um lindo *resort*, que permita também caminhadas e práticas de esportes!?!?

Mentalidade *(Mindset)*

A nossa mente é o alicerce intelectual da criatividade, uma capacidade inerente que cada um de nós tem para se inspirar, continuar inspirando a pensar de maneira diferente. Há muitas maneiras possíveis de encontrar a inspiração no ambiente de trabalho; mas, parece que as quatro principais que formam o que se pode chamar de "**disciplina de pensamento**", que geram uma **mentalidade** criativa e carregada de inspiração, são:

1ª) **Mude de perspectiva** – O foco aqui recai nas **mudanças mentais**, mais especificamente às fontes que as pessoas recorrem quando buscam inspiração. Para mudar de perspectiva, o mais importante é se **abrir a novos pontos de vista**, situações ou ideias. Isso, obviamente, está relacionado com a tranquilidade e habilidade que um indivíduo tem para incorporar esses pontos de vista alternativos no processo de criação de novas ideias e também evidencia o seu interesse geral e sua curiosidade em relação às coisas.

2ª) **Assuma riscos** – Os riscos são projetados e medidos com bases nos ganhos e perdas percebidas em relação aos possíveis resultados. O medo do fracasso, das críticas ou simplesmente da incerteza do desconhecido é um dos maiores censores de ideias para pessoas e equipes.

Para catalisar o pensamento criativo, você deve criar um ambiente seguro para a geração de ideias em que não haja **julgamentos precipitados** nem **ridicularizações imediatas** com respeito a qualquer ideia que seja. Mas, por outro lado, você precisa estar disposto a se arriscar, e sua equipe deve estar ciente de que você espera que ela faça o mesmo.

O desenvolvimento de uma mentalidade que estimule a exposição a riscos calculados ajuda a garantir que você e a sua organização sempre criem ideias novas e divergentes para alcançar soluções mais eficazes.

3ª) **Encontre sua paixão** – Independentemente de nossos conhecimentos e habilidades, não podemos ter êxito pessoal ou profissional **sem paixão** – o intenso entusiasmo que sentimos por uma atividade é que nos leva a atingir novos patamares. Pesquisas de opinião nos mais diversos países do mundo revelam que de 50% a 65% da população trabalhadora nas suas empresas não se envolve de forma apaixonada com o seu trabalho.

Tudo indica que os seres humanos criam, naturalmente, uma barreira entre o que eles amam e o que fazem no trabalho pelo qual são pagos. O *S8* como gestor líder precisa criar oportunidades que permitem à sua equipe compartilhar e utilizar suas paixões pessoais em seus objetivos de trabalho. Uma mudança de mentalidade pode mudar essa lastimável separação entre ambos. Explorando o entusiasmo dos membros da equipe com suas paixões "externas ao trabalho", você pode aliar o trabalho e energia dessas pessoas com objetivos empresariais e ajudá-las a concretizar o potencial que elas têm.

4ª) **Conteste suposições e aceite a ambiguidade.**

➢ **Quanto tempo você oferece a si mesmo para desenvolver novas ideias?**

Em geral, as pessoas não se sentem confortáveis com a ambiguidade de não ter imediatamente uma ideia ou solução para uma determinada situação. Para acabar com esse desconforto, criamos uma ideia rapidamente e a utilizamos. Normalmente, essas ideias são "frutos fáceis de colher", ou seja, porções de ideias reprocessadas ou recicladas que não são novas nem originais. Por exemplo: "Se isso funcionou no trimestre passado, funcionará novamente neste trimestre, isto é, não é preciso reinventar a roda."

Enquanto catalisador de criatividade, um *S8* precisa permitir que sua equipe gere novas ideias e explore algumas delas antes de escolher a solução, o que Andy Stefanovich chama de **tolerância à confusão**.

Reflita um pouco sobre a sua capacidade de desenvolver sua tolerância à confusão tentando responder às seguintes perguntas:

- Você gosta de decidir ou criar?
- Quando você sai para caminhar, planeja antes seu trajeto?
- Imagine-se morando no exterior. Onde você gostaria de viver e por quê?
- Quando você sai para fazer compras, prefere procurar ou comprar imediatamente?
- Que palavra você prefere: **ideias**, **possibilidades** ou **soluções**?

Fica um pouco confuso para responder rapidamente essas questões, não é? **Isso é normal!!!**

Mecanismos (*Mechanisms*)

São as ferramentas e os processos que animam sua criatividade e inovação. Aí vão oito **mecanismos** que ajudam a promover ideias mais eficazes e desencadear uma nova forma de pensar:

1º) Listas e mais listas – Uma forma para explorar uma oportunidade é criando uma **lista de características** que definem (ou explicam) a questão ou o objetivo em pauta. Não se trará de um inventário para enumerar as coisas, mas sim os componentes que ofereçam o maior número de oportunidades para uma mudança e evolução.

As características podem ser **físicas** (pesado, sólido, quadrado etc.) que são muito objetivas; **funcionais**, ou seja, como as pessoas utilizam algo, que é **tangível** e **emocional**, representando os sentimentos e emoções que as pessoas têm em relação a qualquer coisa que estejam usando.

2º) Sinto, preciso, desejo – Esse é um mecanismo muito adequado para a coleta de *insights* (percepções) e o desenvolvimento de ideias. O que se solicita a uma pessoa é que analise as motivações humanas, observando-se cuidadosamente o que as pessoas sentem, o que elas precisam e o que elas desejam. Nesse sentido, para se promover um processo eficaz é vital saber observar, deduzir e justapor.

3º) **A pior ideia** – Para muitas pessoas, o desenvolvimento de ideias pode ser uma experiência desconfortável, especialmente em um ambiente de grupo, quando elas podem hesitar em compartilhar seus pensamentos por medo de serem criticadas pela própria equipe ou pelos clientes.

O objetivo de apresentar a **pior ideia** é ajudar a contornar a autocensura e possíveis preocupações com relação ao que todos os outros pensam a seu respeito. Todo e qualquer filtro é contraprodutivo. Por isso, permita deliberadamente que as más ideias venham à tona, não importa o quanto elas sejam impraticáveis, logicamente impossíveis ou até mesmo horríveis de pensar a respeito. A **pior ideia** é uma estrutura de referência, e você começa propondo as piores ideias que é capaz de imaginar!?!? Em seguida, tenta identificar quaisquer oportunidades positivas existentes por trás de uma má ideia e as transforma gradativamente em boas ideias (ou pelo menos em ideias melhores).

4ª) **Desconstrução / reconstrução** – Esse mecanismo é excelente para reinventar modelos de negócios e processos. Para começar, deve-se elaborar uma lista, decompondo o objeto em suas três partes fundamentais: **física**, **funcional** e **emocional**. Isso é a **desconstrução.** Em seguida, cria-se um extenso inventário de ideias por meio da "**reconstrução**" dos componentes, utilizando quatro etapas: **exagerar**, **eliminar**, **substituir** e **simplificar**.

5º) **Correlações forçadas** – É uma ferramenta de desenvolvimento de ideias por meio da qual utilizamos **justaposição abstrata** como inspiração para gerar novas ideias. É uma excelente opção para os momentos em que você se sente paralisado. Além disso, pode praticá-la em qualquer lugar, a qualquer hora. Essa é a forma mais genuína de **olhar mais além** e pensar mais a fundo a respeito. Para muitas pessoas, as correlações forçadas não parecem lógicas, mas com um pouco de prática isso fica mais fácil.

A história está cheia de exemplos de correlações forçadas aleatórias ou propositais que geram ideias extraordinárias.

6º) **Eventos ECC (experiência, compreensão, conhecimento)** – Os eventos ECCs são também uma forma genuína de **olhar mais além** e pensar mais detalhadamente a respeito, utilizando experiências inspiradoras para alimentar novas ideias. Um ECC pode durar três dias ou três horas, mas é um mecanismo essencial para se chegar a inovações que geram impacto.

7º) **Roubar e adulterar** – Um dos segredos da inovação criativa é a exploração de áreas tangíveis e aparentemente desconexas. Ao examinar fontes de inspiração que não estão diretamente relacionadas com seu objetivo, você descobrirá **ideias originais**.

O conceito básico de "**roubar e adulterar**" é pegar uma ideia de um negócio não relacionado e adaptá-lo para que funcione em benefício de sua empresa.

8º) **Pare, comece, continue** – Algumas pessoas associam inovação com novidade. Por esse motivo, na elaboração de um plano de ação, muitos indivíduos e equipes passam um tempo desproporcional concentrados em todos os novos passos que precisam dar: novas pesquisas, novas estratégias de vendas, novos canais de distribuição. Essas são as coisas que eles precisam "começar".

É natural pensar que iniciar uma nova atividade é avançar em direção a um novo resultado. Contudo, algumas vezes, um enfoque exagerado sobre os aspectos "iniciais" dessa progressão bloqueia nossa visão das coisas que deveríamos **parar** de fazer, bem como daquelas que deveríamos **continuar** fazendo.

Grandes inovações podem ocorrer independentemente de haver uma nova atividade. Elas podem ser construídas com base em sucessos existentes e se beneficiar da interrupção de algumas outras iniciativas.

Mensuração (*Measurement*)

A **mensuração** leva em consideração o desempenho qualitativo e quantitativo e oferece orientação e *feedback* (realimentação) crítico a pessoas e organizações.

O tipo de mensuração que você utiliza em nível organizacional evidencia o que é importante e em que as pessoas devem concentrar sua paixão e energia.

A discussão sobre medidas não tem nada a ver com "**certo**" ou "**errado**". Tem a ver com abordar as medidas de forma diferente. Pense em medidas simples e eficazes como: "**Quantos momentos por dia nos dedicamos ao desenvolvimento de novas ideias?**"

Muitas empresas não adotam essas medidas simples, mas organizações como 3M e Google fazem isso de forma bastante evidente. Essas empresas pedem aos funcionários para que dediquem determinada quantidade do tempo de trabalho, todos os dias, ao desenvolvimento de projetos que estão relacionados à sua paixão pessoal e projetos de pesquisa individuais.

Momentum (Movimento)

No mundo dos negócios, o termo ***momentum*** (movimento) tem o mesmo significado que na Física: um corpo em descanso (repouso) mantém-se em descanso e um corpo em movimento continua em movimento. Em outras palavras, *momentum* é um ciclo que se autorreforça para germinar a inovação e que decorre da defesa e da celebração contínua da inspiração.

A celebração de momentos importantes numa organização dá a todos espaço para respirar, se recompor e crescer. Todos os outros desencadeadores da inspiração – atmosfera (*mood*), mentalidade, mecanismos e mensuração – nos levam ao *momentum*.

O *momentum* para a inovação ocorre com o enaltecimento dos indivíduos, das equipes e da organização como um todo. O *momentum* é o que mantém a cultura da criatividade e da inspiração em movimento. Se quisermos que o nosso *momentum* tenha continuidade, precisamos de lembretes frequentes dos hábitos responsáveis pelo sucesso de um negócio. E, quando você pensar sobre como deve celebrar esses sucessos – independentemente de serem individuais ou de grupo -, pense em termos de ideais, símbolos e rituais.

4.10 – INOVAÇÃO COMO ROTINA.

Paddy Miller é professor na IESE Business School em Barcelona (Espanha) e Thomas Wedell-Wedellsborg é sócio na empresa de consultoria The Innovation Architecs, sediada em Nova York, nos EUA. Eles são os autores do livro *Inovação como Rotina*, no qual oferecem interessantes argumentos para que se crie um ambiente focado intensamente em **inovação** e como gestores líderes em todos os níveis podem se tornar **arquitetos da cultura** e do próprio ambiente para que a inovação e a criatividade sejam encaradas como um comportamento rotineiro.

O livro começa com duas importantes definições:

- **Inovação** – significa criar resultados fazendo coisas novas.
- **Arquiteto da inovação** – é aquele que faz as **outras** pessoas inovarem ao modificar o ambiente no qual elas trabalham.

A grande provocação nessa segunda década do século XXI para todos aqueles que ocupam as posições de liderança nas empresas é que eles devem ser **arquitetos de ideias**. Ou seja, a tarefa principal de um líder não é inovar, mas sim se tornar um **arquiteto da inovação**, isto é, criar um ambiente de trabalho que ajude todo o pessoal que comanda a adotar comportamentos fundamentais para que ocorra a inovação nessa organização e que ela se torne parte integrante do trabalho diário.

Essa abordagem tem três ideias bem diferentes da "**sabedoria trivial**". Primeiro, o que se quer deixar bem claro é que ser um **líder de inovação** é bem **diferente** de ser propriamente um **inovador**.

Lamentavelmente, um grande número de líderes, seja de pequenas, médias ou grandes empresas, é obcecado pela ideia **deles próprios** se tornarem o próximo prodígio criativo e gerar ideias brilhantes para as suas organizações. Na busca por esse **sonho especial**, por mais nobre que ele seja, eles ignoram a primeira e mais básica tarefa de um líder: alcançar grandes realizações **através das outras pessoas**!!!

A liderança em inovação não se trata de alcançar novos níveis de brilhantismo pessoal. Trata-se, sim, de transformar seus funcionários em inovadores. Até existem situações em que os líderes podem ser pessoalmente inovadores, porém essas situações não são muito comuns.

Muitos esforços de inovação corporativa ainda estão aprisionados no que se pode chamar de "ilha do *Brainstorm*" (define-se *brainstorm* como sendo um método coletivo que visa à geração de um conjunto de novas ideias através da participação de um grupo), ou seja, o envio dos funcionários de uma empresa para um encontro externo, coordenado por um grupo de profissionais, que passam com esses trabalhadores alguns dias de forma animada, debatendo livremente um grande espectro de ideias que poderiam, eventualmente, trazer alguma melhoria para a organização. Mas, após esses dias revigorantes e até excepcionais, esses empregados voltam para um ambiente de trabalho no qual nada muda e, em geral, em não mais de duas semanas mais tarde, praticamente todo mundo volta a fazer as coisas da maneira como sempre fez. A realidade é que ninguém pode achar boas ideias, para depois implementar, pelo fato de ter passado alguns dias por ano na ilha do *Brainstorm* (geralmente um *resort* bem aprazível...).

A busca pela inovação não pode se resumir em um evento excepcional de alguns dias (às vezes, são o sábado e o domingo que os funcionários "doam" para a empresa, afastando-se das suas famílias, do seu descanso tradicional

As inovações estão complementando cada vez mais os humanos, substituindo com certa compensação os seus membros e órgãos!!!

e do seu tempo de lazer...), mas, sim, algo comum que aconteça nos restantes quase 360 dias do ano. Como líder, você tem de ajudar o seu pessoal a adotar o caminho criativo, não apenas uma vez por ano, mas como um **padrão de comportamento repetitivo**.

➔ **E como se pode conseguir isso?**

Para ter sucesso nessa empreitada, não se deve tentar mudar as pessoas que trabalham na empresa, mas, sim, o ambiente na qual elas trabalham, para que se torne mais fácil e atraente para esses funcionários se transformarem em talentosos inovadores. Nesse sentido, é vital **preparar o terreno** para eles, ajustando o local de trabalho para que os potenciais inovadores achem mais fácil adotar o caminho criativo e se tornem inovadores de verdade. É possível influenciar **indiretamente** o comportamento das pessoas, **moldando o seu ambiente**. Aí, os arquitetos reais (você enxerga o *S8,* não é?) trabalham basicamente o ambiente físico, como iluminação, disposição dos móveis nas salas e o aspecto dos prédios. Mas como um arquiteto da inovação, você vai lidar com algo bem mais abrangente, ou seja, a soma do ambiente físico, social e profissional nos quais as pessoas trabalham.

Trata-se de uma **arquitetura de escolha**, na qual se procura incluir todos os fatores externos e sistêmicos que influenciam o comportamento profissional das pessoas: coisas como os sistemas e as estruturas, os processos e lugares, as estratégias e as políticas e até mesmo os hábitos e rotinas comuns a todos. Essa abordagem arquitetônica é que vai impor que você modifique a sua maneira de pensar sobre sistemas e criatividade.

As pessoas criativas, em particular, tradicionalmente têm relações tensas com os sistemas, estruturas, normas e outras restrições percebidas sobre a liberdade criativa. Em nenhum lugar isso fica mais claro do que nas grandes empresas, onde as pessoas frequentemente se queixam de que "os sistemas" matam a criatividade, pensando com saudade nos dias felizes em que a empresa era jovem, menor e menos burocrática.

No seu livro *Inovação como Rotina*, os autores concentraram-se no que eles chamaram de **5+1 comportamentos fundamentais**, ou seja, os padrões vitais de comportamento que devem ser fomentados nos funcionários de uma empresa para que a criatividade seja ali um trabalho rotineiro. (ver Figura 4.4)

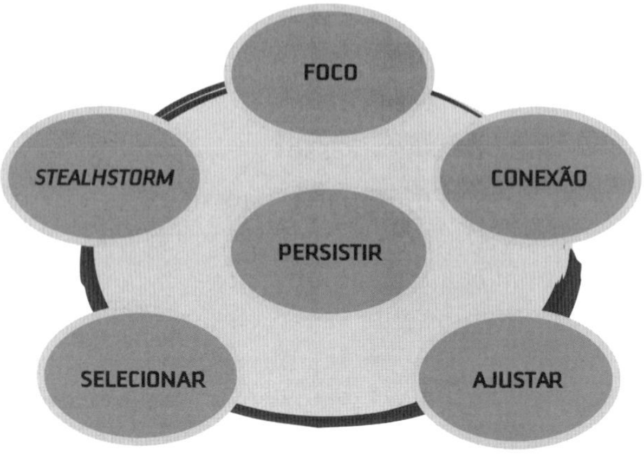

Figura 4.4 – Os 5+1 comportamentos fundamentais que devem ser promovidos para se ter inovação como rotina.

Foco – A maioria das pessoas associa a inovação com a ideia de **liberdade**, isto é, proporcionar aos seus funcionários o espaço e a oportunidade para buscar novas ideias, **livres** de todas as **restrições**. Entretanto, se na verdade, o que necessita é fazer a inovação acontecer como parte integrante do ambiente de trabalho diário, melhores resultados serão gerados, caso se consiga **direcionar** e **limitar** de modo produtivo a busca dos funcionários, certificando-se de que eles concentram seus esforços criativos em algo que realmente interessa à empresa. Ao fornecer essa orientação, os arquitetos da inovação criam o primeiro comportamento fundamental: o **foco**.

A ideia de que a inovação se beneficia da direção não é nova. Desde que o psicólogo J.P. Guilford lançou extraoficialmente o campo dos estudos da criatividade em uma famosa palestra em 1950, a pesquisa sobre os processos criativos estabeleceu, reiteradamente, que muitas vezes você consegue obter ideias melhores e mais originais se impuser algum tipo de restrição ou limitação nas ideias das pessoas, em vez de conceder-lhes total liberdade.

Também dentro dos limites mais estreitos da criatividade empresarial, os estudiosos da inovação, como Teresa Amabile, da Universidade Harvard (EUA),, reuniram evidências empíricas de que a atribuição de objetivos claros para os esforços de inovação tende a produzir resultados muito melhores.

Para que as pessoas mantenham o foco em sua busca pela inovação, isso implica em conseguir três coisas:

1ª) Esclarecer o objetivo: **o que estamos tentando alcançar?**

2ª) Definir a área de segurança: **quais são os limites da busca?**

3ª) Mudar o espaço de busca: **que áreas novas as pessoas deveriam examinar?**

A escolha da área de foco da inovação pode ser encarada como um **holofote**, que o líder decide para onde apontar. A metáfora é uma ferramenta mental, útil porque transmite várias ideias sobre a orientação da busca pela inovação:

- Sua tarefa como líder é apontar o feixe de luz na direção correta, para que as pessoas possam olhar para as coisas certas.
- Assim como a atenção, um holofote funciona melhor quando é concentrado. Se ampliar demais o feixe de luz, tentando enxergar com clareza todos os lugares ao mesmo tempo, você não consegue ver realmente com clareza.
- Por padrão, o holofote tende a apontar diretamente para uma área, como o desenvolvimento de um novo produto. Movendo o feixe regularmente, os líderes conseguem assegurar que seus funcionários explorem novas áreas do negócio que poderiam abrigar um grande potencial de inovação.

Conectar – A percepção para a inovação vem de fora, e os líderes precisam ajudar o seu pessoal a se conectar com os clientes, com seus colegas de trabalho e outros indivíduos envolvidos com a inovação e também com pessoas de mundos novos e dissociados.

Durante a busca por boas ideias, as pessoas tendem a olhar para duas coisas: **tendências futuras** e **novas tecnologias**.

- Quais são as tendências do mercado?
- O que nossos clientes vão exigir em um prazo de três anos?
- O que vai acontecer quando os nossos clientes migrarem para os celulares, quando a biotecnologia se popularizar ou quando a futura "Internet das coisas" virar realidade?

Essas e muitas outras perguntas são importantes, e aí vem a questão fundamental: como o **arquiteto da inovação pode ajudar o seu pessoal a ter ideias brilhantes?** A resposta está relacionada com o segundo comportamento fundamental: ajudar as pessoas a **se conectarem.**

Ajustar – No momento da concepção, todas as ideias são perfeitas. Se já teve um momento "Aha!", você conhece esse sentimento de puro e majestoso **acerto** quando as ideias surgem. Infelizmente, esse sentimento é uma ilusão. A maioria das ideias acaba sendo **ruim**, e, para piorar, até as **boas** quase nunca são perfeitas.

Scoth Anthony, especialista em invenção salientou: "Os inovadores precisam presumir que seus planos são parcialmente corretos e parcialmente errados e, depois, trabalharem intensamente para descobrirem qual parte do plano está errada."

Bem, o grande problema é que, exceto se as pessoas tiverem uma experiência prévia com inovação, elas tendem a **confiar demais** na perfeição de suas ideias iniciais. Dessa maneira, quando as pessoas lhe trazem (ou contam) suas ideias, você tem que criar rotinas e processos que as ajudem a tratá-las de forma rápida e repetida. Portanto, isso significa que você precisa conseguir que seu pessoal faça duas coisas:

1ª) Reformular (ou ajustar) o problema. Faça com que seu pessoal defina, analise e conteste sua compreensão do **problema** ou **necessidade** que estiverem abordando.

2ª) Teste a solução. Faça com que seu pessoal teste e crie protótipos de suas ideias de forma rápida e repetida, fazendo experimentos realistas sempre que for possível.

Esses dois comportamentos não são sequenciais, mas devem acontecer em paralelo e em um processo altamente interativo.

Selecionar – Para as pessoas que têm ideias, todas elas são divinas em sua perfeição. No entanto, realidade imparcial e um tanto desagradável é que a maioria das ideias é ruim, e isso obriga as empresas a dominarem a disciplina de filtrar as ideias, escolhendo as que merecem investimento e as que devem ser descartadas.

Esse ato de selecionar as ideias tem suas próprias armadilhas. Por essa razão, é necessário otimizar o ambiente decisório de filtragem criando sistemas de suporte arquitetônicos seguros e rígidos, que possam ajudar os *gatekeepers* (gestores da empresa responsáveis por essa filtragem, ou seja, os guardiões que não devem permitir que a organização enverede pelo caminho da ideia ruim...) da companhia a tomarem as decisões mais acertadas.

Existem quatro estratégias principais que possibilitam aos *gatekeepers* aperfeiçoar a sua tomada de decisão relativa à seleção de ideias:

1ª) Gerir o ambiente de decisão.

2ª) Determinar quem são os melhores juízes.

3ª) Respeitar os critérios de avaliação.

4ª) Calibrar o processo de avaliação regularmente.

Portanto, um arquiteto da inovação precisa criar um ambiente no qual os *gatekeepers* possam tomar boas decisões a respeito das ideias que borbulham na empresa, para que, de forma eficiente e eficaz, eles consigam indicar quais são as ideias boas e quais são as ruins que devem ser descartadas impiedosamente.

Stealthstorming – Quando se trabalha em uma empresa, não há como evitar a **realidade da política corporativa**; gostando ou não, quem dita as regras é o ***stealthstorming***.

O verbo *stealthstorm* significa perseguir a inovação de uma maneira compatível com a realidade cultural e política existente na organização. Assim, *stealthstorming* implica em uma forte conscientização politica da cultura organizacional (que é considerada um fato, pelo menos no curto prazo) e que contrasta com as abordagens de inovação mais revolucionárias, gritantes ou excessivamente contraculturais.

Também se pode traduzir *stealthstorming* como sendo **inovação às escondidas**, significando que uma boa ideia deve ser desenvolvida antes de ser passada à alta gestão, para evitar que seja combatida de antemão.

De fato, uma parte considerável do tempo de um inovador é consumida com as várias partes interessadas, empregando um misto de charme e habilidade organizacional para fazer com que as ideias sejam aceitas ou apoiadas, ou seja, não sejam rejeitadas. Por várias razões, muito inovadores não gostam de fazer política, chegando, às vezes, a ignorarem a mesma por completo, supondo que **uma boa ideia irá se vender por si própria**!!!

Esse pressuposto (crença) é perigoso, e muitos projetos excelentes foram exterminados pelas forças organizacionais. Portanto, cabe aos arquitetos da inovação ajudar a criar o **espaço político para a inovação**, preparando o terreno para que as pessoas tenham êxito. Ao fazê-lo, é fundamental compreender que a política (assim como o poder), não se trata apenas de uma força negativa. Quando utilizada de maneira correta, a política pode impulsionar as coisas e conseguir com que as ideias transponham os obstáculos.

Bem, aí vão as cinco formas (ou regras), que o arquiteto da inovação utiliza para auxiliar os inovadores a lidar com a ***realpolitik*** (a real política empresarial), que pode empurrar para fora do curso ou até atirar nas rochas todos aqueles que estiverem navegando no mar das ideias...

1ª) Conectar o pessoal da inovação com os donos do poder.

2ª) Auxiliar os inovadores a criarem histórias em torno de suas ideias.

3ª) Fazer com que os inovadores esclareçam o valor de suas ideias logo no início.

4ª) Ajudar os criativos a receberem mais recursos.

5ª) Auxiliar os talentosos imaginativos a gerirem suas marcas.

Persistir – Em uma das maiores investigações do mundo moderno sobre os grandes inovadores, o estadista e escritor do século XIX Robert Bulwer-Lytton se interessou pela diferença entre **talento** e **sucesso**. O que intrigava Bulwer-Lytton era o fato de que o mundo parecia ter um suprimento abundante de pessoas talentosas. Contudo, apesar de seus dons óbvios, poucos pareciam **realizar algo importante**.

- O que impedia essas pessoas dotadas de transformar seu talento em sucesso?
- O que os distanciava dos indivíduos verdadeiramente notáveis – pessoas que **capitalizaram sobre** o seu talento?

A resposta de Bulwer-Lytton foi simples: o que distanciava as pessoas bem-sucedidas das demais não era um intelecto superior ou uma capacidade natural, mas algo muito mais simples de entender: a sua **persistência**. O denominador comum dos grandes homens e mulheres da história era simplesmente que eles **não desistiam**. Eles eram inflexíveis, não se rendiam, persistindo muito além do que os mortais comuns...

É vital que uma pessoa ame a sua jornada, **com o que se alavanca a motivação intrínseca**. A motivação intrínseca surge quando você gosta de uma atividade pelo que ela é, como: comer bem, esquiar ou socializar-se com outras pessoas. Já a motivação extrínseca aparece quando alguém gosta da própria atividade, mas a realiza para obter alguma outra coisa, como dinheiro ou promoção pessoal.

No que se refere à motivação intrínseca, os líderes realmente não motivam seus funcionários e o mais correto é dizer que **as pessoas se motivam sozinhas**. O que os líderes precisam criar são as condições para que essa automotivação apareça, direcionando-a para um objetivo importante para a empresa. Dessa maneira, é útil fazer com que as pessoas se conectem mais com o que conhecem e do que gostam, e aí que elas devem ser estimuladas a buscar novas ideias, claro que com o foco naquelas que **tenham valor potencial** para a empresa. A lógica disso tudo é bem objetiva.

Quando as pessoas são apaixonadas por um domínio específico, tentando constantemente aperfeiçoar sua própria perícia no assunto, elas são muito mais propensas a **persistirem** com as suas ideias, levando-as a superar os contratempos inevitáveis. Quando as pessoas conhecem o domínio intimamente, suas ideias também são muito mais propensas a serem valiosas e viáveis.

Naturalmente, solicita-se para que as pessoas vinculem as suas ideias, de alguma forma, com os objetivos da empresa, justamente para diminuir o risco de elas escolherem um projeto do qual gostam, de sua preferência, porém que não esteja alinhado de forma alguma com a estratégia da organização.

Um *S8* deve sempre estar apto a dar uma resposta convincente para a pergunta clássica que a maioria dos funcionários de uma empresa lhe farão: "**Por que precisamos inovar como rotina**?" E aí vão as quatro fortes razões:

1ª) **A inovação pode ajudar as pessoas a alcançarem e superarem suas metas** – O tipo de inovação ao qual se está referindo não é do tipo digno de ganhar o prêmio Nobel, mas, sim, aquela que possibilita que cada funcionário gere melhores resultados para a empresa.

2ª) **A inovação torna o trabalho das pessoas mais gratificante** – A inovação é realmente uma fonte intensa, tanto de energia quanto de satisfação, podendo fazer uma grande diferença para a qualidade de vida das pessoas no trabalho.

3ª) **A capacidade de liderar a inovação é cada vez mais considerada nas decisões pertinentes à promoção** – Apesar do que possam afirmar alguns sábios da inovação, sempre haverá oportunidades para as pessoas que **não inovam**, contanto que sejam excelentes em fazer as coisas como sempre foram feitas. Porém, as empresas estão cada vez mais levando a inovação a sério.

Esse maior foco corporativo na inovação indica claramente que os gestores talentosos, porém não inovadores, podem ter uma significativa diminuição nas suas oportunidades de carreira pela ascensão de líderes que **dominam** tanto a **realização do trabalho sem inovação quanto a inovação como rotina!**

4ª) **A inovação pode transformar o mundo em um lugar melhor** – Apesar de algumas desvantagens pontuais do nosso estilo de vida moderno, **o passado não era particularmente um bom lugar para se viver**. Por exemplo, os dentistas não tinham anestesia, as pessoas não tinham direitos e até mesmo os reis e rainhas não tinham acesso aos confortos básicos que temos hoje (geladeira, ar-condicionado, televisão com alta definição, mobilidade em carros luxuosos etc.).

A inovação vale a pena porque, por meio dela, as pessoas podem transformar o mundo e o ambiente de trabalho em um lugar melhor!

Então, aliste-se no rol daqueles que têm **a inovação como uma rotina!**

4.11 - A NOTÁVEL EVOLUÇÃO DO GOOGLE.

Um exemplo de empresa dedicada à inovação e a atitudes ousadas é o Google.

Em Mountain View, uma cidade norte-americana no Estado da Califórnia, com certa de 78 mil habitantes, existem perto de 60 empresas de alta tecnologia, entre as quais se destaca o Google.

O *campus* da empresa, chamado de Googleplex, tem mais de 20 prédios e aí é comum cruzar com carros, nos quais os motoristas não estão com as mãos no volante ou então outros falando com o *Glass*, os óculos conectados com o Google.

Por 16 anos, a empresa fundada por Sergey Brin e Larry Page se firmou como a referência em buscas na Internet e explorou os mais diversos serviços *on-line*, de YouTube, *site* de vídeos, às redes sociais.

Foi com essa ênfase no mundo virtual que o Google chegou em 2013 a um faturamento de US$ 55,5 bilhões. Mas, ao longo desse período deixou de ser uma das *start-ups* (empresas iniciantes) mais charmosas do Vale do Silício, com o lema **"Não seja do mal"**, para se tornar uma megacorporação – e, como muitas delas, envolta em processos judiciais em diversas partes do mundo.

Fazendo um resumo cronológico-da evolução do Google, deve-se recordar:

- **1998** - Surge o *Google Search*, ou seja, a ferramenta de busca que é o grande pilar da empresa e que continua a evoluir, sendo aí que aparece a maior parcela de lucros da organização.
- **2003** - Aparece o *Google Books*, isto é, a tentativa de criar o maior catálogo do mundo. Porém, está atualmente envolto em muitas batalhas legais devido ao pagamento de direitos autorais.
- **2004** - Lançou-se o *Gmail*, o correio eletrônico do Google, que esmagou os concorrentes ao oferecer maior capacidade de armazenamento, sem custos. Sem dúvida, em 2014 era o serviço de *e-mail* gratuito mais usado no mundo.
- **2005** - Apareceu o *Google Maps*, oferecendo no início apenas mapas desenhados, mas desenvolveu-se com o *Street View* (imagens reais). Agora foram adicionados até mapas em recinto fechado.

  Em alguns países o Google tem problemas sérios, como é o caso da Coréia do Sul, apesar dessa nação contar com gigantes da tecnologia, como a Samsung e a LG.

  As restrições de segurança que a Coréia do Sul tem em vigor desde o final da guerra da Coréia, em 1954, limitam as operações do *Google Maps*. A justificativa do governo sul-coreano é que a exportação de dados cartográficos é **proibida** para impedir que eles caiam em poder do país vizinho, a fortemente armada Coréia do Norte.

Essa é uma das novas invenções da Google - o carro totalmente autônomo.

  Em 2014, o Google estava adaptando seus mapas em

inglês para os mapas que a Coréia do Sul fornece, usando apenas dados de transporte, pois são informações públicas. Porém, para fornecer outros serviços, como instruções para motoristas, informações de tráfego e plantas de aeroportos, essas informações precisariam ser processadas em servidores fora da Coréia do Sul, algo que é proibido...

- **2006** - Surgiu o *Google Docs*, um *software* que inclui um processador de texto armazenável numa *cloud* (nuvem). Porém, o *Office*, da Microsoft, ainda é o líder mundial para se executar essas tarefas.

  Nesse ano, o *YouTube* foi comprado por US$ 1,65 bilhões , tornando-se logo o maior *site* de vídeos do planeta. O Google tenta atrair, cada vez mais, os conteúdos originais.

- **2008** - Foi lançado o *Google Chrome*, um *browser* (navegador) desenhado para ser mais rápido e bloquear menos vezes. Tudo indica que deverá ser o *browser* mais usado do mundo...

  Nesse ano foi também lançado o *Android*, com o qual o Google teve possibilidades de oferecer o seu sistema operacional móvel a empresas como Samsung e HTC. Em 2014 já está dominando cerca de 80% do mercado.

  Na feira de eletrônicos de Las Vegas de 2014 (início de janeiro), cuja sigla em inglês é CES (*Consumer Eletronics Show*), o Google e a empresa alemã Audi AG anunciaram uma parceria para o desenvolvimento de sistemas de entretenimento e informação para pessoas que usam o *software* do Google, o *Android*.

  O objetivo é permitir que os motoristas e os passageiros tenham acesso a música, navegação, aplicativos e serviços semelhantes aos que atualmente são disponíveis nos *smartphones* que usam o sistema operacional *Android*.

  Aliás, essa é uma resposta, um tanto quanto tardia, do Google a Apple que está integrando *iPhones* e outros aparelhos que usam o seu sistema operacional *iOS* aos painéis de controles dos carros, já contando com a adesão da BMW, da Mercedes-Benz, da General Motors (GM) e da Honda.

  Com cerca de 80 milhões de carros e caminhonetes novos sendo vendidos por ano no mundo, o setor representa uma oportunidade de negócios significativa. Dessa maneira, a intenção é transformar e tornar o carro literalmente **o maior de todos os dispositivos móveis!!!**

O Google e seus parceiros esperam que o *Android* e os aplicativos relacionados rodem nos equipamentos já instalados nos carros, visto que a empresa fornece sua tecnologia de mapas, desde 2006, a Audi, a Toyota e a Tesla.

- **2009** - Lançamento do *Google Wave*, que foi uma tentativa de juntar *e-mail* e mensagens instantâneas num único serviço interno para as empresas. O Google não teve sucesso e desistiu desse projeto em 2012.
- **2010** - Carro sem motorista, que com apoio de sensores conduzem-se sozinhos. Provavelmente serão comercializáveis até o final de 2020.
- **2011** - O lançamento do *Google+* foi a resposta da empresa ao Facebook, incorporando mensagens de grupo, compartilhamento de fotos e *chats* (bate-papo) de texto e vídeo. Porém, não alcançou até agora uma popularidade que possa incomodar o grande rival (Facebook), o qual já passou a barreira de 1,3 bilhão de usuários.
- **2012** - O *Google Glass*, um dispositivo que, em 2014, custava cerca de US$ 1,5 mil, permitia tirar fotos, gravar vídeo e possibilita comunicação com a Internet através de comandos de voz.

Em 2014, o *Google Glass* estava disponível em caráter experimental e sofreu forte crítica por violar a privacidade. Mas, muitas empresas que testaram os óculos estão chegando a conclusão que esse tipo de aparelho pode melhorar os negócios.

Dessa maneira, estão distribuindo esse dispositivo entre seus funcionários e clientes para coletar, sutilmente, dados sobre a maneira que se movimentam e atuam.

As empresas podem depois usar essas informações para ajudar seus funcionários e executarem melhor seu trabalho ou melhorar a experiência de compra do cliente. As grandes organizações nos EUA estão, de fato, colocando em ação dispositivos eletrônicos de "vestir". Aliás, nos EUA, os times de futebol norte-americanos estão colocando dispositivos de monitoramento nas camisetas dos jogadores para mostrar aos treinadores qual a velocidade de movimento deles ou o nível de esforço.

Nos escritórios, funcionários estão recebendo crachás "inteligentes" que mostram até que ponto eles estão envolvidos ou tensos numa reunião.

Já nos grandes armazéns, os trabalhadores estão recebendo **"óculos que falam"** (!?!?), que os alertam se estão prestes a preencher um pedido incorretamente ou bater a sua empilhadeira em algum obstáculo...

Para as empresas, esses aparelhos apresentam uma grande oportunidade, mas há um grande risco envolvido. As pessoas, naturalmente, **resistirão** a uma **invasão de privacidade**.

As empresas precisam avaliar e ser cuidadosas na hora de pedir aos funcionários e clientes que usem esses aparelhos. De qualquer forma, está se constituindo o ambiente e, dessa forma, o mercado para o uso do *Google Glass*, não é?

Adquiriu a Motorola Mobility, pela qual o Google pagou US$ 12,5 bilhões para a Motorola pelas patentes, com o intuito de começar a fazer seus próprios telefones celulares. O *Moto X*, com cores personalizáveis, começou a ser vendido a partir de 2013 e chegou ao mercado brasileiro em setembro de 2014, mas está longe de ser um sucesso de vendas...

- **2013** - Calico, uma aquisição de uma empresa 100% independente da linha de negócios do Google, pois é da área de saúde, um laboratório de biotecnologia onde se investiga como interromper o envelhecimento e, assim, prolongar a longevidade. Por enquanto, estão apostando em pesquisas simples.

  Também nesse ano, o Google adquiriu o Waze por US$ 1 bilhão, apostando no sucesso desse aplicativo com informações úteis para o trânsito, já que a mobilidade está se tornando um problema cada vez maior para todos que vivem nas cidades grandes e médias. .

  Ainda em 2013 lançou-se o projeto *Loon*, com o Google está buscando conectar regiões remotas do planeta, para que passam a ter acesso a Internet graças a balões-emissores lançados a 20.000m de altitude. Ele está em desenvolvimento, mas poderá ter sucesso, não é?

- **2014** – Nest, quando o Google adquiriu essa empresa por US$ 3,2 bilhões. Essa companhia desenvolve produtos domésticos inteligentes.

Portanto, o Google que se tornou poderoso e famoso pelo seu sistema buscador na Internet, em 2014 tinha muitos negócios que vão além da busca, como um carro sem motorista, fornecimento de Internet ultrarrápida, robôs militares, telefones, nanotecnologia, óculos inteligentes etc.

Em 1999, o professor de Computação do MIT, Neil Gershenfeld, um dos mais renomados visionários da indústria de tecnologia, previa qual seria o próximo grande passo da Internet, a segunda revolução: "*A World Wide Web*" (ou *WWW*) foi o gatilho para a verdadeira explosão (*boom*) que acontecerá quando as **coisas** começarem a usar a Internet." E ele estava se referindo a que coisas? As geladeiras, as máquinas de lavar, as filmadoras, os sapatos, os óculos, os livros e até os animais domésticos.

Não por acaso, essa nova era está começando a ser claramente percebida quando o Google, na metade de janeiro de 2014, comprou uma empresa novata (*start-up*) de tecnologia, a Nest (com apenas três anos de existência) por US$ 3,2 bilhões, cujo principal produto é um **termostato doméstico**!?!? Mas tem um pulo do gato nesse negócio. O termostato da Nest pode ser ligado, desligado e programado por meio de comandos enviados por *smartphones*. Desse modo, é possível ativá-lo antes de chegar a casa, vindo do trabalho.

O termostato doméstico também possui sensores que detectam se há pessoas por perto, permitindo ajustes automáticos. O resultado é a economia de energia em aproximadamente 20% do consumo elétrico de uma residência. Portanto, esse aparelhinho vai permitir identificar o vaivém de um lar – se há muitas ou poucas pessoas, como elas se movimentam e em quais horários, que aparelhos ligam quando estão lá etc.

Ao comprar a Nest, o Google levou também o passe de Tony Fadell, ex-Apple, aclamado como um dos "pais" do *iPod* e um dos poucos homens da Apple que tinha coragem de rejeitar as decisões de Steve Jobs, quando este comandou a empresa...

Profissionais de empresas especializadas na prospecção de *softwares* capazes de interligar objetos destacaram: "Naturalmente, o Google não está comprando só um termostato, pois ninguém gasta para isso US$ 3,2 bilhões. Larry Page e Sergey Brin, certamente estão enxergando muito mais e esse algo mais são os dados colhidos dentro da sala de estar, lugar aonde o Google não tinha chegado ainda." Mas, a empresa entende que estamos entrando na Internet "das coisas", que foi também apelidada pela vanguarda da tecnologia de a **Internet "de tudo"**.

Na Internet das coisas, entretanto, o que **menos importa são as coisas**!?!?

O que vale ouro, como já foi o caso do petróleo no início do século XX, são **as informações colhidas**. Aliás, David Rose, pesquisador do MIT e autor do livro *Enchanted Objects: Design, Human Desire and the Internet of Things (Objetos Encantados: Design, Desejo Humano e a Internet das Coisas)* salientou: "A Internet das coisas e as tecnologias associadas ao *big data* são dependentes uma das outras. A habilidade de conseguir dados em todos os lugares, e em tudo, é o que fornece a base para a maciça garimpagem de informações. O fascinante é que um movimento de tamanha amplitude tecnológica, com ares de complexidade, tem como objetivo final simplificar nossa vida."

Vejamos um exemplo do que se poderá ter no dia a dia, quando vários aparelhos se tornarem "**inteligentes**". Inicialmente, deve-se ressaltar que a conexão dos eletrodomésticos entre si e com as fontes de informações pessoais e profissionais de um indivíduo permitirá um extraordinário uso racional do tempo. Assim, um **carro** saberá que você precisará pôr gasolina no tanque, e que leva em média 5min. Você poderia ter recebido uma comunicação de que a importante **reunião**, na qual deve estar presente, foi retardada em 45min. Além disso, houve um acidente no caminho que percorre com o seu carro, o que produzirá um atraso de 15min na viagem de sua casa até o trabalho.

Nas condições acima citadas, o seu **despertador**, informado de todas essas ocorrências, toca 25min mais tarde do que você o tinha programado inicialmente!!! Em vista disso, a cafeteira começa a ferver a água 20min depois do que você havia marcado na véspera, de modo a oferecer-lhe um café fresquinho. Bem, essa história poderia ser até mais envolvente, mas já dá para entender o impacto individual que a conexão entre diversos utensílios, como o despertador, o carro e a cafeteira, combinada aos dados que chegam via *Wi-Fi* garante para a pessoa uma administração mais inteligente do seu tempo.

No que se refere ao impacto coletivo, essa Internet das coisas promoverá enormes ganhos de produtividade, com a minimização da perda de tempo e energia inutilmente no trabalho, além de alocação de minutos suplementares de sono, entre outras muitas vantagens que gerariam benefícios econômicos globais estimados em algo como US$ 1 trilhão por ano.

A primeira revolução da Internet se baseou na transcrição do mundo material, o dos átomos, para o domínio digital, o dos *bits*.

Agora, com a possibilidade de designar um número imenso de endereços IP, a etiqueta numérica que identifica cada objeto plugado na Internet, está **ocorrendo o movimento inverso.** Em outras palavras, cada elemento do mundo material: livros, aviões, sapatos, controles remotos, remédios, alimentos, máquinas de lavar, óculos, calças, camisas, vestidos etc., vai ter sua etiqueta digital exclusiva e única na *Web*.

Assim como ocorre hoje com os com os computadores, os *tablets* e os *smartphones*, qualquer objeto terá presença ativa na Internet, podendo ser identificado, localizado, acionado ou desligado pelo usuário onde ele estiver, bastando para isso uma conexão de Internet.

É tão descomunal o número de endereços únicos de IP a ser atribuído que, no futuro, cada uma das 100 trilhões de células do corpo humano de cada um dos mais de 7,15 bilhões de habitantes do planeta poderá ter sua própria etiqueta digital – e ainda sobrará um número difícil de imaginar de endereços vagos. David Rose enfatizou: "Um dos maiores benefícios da Internet das coisas é o acúmulo de informações a partir de objetos que já fazem parte de seu dia a dia, de modo que não há a sensação de *overdose* de conhecimento. Soa paradoxal, mas quanto maior for o volume de informações a passar pelas coisas, menos sobrecarregados nos sentiremos. As coisas, enfim, trabalharão silenciosamente para nós!!!"

Para conectar tantos dispositivos, foi necessário solucionar um antigo desafio tecnológico que está no cerne da Internet. Para entrar no mundo virtual, um aparelho (ou um objeto) precisa ser dotado de um IP (protocolo da Internet, na sigla em inglês). É uma sequência de números que compõe o endereço virtual de uma máquina, como se fosse uma etiqueta única, intransferível e indelével.

Pelo IP acaba se sabendo toda vez que um computador acessa a rede, entra em um *site*, envia um *e-mail* etc. Pela versão mais popular do IP, a IPv4, criada nos anos 1980, cada uma dessas sequências de números é composta de 32 dígitos , o que possibilita combinar **4,3 bilhões de sequências.**

Na prática, não daria para colocar um computador com Internet na mão de cada um dos 7,15 bilhões de habitantes da Terra. Já está se usando 93% dessa capacidade de IPs, como consequência, o mundo ficaria saturado em 2015. A solução, então, foi criar uma nova versão do IP, capaz de agregar uma quantidade assustadora de aparelhos e, assim, servir de base para a Internet das coisas, na qual o Google está visualmente interessada.

Lançado em 2012, o IPv6 usa 128 dígitos para construir as combinações de números de IPs. O suficiente para colocar 340 trilhões de trilhões de trilhões de aparelhos *on-line*. Isso permite colocar um *microchip* com acesso à Internet em cada um dos 100 trilhões de células de cada ser humano do planeta – e ainda sobrariam 48 octilhões (49 seguido de 27 zeros) de endereços de IP.

Há, evidentemente, muitos desafios tecnológicos a serem vencidos conforme os novos produtos conectados forem lançados. Um dos principais obstáculos (que certamente será superado em breve...) é desenvolver *softwares*, principalmente aplicativos (como os que rodam em *smartphones* e *tablets*), que aprimorem a inteligência artificial dos objetos.

Dessa forma, com a consolidação da Internet das coisas, um ar-condicionado se regularia, automaticamente, de acordo com o número de pessoas numa sala e ajustaria a temperatura segundo o gosto desses indivíduos. Aliás, os aparelhos ao nosso redor irão aprendendo a nos ajudar com a nossa rotina, o que representará uma enorme economia de nosso tempo e, como consequência, tudo isso aumentará a produtividade da civilização.

Portanto, produtividade é o que se busca e o que mais atraiu o Google, pois todas as pessoas querem ter mais tempo para coisas que não sejam os seus desperdiçadores desse precioso recurso...

Só houve racionalidade na indústria, depois de décadas de muito desperdício, quando os computadores começaram a ser **interligados** uns aos outros e surgiram fantásticos robôs programados de maneira eficiente.

O guru austríaco Peter Drucker (1909-2005), certamente um dos mais argutos e influentes especialistas em administração de empresas, tinha uma obsessão: aumentar a produtividade do chamado **"trabalhador do conhecimento"**, debruçado sobre a sua mesa, com acesso constante a "ondas" enormes de informações que são provenientes do mundo digital.

Peter Drucker incutiu em muitos aprendizes que só temos condições de controlar aquilo que podemos medir, e só poderemos medir com acuidade quando os computadores começarem a conversar entre si.

A época em que estamos vivendo, em que está ocorrendo esta extraordinária ampliação da Internet, onipresente e onisciente, sem dúvida é o melhor dos mundos para **um salto de produtividade**.

Com a Internet das coisas, estaremos aptos a levantar informações detalhadíssimas, o que nos ajudará a administrar melhor qualquer negócio e o tempo para realizá-lo.

Para entender como esse novíssimo movimento tecnológico transformará a sociedade, em todos os aspectos, basta olhar ao redor, observar nossa casa e o escritório de trabalho.

- Quanto tempo se demora ajustando a temperatura do chuveiro antes de tomar banho?
- O que se desperdiça de tempo procurando espaço na agenda para marcar compromissos de trabalho?
- Quanto tempo se perde para pagar as contas bancárias?

É possível que no futuro, com a Internet das coisas implementada, não precisemos mais nos preocupar com nada disso.

Dessa forma, os aparelhos que estiverem ao nosso redor estarão conectados entre si e programados para compreender os hábitos dos seus proprietários, e então eles próprios resolverão a maior parte dos afazeres e "vontades" dos seus donos, no dia a dia. **Isso soa muito futurístico ou longínquo?** Mas não é, todos podem ficar convencidos disso. E a resposta se apoia no fato que na 2ª década do século XX já existem experiências interessantíssimas do bom uso da Internet plugada em objetos.

Como se pode notar, o Google deve ter feito uma excelente aposta ao investir US$ 3,2 bilhões na compra da Nest e, com isso trazendo para a sua organização o criativo empreendedor e *designer* notável e um dos mais brilhantes inventores de sua geração, o seu dono Tony Fadell, que enquanto estava na Apple chegou a antecipar o seguinte futuro para a empresa: "Daqui a alguns anos, talvez uns dez, a Apple será uma **empresa de música** e não de computadores!?!?" Bem, até o início de 2014, a Apple já tinha vendido pelo iTunes cerca de 26 bilhões de músicas.

O assunto principal aqui é o Google, mostrar como esta empresa está antenada com a abertura de novos negócios, em especial do melhor uso da Internet das coisas. E aí vão quatro exemplos de que muitas empresas – gigantes ou pequenas (ainda) – estão também entrando nesse segmento:

1º) Em sua sede, na cidade de Redmond (EUA), a Microsoft montou um modelo de Internet plugada em objetos em uma residência futurística. Nela, sensores detectam quando o pai da família entra pela porta e ativam, pela rede *Wi-Fi*, um sistema de avisos sonoros, que informam, por exemplo, que a mulher ainda não retornou do trabalho e está, naquele momento, numa farmácia a 3km de distância. Algo possível de se deduzir através da conexão com o GPS do *smartphone* dela.

Na cozinha, a geladeira avisa se há algo faltando como, por exemplo, sucos, cerveja ou alguma comida para o jantar. Se, por acaso, não se tem manteiga ou queijo, ela (a geladeira) pergunta ao dono da casa se quer que ela faça compras no *site* de um supermercado e peça que sejam entregues no dia seguinte, bem cedo, antes do horário no qual a família costuma tomar o café da manhã.

Na casa do futuro da Microsoft, tudo é conectado!!!

2º) Em 2012, o empreendedor norte-americano Alex Hawkinson criou a *start-up* Smart-Things, localizada na cidade de Washington, cuja finalidade é inserir todos os objetos das casas e dos escritórios no mundo da Internet das coisas. Essa empresa desenvolveu sensores que, teoricamente, conseguem conectar qualquer coisa à *Web*, das chaves do carro à maçaneta da porta de entrada de um apartamento. Assim, permitem, por exemplo, que os pais usem um aplicativo de *smartphone* para monitorar onde estão seus filhos, por meio de rastreamento de objetos carregados por eles.

Alex Hawkinson utilizou inclusive a própria residência para comprovar as tecnologias que vai adaptando, se de fato funcionam. Em sua casa, ele conectou mais de 200 aparelhos, da porta da garagem ao trampolim que sua filha usa para brincar. Quando ele sai do trabalho, por exemplo, sensores localizados no escritório podem avisar sua mulher de que está indo para casa – ou ainda acionar, à distância, o ar-condicionado de sua residência.

3º) A Qualcomm criou um curioso sensor chamado *Tagg*, com o qual é possível monitorar animais de estimação, como gatos e cães, o que é muito útil quando se está fora de casa.

Com o *Tagg* é possível acompanhar os movimento do animal por meio de um aplicativo de celular. E, caso o sensor detecte que o bicho está muito longe de casa, avisa, instantaneamente, o dono.

4º) Em Ann Arbor, uma cidade a 70km de Detroit, estava em evolução um experimento sobre comunicação de veículos chamado V2V. Foram conectadas entre si 3.000 automóveis que, também conversam com os sensores instalados em 29 cruzamentos inteligentes. Eles medem a velocidade, as paradas bruscas, a angulação nas curvas e o ritmo de entrada nas rotatórias.

A hipótese que brevemente poderá ser confirmada por Michael Shulman, líder da Ford nessa pesquisa em Ann Arbor, é que: "Ao

> trocar informações básicas, como velocidade e trajetória, é possível evitar muitos acidentes de trânsito ou, ao menos, minimizá-los. Esses testes podem levar as autoridades a concluir que uma excelente solução para praticamente não ter acidentes de trânsito é que as pessoas usem os **carros autônomos**, ou seja, que não precisem ser guiados pelo seres humanos".

Não se pode esquecer que o Google está também, há algum tempo, desenvolvendo o seu projeto com o carro autônomo, não é?

Como se pode perceber, não estão longe os dias, no quais exemplos como há pouco citados dessas aplicações da Internet das coisas serão tão banais que nem mais as notaremos – como se fossem o oxigênio que respiramos sem nos dar conta, a não ser quando ele falta. Teríamos dessa forma chegado, enfim, à máxima racionalização da vida – o melhor caminho para termos mais tempo para **rir**, **chorar**, **amar**, isto é, tempo de nos emocionar com tudo aquilo que não seja coisa. Teríamos mais tempo de dedicação a tarefas que somente os seres humanos podem executar, como **criar**, **inovar** e **curtir a vida**!!!

Harry McCracken e Lev Grossman, da revista *Time*, conseguiram entrevistar Larry Page, um dos cofundadores do Google. Eles descreveram que Larry Page tem lesões nervosas nas suas cordas vocais: uma delas paralisou há cerca de 14 anos e a outra ficou com movimentos limitados depois de uma constipação, no verão de 2012. Essa situação, bem rara, não lhe tirou o vigor; entretanto, a sua voz ficou mais débil. Por esse motivo, Larry Page não gosta de dar entrevistas, mas concedeu essa para a revista *Time*.

Na entrevista, Larry Page salientou: "*Não estou propondo que gastemos todo o nosso dinheiro em coisas especulativas, mas já há algum tempo estamos aplicando quantias significativas, como fazem todas as empresas normais e saudáveis, em P&D, ou seja, gastar recursos em coisas um pouco mais ambiciosas, pensando em obter lucros no longo prazo.*

É, por exemplo, o caso de um projeto especialmente longo e incerto: *a Calico, que está se concentrando na saúde, em* ***geral****, e no envelhecimento, em* ***particular****. Temos assim, uma companhia independente para esse projeto, gerida por Arthur Lenvison, ex-diretor executivo da pioneira empresa de biotecnologia, Genentech, da qual ele é um dos investidores.*

Queremos, de fato, aumentar a expectativa de vida das pessoas. Não tivemos sucesso com o nosso serviço Gooogle Health (um serviço de registro médico pessoal), mas com a Calico deverá ser diferente. Levamos de 10 a 20 anos para que, a partir de uma ideia, seja possível alcançar algum resultado concreto.

É hora de apostar em coisas que são realmente importantes – e a ***longevidade*** *é uma delas -, de modo que possamos chegar a soluções e respostas de forma mais rápida. Para mim, é sempre insatisfatório quando as empresas se tornam muito grandes e continuam a fazer a mesma coisa!!! Acredito que, quando se tem mais gente e mais recursos, é possível atuar em outros setores e resolver muitas outras coisas."*

Bem, o Google nunca tentou resolver nada tão inatingível como: a **imortalidade**. A ideia de tratar o envelhecimento mais como uma doença do que como um mero fato da vida é bem antiga – pelo menos no mundo da fantasia!!!

➝ **E como ciência?**

A Academia Norte-Americana de Medicina Antienvelhecimento foi fundada em 1992, mas a disciplina que representa ainda **não conquistou** um lugar na medicina convencional.

A pesquisa tem sido muito lenta no tocante a geração de resultados palpáveis. Um exemplo não bem-sucedido é o da Sirtris Pharmaceuticals, uma empresa instalada em Cambridge, no Estado de Massachusetts (EUA), criada em torno de uma droga promissora chamada *SRT501*, uma forma patenteada de **resveratrol**, a substância que existe no vinho tinto e que se considerava ter propriedades antienvelhecimento.

Em 2008, a GlaxoSmithKline adquiriu a Sirtris por US$ 720 milhões.

Em 2010, sem um medicamento comercializável à vista e com a pesquisa sobre o resveratrol colocada em dúvida, a GlaxoSmithKline interrompeu os seus testes e ensaios.

Existem outras iniciativas antienvelhecimento, mas puramente sem fins lucrativos e sem planos imediatos para produtos comerciais.

➝ **Por que haveria o Google de conseguir travar o envelhecimento, quando as grandes companhias farmacêuticas falharam nesse objetivo?**

A resposta excêntrica seria talvez outra pergunta: **e quem mais poderia pensar em ingressar numa seara tão complexa?**

O próprio Larry Page sabe que o seu conhecimento nesse segmento é razoavelmente pequeno. Entretanto, o Google investiu na empresa de sequenciamento genético 23andMe, criada por Anne Wojcicki, casada com Sergey Brin, outro cofundador do Google.

Em fevereiro de 2013, Arthur Levinson e Sergey Brin juntaram-se ao fundador do Facebook, Mark Zuckerberg, ao empresário Yuri Milner, na organização do *Breakthrough Prize in Life Sciences (BPLS)*, ou seja, o prêmio Rompendo Fronteiras em Ciências da Vida (também conhecido como prêmio para Avanços na Ciências da Vida), no valor de US$ 33 milhões, para "reconhecer a excelência em pesquisas voltadas à cura de doenças incuráveis e ao prolongamento da vida dos seres humanos".

É muito mais fácil levar a sério o empreendimento do Google quando se vive debaixo da cúpula invisível do Vale do Silício, local em que existe uma visão do mundo em que, geralmente, **não há problema que não possa ser enfrentando** com a aplicação de quantidades generosas de tecnologia e **tudo pode ser solucionado** se reduzido a dados e se aplicar neles um suficiente poder de processamento.

A verdade é que os tecnófilos estão certos, pelo menos num ponto: a medicina está, em vias de se tornar uma **ciência da informação** pois os médicos e os pesquisadores podem agora recolher imensas quantidades de dados dos seus doentes.

E o Google é muito bom para analisar grandes conjuntos de dados. Embora, até o momento a empresa não tenha revelado claramente todas as aptidões e competências em relação ao projeto Calico, obviamente é de se esperar que utilize as suas capacidades de tratamento das informações para lançar nova luz sobre as doenças relacionadas com a idade.

O certo é que olhar para os problemas médicos pelas lentes dos dados e da estatística, mais do que tentar simplesmente colocar drogas no mercado, pode revelar-nos fatos surpreendentes.

Larry Page também salientou: "As pessoas que querem resolver os problemas de saúde estarão mesmo focadas nas coisas certas? Uma das coisas que achei espantosa foi que se controlarmos o câncer (tornando-o uma doença crônica), acrescentaremos apenas três anos à expectativa (ou esperança) de vida média das pessoas!?!?

Acreditava-se que ao descobrir a cura para o câncer isso iria mudar significativamente a longevidade das pessoas!!! Porém, se dermos um passo atrás e analisarmos bem todas as outras doenças e infortúnios que matam as pessoas, não teríamos com essa descoberta um avanço tão grande como estávamos imaginando antes."

Entretanto, nesse período em que Larry Page tornou-se CEO do Google, e a sua liderança não tem permanecido sem traumas ou controvérsias.

Como alguns dos seus concorrentes estabelecidos no Vale do Silicio, o Google foi apanhado, no início de 2013, no escândalo de espionagem desenvolvido pelo governo norte-americano contra muitos países, as suas principais empresas e os seus líderes governamentais.

Os documentos captados e divulgados pelo especialista em informática, Edward Snowden (que acabou se refugiando na Rússia) revelaram a existência de um programa de coleta de dados pela Agência Nacional de Segurança (sigla em inglês é NSA) denominado PRISM, cujos documentos internos indicaram acesso direto aos servidores de diversas empresas de TIC, incluindo o Google.

Larry Page desmentiu: "Há alguma incompreensão, provavelmente por parte das pessoas que acreditam ou acham que temos cúmplices. A verdade é que nos esforçamos muito para proteger todos os dados que estão em nossos servidores."

Naturalmente, o Google não tem se descuidado de melhorar os seus serviços para que as pessoas tenham o acesso mais fácil às informações, façam interações com outras pessoas, disponham de mais facilidades no seu trabalho etc. Por exemplo, em 2012, o Google introduziu na sua ferramenta de busca o *Knowledge Graph*, que permite que o usuário tenha respostas para perguntas como: "Qual é a altura ou peso da Gisele Bündchen?" Isso, tecnicamente, representa um avanço tão significativo como o algoritmo original do Google que Page e Brin "bolaram".

O fato é que Larry Page quer coisas novas para o Google e, sendo assim, algumas das ideias mais mirabolantes da empresa foram sonhadas por ele e o grupo de elite da empresa para o **Google X**, que funciona como uma espécie de subconsciente fantástico do Google. É um setor de pesquisa secreto da organização que fica a uns 3min da instalação principal, Googleplex, caso alguém for até lá com uma bicicleta colorida da empresa (existem mais de mil delas espalhadas pelo *campus*...).

Portanto, enquanto Larry Page gerencia o conjunto do negócio como CEO, Sergey Brin dedica a maior parte do seu tempo dando atenção ao Google X, que dirige em parceria com o cientista e empresário Astro Teller.

Não fosse o cabelo comprido, barba e bigode, Astro Teller seria um sósia do seu avô paterno, o físico Edward Teller, o pai da bomba de hidrogênio.

Diz Astro Teller: “As apostas ‘lunáticas’ do Google X têm três coisas em comum: um problema significativo para o mundo que precisa ser resolvido, uma solução potencial e a possibilidade de avanços na tecnologia, que fazem toda a diferença. Ganhar dinheiro virá depois. Aliás, mesmo um projeto que atenda a esses três critérios pode não ir para frente...

Ficamos excitados com a ideia, naturalmente é uma condição necessária, mas não é suficiente. Consoante o tema, ele pode exigir a consulta de especialistas, requerer a construção de protótipos, por vezes até a formação de uma equipe temporária, para se perceber ao que isso leva e talvez até ter que dizer depois para ela: ‘É nossa intenção acabar com isto o mais rápido possível.’

Três grandes tentativas do Google X são do conhecimento público: o *Google Glass*, ou seja, os nossos óculos de realidade aumentada com uma câmara incorporada e uma pequena tela ligada a *Web*, que se pode ver pelo canto do olho direito e controlar a mesma com a voz e por gestos. A Makani Power, uma nova empresa em que o Google investiu e depois a adquiriu em maio de 2013, que coloca turbinas eólicas ligadas por um cabo à terra, mas que andam em círculo no ar, a 300m de altura.

Na realidade, desenvolveu-se um **veículo aéreo não tripulado** que usa as hélices para captar a energia eólica. O cabo (fio) usado para ‘empinar’ (conectar) o pequeno avião transmite a energia para o local desejado. O protótipo existente desenvolveu 30 kW, o necessário para atender a demanda diária de uma casa simples, com poucos eletrodomésticos.

O objetivo seguinte do Google é lançar comercialmente, até o final de 2015, um veículo aéreo capaz de produzir 600 kW de energia. A ideia é levar energia elétrica para área remotas e ter uma alternativa para o uso de combustíveis fósseis.

Já com o projeto *Loon*, pretende-se facilitar o acesso à Internet em zonas remotas do planeta, permitindo uma transmissão sem utilização de fios (*Wi-Fi*) a partir de balões de hélio que ficariam pairando a uma altura de 18.000m do solo.

O Google pretende soltar milhares de balões na estratosfera, equipados com roteadores capazes de criar uma rede *Wi-Fi* global. A meta do Google, na realidade, é que o mundo inteiro esteja conectado até o ano de 2020. Em junho de 2013, o Google deu início ao primeiro teste com 30 balões na Nova Zelândia. Na etapa seguinte, soltou 300 balões que permitiram conexões na Austrália, na Argentina e no Chile.

Deve-se explicar que embora a Calico seja uma aposta no estilo Google X, ele está sendo desenvolvido para uma entidade separada e independente."

Se você tivesse de escolher entre todos esses "delírios" do Google, como tendo as maiores possibilidades de reformular, permanentemente, o modo como vivemos, qual escolheria? Essa pergunta feita para os alunos de pós-graduação em Gestão de Inovação na FAAP, mostrou que a escolha com o maior número de adesões foi o automóvel que se desloca sem a necessidade de motorista.

Na realidade, esse carro autônomo é um modelo adaptado do Lexus RX 450h, no qual se colocaram dezenas de sensores capazes de conduzir o carro sem a necessidade de alguém para guiá-lo. Esses veículos já rodaram mais de 70.000 km e sem nenhum acidente. A previsão é que em uns 5 anos ele possa estar rodando em muitas estradas do mundo...

4.12 - AS LIÇÕES DE CARLOS GHOSN.

Carlos Ghosn, que nasceu em Guajará-Mirim, na fronteira do Estado de Rondônia com a Bolívia, filho de brasileiro de origem libanesa, e mãe libanesa, é atualmente o presidente da empresa Renault-Nissan (presidente da Nissan desde 2000 e assumiu também a direção do grupo Renault em 2005). Ele está nessa carreira ligada à indústria automotiva há 36 anos, durante os quais obteve muito sucesso e também a alcunha de "*the cost killer*" ("**o matador de custos**").

Carlos Ghosn, o notável presidente da Renault Nissan.

Sem dúvida, Carlos Ghosn é um mestre da gestão, famoso por saber chacoalhar como ninguém as empresas em tempos de muita crise e enorme necessidade de terem **inovações bem-sucedidas**.

Eis a sua cartilha:

A, de **ação** – Frequentemente, as pessoas fazem grandes discursos e nada acontece depois. Palavras não ajudam a transformar a realidade. O que muda as coisas são ações que podem ser **medidas** e **quantificadas**. Faça, pois, apenas o que puder medir.

B, de **bons produtos** - Para uma empresa não existem problemas que bons produtos não resolvam. No caso dos automóveis, os que combinam paixão, estilo e desempenho, sempre terão clientes. E eles pagarão pelo que querem.

C, de **cliente** e **comunicação** - Uma empresa só se dará bem se estiver conectada com o que motiva o consumidor. Não adianta repetir a concorrência. Um dos maiores erros de um gestor é não saber se comunicar com clientes e funcionários. Se um colaborador não consegue entender o que se espera dele, não fará o que você espera dele.

D, de **decisão** - Uma vez que uma decisão foi tomada e fundamentada, ela deve ser implementada (Capítulo 7). Debates sobre alternativas de como se deve agir para atingir as metas devem ser abertos, porém realizados com objetividade e seguindo um cronograma.

E, de **exatidão** - Faça certo uma vez. Você pode não ter uma segunda chance para mostrar o seu valor. Uma vez alcançada uma etapa rumo às metas, ela deve ser comunicada para manter a motivação da equipe.

F, de **flexibilidade** e **futuro** – Planos podem e devem ser revistos se o cenário mudar. Empresas com estrutura muito rígida e acomodada têm menos possibilidades de obter êxito nesse sentido. Nunca se deve deixar de pensar no futuro. Lembre-se que as coisas **sempre terminam**.

G, de **gestão e globalização** - É preciso prestar muita atenção à imagem da marca, ao *design*, à publicidade, à qualidade do que se produz; enfim, aos diversos detalhes.

H, de **humildade** - A melhor maneira de consertar um problema é ter a **franqueza** de reconhecer que ele existe e procurar resolvê-lo o quanto antes.

I, de **imersão** - Para fazer um planejamento radical numa empresa, nada melhor do que ouvir o que os funcionários de diferentes níveis têm a dizer.

J, de **jogo de cena** - Um dos maiores problemas corporativos acontece quando as pessoas almejam funções de liderança, mas não querem ter **problemas difíceis** para resolver. Funções de comando exigem obstinação, responsabilidade e assumir posturas difíceis.

L, de **líder** e **lucro** - Um bom líder pode trazer resultados. Mas um grande líder pode escrever uma nova história. Mesmo em meio à adversidade, as empresas existem para ganharem dinheiro. Dessa forma, ao menor sinal de perda de eficiência na obtenção de lucros, o líder deve mexer nos processos que estão inadequados.

M, de **motivação** - Uma das principais responsabilidades de um CEO é preparar futuros líderes para ter sucesso em cargos de alto nível. Promover as pessoas da própria empresa para níveis mais elevados na administração da mesma é sinal de confiança e os enche de motivação.

N, de **n**úmeros - Sempre quantifique suas metas. Planos qualitativos, baseados apenas em conceitos, raramente dão certo. É preciso estabelecer prioridades que as pessoas possam medir.

O, de **ouvir** – É vital saber escutar, com toda a atenção, as pessoas que trabalham com você. Isso é um subsídio fundamental para o diagnóstico de uma situação, para o planejamento, para a tomada de decisões.

P, de **parcerias** - Num acordo entre duas empresas, nunca uma delas deve impor sua cultura. Isso destrói valores. Cuidado, pois, com a integração (Capítulo 6).

Q, de **qualidade** - É fundamental que um dirigente seja hábil não somente em finanças. Deve também manter-se atualizado sobre novas tecnologias, competente para analisar o mercado e compreender bem como se pode ter qualidade total na organização.

R, de **reconstrução** - Todo processo de reorganização deve ter prioridades e metas. O alicerce é formado por orçamento e calendário, com objetivos bem determinados.

S, de **simples** - Um gestor deve estabelecer um plano descomplicado, que diagnostique claramente qual a situação da empresa e para onde ela está indo. O plano deve ser implementado em todos os níveis da empresa, e as pessoas têm de sentir comprometimento com o comando e orgulho da equipe da qual fizer parte.

T, de **times multifuncionais** - Colocar para trabalhar juntas pessoas com diferentes formações serve para mobilizar profissionais com diferentes visões do negócio. Deixar que se formem feudos é a rota certeira para o fracasso.

U, de **urgência** - Rapidez e eficiência são fundamentais para tomar decisões importantes; principalmente em períodos de crise ou quando um negócio está perdendo dinheiro.

V, de **visão** e **vida pessoal** - Uma vez desenvolvida a visão, ela deve ser conhecida, compreendida e compartilhada por todos. Dessa maneira, mesmo durante os períodos mais turbulentos na economia, e no trabalho com longas jornadas, **encontre um tempo para a família**.

4.13 - BUSCANDO UMA FORMA PODEROSA DE PENSAR!

Todas as estratégias voltadas para se conseguir resultados espetaculares falharão, caso você tenha uma mentalidade fortemente limitada. Tal mentalidade pode se cristalizar e impedir outras ações que permitam estimular um comportamento que poderia conduzir a resultados inovadores.

→ **Mas o que é mentalidade?**

Mentalidade é uma forma fixa de ver e entender as coisas.

Todos nós temos a própria maneira de pensar, às vezes bem útil e eficiente, contudo que frequentemente nos limita.

Portanto, uma mentalidade é simplesmente a forma como cada um nós vê as coisas.

Seu sucesso no século XXI depende muito de conseguir inovar muitas coisas no seu trabalho e na sua própria vida. Mas, isto está relacionado muito mais com a maneira como estruturamos nossas mentes do que como nossas mentes realmente são. E isso não acontece com os indivíduos apenas, mas também com grupos de pessoas e com as empresas.

Comumente formamos nossas mentes de uma maneira extremamente fechada. Digamos que, ao sair de casa, você parta do princípio de que: "**Hoje será um dia ruim**", aí sua mente encontrará diversos tipos de exemplos e motivos para apoiar esse ponto de vista, inclusive consolidar esse clima!!!

Em oposição, procure estabelecer o seguinte cenário positivo: "**Como posso fazer de hoje um grande dia**?", e a sua mente criará ideias formidáveis para alcançar isso.

Adote uma mentalidade de que: "**Eu sou mal valorizado na empresa**", e sua mente elaborará críticas e características desabonadoras da sua personalidade que nunca lhe foram dirigidas nem apontadas.

Existem duas características-chave das mentalidades limitadoras:

- É muito fácil adotar uma mentalidade limitadora sem perceber.
- Depois que você formar uma mentalidade limitadora, sua mente saberá identificar muito bem os dados para reforçá-la.

É por isso que pessoas (e empresas), supostamente muito inteligentes, podem, no entanto, ser extremamente limitadas e descritas por frases como:

- Eles têm uma opinião fechada sobre isso.
- O viés deles é insuperável.
- Eles se recusam a dar ouvidos a isso.
- Eles simplesmente não conseguem ver.
- As cabeças deles estão enterradas na areia.
- Eles têm uma mentalidade estreita sobre isso.
- Eles não conseguem ver a luz do dia.

John O'Keefe, no seu livro *Superando os Limites*, pergunta: "**Por que os donos de animais de estimação são muito parecidos com eles**?"

E aí ele responde: "*Efetivamente, os donos, consciente ou inconscientemente, acabam adotando os maneirismos dos seus animais, se bem que em alguns casos são os animais que adotam os modos de se comportar dos donos. Toda pessoa que analisar (durante pelo menos um mês) o dono de um animal doméstico, perceberá que efetivamente ele se parece muito com seu 'bichinho' de estimação.*"

Naturalmente segue-se a nova questão: "**O que acontece e por quê**?"

O que ocorre é que você está adotando uma opinião particular e sua mente focalizará (ou procurará) os dados que a apoiem. Você pode ainda não ter olhado atentamente para as características de qualquer animal de estimação, ou mesmo de qualquer dono de animal. Porém, após um mês de observação, seu cérebro focalizará não apenas as características que não notava antes, mas também tentará achar características comuns.

De fato, muitas vezes é necessário não mais de três pontos de sustentação para justificar qualquer proposição, e com tranquilidade você será capaz de encontrar pelo menos três características comuns.

Outro exercício interessante para abrir a mente do leitor é aquele de dizer as horas.

Você é capaz de dizer as horas?

Sem olhar no seu relógio, "adivinhe" que horas são agora (tente fazer isto principalmente na hora de acordar...): diga em voz alta e em seguida confira.

Você pode até ser bem preciso. Agora, sem olhar no relógio novamente, responda à pergunta: "**Como é marcado o número seis do seu relógio**?"

"É um número comum, um algarismo romano, um traço, um ponto, são dois traços, não tem nada no lugar do "seis" – é o quê?"

Não olhe para o seu relógio, mas decida-se e diga em voz alta. Esta tarefa não deveria ser difícil. Afinal, você acabou de olhar para o seu relógio.

Agora, verifique. É surpreendente o número de pessoas que dão a resposta errada.

Pois é, as pessoas podem já ter olhado para o relógio mais de dez mil vezes – e não sabem como é marcado o número seis!!!

"Ah", dizem as pessoas, "quando olho para o meu relógio, não olho para ver como é marcado o número seis, olho para saber as horas"!

E é exatamente isto que acontece. Depende da sua mentalidade.

Se você olha para o relógio com a mentalidade normal, não verá o número seis. Se tivesse que olhar para ele para admirar o padrão dos números, evidentemente teria notado isto.

O exercício de dizer as horas é importante para desbloquear a mente. Há tantas informações, dados e sinais à nossa volta, que o cérebro precisa ser seletivo quanto ao que será processado, ao que ele decide notar em vez de simplesmente ver.

- Quantas vezes vemos coisas sem notá-las, provavelmente porque elas não são relevantes para o que estamos pensando?
- Quantas vezes ouvimos coisas sem prestar atenção nelas – porque não conseguimos escutar tudo o que ouvimos?

Imagine o número de coisas que seus olhos veem a cada minuto por dia, o número de sons que seus ouvidos escutam a cada momento, o número de sinais corporais, o número de coisas que nos cercam.

Considere todos os sinais emitidos por todas as pessoas que você vê, diariamente, todas as coisas que você vê em casa, no trabalho, no caminho para o trabalho.

Seu cérebro precisa escolher o que notar e considerar, ou ficará sobrecarregado.

Desconsideramos, necessariamente, a maior parte das informações: entram por um olho e saem pelo outro, entram por um ouvido e saem pelo outro. Além dos *inputs* (entradas) que o cérebro precisa selecionar, ele também contém um vasto universo de experiências e dados – um gigantesco banco de memórias.

O que o cérebro seleciona ao focalizar tudo isso é determinado pela **mentalidade que escolhemos** – pela maneira que constituímos nossas visões. Assim, optar por uma mentalidade de que "isso seria possível" dirige o cérebro a selecionar, do *input* e da memória correntes, tudo o que for relevante para alcançar um determinado objetivo.

Se você, meu caro *S8*, quiser atingir resultados extraordinários, a sua mentalidade deve ser "**posso obter o que quero**". Aliás, esta é a base na qual opera o pensamento positivo.

Depois de se comprometer firmemente com uma meta específica, seu cérebro está determinado a buscá-la e a identificar tudo o que ajudar nisso. É por essa razão que, quando as pessoas dizem que estão totalmente comprometidas com uma meta, "**as coisas simplesmente acontecem**" para ajudá-las a atingir esse objetivo.

Não se trata, pois, de um milagre!!!

A mente foi dirigida para selecionar coisas e oportunidades que ajudarão na realização de uma meta desbravadora, como é o caso de se chegar a uma inovação. Então, a mentalidade que você adota influenciará na forma que está pedindo ao seu cérebro para ficar alerta.

O cérebro não pode absorver nem registrar todos os sinais que recebe – **ele precisa ser seletivo**. O que deve ser selecionado, ou não, dependerá da sua escolha.

Na realidade, o dilema está na pergunta: "**Só acreditarei quando puder ver ou só verei quando acreditar**?"

Adotar uma mentalidade limitada é uma péssima escolha, bem como "rodear-se" de pensamentos negativos. Essa mentalidade focaliza o cérebro na identificação de dados e lembranças que reforçam a limitação.

A **mentalidade poderosa** focaliza o cérebro na identificação de dados e lembranças que ajudem o *S8* a alcançar resultados surpreendentes e inovadores.

Um exemplo de mentalidade limitada é: "**Não dá para fazer isso.**" As alternativas são:

- **"Tentamos isso antes, e não vai funcionar."**
- **"Sabemos que nossa resposta está certa."**
- **"Com base nos fatos, isso não funcionará."**
- **"Não há nada novo nessa ideia."**
- **"Em minha opinião, não funcionará."**
- **"Sei que estou certo, isso não funcionará."** etc.

É por essa razão que tantas pessoas acham que podem acreditar em horóscopo. Comumente um horóscopo sugere que algo acontecerá, sendo amplo o suficiente para você ser capaz de identificar uma ou duas situações, exemplos ou eventos que parecerão confirmar as previsões.

É por isso que os **placebos** funcionam: o paciente se convence de que ficará melhor e identifica sintomas de melhora.

Realmente, a mentalidade é tudo para o pensamento.

Dessa maneira, por exemplo, a empresa que usa a mentalidade: "**Burro velho não aprende**", adotará um treinamento diferente para seus funcionários e obterá resultados distintos daquela organização que se estrutura na mentalidade: "**Nunca** é tarde para aprender."

A empresa que escolhe a mentalidade: "**Quem não arrisca, não petisca**" tomará iniciativas diferentes daquela que adota: "**O seguro morreu de velho**".

O fato é que, para alcançar resultados inovadores, é melhor evitar formas de pensar que os limitem – e pôr o cérebro para trabalhar outras maneiras mais estimulantes e poderosas.

É exatamente o tipo de abordagem que traz o pensamento novo, produtivo, que você está procurando para chegar a uma nova inovação.

Para sair de uma mentalidade limitada para uma mentalidade poderosa, deve-se levar em conta ou pensar em lemas que conduzam a resultados surpreendentes, tais como:

- Algumas pessoas andam na chuva, outras só ficam molhadas.
- O homem no alto da montanha não caiu lá.
- Algumas pessoas sonham com grandes realizações, enquanto outras ficam acordadas e as realizam.

- Aceite desafios, e assim você sentirá a euforia da vitória.
- Ninguém pode prever a que altura você é capaz de voar: nem mesmo você antes de abrir as asas.

E você, meu caro *S8*, quais lemas emprega para manter uma mentalidade poderosa? No mínimo, aquele de Helen Keller:

"Quem nasceu para vencer, jamais se conformará em rastejar!".

4.14 - VOCÊ JÁ DESCOBRIU OS SEUS TALENTOS?

Para conseguir inovar ou ao menos aperfeiçoar, cada pessoa deve procurar utilizar o seu potencial, evidenciar o seu talento.

Um enorme potencial humano é comumente ignorado, simplesmente porque as **pessoas não buscam descobrir os seus talentos**.

Um fato é indiscutível: cada um de nós possui talentos inatos e interessantes, juntamente com a força interior capaz de transformá-los em **pontos fortes** e aplicá-los na consecução de algo que seja bom para nós.

O importante é saber que, na maioria dos casos, já bem cedo na nossa vida podemos perceber esses talentos.

Nestas últimas cinco décadas, as pesquisas feitas nos diversos países com alguns milhões de indivíduos comprovaram que **não somos capazes de executar tudo perfeitamente** apenas porque assim resolvemos fazer, mas cada um de nós consegue fazer uma, duas ou três coisas **melhor do que quaisquer outras 100.000 pessoas**!!!

De fato, essas coisas que podemos fazer melhor **são os nossos talentos individuais**.

Em algumas ocasiões, talentos e paixões se fundem, porém na maioria das vezes, não...

Toda pessoa que quiser descobrir os seus talentos precisa pensar nas atividades que exerce e nos seus objetivos de vida, não se esquecendo de **registrar ou lembrar em que situações já brilhou com intensidade**.

Talentos são padrões instintivos, mas passíveis de serem aprimorados por novos conhecimentos, novas habilidades e experiências.

As habilidades, por exemplo, evidenciam se você é **capaz de fazer algo**, enquanto o talento indica a **frequência** e a **competência com o que faz**.

Com o tempo, determinado talento acaba se convertendo em qualidade, ou seja, o desempenho consistente, quase perfeito de determinada atividade, como se percebe amiúde em vários atletas campeões. Eles mostram continuamente a aptidão de brilhar repetidas vezes.

Toda pessoa que descobrir os seus talentos, melhor dizendo, as suas qualidades inatas, pode gozar dos benefícios que acompanham um campeão na vida, isto é, **ser um vencedor**.

Apesar disso, um vencedor não é quem vence sempre, porém aquele que fica completamente sintonizado com os pensamentos e procedimentos que ampliam as suas possibilidades de estar no grupo dos mais competentes!?!?

Muitas pessoas acabam por não obter os resultados esperados ao longo da vida porque têm medo de se comprometer. Pensam que, por não conseguirem atingir suas metas, poderão machucar-se com a frustração do fracasso.

Não se mobilizando, não se preparam adequadamente e nem buscam de forma sistemática descobrir os seus talentos. Sem perceber os seus pontos fortes e não se habilitando, claro que as suas ações não serão como poderiam ser e, como consequência, o resultado final alcançado ficará sempre aquém do esperado.

Efetivamente, quem não se entregar com paixão à atividade para a qual tem talento, vai viver sempre se queixando da falta de oportunidades ou das oportunidades perdidas.

Robert K. Cooper, reconhecido por ser pioneiro da neurociência da **confiança**, da **iniciativa** e do **compromisso**, bem como pelo seu trabalho para conseguir a excelência de desempenho sob pressão, no seu livro, *Os Outros 90%,* relata o seguinte fato:

"Charles Schultz, a poucos anos de sua morte em fevereiro de 2000, desenhou os mesmos quadrinhos, ***Peanuts***, *o que fizera durante mais de 41 anos.*

Como conseguiu isto*?*

Não só com força de vontade ou por pura sorte, mas devido à sua qualidade marcante. Ele foi capaz de alcançar a excelência sob limitações intensas, representadas pela forma (basicamente quatro quadrinhos, exceto aos domingos), pelo tema (somente crianças, nenhum adulto), pela geografia (as crianças permaneciam no bairro) e pelo visual (cabeças arredondadas, com riscos vigorosos sobre a face indicavam humilhação; três anéis em torno da cabeça com algumas estrelas acima indicavam que o garoto caíra ou fora derrubado).

Charles Schultz conseguiu cobrir um vasto território emocional usando limitações alegres.

Na forma de livro, todos os 18.150 quadrinhos dos **Peanuts** *compreenderiam 5.000 páginas.*

E mesmo assim, dentro dessa simplicidade ou singularidade, ele foi de fato um artista muito talentoso."

A única maneira de revelar ou descobrir o maior potencial de pontos fortes de uma pessoa é através da observação minuciosa de si mesmo. Por isso, cada um de nós deve tentar executar uma certa atividade nova e observar a prontidão e a eficiência com que consegue executá-la.

É preciso também analisar a satisfação resultante ao terminar a atividade, e registrar a rapidez com que se consegue saltar algumas etapas, executando, porém, a tarefa toda com a mesma eficiência.

Sempre que alguém chega a **se observar** minuciosamente, os talentos dominantes se revelarão com o tempo e esta pessoa será capaz de cultivá-los, transformando-os em seus pontos fortes.

Toda vez que aplicamos talentos e qualidades, existe uma sensação de compromisso em usá-los bem, e de satisfação com o nível de contribuição.

Existe também outra distinção: ao contrário das paixões, talvez um ponto forte ou talento **não** seja algo que **adoramos fazer**, embora nosso desempenho seja bom ou até excelente.

Pesquisas revelam ainda que os indivíduos conseguem **dobrar**, e **mesmo triplicar** a **sua eficiência** e a **sua produtividade**, ao se concentrarem em identificar talentos, transformá-los em novos pontos fortes e fazer o possível para aplicá-los completamente. Por outro lado, despendem relativamente pouco tempo no controle de pontos fracos.

Entre os talentos mais importantes para o século XXI estão os de saber liderar e de se comunicar.

Saber participar de um debate e vencê-lo, sem sombra de dúvida, é um excelente treinamento para se tornar um bom líder comunicador.

Claro que quando se busca evidenciar os nossos talentos, não se pode esquecer nunca daqueles que nos são inerentes e que às vezes só percebemos por acaso.

Assim, por exemplo, o entendimento excepcional – e natural – de soluções analíticas e matemáticas é mais que uma habilidade. Estamos na era do *big data*, na qual será muito valorizado todo aquele que for especialista em *marketing* e tiver bons conhecimentos de matemática e estatística.

Naturalmente, tudo isso requer bem mais do que possuir os conhecimentos dos fatos memorizados.

E requer mais do que paixão.

É um talento que, com conhecimentos e desenvolvimentos de habilidades, transforma-se em qualidade pessoal marcante. Sem esse talento ninguém será excepcional, digamos no trabalho de contabilidade ou de cálculo estrutural, por mais que tente!!!

Infelizmente, a maioria das pessoas despende pouquíssimo tempo na identificação de seus talentos natos ou no seu aprimoramento para que se transformem em qualidades singulares.

Talvez, tudo isto tenha a ver com o fato de que vivemos em um mundo que enfatiza as fraquezas.

Segundo a crença errônea de que o **bom** é o oposto do **mau**, há milhares de anos a humanidade está fixada em falhas e fracassos.

Sim, todos nós somos imperfeitos, mas nossas fraquezas revelam pouco sobre nossas qualidades – que precisamos cultivar a partir de talentos instintivos e defender em nosso cotidiano, e não negligenciar essas dádivas -, enquanto gastamos a maior parte do tempo tentando "consertar" os pontos fracos.

Devemos seguir o conselho do escritor alemão W. Goethe, que dizia: "O que nos é mais caro e importante nunca deve ficar à mercê do que nos é irrelevante."

É importante explorar, da melhor maneira possível, o nosso talento natural.

Seguramente, nós não podemos ter tudo o que queremos, mas podemos aprimorar os nossos talentos naturais.

Uma das ferramentas práticas para isso é reservar alguns minutos, toda semana, para refletir sobre as formas pelas quais fazemos coisas novas ou tentamos enfrentar antigos desafios de maneira diferente. Isto, aliás, será enfatizado no oitavo I, ou seja, fazendo a **introspecção**.

Procedendo dessa maneira, assim que identificarmos um trabalho no qual somos bons, não devemos hesitar em tentar fazê-lo com mais frequência. Até porque, no caso de você não tentar repeti-lo, nunca saberá que poderá ser extraordinariamente bom em algo.

O *S8* é aquele que sabe que o melhor da vida depende da disposição e da vontade de cada um de nós querer ir muito além das suas competências existentes, explorando, testando, refletindo e tentando fazer coisas diferentes nas quais pode ser muito talentoso, isto é, **inovando sempre**.

Ninguém pode esquecer que é aí também que está uma **grande parcela** da **alegria de viver!!!**

4.15 - FILOSOFANDO SOBRE A CRIATIVIDADE E A AUTORREALIZAÇÃO DOS SERES HUMANOS

O ser humano estabelece, infelizmente, uma clara e definitiva linha de separação entre o que se pode chamar de trabalho, de um lado, e o que chamamos de lazer ou diversão, de outro.

De um lado relacionamos as atividades que realizamos para "**ganhar a vida**", quer dizer, para obter o dinheiro de que necessitamos a fim de sobreviver.

É o trabalho!!!

De maneira geral, são atividades que classificamos como cansativas, obrigatórias, limitadas, monótonas, rotineiras, controladas, desagradáveis, estressantes etc.

Enfim, algo de que gostaríamos de nos livrar.

E essa é também a sensação que temos dos locais e ambientes onde se desenvolvem essas atividades.

Em contrapartida, do outro lado da linha relacionamos as atividades que efetuamos por **puro prazer**, ou melhor, nas quais inclusive gostaríamos de gastar boa parte do dinheiro que conseguimos com tanta luta e sacrifício, como viajar, visitar museus, ir a teatros, assistir a competições esportivas, passar um tempo na praia etc.

Assim, o trabalho passa a significar obrigação, preocupação, aborrecimento, restrição, austeridade e cansaço.

De outro modo, lazer significa livre arbítrio, independência, despreocupação, alegria, liberdade, relaxamento, descanso e diversão. Porém, não precisaríamos meditar muito para concluir que tais características não são intrínsecas a qualquer uma dessas atividades.

Nas atividades de lazer também se manifestam características como cansaço, obrigação, preocupação etc., identificáveis no ser humano normal, digamos, nos períodos de diversão nos seus fins de semana, nas férias ou nas noites de descanso.

O que existe de diferente nas atividades é a maneira de planejá-las e realiza-las, envolvendo a limitação, a austeridade, a obrigação etc. Por exemplo: "**Agora estou saindo para as férias**" é um pensamento muito diferente de "**Agora estou indo para o trabalho**." E esse simples pensamento modifica tudo. Muda a percepção do que se vai fazer, do que se está fazendo e do que se faz.

Tudo faz crer que a maioria das atividades humanas, independentemente do lado em que se está (trabalho ou lazer), podem ser agradáveis ou desagradáveis, tristes ou alegres, monótonas ou dinâmicas, restritivas ou livres, custosas ou relaxantes, pesadas ou livres.

Tudo depende, essencialmente, de como estamos condicionados a percebê-las.

Um jogo de futebol pode ser lazer para quem joga por diversão, e trabalho para quem está envolvido com ele por obrigação (juiz, bandeirinhas, médico, técnico, gandulas, jornalistas, fotógrafos, comentaristas esportivos, operadores de TV etc.).

Que acha desse estilo inovador para criar melhores relacionamentos entre os funcionários que são introvertidos. Isso torna o trabalho menos rotineiro?

Como pode ser exatamente o contrário: trabalho para quem joga por obrigação (o profissional, e mesmo o amador que tornou o jogo uma competição), e lazer para quem o assiste por diversão (o torcedor ou o espectador, mesmo que não torça para ninguém).

Sem dúvida, é a **obrigação** de fazer a **repetitividade** que gera as conotações diferentes.

Talvez!?!?

No Brasil, o torcedor fanático de futebol (agora, nem tanto, pois na Copa do Mundo de Futebol, realizada no Brasil em 2014, a nossa seleção, que no seu currículo tem um pentacampeonato, não foi nada bem, tendo sido derrotada nas duas últimas partidas pela Alemanha – que se tornou campeã – pelo humilhante resultado de 7 x 1; e depois derrotada pela Holanda por 3 x 0) realmente gosta do esporte, vai ao campo (ou pelo menos assiste ao jogo pela TV) quase com tanta constância com que o jogador joga.

Quando, por algum motivo, o torcedor não pode ir (ou assistir pela TV), ressente-se muito e descarrega a ira nos amigos e familiares. Nesse caso, sua atividade é então obrigatória e repetitiva, mas continua sendo encarada como lazer!?!?

Claro que existe certa diferença entre atividades de **trabalho** e de **lazer**, mas seguramente não são tão evidentes e definitivas a ponto de serem colocadas em lados opostos e percebidas de maneiras antagônicas.

Boa parte das atividades consideradas trabalho pode representar lazer para alguns. E várias atividades consideradas como lazer acabam se tornando um peso, até mesmo para aqueles que as consideram assim.

➛ **O que é que faz realmente uma atividade qualquer despertar nas pessoas sensações de prazer, alegria e felicidade?**

Um dos fatores, certamente, é ser uma atividade **espontânea** ou **voluntária**.

A sensibilidade humana tende a rejeitar tudo aquilo que percebe como imposição. Contudo, a recíproca não é verdadeira, pois tudo aquilo que devemos realizar não é necessariamente uma imposição. Não, se pudermos recusá-lo, mesmo que as consequências da recusa sejam inconvenientes. Mas se pudermos recusar, existem opções, e se existem opções, não há uma imposição absoluta.

Coação, sim, pode haver, como também pode existir qualquer outra forma de exercício de poder sobre nós, desde as mais radicais às mais amenas.

De qualquer maneira, sempre que existirem alternativas de opção, entender nossa decisão como imposição, ou não, é problema de cada pessoa.

Se decidimos por certa alternativa, é porque as demais nos eram mais prejudiciais.

Consequentemente, passa a ser problema de nossa mente – com toda a liberdade que ela possui – encarar tal **atividade** como a mais positiva para nossos propósitos, buscando nela, com afinco, aspectos favoráveis – abandonando a aversão natural e gratuita pelo fato de a "sentirmos" como imposta. Passaremos então a realizá-la espontaneamente, com interesse, ainda que a conotação de obrigatoriedade, por força de nossas funções, continue a existir.

Realizamos com certa espontaneidade aquelas atividades cujas razões compreendemos e cujos resultados, de alguma maneira, nos favorecem.

Outro fator fundamental para que sintamos prazer em realizar uma tarefa é o desafio que ela representa aos nossos potenciais, conhecimentos e habilidades e, consequentemente, a grande autorrealização que ela nos proporciona.

Uma tarefa que nos **realiza**, mobiliza todo o nosso empenho, nos motiva e nos torna **felizes** enquanto a **executamos** e usufruímos seus resultados. Decididamente, não importa de que lado se está – tanto faz se foi lecionar numa escola, sofrer uma operação cirúrgica, cantar num *show*, fazer uma cesta de três pontos, preparar uma feijoada etc.

Uma tarefa executada de maneira que nos orgulhe, que nos encha de autoestima e que mostre que podemos deixar uma marca, passa a ser um evento muito importante em nossa vida. É nessa nossa marca, no toque pessoal, na pitada de originalidade que evidenciamos o nosso talento e a nossa criatividade.

Ser criativo normalmente representa a realização de um ser humano. É a necessidade de autorrealização que leva uma pessoa a buscar, criar ações novas ou tentar, se possível, soluções originais.

O desafio nas realizações, a originalidade nas soluções e a adequação dos resultados alcançados a objetivos estabelecidos previamente e a situações específicas é que tornam o ser humano intimamente realizado.

Não é por acaso que Carl R. Rogers, psicólogo pioneiro, defendia que: **"Criatividade é a autorrealização motivada pela premência do indivíduo de se realizar."**

Portanto, um ato (ou uma ideia) é criativo(a) não apenas pelo fato de ser novo(a), mas porque, além disso, consegue resultados adequados para uma dada situação (ou problema).

Não importa, por conseguinte, o fato de uma ideia ou um trabalho implementado ser absolutamente novo ou original, se não nos traz qualquer benefício.

Associemos, desse modo, o seguinte conceito: para o nosso próprio bem-estar, é vital buscar em cada atividade que desempenhamos, em cada obra que construímos, em cada pensamento que estruturamos, a satisfação mais completa possível da nossa **necessidade de autorrealização**.

A autorrealização parte do desafio e do esforço em nos superarmos. O esforço em nos superarmos exige de nós uma ação criadora – isto é, uma solução nova, um passo além do convencional, uma ideia empreendedora.

A autorrealização exige criatividade!

A criatividade realmente envolve a ideia de algo **novo** ou **original**, se bem que são conceitos bem distintos.

Em princípio, poderíamos considerar original aquilo que nunca existiu – que surge pela primeira vez (isso seria uma **invenção**...). Mas aí precisaria se explicar: no todo ou em partes. Sim, porque se só considerarmos original aquilo que é absolutamente novo, em todas as suas partes – ou em todos os seus usos -, **talvez nada mais exista de realmente original**!?!?

Será que permitir festas para os funcionários nos quais se sintam livres como as crianças, aumenta a sua satisfação e os leva a autorrealização?

E isto tanto em termos de partes constituintes de um produto novo, quanto em termos de componentes de uma ideia.

O que hoje constitui realmente a **originalidade**, na maior parte dos casos é a **recombinação** de coisas conhecidas em algo novo na individualidade de seu todo ou no surgimento de novas funções.

Dessa maneira, a ação criadora que produz o **original** emerge do remanejamento consciente ou não de conhecimentos já existentes, imprimindo a marca pessoal do criador, sendo um bom exemplo disso os diversos desfiles de moda com roupas exibidas, assinadas por diferentes estilistas criativos.

Outro aspecto importante a considerar sobre a criatividade, como algo que produz algo novo, é que seu produto final, ainda que novo e original para seu criador, pode não ser para a humanidade ou para um grupo cultural.

Logo, um ato criador pode não ser criativo para uma sociedade (ou parte dela), e ser absolutamente criativo para o indivíduo – se ele desconhecer totalmente a preexistência daquilo que estava criando.

Nesse caso, se para o acervo do conhecimento ou da tecnologia humana não houve um acréscimo, esse, indubitavelmente, ocorreu para o indivíduo criador, pois ele se **superou**.

Sob o aspecto da autorrealização e da felicidade, isto é o suficiente e o que mais interessa à pessoa criativa.

Como meio de alcançar a autorrealização através da criatividade, deve-se entender que isto implica em um autoconhecimento e, basicamente, a autoconfiança na fé em seu potencial, no reconhecimento de suas percepções e na crença no valor de seus pensamentos livres de censuras, simplesmente pela identificação e expressão do que realmente se é.

Para poder ser criativo é necessário abstrair-se do que parece ser real (o fato estabelecido) – **palpável** e **perene** – e tentar ver as coisas e o mundo de forma nova, como se estivesse afastado deles e se colocado como observador.

Embora a ação criadora possa ser original apenas para seu criador, ela depende de conhecimento.

Não basta para a criatividade remanejarmos apenas as nossas ideias; é preciso conhecer e estarmos aptos ao remanejamento de ideias alheias, às quais juntaremos imaginação e julgamento.

Para ser criativo é necessário também saber brincar com as ideias.

Deve-se ter **liberdade** – pelo menos liberdade para raciocinar e refletir **sem censura**, imaginando absurdos, misturando o que não se mistura, gerando fantasias.

É indispensável dar asas à exploração intelectual, pelo mero prazer de explorar suas implicações, liberando em pensamentos conscientes aquilo que está retido pela autocensura.

Um cartaz desse na parede de uma empresa levanta a moral dos funcionários?

Segundo Sigmund Freud, a criatividade é o melhor meio para aliviar a tensão, pois para ele a criatividade e a neurose tem sempre a mesma fonte: **conflito no inconsciente**.

A pessoa que se faz criativa consegue liberar ideias que surgem em seu inconsciente, fazendo-as fluir em fantasias e combinações em seus pensamentos e sonhos.

Um exemplo claro é o do **humor**, que provém da liberação do inconsciente, ato típico de criatividade. Mas, para criar é preciso fazer muitas perguntas. Não apenas **por quê**? Mas principalmente **por que não?** E é preciso responder às perguntas feitas.

Para ser criativo, entre o conjunto mínimo de ingredientes devem estar: **flexibilidade, persistência, observações, humor, autoconfiança, curiosidade, conhecimento, disciplina mental, inconformismo, fantasia** e **objetividade.**

É preciso não aceitar os erros e os fracassos como final de linha, mas como indicação de que se deve trocar de rumo ou recomeçar de outro jeito.

Qualquer que seja a formação de uma pessoa, qualquer que seja sua profissão ou suas aspirações, a ação criadora em tudo o que fizer ou pensar é o seu caminho para a autorrealização.

E o esforço para evoluir na criatividade exige de cada pessoa um empenho para ampliar seu autoconhecimento, sua autoconfiança e o conhecimento da natureza humana, para o que, um banho de história da humanidade, literatura, filosofia, artes e ciências, bem como do mundo atual, é **totalmente indispensável**!!!

4.16 - LEONARDO DA VINCI, O MAIOR GÊNIO DA HUMANIDADE!

Leonardo da Vinci, o "homem mais criativo da humanidade".

Pode-se dizer que Leonardo da Vinci (1452-1519) tenha sido o mais **genial inventor da humanidade**. A sua origem social foi muito humilde, pois foi um filho ilegítimo de Piero da Vinci com uma camponesa, Caterina, entretanto, seus inventos foram grandiosos.

Naturalmente, alguém pode contestar que os seus inventos não tiveram a influência no progresso humano como o surgimento da eletricidade, o aparecimento dos aviões a jato, o uso pacífico da energia nuclear, a invenção do computador, o lançamento de foguetes ao espaço, colocando satélites em órbita e possibilitando o surgimento da Internet e assim por diante, além de tantas inovações na medicina, genética, na produção de alimentos, na construção civil etc.

Mas, seguramente poucas pessoas, talvez nenhuma foi, ao mesmo tempo, pintor, escultor, artesão, botânico, projetista de cidades, hidrólogo, cartógrafo, com habilidades na música, no teatro e na literatura. Fez ainda importantes estudos em engenharia, arquitetura, anatomia, astronomia e matemática.

Muitos ainda acham que Leonardo da Vinci ficou famoso por sua pintura da *Mona Lisa*, mas esse foi apenas um dos seus quadros e dos seus feitos criativos. Esse quadro é certamente o mais vigiado do mundo e não tem preço, pois também é o mais famoso do mundo, ficando numa vitrine do museu de Louvre, em Paris, protegido da ação do meio ambiente (umidade, luminosidade etc.) e de eventuais e possíveis ataques terroristas.

Esse quadro de Da Vinci já sofreu várias análises, inclusive dos materiais usados pelo genial pintor para executá-lo. Mas, os pincéis de Da Vinci guardaram o maior segredo: o sorriso da mulher de Francesco del Giocondo, que passou para a posteridade como Gioconda ou Mona Lisa. Nem a ciência desenvolveu uma teoria convincente para explicar o seu sorriso enigmático.

Leonardo da Vinci tem sido celebrado como cientista e inventor, sendo possível, em certas exposições, admirar os diversos inventos do artista, tanto militares quanto civis e máquinas de ar e água, com destaque para:

carro ceifador, planador, peso com roldanas, autômato ou robô e outros, como a bicicleta que fez inicialmente a alegria de milhões de crianças e no século XXI está se tornando, com toda a tecnologia desenvolvida para a mobilidade das pessoas, o meio de transporte mais visto nas ruas e avenidas de milhares de cidades do mundo.

Existem hoje muitas provocações com a *Mona Lisa*. Essa é bem sutil com um bigodinho e um cavanhaque.

Muitas foram as máquinas e artefatos projetados e construídos por Leonardo da Vinci (ponte arqueada, catapulta, macaco hidráulico, draga etc.) usando materiais relativamente simples como madeira, ferro, juta, algodão, bronze, corda e ferramentas disponíveis no final do século XV e início do século XVI. Por exemplo, Leonardo da Vinci imaginou a sua draga como sendo um equipamento montado sobre dois barcos e pás que removessem a lama e a despejasse em uma balsa que ali estaria. A única diferença das atuais dragas é a substituição da corda que puxava a pá, e era movida manualmente, pela força de um motor acionando cabos de aço.

Num reexame da Renascença, é vital destacar duas figuras – Leonardo da Vinci e Nicolau Maquiavel – que buscaram concretizar um sonho semelhante. Eles envidaram grandes esforços, cada um no seu campo (Da Vinci nas artes e engenharia e Maquiavel na política), para a construção de um homem com menos imperfeições, isto é, se embrenharam rumo ao **homem heroico**.

O humanismo do Renascimento florentino se fez não como oposição, ou exclusão, à presença de Deus como **ser supremo**. Tratava-se, sim, do **homem como expressão máxima de Deus**.

Leonardo da Vinci, dessa maneira, preocupou-se em descrever a natureza do homem, como ela é, e por isso que procurou "dissecar" vários animais, entre eles o ser humano, na busca do conhecimento da compleição de músculos, de feixes de ossos. Foi dele o primeiro desenho feito de um feto humano

Leonardo da Vinci sempre almejou a criação de um homem excepcional. Quando desenhou o *Homem Vitruviano*, procurou localizar a figura humana no centro de múltiplas formas geométricas, pensou num homem harmônico ideal, por ele criado. Aliás, a tentativa de se chegar ao **"ser humano perfeito"** é um tema recorrente, seja na história da política quanto na literatura. O Frankenstein, da escritora Mary Shelley, é um exemplo dessa tentativa de criação, e nos séculos XX e XXI vieram as "mulheres e homens biônicos" e os exoesqueletos que permitem que paraplégicos consigam andar.

Para Da Vinci, imperfeição humana significava incapacidade, impossibilidade.

Um homem nu, com braços e pernas esticados dentro dos limites de um círculo e de um quadrado, tornou-se a representação máxima das dimensões dos mundos terreno e divino.

Esse desenho de Leonard Da Vinci, esboçado em 1490, acabou entrando para a história como um símbolo da **sabedoria humana.**

Em releituras mais populares, está também na moeda italiana de um euro e virou logotipo de um grande número de instituições acadêmicas.

O jornalista norte-americano Toby Lester, no seu livro *O Fantasma de Da Vinci*, procurou explicar as origens de um dos desenhos mais célebres de Da Vinci e também detalhar como ideias medievais e renascentistas moldaram o "homenzinho pelado".

Da Vinci, quando fez esse desenho do *Homem Vitruviano*, era ainda um jovem "forte, ágil e musculoso", longe da cara de profeta barbado com que entrou para a história.

Vitrúvio foi um engenheiro do Império Romano, que viveu no século I a.C. e escreveu um dos primeiros tratados sobre a construção de espaços arquitetônicos. Nesse documento ele ressaltou: "As proporções dos templos sagrados deveriam estar sempre em conformidade com as proporções de o corpo humano."

Essas dimensões, no caso, eram sinalizadas por figuras geométricas – o **círculo** representando o mundo cósmico e o **divino**, e o **quadrado** tudo de secular e **terreno**. Entretanto, Vitrúvio

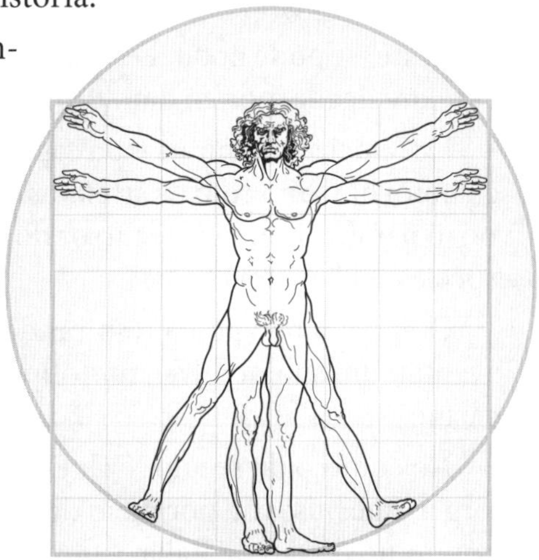

***Homem Vitruviano*, uma obra incrível de Leonardo da Vinci.**

nuca desenhou círculos ou quadrados, muito menos um homem.

Já Da Vinci fez seu desenho cerca de 1.500 anos depois, fundamentando-se nas cópias do tratado de Vitrúvio que foram feitas por monges medievais, mais interessados nas aplicações teológicas dos conceitos de engenharia do que em ideias de arquitetura.

Comentou Toby Lester no seu livro: "Nada restou dos originais de Vitrúvio, mas é claro que Da Vinci pensou numa ilustração para os seus conceitos.

Ele sempre falou e buscou uma arquitetura em alinhamento perfeito com as dimensões do corpo humano e do mundo.

Mais do que isso, um Da Vinci, obcecado em fazer a medição universal do corpo humano e da alma, fez nesse desenho um autorretrato, colocando as próprias feições como chave para o entendimento máximo da natureza.

Ele tentou, dessa maneira, se fundir com as ideias arquitetônicas, médicas e históricas que estavam em voga.

Embora o traço seja inconfundível e o rosto do homem, de fato, se pareça muito com o do Leonardo Da Vinci, o desenho de um homem com braços e pernas esticados não surgiu de um surto imaginativo no seu ateliê. Isso vem de coisas que estavam sendo ditas havia centenas de anos.

Nos mapas medievais, bem antes desse desenho de Da Vinci, foi intensa a presença dessas figuras com braços e pernas esticados dessa maneira. Nesses mapas, aliás, essa espécie de embrião do homem vitruviano, costumava ser representado como **Jesus Cristo!**

Como se pode notar, Leonardo da Vinci se inspirou em muita coisa que já era divulgada, porém dando-lhe um sentido novo e bem mais simbólico.

Da Vinci foi admirador da capacidade de voar; cabia, portanto, equipar seu herói humano com os artefatos que projetara e que permitisse realizar o voo: o parafuso aéreo (precursor do helicóptero) e a máquina de voar (uma espécie de planador).

O homem não podia respirar debaixo da água. Daí, Leonardo da Vinci inventou um submergível, protótipo do que hoje conhecemos como o submarino.

No começo do século XVI, Da Vinci encontrava-se a serviço de Cesare Borgia, que buscava, por meio de pequenas guerras, consolidar um Estado próprio no centro da Itália.

Da Vinci trabalhou muito para dotar Florença daquilo que a República mais carecia: um exército próprio, cuja ausência deixava Florença à mercê dos humores das grandes potências da época, Espanha e França e do quadro intrincado de poder entre os micro Estados italianos no início do século XVI.

Dessa maneira, Da Vinci com os seus inventos que compreendiam tanques de guerra, carros de assalto, carro-ceifador, escavadeira etc. supriu a República de Florença em máquinas necessárias para se proteger e expandir seus domínios.

Leonardo da Vinci trabalhou num projeto de reversão do curso do rio Arno, que banha Florença, contando na empreitada com a ajuda de Nicolau Maquiavel, e se isso tivesse funcionado, dependendo da necessidade geopolítica, se poderia inundar as cidades vizinhas: Pisa ou Lucca. Claro que como objetivo mais interessante desejava-se com essa obra tornar o rio navegável até o mar de Ligúria, para a conquista de mercados externos e a geração de prosperidade, como estava acontecendo com Veneza e Gênova. O projeto fracassou, mas Maquiavel teve uma influência significativa para a escolha de Leonardo Da Vinci como responsável pela encomenda da pintura *A Batalha de Anghiari*, que adornaria o Palazzo della Signoria, em Florença.

Lamentavelmente, a obra acabou erodida com o tempo, dada a inadequação da escolha dos materiais de pintura e da superfície. Pode-se, no entanto, ver a cópia (realizada por Peter Paul Rubens) desta grande obra, numa pintura que hoje se encontra em exposição no museu do Louvre.

Da Vinci, aos 30 anos de idade, tornou-se arquiteto-chefe do duque de Milão. Apesar de ter se transformado em engenheiro militar, ele achava a guerra uma bestialidade.

Sem dúvida, muitas das formulações pensadas por Leonardo da Vinci eram demasiadamente avançadas para seu tempo (submarino, máquina de voar etc.), mas todas essas suas **invenções** foram chegando até nós, progressivamente ao longo dos últimos cinco séculos, transformando-se em grandes **inovações**!!! Inclusive, *Mona Lisa* paira ainda sobre os ares, não vinculada ao plano terrestre por representar uma revolução na maneira de olhar.

Da Vinci, além de moderno, tornou-se um clássico, e tudo que criou, foi sobrevivendo ao tempo e continua até agora a influenciar nossa maneira de pensar, de viver.

A maior lição que Da Vinci deixou para a humanidade é de que jamais devemos **carecer de realismo**. É necessário, pois, "dissecar" as coisas para termos um bom diagnóstico sobre a **realidade**. Esta, por sua vez, deve balizar, mas **não impedir** a **realização de nossos sonhos**!!!

4.17 - MORAL DA HISTÓRIA DO QUARTO I.

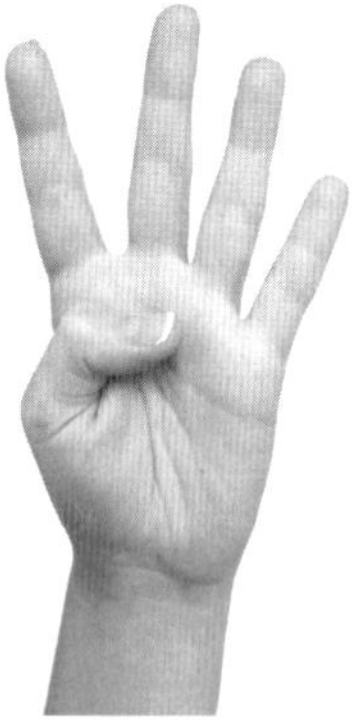

Inovação é o combustível que mantém as empresas vivas, porém, lamentavelmente, não é uma condição suficiente para que uma organização domine o mercado no qual introduziu o seu invento!?!?

Um exemplo que deixa a todos os gestores criativos perplexos é o da Apple e, principalmente, pela sua história dos altos e baixos ao longo das décadas.

Quase todos concordam que os produtos da Apple não são apenas pioneiros, são os mais fáceis de usar, frequentemente os mais poderosos e sempre com *design* mais vistoso que o dos rivais. No entanto, os concorrentes seguiram (ou imitaram) suas ideias criativas e logo conseguiram produção em massa e lucros similares, como, por exemplo, o caso da Samsung.

O professor da Universidade Stanford (EUA), Robert Sutton, autor dos livros *Ampliação da Excelência* (*Scalling Up Excellence*), *Bom Chefe, Mau Chefe (Good Boss, Bad Boss)*; *O Fim dos Dias* (*The End of Days*) diz: "Na maioria das vezes, é outra a pessoa (empresa) que vai ganhar como o que você criou. E, nesse sentido, meus cinco alertas são:

1º Alerta – Nem toda inovação é igual.

Realmente a inovação técnica pode render à sua empresa um grande número de admiradores ou copiadores (como tem sido o caso da Apple).

2º Alerta – Inove por dinheiro, não por prestígio.

Caso o último lançamento da sua empresa não gerar dinheiro o bastante para cobrir custo e dar lucros, não é inovação. É uma inovação artística e sem valor...

3º Alerta – Não se apegue demais às suas ideias.

Entrar no mercado a tempo e com o processo certo é vital. Se isso significar licenciar sua ideia a um fabricante ou distribuidor externo, faça-o!!!

4º Alerta – Inovação não gera crescimento, mas boa gestão dela, sim.

Caso você esteja cobiçando prêmios por criatividade, o melhor conselho é ir a Hollywood... Os gestores eficazes são aqueles recompensados por resultado, que surgem dos clientes que compram. São os verdadeiros *S8s*.

5º Alerta – Cuidado com o déficit de atenção.

Toda inovação que vale a pena merece a dedicação de um *S8*. Caso a sua criação não lhe pareça importante, então dificilmente ela será importante para mais alguém."

A **invenção** é o ato de conceber um novo serviço ou produto. Já **inovação** é a aplicação comercial da invenção, o que implica comumente melhorar a ideia básica, desenvolver, fazer protótipos e chegar à produção-piloto.

Inovação significa introduzir uma nova linha de serviços, criar uma nova forma de ensinar, ou ainda capacitar as pessoas para fazer o seu trabalho de outra forma.

Todas as pessoas deveriam reconhecer e conduzir a inovação como ela é realmente, ou seja, um processo de aprendizado interativo, tumultuado e de certa maneira aleatório, que ao atingir o estágio de bem-sucedido se difunde, mas que no mundo de hoje experimentará um declínio (ou até desaparecimento) em função do aparecimento de outra inovação.

Ninguém pode esquecer no século XXI o forte impacto do **fator renovação**, quer dizer, uma inovação em lugar da antiga (um bom exemplo é a evolução dos telefones celulares).

A inovação exige, em primeiro lugar, que se deve ter os três **Is** (**iniciativa**, **informações** e **ideias**) que deverão, além de dar conhecimento e sabedoria, suprir o inovador – o *S8* – com a vontade de trabalhar de maneira talentosa.

Claro que isto fica mais simples quando o inovador busca estruturar-se nos seus pontos fortes, isto é, nas suas competências essenciais.

O problema para que uma inovação seja bem aceita é que se faz necessário **insistir** muito com as pessoas, **influenciá-las** para que adotem o seu uso.

Essa empresa é bem inovadora, inclusive forçando quem a visita a prestar muita atenção para aonde vai.

Inovar significa correr sérios riscos, que podem inclusive levar ao abismo (falência).

"Zé Mário, porque só você está tomando seu café numa caneca que não é da empresa? Você pretende nos deixar?"

Insistindo em promover uma mudança de sucesso ou ter sucesso na mudança

5.1 - EXEMPLOS DE INSISTÊNCIA BEM-SUCEDIDA.

É preciso **insistir** continuamente com as pessoas que trabalham numa empresa a fim de que elas estejam de prontidão para uma mudança de atitude, o que no fundo quer dizer que elas estejam:

- **abertas e receptivas** às novas ideias;
- **excitadas** em vez de ansiosas em relação à mudança;
- **desafiadas** e não ameaçadas pelas transições;
- **dispostas** a se comprometerem com a mudança como um processo contínuo na evolução da sua vida.

Na realidade, a prontidão para a mudança é um estado de espírito que possibilita empreender ações para:

- **antecipar** as vantagens e iniciar a mudança;
- **desafiar** o *status quo*;
- **criar em lugar** de reagir à mudança;
- **querer liderar** em vez de apenas acompanhar.

A insistência e a persistência são necessárias para que as mudanças acabem sendo implementadas.

As pessoas e as empresas vencedoras são aquelas que sabem reagir à mudança.

Já quando os indivíduos são *S8s*, as organizações nas quais eles trabalham são consideradas ótimas e admiradas por todas as outras, porquanto nelas **eles criam a mudança**.

Eles trabalham rápido, porém sem pressa.

Executam também o seu trabalho de forma extremamente dedicada, aplicando o seguinte lema esportivo: **um apaixonado esforço de 90% é mais eficiente do que um esforço de 110% em** pânico!!!

Se alguém quiser um exemplo de **insistência**, de **perseverança**, de **tenacidade**, de **luta**, deverá espelhar-se no que fez Helen Keller.

Helen Keller nasceu em 27 de junho de 1880, no Estado de Alabama, nos EUA.

Em fevereiro de 1882, com apenas um ano meio e idade, contraiu uma doença totalmente desconhecida que lhe provocou bastante dor e uma febre muito alta.

Quando se recuperou, as sequelas foram: estava **surda** e **cega**!!!

Ao chegar aos sete anos, seu pai encontrou uma tutora, Anne Sullivan, para morar com a família.

Anne Sullivan conseguiu com Helen Keller o que a maior parte das pessoas diria que foi um **milagre**, em outras palavras, ensinou a menina a se comunicar usando os movimentos dos dedos.

Em seguida, ensinou-a a **ler em braile** e até **falar**!!!

Helen Keller foi uma das primeiras pessoas portadoras de deficiências sérias (visual e auditiva) a dominar essas habilidades, fazendo com que valesse para ela o *slogan*: "**Quem nasceu para voar jamais se conformaria em rastejar!!!**"

Anne Sullivan foi sua companhia constante nos 50 anos seguintes, ajudando-a, estimulando-a, influenciando-a, **insistindo** com ela...

Para os que têm algum problema físico menos sério do que os de Helen Keller, e principalmente para os que não têm nenhum problema, e mesmo assim se sentem inertes e incapazes de alçar voos ou vencer barreiras, é que vale a pena contar mais detalhes da vida dessa mulher.

Ela se graduou com destaque no Radcliffe College em 1904, ao lado de algumas das jovens mais brilhantes da sua época.

Tornou-se uma excelente conferencista sobre os problemas sociais, totalmente voltada para a missão de ajudar os desfavorecidos, os deficientes físicos, os pobres e os oprimidos.

Ela escreveu cinco livros, e entre o círculo dos seus amigos estavam as maiores celebridades da época, como: Alexander Graham Bell, Mark Twain, Albert Einstein, Charlie Chaplin etc.

Foi recebida por todos os reis e rainhas da Europa e teve contato com todos os presidentes dos EUA da sua época.

Aos 75 anos foi a primeira mulher a receber o diploma honorário da Universidade Harvard.

Sobre ela foram feitos vários filmes, documentários e peças teatrais, além de tornar-se figura central em muitos livros.

Ela faleceu em 1º de junho de 1968, aos 87 anos, passou a ser um exemplo para milhões de pessoas de que muitas coisas podem ser realizadas na vida, não obstante a gravidade da deficiência física.

É tudo uma questão de **aplicação** e de **dedicação**, de ter um motivo, um ideal, uma vontade, uma causa na qual se acredite, e de uma **insistência** ou **determinação inabalável** para alcançar isto que faz tanta diferença.

Helen Keller com a sua tutora Anne Sullivan, que a transformou em uma pessoa admirada por todos!!!

Helen Keller é reverenciada como um gênio, contudo ela somente conseguiu um pouco mais que a maioria das pessoas pode conquistar, **apesar de ter começado com muito menos**!!!

Fundamentalmente, ela nunca se curvou ou fraquejou diante de suas limitações físicas. Seu **cérebro sempre funcionou bem** e ela chegou a alturas que muitos, sem nenhum defeito físico, não alcançam.

Aliás, hoje em dia, existem muitas Helen Keller, e talvez a figura mais famosa seja a de Stephen Hawking, outro exemplo para quem se sentir inferiorizado para atingir suas metas.

Aí vai outro bom exemplo de insistência.

Conta-se que o gerente de P&D de uma empresa teve uma grande ideia: criar um tipo revolucionário de dispositivo a vapor para ser aplicado em secadores de papel.

Ele estava totalmente convicto de que a sua ideia funcionaria, entretanto, independentemente do que fizesse, não conseguia atrair o interesse do presidente da companhia para que pudesse analisar o seu estudo.

Sabendo que o presidente era um homem muito ocupado, ele procurou **insistir** de uma forma bem criativa para atrair sua atenção.

Decidiu escrever um relatório sobre a sua ideia num rolo de papel higiênico e enviou-o ao seu superior.

Aconteceu algo muito inesperado e interessante.

O presidente leu o relatório e deu sua aprovação assinando no próprio rolo de papel higiênico.

A moral deste relato é muito simples: **frequentemente é bem difícil vender as próprias ideias**.

Assim, sempre que você tiver uma ideia pela qual realmente se sinta entusiasmado, porém não estiver conseguindo a atenção da alta administração, **não desista nunca**!!!

O notável Stephen Hawking, que viu a sua saúde ser terrivelmente abalada por uma doença neurodegenerativa que mata em poucos anos – esclerose lateral amiotrófica – que com muito esforço e insistência conseguiu sobrepujar, tornando-se o mais longevo do mundo, portador da mesma, além de continuar sendo um físico afamado.

Continue insistindo e buscando diversas formas de ser ouvido, até chegar a alguma ideia exótica, como a do gerente de P&D que enviou o seu trabalho num papel higiênico.

Com certeza o **incomum** atrai a atenção das pessoas, porém sempre devemos estar conscientes de que não se pode exagerar demais...

Ao longo da nossa vida profissional como gestores ou como gerenciados, passamos o tempo todo tentando achar a melhor "fórmula de comportamento".

Na química, Lavoisier sentenciou: "**Na natureza nada se cria, tudo se transforma**."

O incrível é que a vida é praticamente a mesma coisa: os talentos não são criados, eles são transformados a partir de uma matéria-prima abundante e frequentemente pouco valorizada: **gente comum**.

Na realidade, muitos dos pseudogênios da nossa história apenas tiveram condições adequadas para o seu desenvolvimento (quaisquer que elas tenham sido).

De fato, normalmente os indivíduos, as pessoas comuns que se transformaram em "gênios", ou na pior das hipóteses em admirados *S8s*, foram os que **insistiram** em não perder as oportunidades que surgiram, e tiveram incentivo por parte de alguém (provavelmente de um outro *S8* mais maduro que sabia que iria obter melhor resultado no trabalho se tivesse colaboradores competentes).

Um excelente exemplo disto é do ex-presidente norte-americano Ronald Reagan.

O também ex-presidente Lyndon Baines Johnson costumava, ferinamente, referir-se a Reagan como "alguém que tinha dificuldade para caminhar e mascar chicletes ao mesmo tempo".

A despeito de todo esse veneno, Ronald Reagan, um homem comum, é reconhecido atualmente como um dos melhores presidentes da história dos EUA.

Acontece que a ele é atribuído o mérito de ter plantado as raízes da cultura liberal econômica, o que propiciou, provavelmente, ao ex-presidente Bill Clinton realizar nos seus oito anos de mandato o milagre de um crescimento e prosperidade nos EUA, nunca vistos antes.

O que diferencia o Reagan presidente do Reagan ator de cinema mediano?

Ronald Reagan, um dos melhores presidentes da história dos EUA.

Pode-se dizer: muito pouco e tudo, ao mesmo tempo!!!

Ele é realmente um **homem comum** que chegou ao patamar do "gênio" administrativo, pois acreditou sempre em si mesmo.

Toda pessoa pode alcançar o resultado que conseguiu Ronald Reagan, principalmente se tiver dois fatores a ajudá-la: **oportunidade** e **incentivo**, claro que com as devidas ressalvas.

Antes de tudo, é necessário identificar os dons e talentos especiais de cada um.

Todos nós temos dons e talentos especiais, somente que às vezes não nos damos conta disto, aí então ninguém se dá a oportunidade necessária para liberar o "gênio criativo" que está preso em nossa cabeça.

Ou, o pior de tudo, há sempre alguém atrapalhando e dizendo que não conseguiremos fazer o que almejamos.

Por mais irônico que possa parecer, o próprio Lyndon Johnson dificilmente, teria sido presidente dos EUA se o assassinato do presidente John Kennedy não lhe tivesse propiciado essa oportunidade.

Para libertar nossos talentos e crescermos como pessoa, e ao mesmo tempo não nos esquecermos de ajudar o semelhante (que tanto pode ser nosso funcionário como nosso chefe), não é necessária muita ciência.

Em primeiro lugar, deve-se ter **fé** (em nós mesmos e nos outros); em segundo lugar, **paciência** para observar (e aprender) e, finalmente, **respeitar** os caminhos que não sejam somente os nossos.

No fundo, isso parece a sequência de etapas que nos trouxe até aqui, porque observar significa também ter informações e conhecimentos; respeitar os caminhos dos outros tem tudo a ver com as ideias e as inovações de sucesso feitas por outras pessoas e, afinal, quem tem fé é aquele que acredita e sabe insistir naquilo que acredita.

Esse é o caminho que segue o *S8*.

Ao contrário do que achava Lyndon Johnson, Ronald Reagan foi também um mestre em *political timing* (oportunidade política).

Ele se formou no Eureca College, no Estado de Illinois, e procurou demonstrar a todos nos EUA que não era apenas um ator, mas que poderia ser um dos mais intuitivos políticos que já ocuparam a Casa Branca, sendo seguramente um dos melhores promotores do **fator heureca** (do verbo grego *heuriskein*, que significa descobrir, achar).

O fator heureca nasceu com Arquimedes, o matemático e "engenheiro" grego da Antiguidade (287-212 a.C.). O rei Hieron tinha suspeitas de que uma grinalda (e não uma coroa, como é muitas vezes mencionado) que fora feita para ele, não tinha sido forjada com ouro puro, mas que também continha prata.

Sem destruir a grinalda (o que teria sido um sacrilégio), Arquimedes, a pedido do rei, tinha de descobrir se a suspeita era verdadeira.

Parece ser estranha tal sensação, mas você já percebeu que enquanto retiramos algo de dentro de um vasilhame cheio de água ou até mesmo quando estamos nos divertindo dentro de uma piscina, temos a incrível sensação de que o que está mergulhado na água está mais leve, não é?

- Por que tal fato ocorre?
- Será uma mágica?

Não, não é mágica.

Tal fato acontece devido à água de uma força vertical dirigida para cima, que se chama **empuxo**.

O **empuxo**, a força vertical, dirigida para cima, que qualquer líquido exerce sobre um corpo nele mergulhado, é igual ao peso do volume do fluído deslocado, resultando daí que os corpos mais densos que a água afundam, enquanto os mais leves flutuam.

O empuxo foi descoberto por Arquimedes.

Sempre preocupado com os problemas que lhe apresentavam, em particular quando lhe pediam para inventar novos engenhos de guerra, Arquimedes observou um dia, quando tomava banho, que à medida que o seu corpo mergulhava na banheira, a água subia até a borda.

Isso lhe deu a ideia de como poderia solucionar a dúvida do rei Hieron sobre o material do qual foi feito a grinalda.

Assim, ele preparou dois blocos, um de ouro e outro de prata, ambos com o mesmo peso da grinalda (coroa).

Mergulhou cada um deles, separadamente, em dois recipientes cheios de água, e mediu a quantidade de água que transbordou de cada recipiente.

Por meio desse processo, ele verificou que os volumes de água deslocados pelos dois blocos eram diferentes, conseguindo, assim, calcular com certa precisão, os pesos específicos do ouro e da prata.

Finalmente, quando Arquimedes mergulhou a coroa e mediu o volume de água deslocada, notou que ele estava entre aqueles que obtiveram com os blocos de ouro e de prata, descobrindo a **fraude**!!!

Aí relatou o historiador Vitrúvio, Arquimedes teria saído pelas ruas completamente nu, gritando: "*Heureka! Heureka!*" ("**Achei! Achei!**").

O próprio Albert Einstein dizia: "*Não existe um caminho lógico que leve às leis da natureza. Só através da intuição, baseada na compreensão da experiência, podemos chegar a elas.*"

A **intuição** (da qual já falamos no Capítulo 3), de forma simples, pode ser definida como a capacidade de saber sem recorrer a inferências ou ao raciocínio, ou seja, é um conhecimento inato ou instintivo, possibilitando um discernimento rápido ou instantâneo.

Pois é, na opinião de muitos pesquisadores e historiadores, Ronald Reagan possuía um **impressionante instinto infalível**.

Ele sempre soube quando se agachar, quando atacar a carótida do oponente, e quando procurar a opinião pública.

Ronald Reagan foi também o responsável pelo renascimento da confiança em todos os norte-americanos, pois durante o seu governo mostrou-se cegamente otimista, veementemente patriótico e leal até o fim.

Ele representou uma virtude peculiarmente norte-americana que diz que tudo é possível se você faz ser possível, que a realidade é uma ilusão que pode ser vencida.

Você, como um *S8*, deve saber insistir utilizando a sua condição de líder, usando sua influência a fim de convencer todos a movimentarem sempre a roda da melhoria dos 8Is a seu favor.

Essa **influência**, por sua vez, pode ser interpretada como uma transação entre pessoas na qual alguém age no sentido de modificar ou provocar o comportamento de outro, de maneira intencional.

Claro que existe uma relação dependente e imediata entre os conceitos de **influência** e **poder**.

O **poder** pode ser conceituado como a capacidade de exercer influência, sendo que esta não precisa ser necessariamente exercida por aquele.

Mas, influenciar sem poder é bastante difícil...

Não seja um *S8* como este que precisa conseguir a mudança na força bruta. Seja um mestre da influência!!!

Existem cinco formas básicas de influenciação, ou melhor, de "**insistência**" por aqueles que têm poder:

- **Coação** – Este é o ato de impor ou constranger pela pressão, compulsão ou coerção.
- **Sugestão** – É o ato de apresentar uma ideia de forma intencional para que uma pessoa ou grupo possa analisar, ponderar e executar algo de acordo com a ideia original.
- **Persuasão** – É a ação de fazer prevalecer uma ideia por meio de argumentos sólidos e incontestáveis.
- **Emulação** – É a manobra de incitar com vigor, para que uma pessoa ou grupo possa igualar ou superar um modelo tomado como referência.
- **Motivação** – É a atitude de se induzir alguém a fazer algo por meio de proposta de um ganho (ou prazer) final que justifique o esforço (ou dedicação) que precisará desenvolver para obtê-lo.

Como se nota, o *S8*, no seu papel de líder, deverá insistir no sentido de influenciar, quer dizer, não é ele que vai mover a roda da melhoria, mas fazer com que os outros a movam.

Assim sendo, o exercício de liderança na estrutura empresarial se justifica tão somente pela **necessidade de influenciar as pessoas**.

5.2 - COMO CHEGAR À INFLUÊNCIA MÁXIMA.

Kurt W. Mortensen é uma autoridade reconhecida no que se refere às técnicas de **negociação**, **persuasão** e **influência**.

Saber influenciar as pessoas é provavelmente a maior "mágica" que um *SB* deve saber fazer.

Salienta Mortensen: "Minha jornada rumo ao domínio da **arte da persuasão** começou pela formação universitária e, posteriormente, pela obtenção de um diploma de pós-graduação na área de negócios. De repente me vi ocupando uma posição de nível gerencial em que precisava comandar vendedores, motivar o bom atendimento aos consumidores e coordenar as operações da empresa, juntamente com os gerentes de outros departamentos. Então a ficha caiu: eu havia aprendido na universidade todos os tópicos importantes na área de administração. Porém, aquele aprendizado não parecia importar para as pessoas reais. Embora o conteúdo ensinado fosse importante e valioso, ele não me preparou para o **lado humano dos negócios**. Eu tive de aprender a lidar com as emoções humanas; precisei estudar para saber como convencer outros gerentes a me ajudar, a influenciar e a inspirar colegas para aumentarem as vendas.

É claro que eu conseguia ler (e entender) um balanço geral; também era capaz de compreender perfeitamente os processos contábeis e econômicos. Porém, eu ainda não havia dominado a **arte da persuasão**, uma habilidade importantíssima que, segundo vários estudos, representa **85% do nosso sucesso nos negócios**.

Logo percebi que alguns gerentes se mostrariam resistentes a algumas ideias, simplesmente pelo fato de elas **não serem deles**. Alguns indivíduos entrariam em conflito apenas por conta de suas próprias personalidades. Muitos colegas ficariam irritados uns com os outros pelas razões mais estranhas e insignificantes.

Ah, o lado emocional dos negócios!!!

Em suma, eu descobri que todo ser humano persuade e influencia as pessoas.

Para garantir nosso próprio sustento, todos nós temos que trabalhar ao lado de outros indivíduos. Foi então que percebi que se eu não fosse capaz de **influenciar** outras pessoas, ou a ajudá-las a fazê-lo, o dia de trabalho seria longo, ineficiente e a produtividade acabaria prejudicada.

Também constatei que a habilidade de persuadir e influenciar indivíduos representava uma boa administração do tempo: fazer com que os outros quisessem fazer aquilo que você desejava que eles fizessem, e **logo da primeira vez que pedisse**.

Essa minha jornada rumo à persuasão fez com que eu me transformasse em um empreendedor, e então essas habilidades se tornaram **dez vezes mais cruciais**. Tive de aprender como comercializar, vender, fazer promoções via *Web*, conseguir recomendações e convencer outras pessoas de que eu era sua melhor opção. Tais experiências me forçaram a pesquisar e a me tornar um especialista no mundo da **persuasão**, da **negociação** e da **influenciação**."

A persuasão permeia cada aspecto da nossa vida.

➛ **Como um indivíduo pode se mostrar um gerente, empreendedor ou profissional de vendas eficiente se não possuir habilidades de persuasão?**

Todos nos já sentimos (ou conhecemos) o velho estilo da administração: **faça o que estou lhe mandando ou será demitido!** É claro que esse tipo de conduta leva à obediência temporária por parte dos subordinados, todavia, em longo prazo também resulta em ressentimento e falta de confiança. Isso prejudica a capacidade do indivíduo liderar e definitivamente não resulta em persuasão efetiva e duradoura.

A persuasão e a influenciação mudaram de maneira dramática nos últimos 20 anos. As mídias sociais transformaram a maneira como nos comunicamos. Os clientes (ou consumidores), atuais e potenciais, também mudaram consideravelmente.

De acordo com a revista *Advertising Age*, cada um deles é diariamente bombardeado com mais de duas mil mensagens de caráter **persuasivo**.

Nessa era digital, as pessoas são mais bem-educadas em termos acadêmicos e se mostram mais céticas do que nunca. Se você utilizar as mesmas técnicas ultrapassadas que aprendeu há vários anos, perderá sua capacidade de influenciá-las.

Existem **cinco Ps** que possibilitam influenciar outras pessoas. O primeiro P vem de **psique**, ou mentalidade, o aspecto mental do jogo (autopersuasão). Trata-se de uma habilidade crítica para as pessoas bem-sucedidas. Você não conseguirá atingir seus objetivos até que consiga visualizá-los. O mundo não o recompensará fisicamente até que você acredite em suas metas. Nem mesmo todas as melhores técnicas e ferramentas irão ajudá-lo, até que você acredite em si mesmo. Infelizmente, a maioria das pessoas que conhecemos tende a nos desencorajar. Quando compartilhamos com elas nossos sonhos e desejos, em geral, elas se mostram bastante desanimadoras. De fato, elas nos darão uma lista com todas as razões pelas quais jamais realizaremos nossos planos.

Possuir a atitude mental certa significa saber o que se deseja realizar e ter um plano para conseguir isso. Quando seu estado mental está equilibrado, você sempre seguirá seu cérebro e encontrará nele uma persistência inexplorada. Essa motivação é a força de impulsão que determina a razão pela qual as pessoas são bem-sucedidas.

O segundo P vem de **presença**.

- Você já reparou como algumas pessoas conseguem influenciar as outras sem qualquer esforço?
- Já percebeu quando elas entram em um ambiente e todos notam sua presença?

Todos, instintivamente, gostam delas e desejam ser influenciadas por elas. Elas atraem atenção e influenciam todos que encontram pela frente. Essa é a força da presença que, por sua vez, é uma função da confiança e do carisma. Uma boa presença atrai as pessoas em sua direção. Elas **querem** que você as convença.

Todos nós já deparamos com indivíduos carismáticos. Eles são cativantes e inspiradores; são capazes de instantaneamente atrair nossa atenção e, em geral, tendemos a ouvir cada palavra que sai da boca dessas pessoas.

Presença é a habilidade de envolver e influenciar os outros para que eles acreditem em você. Em essência, a presença é uma fonte de capacitação, encorajamento e inspiração.

O terceiro P vem de **progresso pessoal**.

Todos os criadores de sucesso possuem um programa de desenvolvimento pessoal. O especialista em sucesso pessoal, Brian Tracy, afirmou: "Se você conseguir ler 39 min por dia irá dobrar sua receita cada ano!!!"

Estudos demonstram de modo consistente que aqueles que aprendem e crescem a cada dia se sentem mais otimistas em relação à vida. Eles se revelam mais entusiasmados em relação para onde estão indo e tudo o que desejam realizar. Em contrapartida, aqueles que não buscam diariamente por aprendizado e crescimento pessoal tornam-se **negativos**, **pessimistas** e **cheios de dúvidas** sobre si mesmos e o seu futuro.

Os que sabem fazer, devem dar o exemplo, para que os outros aprendam e tenham um progresso pessoal no seu desempenho, espelhando-se nos que já são hábeis e talentosos.

Há duas maneiras de se aprender na vida: a **primeira** pela tentativa e erro, buscando experimentar e compreender as coisas sozinho. Esse caminho é bem caro. E a **segunda** aprendendo com pessoas que já passaram pela mesma experiência. Nesse caso, alguém já descobriu tudo o que você precisa saber sobre a vida e escreveu um livro, desenvolveu um seminário (ou **webinário** – *web based seminar*) ou colocou informações em um arquivo de áudio.

Portanto, invista em seu futuro, dedicando-se ao seu próprio desenvolvimento pessoal.

O quarto P vem de **paixão.**

Mais que qualquer coisa, a paixão lhe permitirá recrutar e atrair as mentes de seu público.

➢ **Você tem paixão e profunda convicção pelo seu produto e/ou serviço?**

Amamos pessoas que se sentem entusiasmadas, animadas e cheias de paixão. Quando você tem fascínio por uma determinada coisa, se sente extasiado por ela; deseja compartilhá-la com o mundo todo. Quando você tem paixão, "respostas negativas" não diminuem o seu ritmo, e o medo de rejeição deixa de ser um problema. Você se sente estimulado a atrair o maior número de pessoas possível à sua causa.

A paixão, sozinha, pode ser capaz de influenciar opiniões e fazer com que indivíduos apoiem seu produto e/ou serviço. A paixão surge de uma combinação de crença, entusiasmo e emoção.

O quinto e último P vem da **persuasão**.

Invista algum tempo, todos os dias, aprendendo e dominando o mundo da persuasão e da influenciação. O objetivo de alguém em se tornar um **grande influenciador** é obter o que deseja por meio da sua insistência, na hora que quiser e, ao longo do processo, faça amigos e ajude as pessoas a **quererem fazer aquilo que você precisa que elas façam.**

O persuasor eficaz parece que atrai para si os bons negócios e consegue um grande desempenho da sua equipe.

Aí vão algumas situações aparentemente bizarras:

1ª) Você já encontrou pela frente alguém que, embora não parecesse muito esperto, ganhava dez vezes mais que você?

2ª) Já viu um colega seu ser promovido, a despeito de não parecer muito inteligente?

3ª) Notou uma pessoa que não parecia ser muito perspicaz, mas que sempre está fechando bons negócios?

4ª) Conhece algum indivíduo que, apesar de não ser muito sagaz, consegue persuadir todo mundo a fazer o que ele deseja?

→ **Afinal, o que todas essas pessoas têm que você não tem?**

É simples: elas desenvolveram o **poder da persuasão!!!**

Pois bem, Kurt W. Mortensen no seu livro *Máxima Influência* (DVS Editora) revela as **12 leis da persuasão** e ensina o leitor como se utilizar dessas modernas estratégias para adquirir **imediatamente a influência** de que precisa.

1ª Lei – Conectividade – Ela afirma que quanto mais alguém se sente conectado ou semelhante a você, e querido ou atraído por você, mais persuasivo você se torna.

2ª Lei – Envolvimento – Quanto mais você engajar os cinco sentidos de uma pessoa, envolvendo-a mental e fisicamente, e criar a atmosfera certa para a persuasão, mais eficaz e convincente se mostrará.

Como persuasor, você precisa incentivar seu público a dar um passo adiante e agir. Seu objetivo é diminuir a distância que seu interlocutor tem de percorrer para alcançar seu objetivo; sua tarefa é tornar o caminho dele mais fácil e simples possível.

Use todos os seus recursos de persuasão para envolver os que o ajudam a executar as tarefas, para que todos possam abraçar as mudanças.

3ª Lei – Estima – Ela indica que todos os seres humanos precisam de elogios, reconhecimento e aceitação. Aliás, aceitação e elogios são dois dos maiores desejos do ser humano; **nunca é o suficiente!**

William James disse certa vez: "O princípio mais profundo da natureza humana é a sua necessidade de ser apreciado."

Todos nós sabemos como um simples "**obrigado**" pode fazer toda a diferença no nosso cotidiano. Os seres humanos têm a necessidade psicológica de serem respeitados e aceitos. Precisamos de afeição para satisfazer nossa carência por pertencer a alguma coisa; necessitamos de elogios para nos sentirmos admirados e ansiamos por reconhecimento para satisfazer nossa urgência por valorização pessoal.

4ª Lei – Obrigação – Também se chama esta lei de **"pré-doação"** ou **reciprocidade** e significa que, quando alguém faz algo por nós, sentimos uma forte necessidade de retornar o favor, ou seja, há uma compulsão de retribuir.

O ato de devolver a gentileza nos livra da obrigação criada pela boa ação anterior. O princípio de que "um ato bom merece outro" faz parte do condicionamento social em todas as culturas do mundo. E não é só isso, essa máxima serve como um código de ética que não necessariamente precisa ser ensinado, mas é sempre compreendido!!!

5ª Lei – Dissonância – Estabelece claramente o conceito de que as pessoas irão naturalmente agir de uma maneira que seja consistente com suas experiências e seus compromissos. Cognição é um processo mental que usa pensamentos, crenças, experiências e percepções do passado. Basicamente, isso significa que quando as pessoas se comportam de uma maneira inconsistente em relação a essas cognições (crenças, pensamentos e valores) elas se sentem **desconfortáveis**. Nessas situações, elas estarão motivadas a ajustar seus comportamentos ou crenças de modo a restabelecer o equilíbrio mental e emocional.

Quando nossas crenças, atitudes e ações se mesclam, sentimo-nos **congruentes**, mas quando isso não ocorre, percebemos algum grau de desarmonia e sentimo-nos embaraçados, desconfortáveis, irritados ou nervosos.

Para eliminar ou reduzir a tensão, faremos tudo que é possível para ajustar nossas crenças ou racionalizar nosso comportamento, mesmo que isso signifique fazer algo que não desejamos.

6ª Lei – Embalagem verbal – As pessoas são convencidas por nós por conta das palavras que escolhemos utilizar. As palavras influenciam nossas percepções, atitudes, crenças e emoções. Aquelas usadas em um processo de persuasão fazem toda a diferença do mundo. A linguagem aplicada de modo inadequado desencadeia uma resposta indesejada e diminui sua capacidade de persuadir. A habilidade com as palavras também está diretamente relacionada ao ganho de poder.

Nunca esqueça da 6ª lei da influência: tenha uma grande habilidade ao falar.

Indivíduos bem-sucedidos são capazes de usar a linguagem de maneira a evocar pensamentos, sentimentos e ações, absolutamente vívidos nas pessoas às quais se dirigem.

7ª Lei – Associação – É ela que possibilita que os **desencadeadores mentais** e as âncoras que irão gerar os sentimentos, bem como as emoções e os pensamentos certos surjam, criando um ambiente persuasivo. Ela está sempre funcionando.

Se o público gosta da imagem de um logotipo ou de uma música (*jingle*) que aparece no anúncio de um produto, em geral ele também tende a apreciar o produto. Mas essa lei também pode funcionar de modo negativo, como acontece no caso da prática de "matar o mensageiro!", ou seja, a mensagem estragar toda a proposta persuasiva.

8ª Lei – Equilíbrio – A lógica e a emoção devem se manter mescladas e equilibradas. As emoções desencadeiam ações, enquanto a lógica justifica o acordo. A fusão adequada entre emoção e lógica fala tanto à parte consciente quanto à porção inconsciente da mente, aumentando sua habilidade de persuadir.

De fato, as emoções criam movimento e ação. Elas geram energia durante a apresentação e fazem com que os clientes potenciais ajam diante de uma proposta.

Esse equilíbrio entre lógica e emoção pode ser denominado **mecanismo duplo de persuasão e influência.**

9ª Lei – Expectativa – As pessoas tendem a formar decisões baseadas em como os outros esperam que eles se comportem e atuem. Como resultado, as pessoas cumprem o que é esperado delas, seja positivo ou negativo. Além de exercerem um poderoso impacto sobre aquelas em quem confiamos e respeitamos, as expectativas também impactam, e de modo interessante, sobre estranhos.

Quando sabemos que outras pessoas esperam algo de nós, tentamos satisfazê-las para ganhar respeito, confiança e simpatia. É provável que você já conheça o ditado: "**O que é projetado, acaba se realizando!**"

As pessoas se esforçam para cumprir com aquilo que os outros antecipam para elas. Essa é uma força poderosa que pode levar ao sucesso ou à destruição de um indivíduo. Se alguém expressar dúvida, falta de confiança e ceticismo, com grande probabilidade isso poderá se tornar realidade.

10ª Lei – Contraste – Ela explica de forma concisa como somos afetados quando alguém nos oferece duas opções e em sequência. Sabemos que comparar duas alternativas pode distorcer ou ampliar nossa percepção de preço, tempo e/ou esforço. Em geral, quando o segundo item é muito diferente do primeiro, tendemos a perceber ainda mais distinções entre eles do que realmente existe. Como **persuasor efetivo**, você pode usar esse contraste para levar seu público em direção ao objeto de sua persuasão.

As pessoas entendem melhor o que você quer, quando elas têm opções para escolher.

11ª Lei – Validação social – Ela reconhece e opera sobre o nosso desejo inato de pertencer a um grupo ou a uma maioria. Ela também evidencia que costumamos alterar nossas percepções, opiniões e comportamentos de maneira consistente com as normas estabelecidas pelo grupo. Mesmo que nos recusemos a admiti-los, ou até percebê-los, nos **importamos** com que os **outros pensam**. E, como tal, ao estabelecermos os padrões para os produtos que usamos, os serviços em que confiamos e as decisões que tomamos, nos baseamos nas atitudes alheias.

12ª Lei – Escassez – Ela salienta que quanto mais o valor de algo aumenta, mais as pessoas se tornam ávidas por possuí-lo.

Pelo simples medo de perderem uma boa oportunidade, a escassez leva as pessoas a tomarem atitudes rápidas. Essa lei desempenha um papel importante no processo de persuasão.

Boas chances são sempre mais valiosas e estimulantes quando são escassas e, portanto, menos disponíveis.

Queremos ser os donos de itens raros ou simplesmente os últimos a pegar um item valioso na prateleira.

Sempre que as opções disponíveis são limitadas ou ameaçadas, nós, seres humanos, precisamos adquirir nosso quinhão, o que nos faz desejá-las ainda mais. A escassez eleva o valor de qualquer produto ou serviço.

5.3 - 360 GRAUS DE INFLUÊNCIA.

Esse certamente não é o influenciador 360 graus!?!?

O especialista em *coaching*, Harrison Monarth, fundador da GuruMaker, é o autor do livro *360 Graus de Influência* (DVS Editora), no qual explica como alguém consegue levar todos a **seguir sua liderança** em sua trajetória para o topo.

Logo no prefácio do seu livro, Monarth detalhou a importância do poder de influenciar quando destacou: "Pergunte a qualquer pessoa quais superpoderes ela gostaria de ter – **supondo que isso fosse possível**. É provável que você não precise esperar muito tempo para obter uma resposta. Capacidade de **ler a mente humana, visão de raios X, velocidade da luz** ou **capacidade de voar**, talvez estejam entre as respostas.

Desde o momento em que o Super-Homem foi criado, em 1938, pessoas do mundo inteiro sucumbiram à fascinação exercida pelos super-heróis – aliás, está palavra gera mais de sete milhões de buscas no Google –, cujas imagens e aventuras ancoram-se na consciência da sociedade moderna e na cultura popular. Por sinal, é muito difícil um verão em que Batman, Homem Aranha ou Homem de Ferro não sejam revividos nas grandes telas para atrair bilhões de pessoas do mundo inteiro para os cinemas.

O famoso apresentador de TV e humorista Jay Leno (agora aposentado...) sempre dizia que a maioria das pessoas consegue citar cinco super-heróis muito mais rapidamente do que os cinco integrantes mais importantes da equipe do presidente de um país.

E os psicólogos já conseguiram explicar esse fenômeno. Está no nosso desejo pelo poder de mudar o nosso mundo e nossas circunstâncias de vinculação aos códigos morais bem-definidos e valores específicos de verdade e justiça, que os heróis fantasiados defendem e com os quais podemos nos identificar.

Só que, infelizmente, esse sonho não está ao nosso alcance, simples mortais, pois não dá para se transformar no Homem-Aranha. Contudo, existe um tipo de superpoder que está ao nosso alcance e já é praticado muito bem por uma minoria: é o **poder de influenciar e mudar mentalidades** sempre que necessitarmos, da capacidade de formar opiniões e persuadir os céticos a aceitar nosso modo de pensar – a relíquia da carreira profissional e dos relacionamentos."

Neste livro, você aprenderá a utilizar os **superpoderes da influência.**

A **influência** é um **impulso humano natural** e a **capacidade de adquiri--la agora está em suas mãos**!!!

Existem sete fases principais para se promover o **ciclo de mudanças de forma eficaz**, ou seja:

1ª) O mesmo de sempre – Modalidade de "não inventar moda e deixar as coisas como estão", isto é, **estado de imobilidade**.

2ª) Ameaça externa – A possibilidade de perda; um infortúnio iminente; algum tipo de desenlace; uma mudança por meio da introdução de um novo elemento.

3ª) Negação – Uma simples recusa em examinar as evidências, em considerar as probabilidades e em enfrentar a verdade.

4ª) Lamentação / pesar – O estado sombrio e confuso de se desprender do que já foi.

5ª) Aceitação – O esperado desprendimento do passado com a mente aberta para o que vem em seguida.

6ª) Renovação – Descoberta de novas percepções, a emoção diante de um novo começo e de um movimento para o futuro, a sensação de que a visão está se transformando em realidade, o gozo da esperança.

7ª) Nova estrutura – O novo torna-se o *status quo* e há uma sensação de estabilidade e continuidade.

Nova estrutura numa organização pode atrair e influenciar a maioria dos empregados...

É o conceito de inteligência que leva grande parte das pessoas a pensar na **inteligência cognitiva**, que é a junção entre a **capacidade analítica** e a **memória**, sendo que testes de **quociente de inteligência** (QI) são concebidos para identificar a capacidade cognitiva das pessoas.

Howard Gardner ficou conhecido por ter desenvolvido inicialmente sete inteligências: linguística, lógico-matemática, musical, espacial, físico-cinestésica, interpessoal e intrapessoal. Ele acabou chamando as últimas duas de "**inteligência social**". Depois, considerou que existem outros tipos de inteligência, como a **espiritual**, **naturalista**, **moral** e **existencial**, mas até o momento concluiu que só existem evidências suficientes para acrescentar a **inteligência naturalista** (capacidade de categorizar e utilizar o próprio ambiente). Mais recentemente, os conceitos de inteligência emocional (IE) e social (IS) foram popularizadas por especialistas como Daniel Goleman, Richard Boyatzis e Kenneth Rhee.

Para se tornar mais influente devem-se desenvolver algumas habilidades, como aprender a contar histórias, saber apresentar argumentos convincentes, escrever bem e, principalmente, melhorar as suas IE e a IS.

As pessoas se apegam muito a certas **crenças** e é a grande dificuldade para fazer com que as abandonem.

Os dez tipos mais comuns de resistência são expressos da seguinte forma:

1º) Isso não tem nada a ver com nada.

2º) Já vimos isso antes, já fizemos isso antes.

3º) Outro ano, outra moda passageira.

4º) Você não sabe sobre o que está falando.

5º) O que você vai ganhar com isso?

6º) Você está tentando acabar com a gente?

7º) Não é suficiente, já é tarde demais.

8º) Isso nunca funcionará.

9º) Eu não entendo.

10º) Isso não está correto para nós.

Essas pessoas parecem acreditar em outras crenças que não são as do líder, não é?

Para se tornar um observador astuto do comportamento humano, bem como da sua comunicação, as seis dicas para começar a prestar atenção estrategicamente e ouvir de forma eficaz e participativa são:

1ª) Prestar bastante atenção, priorizando a mensagem recebida em detrimento de todos os outros estímulos.

2ª) Para ser um bom ouvinte ativo e eficaz é necessário parar de julgar, ou seja, ter a mente aberta para poder ouvir bem.

3ª) Refletir de modo a evitar que as "engrenagens internas" do seu cérebro provoquem atrito no entendimento do que se escuta.

4ª) Obter esclarecimento de tudo que se ouve para ter uma compreensão plena.

5ª) Manter-se "sintonizado" com o que está ouvindo do apresentador.

6ª) Compartilhar o que você compreendeu, o que dá um *feedback* (realimentação) ao apresentador para que dissipe as "nuvens".

A compreensão dessas dicas fortalece o **influenciador 360 graus**, porque ouvir objetiva e empaticamente é o ponto de partida para o entendimento.

É vital para quem deseja ser um influenciador 360 graus conhecer algumas das armadilhas mais comuns no processo de decisão e sobre como evitá-las.

Tomar decisões significa assumir responsabilidade, não apenas pela decisão em si, mas também pelas **consequências** dessa decisão. Isso quer dizer que você deve pensar além da decisão; levar em conta sua implementação e o impacto de sua escolha; e reconhecer que, embora **nunca existam informações perfeitas**, você tem de escolher.

Em suma, decidir é arriscar!

As dez ferramentas recomendadas por Harrison Monarth para tomar melhores decisões são:

1ª) Focalize o processo, e não (principalmente) o resultado.

2ª) Duvide, não subvalorize o pensamento crítico.

3ª) Relacione as variáveis relevantes.

4ª) Separe as informações relevantes.

5ª) Elimine as informações irrelevantes.

6ª) Questione as informações relevantes.

7ª) Questione o processo.

8ª) Teste seus instintos.

9ª) Cultive a visão externa.

10ª) Diga não, pois tomar uma decisão nem sempre é dizer: "**Prossiga!**"

É essencial saber como fundamentar os seus argumentos em evidências sólidas que facilitam todo o processo de influência.

Ao reconhecer que os indivíduos são humanos, isto é, complexos, ambivalentes e, algumas vezes confusos, você pode orientar as pessoas para que elas tomem decisões que funcionem a favor delas e a seu favor.

Entre os contextos que se pode (e deve) influenciar, Harrison Monarth destaca os seguintes:

1º) **Pensamento de grupo**.

Aí é vital saber controlar os dissidentes e para facilitar essa tarefa é preciso contar com alguém desse grupo que seja o advogado do diabo.

2º) **Escalada irracional do compromisso**.

Às vezes, tanto nos negócios como na política, constatamos que escolhemos o caminho errado. Aí é preciso puxar o fio da tomada e dizer com autoridade: "**Chega!**". Isso é desagradável, mas é a forma para acabar com uma decisão ruim.

3º) Desinteresse nas reuniões.

Para tentar contornar essa situação é fundamental estabelecer um claro objetivo para iniciar e finalizar a reunião, além de procurar envolver as pessoas que normalmente são mais reservadas.

4º) Informações complexas e detalhadas.

Pegue qualquer coisa complexa e a transforme em uma história. As histórias têm repercussão, particularmente aquelas em que conseguimos nos enxergar como protagonistas.

5º) Tendenciosidade subconsciente contra pessoas que são mais inteligentes que você.

Tente perceber se você tem essa tendência. Se for o decisor, concentre-se em fortalecer sua equipe com as capacidades necessárias, mesmo se um dos seus integrantes tiver um talento equivalente (ou maior) ao seu nessa área.

6º) Aparente confusão entre resultado e processo.

Muitos de nós somos culpados por avaliar as decisões não pelo seu mérito no momento em que elas são tomadas, mas com base no resultado que elas produzem. Assim, pensar cuidadosa e minuciosamente sobre o processo de decisão *a posteriori*, e no momento em que os resultados se evidenciarem, também faz sentido – tanto para tomar conhecimento dos pormenores da decisão que gerou o resultado, quanto para se preparar para o futuro.

É fundamental para o influenciador 360 graus saber claramente qual é o seu poder dentro de uma organização, ou seja, **formal, informal, social** e **profissional.** Além disso, conhecer os gestores líderes ao seu redor que podem ser **impositores, narcisistas** ou **intimidadores.**

Em um ambiente voltado para relacionamentos, tal como é o ambiente cultural de uma organização, as pessoas que você escolher ter à sua volta podem **definir** o que **você é.** Portanto, tome cuidado para que suas escolhas reflitam suas intenções.

Naturalmente, o influenciador 360 graus conhece as estratégias que deve usar para convencer o seu superior a pensar do seu modo. Isso significa que você tem que desenvolver uma **presença executiva**, ou seja, conseguir com que as pessoas queiram ouvi-lo, levá-lo a sério e a querer voltar a ouvi-lo regularmente. Aos olhos de alguns, ela será vista como **talento**; de outros, como **potencial** e **credibilidade.**

Algumas pessoas com inclinação para a **nova era** a chamarão de **energia**, enquanto outras com suscetibilidades conservadoras e persistentes a chamarão de fator de **confabulação** ou **indução** ("levar no papo").

A neurociência tem muito a nos dizer sobre as diferenças cerebrais entre homens e mulheres, salientando as estratégias que funcionam melhor para influenciar o sexo oposto em reuniões, apresentações e situações de conflito.

Existem diferenças entre homens e mulheres, tanto biológicas quanto sociais, e essas diferenças podem afetar como uma pessoa é percebida por seus colegas e com que precisão eles reagem às mensagens dela. Se quisermos influenciar pessoas, do sexo masculino e feminino, faz sentido reconhecer essas diferenças e **adaptarmo-nos** a elas.

As organizações têm duas reputações entrelaçadas: a **reputação da empresa como um todo** e a **reputação dos indivíduos que trabalham nela**.

Em alguns casos, as pessoas mais importantes da organização são as que se preocupam com a sua reputação; em outras situações, são os funcionários da linha de frente – equipe de vendas e atendimento – são os mais propensos a deixar impressões.

Independentemente disso, o comportamento de quem quer que seja a face pública da organização com frequência se mistura à percepção sobre a empresa em si.

Algumas empresas norte-americanas já optaram por dar destaque ao seu principal diretor, como foi há algumas décadas com Jack Welch, na General Electric (GE), até há alguns anos por Steve Jobs, na Apple, e por Mark Zuckerberg, no Facebook.

Todo aquele que quer brilhar na **esfera da influência** deve estar ciente que o poder da oratória faz parte da base que precisa dominar.

De um modo geral, para atrair a atenção de alguém ou tirá-lo do estado de inércia, ou seja, a resposta para "**O que vou ganhar com isso?**" do influenciador 360 graus deve ser **plausível**, **convincente** e quanto mais **imediata melhor**.

As pessoas detestam esperar para obter alguma compreensão. Assim, sua linguagem deve conter aspirações e ser positiva e igualmente comedida nas descrições, para que os próprios ouvintes pintem o quadro desse cenário futuro que você está defendendo.

Além de falar de uma maneira que transpareça aspirações em relação a um cenário futuro desejado, que esteja em consonância com as crenças e os valores dos ouvintes, você também precisa encontrar palavras carregadas de sensações que lhes mostrem o que eles poderiam perder em virtude da inércia ou por se apegar ao *status quo*.

Ninguém deseja ser deixado para trás. Quanto mais pessoas você conseguir despertar para as suas ideias, maior interesse atrairá das outras.

Finalmente, é importante destacar o cuidado para **gerenciar** sua **marca pessoal** com objetivo de poder usá-la para influenciar outras pessoas e como **evitar manchar** sua **marca** e sua **reputação** com equívocos que, embora possam ser elementares, são sempre prejudiciais.

→ **E como é possível criar uma marca influente para si mesmo?**

A pessoa deve ser percebida como:

1º) Um **especialista**, demonstrar que sabe sobre o que está falando para que as pessoas aceitem suas afirmações.

2º) Um indivíduo **confiável**, cumprindo prazos, agindo de forma consistente e compartilhando com os outros o que aprendeu.

3º) Uma pessoa **inovadora**, sempre informada sobre as novas tendências e estratégias que devem ser seguidas pelas pessoas e as empresas onde elas trabalhem.

4º) Um **líder** apto a tomar quaisquer tipo de decisões difíceis e comandar o trabalho de sua equipe.

É difícil aprender com os erros quando ao cometê-los pode-se sofrer uma punição de um "chefe-crocodilo".

5.4 - APRENDENDO A LIDAR COM OS ERROS.

Com frequência os erros e os equívocos numa organização parecem ser uma invenção do diabo, planejados deliberadamente para atormentar os gestores. Portanto, diminuir os erros, os enganos, as falhas, os equívocos é um desafio constante dos administradores.

Claro que eles podem ser reduzidos, caso se utilize o enfoque correto e se continue a trabalhar para atingir esse objetivo, basta salientar o programa *Seis Sigma* que ficou bem popular no início do século XXI.

É evidente que com o enfoque incorreto pode-se perder muito alento e recursos sem chegar a lugar nenhum.

Para diminuir os erros, alguns princípios ou conceitos devem ser seguidos.

Em primeiro lugar, deve-se estar consciente de que **nada é perfeito**. É preciso insistir nisto.

Se alguém cometer o seu primeiro erro grave em dois anos de trabalho, talvez o melhor seja felicitá-lo pelo excelente antecedente do que admoestá-lo severamente ou dar-lhe alguma punição.

Não se pode esperar eliminar os erros através da aplicação de algum castigo aos funcionários.

Isso geralmente provoca um forte efeito sobre o ânimo, o moral dos empregados, porém não ajuda a acabar com as falhas.

Para diminuir os erros é preciso conseguir uma cooperação solidária e voluntária, e neste sentido é necessário atuar com muito cuidado para conquistar esse comprometimento dos funcionários, mas nunca deixando de insistir que o compromisso e a responsabilidade de cada um são vitais.

Quando acontecem os erros, deixando momentaneamente de levar em conta a sua gravidade, não se deve ter imediatamente o objetivo de culpar alguém.

Isso, na realidade, não tem muita importância, pois não remediará o dano.

O essencial é descobrir rapidamente **como aconteceu** e **como pode ser evitado** no futuro.

O passo seguinte é estar certo de que todos os envolvidos entendam e estejam de acordo com isso.

Você não acha que algo está errado? Porém sempre existem pessoas que notam isso...

Em lugar de serem usados para culpar pessoas, os **erros** devem ser motivo para examinar cuidadosamente os hábitos do trabalho.

Os empregados não são necessariamente pessoas ruins ou inferiores por cometerem erros.

Eles podem estar fazendo coisas erradas porque ninguém se preocupou em ensinar-lhes como fazer melhor ou sem errar.

Cabe então a você, no papel de gestor, ser mais compreensivo.

Perceba o fato de que ninguém comete erros intencionalmente, e raras vezes os faz de propósito.

Demonstre à sua gente o que significa o desperdício para a companhia, e busque o seu comprometimento para evitá-lo.

Deixe claro que ninguém se beneficia com os erros e as falhas.

Se as coisas continuarem indo mal, todos acabarão tendo problemas do funcionário mais simples até o presidente da organização.

Dessa maneira, estimule a sua gente a praticar *kaizen* (palavra japonesa que significa promover pequenas melhorias continuamente).

Quando os seus colaboradores atingirem um progresso minúsculo na diminuição do desperdício devido a erros, parabenize-os e os estimule a prosseguir nos seus esforços, pois podem melhorar muito mais o seu trabalho.

Resumindo, o bom gestor é aquele que sabe calçar os sapatos das pessoas que cometeram erros.

Caso tenha sido você próprio a cometer o erro, o que gostaria de escutar do superior imediato para melhorar no futuro?

Que bom seria se este sábio superior lhe dissesse:

"Você que cometeu um erro, amanhã vai começar um novo dia e fará a si mesmo quatro perguntas:

1ª) Qual é a ***melhor*** *coisa que pode suceder hoje?*

2ª) Qual é a ***pior*** *coisa que pode suceder hoje?*

3ª) O que posso faze para garantir que o ***melhor*** *ocorra?*

4ª) O que posso fazer para assegurar que o ***pior*** não aconteça?"

Claro que assim a probabilidade de novos erros será muito menor, e aí valerá o seguinte credo:

"A felicidade no meu serviço é o único bem que almejo.

O lugar para ser feliz é aqui.

O momento para ser feliz é agora.

A maneira de ser feliz é que tanto eu como os outros não cometamos erros."

Sem dúvida, enfrentando os erros desta maneira, sem deixar que a indignação e a raiva ditem o que fazer, tem-se uma melhor oportunidade de alcançar um progresso real!!!

Caro *S8*, insista nessa estratégia de lidar com os erros, e assim terá mais facilidade de ter sucesso na **integração** e na **implementação**, ou seja, ser simplesmente **feliz no seu trabalho**!!!

5.5 - SIMPLES, SIMPLESMENTE FELIZ.

Há situações que até os mais "tranquilos", acabam precisando de uma bolsa de gelo para diminuir a temperatura das suas cabeças. Não é nada simples mudar o que já está incrustado...

Marcelo Alexandre é o autor de *Simples, Simplesmente Feliz,* no qual recomenda uma volta à maneira simples de viver!

O autor faz uma pergunta intrigante: "**O que vou ganhar por escolher a simplicidade?**" E responde:

"**1º) Mais tempo para investir em si mesmo.**

Viver com simplicidade não é desenvolver um estilo despojado de bens materiais, mas buscar atitudes que estimulem o crescimento pessoal. É experimentar a essência das coisas, aquilo que realmente importa, e não gastar tempo demais com o que é **acessório**.

A simplicidade faz com que descartemos tudo o que não leva a lugar nenhum.

Ser simples é a garantia de ter mais qualidade de vida porque reeducamos o nosso sistema de valores.

2º) Ter uma mente saudável que lhe permita voltar a sonhar.

Quando somos jovens, sonhamos mais e acreditamos mais. Com o passar do tempo, nossa mente se contamina com as complicações da vida e já não imaginamos mais sonhar como antes, talvez porque acreditemos que convém ficar na **zona de conforto** que alcançamos. Porém, qualquer que seja a idade da pessoa, ela não pode perder a ousadia de sonhar.

Se o tempo deveria nos deixar mais sábios, mais tolerantes e mais doces, parece que com muitas pessoas ocorre o contrário. Quem quer viver pela **simplicidade** deve continuar sonhando, acreditando que sempre se pode sair do emaranhado de qualquer tipo de complicação.

A maneira mais eficaz de eliminar um pensamento negativo é trocá-lo por um pensamento positivo. Não se trata de ser positivista, mas toda pessoa tem a capacidade de ter primordialmente pensamentos saudáveis na sua mente e, para tanto, deve continuar sonhando...

3º) Ter mais qualidade nos seus relacionamentos.

É a simplicidade que nos faz perceber o melhor nas pessoas, e não o pior; as qualidades, e não as falhas, para as quais adoramos apontar o dedo.

As maiores dádivas que alguém pode ter são os amigos verdadeiros, aqueles que sabem nos ouvir, mas que também puxam as nossas orelhas quando fazemos algo errado. São as pessoas com as quais não tememos 'abrir o coração'.

Tennessee Williams disse: 'A vida é em parte o que fazemos dela, e em parte o que é feito pelos amigos que escolhemos.'

Nos seus relacionamentos, saiba então ser sempre **simples**, pois acabará conquistando muitos amigos. Aliás, viver com simplicidade é a verdadeira chave para se alcançar o sucesso pessoal, familiar e profissional."

Outra questão importante é: **quanto vale a sua felicidade?**

Deve-se buscar a felicidade, pois é ela que dá sabor à vida! Porém, na tentativa de ter satisfação em tudo, as pessoas complicam muito a sua maneira de viver.

Sem dúvida, aqueles indivíduos que se esforçam acima do limite tolerável no trabalho alcançarão o sucesso profissional.

➔ Entretanto, a que preço?

A conquista da felicidade pode ser obtida de forma bem mais simples do que imaginamos, e não adianta achar que ela vem à força... Mario Quintana escreveu: "A felicidade é um sentimento simples; você pode encontrá-la e deixá-la ir embora por não perceber sua simplicidade."

A **simplicidade** representa uma ferramenta imprescindível na realização pessoal. Posturas mais simples com relação à vida nos ajudam a ter foco na **essência das coisas**. Dessa forma, devemos nos livrar de todo "excesso de bagagem", de tudo que é superficial e que não promove o crescimento.

Assim, a atitude mais importante que alguém deve ter em relação à simplicidade e olhar com mais atenção e respeito para si mesmo.

A felicidade de uma pessoa vale muito e para atingi-la é necessário uma ação fundamental: **cuidar da saúde**, que é o alicerce para as realizações futuras, pois sem ela nada de bom acontece, mesmo que alguém esteja extremamente motivado.

Marcelo Alexandre não se esquece de também destacar a importância da **família** e salienta: "Não vejo a família como um grupo formado exclusivamente pelo casamento. Acredito no casamento de todo o meu coração, mas não tenho o direito de desprezar as outras **formas de família** que agregam felicidade e realização às pessoas.

Família é muito mais do que a genética. Família é a unidade. Família são aquelas pessoas que me fazem voltar para casa, ter saudade de casa, ainda que não tenhamos laços de sangue.

Uma pessoa deve sonhar todos os dias em crescer na sua vida pessoal e profissional. É possível a todos ir mais longe...

Entretanto, ela não deve pretender fazer essa viagem sozinha. Se os seus amigos e os integrantes de sua família não estiverem a seu lado, nenhum crescimento ou conquista fará sentido algum. O bom da vida é ter com **quem compartilhar** o seu **sucesso**, a sua **alegria**, a sua **felicidade!**"

A provocação principal de Marcelo Alexandre vem da questão: "**Até onde você quer chegar?**"

Para se chegar à resposta, é vital que a pessoa consiga emergir do seu interior uma convicção inabalável sobre a sua **principal competência** e aí deve lutar por ela (ou talvez por elas...).

Uma vez descoberta(s) essa(s) competência(s), é fundamental entender que isso não nos tornará singulares ou únicos no que fazemos, mas podemos nos dedicar a ponto de sermos considerados **imprescindíveis.**

Não se deve confundir **ser imprescindível** com **ser insubstituível**.

Ninguém é insubstituível na vida profissional; assim, se alguém valioso no mundo corporativo se aposentar sempre se achará alguém para ficar no seu lugar...

Qualquer pessoa deve estar ciente disso, mas tal situação não deve impedi-la de sonhar em ser **imprescindível**. E só existe uma possibilidade para que alguém desista desse seu sonho: só se as dificuldades forem maiores do que o seu sonho.

Mas as suas lutas não podem se maiores que os seus sonhos, não é?

É essencial nunca esquecer que o que possibilita explicar o sentido da nossa vida se encontra do lado de fora, no que realizamos, e não do lado de dentro!

Aprender a viver em sociedade é, de longe, um dos maiores desafios do ser humano. Provamos que podemos conquistar tudo em matéria de ciência, porém ainda engatinhamos quando se trata de promover um eficaz relacionamento social. Até tentamos, mas desistimos ao primeiro sinal de resistência. Se todas as pessoas compreendessem o quanto a felicidade depende da vida social, talvez dessem o primeiro passo mais vezes!

Mas para ser realmente feliz, "devemos olhar para cima", ou seja, a espiritualidade é a marca de quem reconhece que sua vida não pode se completar sozinha.

Neste mundo tão competitivo e agitado em que vivemos, "**olhar para cima**", de modo a desenvolver a própria espiritualidade, é uma necessidade se alguém quer **realmente ser feliz**.

A espiritualidade deve ser experimentada. Ela começa quando uma pessoa reconhece que a sua vida só pode ser preenchida de **dentro para fora**. Nada do que vem de fora pode preencher completamente a vida de alguém!

Alguém pode construir uma carreira impecável, ter uma família linda, pode lutar bravamente para transformar a sociedade, mas isso não é garantia de que a sua mente será preenchida!

Todas essas coisas, sem dúvida alguma, podem fazer essa pessoa ficar orgulhosa, mas ela, mas ela não terá a inteligência espiritual. E aí Marcelo Alexandre enfatiza: "A oração é uma das formas mais simples e singelas de encontrarmos a verdadeira espiritualidade. Deve-se, de certa, concordar com C. S. Lewis, que disse: 'As minhas orações não mudam a Deus, mudam a mim mesmo!' Isso é importante que você saiba e sinta, para poder caminhar bem na sua vida espiritual."

5.6 - PROCURE ELIMINAR SEUS MEDOS.

Uma das coisas que o *S8* deve **insistentemente** procurar eliminar é o seu medo, e até os medos dos seus colaboradores. Isto porque um dos mais importantes fatores e estresse nas pessoas é o medo.

Quando as pessoas tem medo devem pensar no famoso quadro do pintor norueguês Edvard Munch, *O Grito* de 1893, no qual ele procurou retratar a angustia e o desespero que devemos saber sobrepujar.

A busca da perfeição gera nos indivíduos um extremo medo de errar.

A necessidade de serem perfeitos, principalmente devido à esdrúxula teoria de **zero defeito**, que ficou bastante famosa na década de 1980 graças às ideias de Philip Crosby, fez com que os indivíduos entrassem em competição direta com Deus, e naturalmente sempre perderam, para o desespero deles mesmos e a aflição dos que são obrigados a conviver com eles, que se comportam de maneira bem radical.

O **medo de errar**, de não ser capaz, faz com que as pessoas permaneçam durante anos ao mesmo cargo ou na mesma empresa, mesmo que o trabalho não lhes agrade mais, visto que não conseguem enfrentar a possibilidade de uma mudança positiva.

Ser um escravo da perfeição pode, com certeza, gerar belos e preciosos relatos ou trabalhos, contudo é bom não esquecer que o nosso corpo e a nossa mente podem ficar em frangalhos por isso.

Nesse caso, como dizem os orientais o importante é a **moderação**, e todo radicalismo é prejudicial.

É bom sempre lembrar que grandes descobertas foram feitas por terem ocorrido vários erros durante o processo de invenção.

As pessoas de um modo geral têm muito medo de falar o que pensam.

A expressão de nossas ideias, de nossos valores, daquilo em que acreditamos é vital para que possamos esclarecer dúvidas, elaborar conceitos e colaborar para a evolução do mundo.

A convivência com pessoas autorizadas é um dos principais fatores para a inibição na expressão dos próprios pensamentos.

Frequentemente, pessoas que têm dificuldade em expressar o que pensam apresentam significativa insegurança em relação à sua capacidade, e grande dificuldade em assumir a própria vida.

Parece que para aqueles que gostam de falar o que pensam, uma saída é valer-se das redes sociais que hoje estão tão na moda, se bem que aí muitas vezes as pessoas com as quais se conversa não têm nenhuma relação funcional com aquelas que **têm medo de falar o que pensam!?!?**

É claro que nem tudo pode ser dito, para isto existe o bom senso.

Muitas pessoas têm um **terrível medo de perder**.

Perder algo ou alguém significa uma morte, e esta ideia não é muito bem aceita pela maioria da civilização ocidental.

Enfrentar o fato de que a vida é finita, representa para muitas pessoas, **ansiedade** e **angústia** insuportáveis de serem vivenciadas.

A dificuldade em lidar com as perdas faz com que as pessoas se fechem em si mesmas, como se isto as impedisse de perder mais alguma coisa.

Nesse processo ficam tão autocentradas, envolvidas em sua própria dor, que se desconectam da vida, se autoconsumindo.

Lamentavelmente passam só a pensar e a respirar a perda.

O pior é que em muitos outros casos, as perdas não se relacionam com as pessoas, mas sim com as mudanças.

Mudar algo em nossa vida significa que estamos deixando as coisas velhas para poder abraçar as novas.

Esse processo para muitas pessoas, embora positivo em muitos casos, é bastante difícil e doloroso.

Mudanças de emprego, nova empresa, novo cargo,

A insistência para promover uma mudança dificilmente é plenamente eficaz, quando é compulsória, a não ser em situações como "tosquiar uma ovelha", que muita coisa volta ao normal depois de um certo tempo...

separação de antigas equipes, perda de *status* profissional e reinício de uma carreira são apenas alguns dos fatores geradores de estresse.

Todavia, o estresse decorrente da dificuldade em lidar com as perdas / mudanças ensina as pessoas a se desapegarem daquilo que não tem real valor na vida.

Elas devem lembrar-se de valores, como amor e amizade, que podem durar para sempre e que realmente colaboram para a evolução pessoal e coletiva.

É a eles que devemos estar atentos.

Muitas pessoas, por outro lado, têm **um terrível medo de perder tempo.**

Estou com pressa!!!

→ **Quantas vezes em nossa vida ouvimos ou pronunciamos esta frase?**

Tudo indica que neste século XXI a característica principal será a de se ter as pessoas mais apressadas de toda a história da humanidade.

A "síndrome da pressa" parece uma característica contagiosa.

Observa-se que uma pessoa apressada é capaz de deixar um grupo todo apressado.

Somente os que respiram profundamente e têm consciência do tempo escapam imunes a essa perturbação.

Viver apressado, na tentativa de cumprir tudo a que se propôs, acaba por gerar uma grande ansiedade numa pessoa, sendo o caminho certo para o estresse.

Cada um precisa rapidamente, nessa situação, redimensionar a própria capacidade motora e intelectual para não ser atropelado pelo tempo e, quem sabe, buscar mais eficiência e eficácia, lembrando-se do que escreveu Khalil Gibran no seu livro *Areia e Espuma:* "As tartarugas conhecem as estradas melhor do que os coelhos."

Outro medo que deve ser eliminado é o **grande receio de ser diferente.**

Ser o que realmente somos e conduzir nossos pensamentos através de ideias próprias é muito importante, porém foi vigorosamente impedido durante anos.

Viver limitado na sua forma de expressão é uma das condições mais críticas para o ser humano.

Nossa sociedade, constantemente alterada por programas econômicos e pela abertura ao mercado externo, exige profissionais cada vez mais inovadores, que sejam capazes de criar soluções, que permitam competir no mercado internacional e com as novas exigências da população.

Inovação, criatividade e ousadia são requisitos básicos nos tempos atuais.

Ser diferente impulsiona mudanças.

Deve-se, pois, continuamente, deixar o velho para dar lugar a coisas novas, o que é bastante difícil para algumas pessoas.

Essa dificuldade, vivenciada intensamente por aqueles que ousam ser diferentes, pode levar ao estresse.

Entretanto, as pessoas, hoje, são cada vez mais respeitadas pela sua competência, pela sua capacidade de criar algo sempre diferente, novo e melhor.

Portanto, a receita para o sucesso é a de **não ter medo de ser diferente!!!**

Pois bem, *S8* é aquele que com muita **insistência** consegue vencer todos os seus medos e ajuda o mesmo acontecer com todos os seus colaboradores.

5.7 - INSISTIR EM ELIMINAR O DESPERDÍCIO.

O *S8* deve insistir para que os seus colaboradores combatam o desperdício, sendo esta uma atitude que ele deve dar como exemplo nas suas ações.

Aliás, no século XXI, a chave para o crescimento sustentável em longo prazo é a contínua eliminação do desperdício.

Eliminar o desperdício não é uma preocupação viva, mas agora ela é essencial para a sobrevivência de uma empresa e para que as pessoas garantam o seu emprego nas organizações.

É fundamental implementar a cultura do combate ao desperdício pois isso torna tudo mais produtivo e simples de fazer.

Na década de 1980, o *kaizen*, ou seja, o processo de **melhoria contínua através da eliminação do desperdício** foi a essência da revolução ocorrida no Japão que influenciou muito os processos de trabalho e engajamento das pessoas com o que devem fazer em suas empresas.

Desenvolvidos a partir de raízes notadamente norte-americanas, os princípios do *kaizen* refletem a visão de Henri Ford e sua interminável busca pela fabricação de automóveis melhores, mais rápidos e mais baratos do que os dos concorrentes.

Henry Ford atingiu sua meta ao remover muito desperdício do processo de fabricação.

Ele compreendeu no início do século XX que saber quanto custa, na média, para fabricar um produto ou fornecer um serviço **não significava** que o cliente estaria disposto a reembolsar as despesas da companhia, e com isto transformar o valor de um produto em moeda global.

Na Ford, as lições do seu fundador continuam permitindo a sobrevivência e a manutenção da competitividade da companhia.

Se os resultados do mercado são indicadores de sucesso, a Ford parece estar sempre seguindo essa pista.

Assim, ela suplantou concorrentes internos e estrangeiros para se tornar uma das produtoras de carros e caminhões mais vendidos nos EUA e no mundo.

Esse sucesso não é o resultado apenas de qualquer ferramenta administrativa específica, como **gerenciamento da qualidade total** (GQT), mas principalmente de um enfoque mental simples sobre a eliminação do desperdício do processo de fabricação.

Na Ford, os gerentes sabem que a remoção de desperdícios e de ineficiências de todas as "facetas" da empresa não é apenas um lema, é uma imposição, reforçada pelos dos números que estão em completa sintonia para refletir os eventos reais da fábrica.

Deste modo, seguindo o exemplo da Ford, toda empresa que pretende atingir seu potencial de lucro **deve reconhecer, medir e eliminar o desperdício**.

Henry Ford, o empreendedor que nos deixou lições incríveis sobre como eliminar os desperdícios e aumentar a produtividade.

Henry Ford, escolhido por alguns como o empresário do século XX, disse ainda em 1926: "**O ideal é não ter nada a recuperar.**"

Efetivamente, o desperdício, onde quer que ele ocorra na organização, rouba da empresa os lucros e o seu futuro.

Isso foi claramente compreendido por Henry Ford, e ele acreditava que com a intensiva integração vertical teria eficiência e menores desperdícios!?!?

No entanto, o desperdício ficava oculto em muitos lugares, inclusive em ativos, tais como o estoque.

Hoje, desenvolveram-se métodos que buscam atacar os desperdícios ocultos.

Como se vê claramente na Figura 5.1, desperdício é ter máquina ociosa, pessoal subutilizado, material desnecessário, gasto excessivo, filas etc.

Complexidade excessiva	Movimentação	Fila	Defeitos	Processos não enfocados
Redundância	Variação excessiva	Capacidade ociosa	Ajuste	Superprodução
"Re-" qualquer coisa (retrabalho, refugo, refazer, reengenharia, etc.)	Treinamento inadequado	Funcionários sem poder	Imperícias/ erros	Comunicação deficiente

Figura 5.1 – Elimine o lixo... e o que sobrar é seu potencial de lucro.

O *S8* é valorizado na empresa porque, entre outras coisas, ele é um ferrenho combatente do desperdício, insistindo com todos para que sigam o seu exemplo.

Thomas A. Edison, considerado um dos mais criativos seres humanos de toda a história da humanidade, por sua vez, completava dizendo:

"O desperdício é pior que o prejuízo.

Virá um tempo em que toda pessoa que se considere capaz trará consigo constante preocupação com o desperdício.

O espaço para a parcimônia é ilimitado.

Na minha vida, eu obtive muitos resultados e também uma enorme quantidade de fracassos, por isso conheço milhares de coisas que não funcionam e lamento muito todo esse tempo desperdiçado."

Thomas A. Edison foi obrigado a muitos **"res"** (**r**ecomeçar, **r**eformular, **r**efazer, **r**econstituir etc.) e evidentemente convenceu-se de que um "**re**" **nunca é a melhor forma de utilizar os recursos**.

Um "**re**" significa que se cometeu um erro, que algo precisa ser feito pela segunda vez (ou terceira, ou quarta, ou...), contudo, o valor que essa atividade cria ocorre apenas uma vez.

Não importa quantas vezes Thomas A. Edison tenha descoberto **o que não funcionava**, a experiência que realmente valeu foi quando ele criou valor como, por exemplo, no desenvolvimento da lâmpada elétrica.

Thomas A. Edison, o notável inventor que nunca desistiu, ao contrário, insistiu muito para corrigir as falhas e chegar assim as suas invenções.

Atualmente, poucas pessoas estão dispostas a pagar por erros como aqueles cometidos por Edison, não se importando com o que se aprende no decurso do processo que força a cometê-los...

Porém os "res" não são as únicas atividades contínuas desenvolvidas por uma empresa que contrariam o conceito de eficácia.

O mundo empresarial é feito de recursos escassos e demandas sempre crescentes.

Para crescer e prosperar nesse panorama, a empresa tem de usar cada recurso disponível da melhor forma possível. Ou, no mínimo, cada custo precisa render benefício superior a ele. Caso contrário, a organização perde gradualmente o seu objetivo.

Como um balão com um pequeno vazamento, uma empresa com elevados níveis de desperdício murcha até se extinguir (ou esvaziar...).

Então, nenhuma empresa pode desperdiçar o seu tempo, que não é elástico.

Nessa circunstância, quanto **menos elástico** for o recurso, maior a necessidade de otimizar a sua utilização.

Quando uma companhia desperdiça seus recursos, rouba de seu próprio futuro.

Cada real desperdiçado é um real que não poderá ser usado para gerar lucros – para criar valor para o cliente.

Esse custo não criando valor, ou seja, o desperdício, é um câncer que consome a saúde da organização, deixando-a, por fim, incapaz de se manter. E, como um câncer, o desperdício tem de ser eliminado caso a empresa queira prosperar e crescer.

Existe uma beleza fundamental no conceito de fazer um trabalho **correto já na primeira vez e em todas as outras vezes**.

É uma beleza nascida da simplicidade, uma elegância conduzida pela **presença de ações corretas, no momento correto, pelas pessoas corretas, pelos motivos corretos.**

Não há lugar para a feiura do desperdício nesse cenário, pois o desperdício embaça a visão e destrói a beleza que poderia ter sido possível.

Mas negócios e arte raramente são colocados juntos na mesma frase, com algumas exceções, como aquelas dos famosos leilões de obras de arte. Todavia, uma definição de arte sugere que essa distância pode ser mais ilusória que real.

Arte (substantivo) → Utilização ou emprego de coisas para atender a um propósito definido; emprego de meios para se atingir um fim.

Na verdade, se quiséssemos uma definição do que vem a ser **negócio**, normalmente se diria que é o **emprego de meios para a realização de um fim específico: produzir lucro**!!!

Parecia, então, que os critérios usados para se julgar uma obra de arte – simplicidade, elegância, capacidade do artista no uso criativo dos materiais disponíveis e na criação de uma visão ou imagem que seja maior que a soma de suas partes, e da ligação de forma e substância para atingir esse resultado – são todos elementos decisivos de um negócio bem administrado.

No mundo dos negócios, a **eficácia** (fazer as coisas certas, ou **elegância**) e a **eficiência** (fazer as coisas do modo correto, ou **simplicidade**) são elementos cruciais da "paleta" de tintas e cores do empresário.

Essas matérias-primas são usadas para a criação de um produto ou serviço. Quanto mais criativos ou criadores de valor forem esses produtos, mais bem-sucedida será a empresa.

A essência do sucesso nos negócios está na visualização de para onde a empresa quer ir, e daí integrar e concentrar os recursos disponíveis para atingir essa meta.

As tintas usadas pelo "artista" empresário devem ser aplicadas com um propósito definido, para que a pintura resultante tenha valor próprio.

São os custos que a empresa **não vê** que mais a machucam!!!

O **desperdício** pode ser encontrado em qualquer parte de uma organização.

Nascido da desatenção ou do desejo frenético de conseguir que as coisas sejam feitas, o desperdício consome o potencial de lucro da companhia e coloca em risco o seu futuro.

Infelizmente é um risco pouco discutido, porque não pode ser visto.

O desperdício geralmente é invisível porque não é medido, destacado ou enfocado no curso normal da realização de negócios.

Para eliminar o desperdício, um possível esquema de ação seria:

- Visualize o desperdício.
- Aprenda com o desperdício.
- Identifique o desperdício onde quer que ele esteja.
- Meça o desperdício para torná-lo visível.
- Investigue todas as atividades procurando o desperdício.
- Negocie para eliminar o desperdício.
- Estude e analise as causas do desperdício.
- Conheça o caminho do desperdício para evitar o seu crescimento.
- O desperdício precisa ser eliminado onde quer que esteja.

Os "princípios" há pouco citados constituem uma "moldura" de ação para a eliminação do desperdício, o que significa: para manter, no mínimo, o **monstro amarrado**!!!

Realmente o princípio básico da vida organizacional nessa 2ª década do século XXI deverá ser: **"Desperdício: não o quero na minha empresa!!!"**

Ou seja, as atividades executadas na empresa não podem desencadear os "res" por toda parte quando vale a frase: **"Errar é humano, porém quando a borracha acaba bem antes do lápis é que você está passando dos limites."**

O pior é que cada vez menos pessoas usam um lápis com borracha e acabam não entendendo essa metáfora, não é?

Esse é um lema no qual o *S8* deve insistir, repetindo-o para que todo mundo capte o seu significado.

5.8 - A LOGITIVIDADE.

Pode-se dizer que a lógica da criatividade (!!!) e a criatividade da lógica constituem um estado que pode se chamar de "**logitividade**". Este termo foi inventado por Jonar C. Nader, que escreveu vários livros, entre eles: *Como Perder Amigos e Enfurecer as Pessoas*, e é um pensador audacioso.

Alguns até o chamam de surrealista virtual pós-experimental, o que o tornou o **filósofo da era digital**.

Apesar de a expressão ser real, é importante analisar a logitividade porque todos aqueles que desejarem desenvolver suas aptidões de liderança no sentido de influenciar as pessoas precisam desenvolver sua lógica e sua criatividade – **em doses e em proporções iguais.**

Embora ambas sejam poderosas, muita sinergia pode ser criada quando a lógica e a criatividade são usadas simultaneamente.

A sinergia constitui a criação de uma nova substância.

Quando a logitividade está em jogo, ela é, no todo, algo diferente em relação às suas partes componentes.

Uma pessoa que é **100% criativa** está operando somente a **50%** de sua capacidade!!!

Um indivíduo que é, por outro lado, **100% lógico**, possui apenas a metade da eficácia que lhe seria possível.

Uma pessoa que se vangloria de ter um dos comportamentos extremos não compreende a sinergia que ambos podem produzir.

Declarar-se altamente criativo pode parecer uma maneira brilhante para se descrever, entretanto, inclui a admissão de uma suprema ignorância da lógica, vice-versa.

Para uma pessoa mais esclarecida, tal demonstração de ignorância é recebida com tanto desprezo quanto à noção de que ler é superior ao escrever (digitar), como se fosse verdade que escrever e ler podem ser mutuamente exclusivos!!!

A lógica diz: "Acreditarei nisso **depois** de vê-lo."

A criatividade diz: "Acreditarei nisso, **então** o verei."

A lógica pergunta: "**E se?**"

A criatividade pergunta: "**Não seria ótimo se?**"

A lógica conserva a vida das pessoas na trilha, enquanto a criatividade fornece energia à vida.

A proposição criativa: "Posso falar ou comunicar com você de qualquer lugar do mundo" é aceitável, porque nossa lógica tem consciência de como o *smartphone* ou a Internet pode tornar essa proposição possível.

A proposição criativa: "Posso falar a milhões de pessoas ao mesmo tempo" é também hoje aceitável à nossa lógica, em virtude de nossa compreensão de como a televisão ou a Internet podem ser usadas.

O que aconteceria com essas proposições criativas caso a nossa lógica não conhecesse o telefone celular, a televisão e a Internet?

Se fôssemos pensadores de conhecimentos limitados e destreinados, chegaríamos à imobilidade – conforme aparentemente ocorre com muitas pessoas quando confrontadas com tais proposições.

A lógica e a criatividade são sistemas de aprendizagem e pode-se dizer que são tão importantes como aprender a **andar** ou a **falar bem**.

Lamentavelmente, algumas pessoas têm muito pouca energia criativa e lógica. Outras tendem a possuir uma delas, mas, infelizmente, se vangloriam de ter uma e não a outra. Essa também é um a atitude incorreta!!!

O aspecto importante a compreender sobre lógica e criatividade é que ambas as aptidões podem ser adquiridas.

E veja que nessa 2ª década do século XXI é cada vez maior a pressão para que as pessoas se desloquem nas grandes cidades, utilizando a bicicleta, encarada como a possível solução para as dificuldades de mobilidade.

Todos acreditam que uma pessoa pode aprender a andar de bicicleta ou a lidar com a Internet!?!?

Claro que a pessoa que ainda não sabe andar de bicicleta encontrará dificuldade para aprender a andar (ou ao mesmo modo a se conectar via Internet) e poderá cair diversas vezes (perder o conteúdo das suas comunicações) durante o treinamento.

De modo semelhante, uma pessoa aprendendo as aptidões da lógica e da criatividade poderá cometer erros que deixam marcas emocionais, intelectuais ou mesmo físicas.

Os que possuem uma superabundância de criatividade, sem dúvida se defrontarão com a dificuldade para aprender a estrutura lógica, pois as pessoas não nascem "lógicas" ou "ilógicas", e nem nascem "criativas" ou "sem criatividade".

Existem pelo menos três atributos para quem quer aprender a andar de bicicleta ou usar a Internet. São eles: o **desejo de aprender**; **tomar a decisão para entrar em ação**; e ter muita **determinação** no decurso do aprendizado.

Sozinhos, esses atributos são insuficientes para proporcionar a alguém a aptidão para andar de bicicleta ou usar a Internet. Entretanto, eles o prepararão para o seu desenvolvimento.

Andar de bicicleta pode requerer musculatura especial, coordenação espacial, horas de treinamento e prática, compreensão das leis de trânsito e uma distância a ser percorrida. E muitas coisas parecidas devem acontecer com todo aquele que quer surfar com desembaraço no ciberespaço via Internet.

Pode-se dizer que para ser lógico ou criativo depende-se muito de **4Ds**, ou seja, isto requer: o **desejo**, a **decisão**, a **determinação** e o **desenvolvimento**.

Da mesma maneira que a aptidão nunca é completa ou integral, ser lógico ou criativo é um desenvolvimento interminável.

É excitante o fato de que, quanto mais criativo cada um se torna, mais tem prazer em ser criativo; e quanto mais lógico você se torna, maior satisfação encontra em ser lógico.

Mas tal satisfação não pode alcançar um nível sustentável até que a energia da lógica e da criatividade **se equilibre**. É esse equilíbrio que se denomina **logitividade**.

A lógica e a criatividade, de certa forma, são pontos extremos. A mente oscila entre eles.

De um lado, a lógica atua com a ciência do raciocínio, processando tudo por meio de um sistema binário – algo é verdadeiro ou falso, encontre-se acima ou abaixo, é possível ou impossível, vai ocorrer o acidente (sinistro) ou não.

Os computadores são poderosas máquinas lógicas porque funcionam usando sistema binário.

A lógica se apoia no conhecimento prévio (saber *a priori* o que é feito).

A lógica começa a agir contra a criatividade quando introduzimos o medo, a irracionalidade e a confusão, e um exemplo prático disso é quando a pessoa não sabe decidir como proteger-se contra os vários riscos aos quais está submetida na vida...

A criatividade, por sua vez, tem tudo a ver com a criação, produção, invenção, e ir além do *status quo*; ela traz à luz do dia aquilo que não existia ainda.

Claro que isso se aplica a nossos pensamentos, ações, comportamentos, atitudes, ideias e imaginação.

Os limites da criatividade são: falta de visão, falta de previsão de que acidentes podem acontecer, falta de compreensão (ou até incompreensão) dos perigos que nos cercam, e o pior de tudo: falta de conhecimento (ou conhecimento) imperfeito.

Além do mais, a lógica em si pode ser uma barreira à criatividade, do mesmo modo que a criatividade pode ser uma barreira à lógica!

Cabe ao *S8* a tarefa de desenvolver a sua criatividade e a sua lógica, e aí empenhar-se em construir a **logitividade**, ou seja, a habilidade para usar ambas as aptidões simultaneamente (e com a velocidade de um raio), sem a necessidade de estar consciente de passagem rápida de uma para a outra.

É dever também do *S8* **insistir** sem parar para que os seus colaboradores também sejam no mínimo razoáveis praticantes da logitividade.

Todo aquele que pratica a **logitividade** não precisará balançar-se inseguro de um lado para o outro. Não ficar como um trapezista que luta contra a gravidade oscilando à esquerda e à direita, quando geralmente atinge um equilíbrio...

Para as pessoas que dominam a **logitividade**, o equilíbrio é tranquilo e não se luta contra as outras forças, pois se possui uma força nova.

Todo aquele que encontrar o equilíbrio da **logitividade**, também encontrará um processo de pensamento inteiramente novo.

Inicialmente, a **logitividade** requer um esforço consciente. Isso é como lhe pedir que bata de leve na sua cabeça com a mão esquerda e ao mesmo tempo massageie seu estômago com a mão direita, o que para muitas pessoas parece ser muito difícil no início...

Quando elas ficam aptas para controlar esses movimentos, passam a realizá-los sem esforço consciente.

O mesmo se aplica às pessoas que estão aprendendo a tocar piano. No início, elas consideram um desafio usar ambas as mãos simultaneamente para tocar um conjunto diferente de notas. Após muita prática, a destreza que se requer é alcançada.

A **logitividade** é definitivamente uma competência complexa, mas é muito importante que cada um tenha, pois acrescenta uma nova dimensão às aptidões de processamento mental.

Ela também faz com que cada um compreenda que todos aqueles preocupados com o desenvolvimento do cérebro esquerdo/ cérebro direito têm um longo caminho a percorrer.

A **logitividade** requer uma mente aberta, pois só assim existe a possibilidade de mudar o modo de pensar a respeito de certos temas, como por exemplo, gerenciar bem os riscos, estabelecendo um sistema de segurança contra eles.

Ao ouvirmos com a mente aberta, por exemplo, o que um corretor de seguro idôneo nos tem a dizer, estamos expostos a aprender algo geralmente contrário às nossas noções e aos pressupostos (*mindsets*) há muito estabelecidos.

Em termos gerais, evidenciamos a tendência de ir em busca daquilo que confirma nossa própria posição anteriormente firmada.

Raramente nos apresentamos como voluntários para ir em busca de algo que possa nos expor a ideias que vão contra as nossas crenças, e neste sentido não temos o hábito de planejar ações que nos protejam contra danos que eventualmente possam ocorrer no futuro.

Assim, por exemplo, no Brasil existe uma grande multidão que aprecia o futebol pentacampeão e que não vai nunca em busca de um raciocínio que se oponha ao futebol – gostar de *rugby* ou de voleibol mais do que de futebol. Isso, apesar das conquistas obtidas pelo voleibol, tanto masculino como feminino, nos Jogos Olímpicos e em competições mundiais. E o *rugby* agora é um esporte olímpico!?!?

Em lugar disso, procura novos meios para obter prazeres adicionais com o futebol (ou sofrimentos...).

Quem se torna um mestre em **logitividade** não procede assim.

O aspecto agradável e libertador da **logitividade** é que ela não busca apoiar suas pressuposições atuais. Ela traz à baila novos pensamentos e ideias que podem ir contra suas atuais suposições.

É esse dilema que cada um precisa estar pronto para aceitar caso queira praticar a logitividade.

No entanto, cada um deve também estar ciente de que, após utilizar os processos de pensamento da **logitividade**, não terá mais condições de retornar ao velho método de pensamento.

Entretanto, aí se terá um caso concreto de um bônus definitivo, o qual ninguém mais quererá deixar de ter!!!

E aí a insistência do *S8* valeu muito, pois quem trabalha com colaboradores que usam o pensamento da **logitividade** terá muito mais facilidade para conseguir os 3Is que virão a seguir: **integração, implementação e introspecção.**

5.9 - O GRANDE INFLUENCIADOR: GANDHI.

O professor educação Howard Gardner no seu livro *Mentes Extraordinárias*, descreve perfis de quatro pessoas excepcionais: o **mestre**, na figura de Wolfgang Amadeus Mozart; o **realizador**, destacando Sigmund Freud; o **influenciar**, tendo como modelo Mohandas Karamchand Gandhi, mais conhecido popularmente por Mahatma Gandhi; e o **introspectivo**, tomando como referência a escritora Virgínia Woolf.

M. K. Gandhi, o notável influenciador que levou a Índia a sua independência.

Vejamos como procedeu Gandhi para **influenciar** todo um povo para conquistar a sua independência.

Ele cresceu numa época em que o subconsciente indiano era completamente subordinado ao Império Britânico, poderoso e influente e a Índia Colonial, por sua vez fraca e sem liderança.

Porém, à medida que se tornaram conscientes da injustiça de sua situação, os hindus começaram a se aborrecer com a dominação britânica.

Para muitas pessoas, essa crescente tensão entre os dois lados inevitavelmente levaria ao conflito armado, com bastante sangue derramado de ambos os lados.

Através de um exaustivo processo de autocrítica, estudo da história e experiências que ele mesmo vivenciara na África do Sul, Mahatma Gandhi se convenceu de que existia outra forma para resolver esse **dilema**.

Para ele era melhor no curso de uma resistência pacífica do que triunfar pela superioridade das armas!!!

É claro que Gandhi reconhecia que as situações nem sempre foram resolvidas de forma pacífica.

Em vista de uma certa ignorância, é sempre mais fácil culpar os inimigos por todos os desmandos e devido à predominância de arma e o calor da paixão, era fácil demais para a resistência pacífica acabar em conflito armado.

Entretanto, Gandhi mostrou que estava preparado para liderar a causa da **resistência pacífica** influenciando toda a nação para a luta da conquista da independência, mesmo ao preço de sua vida.

O influenciador é aquele que é favorecido por certas inteligências, assim sabe usar muito bem a linguagem, tem grande capacidade para entender os outros, o que os motivos, bem como obter sua cooperação e até como manipulá-los se for necessário.

O influenciador é também alguém que tem uma arguta percepção de si mesmo e mostra uma grande disposição para desafiar a autoridade, assumindo riscos para atingir seus objetivos.

Gandhi viveu um bom tempo na África do Sul, onde, entre outras coisas, descobriu que seus compatriotas hindus também eram tratados como cidadãos de segunda classe naquele país.

O conflito não devia ser entendido como sendo um confronto com a poderosa Grã-Bretanha *versus* a Índia incapaz, ou ainda entre a Índia integra *versus* Grã-Bretanha perversa.

Dessa maneira, Gandhi conclamou os indianos a imaginar um cenário mais esperançoso, em que ambas as partes se envolvessem em uma busca comum na qual cada uma conquistasse sua posição legítima.

Conflitos não precisavam ser seguidos de violência – podiam ser resolvidos por uma lógica que faz com que as duas partes se sintam legitimadas, até mesmo enobrecidas.

Gandhi não apenas descreveu essa narrativa visionária. Ele incorporou este drama à própria vida, às suas atitudes e práticas.

Não culpou os britânicos e nem glorificou os indianos.

Mais precisamente, empenhou-se corajosamente em descobrir as forças, medos e desejos legítimos de ambas as partes.

E, quando finalmente um conflito real se apresentou, Gandhi se recusou resolutamente a armar-se – ou a seus adeptos.

Seguindo os princípios da *satyagraha* (resistência pacífica) sua abordagem para influenciar os britânicos a conceder a independência à Índia foi completamente pacífica, ou seja, não violenta.

Em seus últimos anos na África do sul, magoado pelas leis raciais do país, Gandhi se tornou significativamente mais combativo: queimou sua carteira de identidade em público; liderou diversas marchas de protesto nas quais milhares de indivíduos atuaram como exército da paz; quis encher os cárceres com seus compatriotas.

Gandhi estava fortalecido – de fato tarimbado – por essas experiências.

Os confrontos com a dura realidade fortaleceram sua decisão.

Em círculos cada vez mais amplos, passou a ser respeitado como um homem honrado e uma pessoa que podia **realizar muita coisa sem gerar hostilidade.**

Gandhi passou por uma mudança de um tipo intensamente pessoal. Descobriu, assim, que para ele não bastava ser um homem de recursos, com propriedades, influência e uma enorme família. Sentia que precisava se refazer espiritualmente.

Abandonando seu lar atarefado e a vida profissional em Johannesburgo, mudou-se com a mulher e quatro filhos para uma fazenda chamada Phoenix House, nos arredores de Duran.

Gandhi simplificava sua vida conscientemente. Dedicou-se, então, a muitas questões de saúde e cuidados médicos.

Dessa maneira, realizava exercícios diários e preparava a própria comida.

E então, em 1910, fundou a Tolstoy Farm – um agrupamento de pessoas de diferentes regiões e religiões da Índia.

Os residentes viviam como membros de uma família unida de maneira ascética, ou seja, voltados para a penitência e exercícios espirituais, de forma cooperativa e moralmente exemplar.

Gandhi sentia que não poderia progredir como um agente ético, buscando uma vida melhor para seu povo, a menos que ele mesmo tivesse alcançado e incorporado a autoridade moral.

Precisava purificar-se antes de exigir isso dos outros.

Gandhi retornou à Índia no início de 1915, e na época era quase um estrangeiro, tendo passado no exterior a maior parte dos últimos 26 anos.

Gandhi evitou falar em público durante o primeiro ano de seu retorno.

Em vez disso, munido de um bilhete ferroviário de terceira classe, deu um giro pela Índia, familiarizando-se com as condições e avaliando os cursos de ação que ele (e os seus seguidores) deveria tomar nos anos seguintes.

Um **influenciador exemplar** cria sempre uma história e deve ser capaz de comunicá-la bem a uma plateia que o ajudará a entender e estimular-se por aquela história.

A história para ter um grande efeito deve se **inédita** o bastante para gerar interesse, embora não tão original que desafie a credibilidade.

E, se quiser que a história tenha um impacto duradouro, o influenciador deve criar ou assumir uma organização que auxiliará a nova história a permanecer viva nas psiques dos seus seguidores.

Gandhi, de início, não contou com um movimento de massa organizado, mas ao contrário, precisou estruturar uma organização, na verdade muitas organizações, mostrando uma persistência incrível.

Mahatma Gandhi alcançou um *status* heróico exatamente porque conseguiu, por muitos anos, convencer muitos milhões de indianos a pensar de modo bem diferente acerca das mais diversas questões humanas.

No caso de Gandhi, as contra-histórias incultas eram bem conhecidas: dependendo da perspectiva, os fortes (ou fanfarrões) britânicos, os fracos (ou humildes) hindus.

Com base em análises tão simplistas, todos presumimos que o conflito acabaria se tornando violento – com braços e prestígio britânicos sendo armados contra multidões hindus e o zelo nacionalista.

Gandhi conseguiu, entretanto, convencer as pessoas do mundo inteiro a reavaliar vários assuntos: não se deveria julgar as pessoas pela cor da pele ou a história de seus antepassados, mas sim como **seres humanos iguais**; é possível haver discordâncias num método de não violência; e mais estimulante ainda, as partes em conflito podem ser fortalecidas caso se comportem com dignidade no desenrolar de confrontos não violentos.

No final do século XX, Nelson Mandela seguiu um caminho similar e conseguiu acabar com o *apartheid* (segregação) na África do Sul.

Gandhi queria persuadir o mundo inteiro de que a Índia devia ter o direito de caminhar gradualmente, mas de modo inexorável, em direção à **plena independência.**

Talvez não seja possível determinar o momento em que essa questão deixou a Índia para ganhar o mundo, mas certamente a **marcha do sal** de 1930 é um marco bem visível.

Essa marcha foi desencadeada pela imposição na Índia de uma taxa sobre o sal, uma medida considerada injusta e retrógrada em uma sociedade em que esse condimento é literalmente uma **questão de vida ou morte**.

Em 12 de março de 1930, Gandhi e um pequeno grupo de adeptos iniciaram uma jornada de Ahmedabad até o litoral.

A multidão aumentava a cada dia, chegando finalmente a 3 km de extensão, enquanto pessoas ao longo do caminho eram convencidas a se juntar a um ato simbólico de protesto: **pegar o sal do mar!!!**

Essa atitude era uma violação técnica da lei, pois o participante do movimento produzia seu sal a partir da água do mar, em vez de pagar imposto sobre o sal legalmente manufaturado.

Gandhi, pro sua vez, declarou: "Castiguem-nos por levar a cabo uma ação razoável e mostrem ao mundo o que realmente são ou revoguem esta lei injusta e mostrem ao mundo o que poderiam ser – e nós faremos o mesmo."

A princípio, na falta de uma resposta do governo ao ato de desobediência civil de Gandhi, houve um leve anticlímax entre os participantes da marcha. Mas logo os protestos se expandiram por toda a Índia.

Nas palavras de Jawaharlal Nehru, um aliado político de Gandhi e que se tornaria o primeiro-ministro da Índia independente: "Era como se uma nascente tivesse brotado subitamente."

Gandhi, por liderar o movimento foi preso, junto com muitos outros envolvidos na campanha.

Depois, em um confronto dramático, os policiais das imediações da usina de sal de Dharasana atacaram abertamente um grande contingente de disciplinados *satyagrahis*.

Eles não reagiram e simplesmente receberam os golpes na cabeça e no corpo e, finalmente, caíram no chão.

A polícia espancou-os violentamente no abdômen e testículos e, depois, arrastou muitas pessoas pelos braços e pés, jogando-as em valas.

Finalmente, os britânicos sufocaram a rebelião, porém pagaram um alto preço, ou seja, o freio moral que os britânicos pensaram ainda estar exercendo sobre a Índia **havia sido rompido para sempre!**

Após muito sangue derramado, era só uma questão de tempo até que o domínio britânico desmoronasse e a Índia se tornasse uma **nação livre**.

Não resta dúvida de que este processo foi acelerado pela 2ª Guerra Mundial (1939-1945), pois lutando pela própria sobrevivência, a Grã-Bretanha tinha pouca energia de sobra para continuar a se impor no subcontinente indiano.

De fato, ao final, os principais conflitos não estavam mais ocorrendo entre Grã-Bretanha e uma Índia unida, mas entre os hindus e as populações muçulmanas da Índia com os primeiros reivindicando uma nação única e os muçulmanos insistindo na separação.

Esta luta mutuamente destrutiva, na verdade levou ao próprio derramamento de sangue que Gandhi dedicara sua vida a erradicar.

A mais cruel ironia disso tudo foi que, **apenas alguns meses depois da independência**, Gandhi foi assassinado em 30 de janeiro de 1948, por um extremista hindu de nome Nathuram Vinayak Godse, enquanto se aproximava de uma área de prece.

Mas, sem dúvida, Gandhi foi o grande influenciador para que a Índia conquistasse sua independência e levando a sua mensagem para outras sociedades atormentadas que com o seu impacto conseguiram promover mudanças radicais, como aconteceu na África do Sul.

Provavelmente, a maior lição que Gandhi, como influenciador deixou, refere-se à forma como lidava com os fracassos.

Um influenciador eficaz não considera um revés como uma oportunidade de bater em retirada, ou seja, não vê uma derrota como um fracasso.

Ao contrário, encara esse insucesso como um estímulo, um aprendizado e **lança-se de volta à luta com força renovada!!!**

5.10 - MORAL DA HISTÓRIA DO QUINTO I

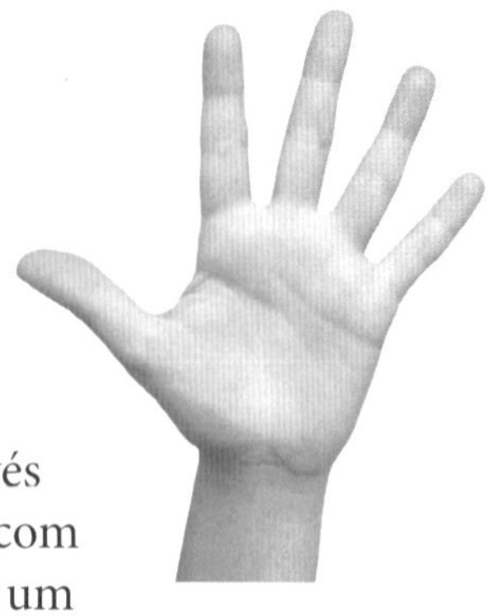

Muitas vezes, a **insistência** é entendida por alguns como sendo uma teimosia, e em outras situações passa por ser algo maçante ou, no mínimo, inoportuno.

Mas quem tomou a iniciativa de buscar muitas informações para daí gerar ideias, e através delas chegar às inovações, também insistirá muito com todos, inclusive lutará de forma ética para que cada um entenda que ela é útil.

Quem vai insistir com outra pessoa para que ela adote uma inovação deve estar incluindo nos seus resultados um provável insucesso, apesar de estar imbuído da vontade de levar essa probabilidade a zero.

Insistência no que você acredita e o que os outros momentaneamente não aceitam lhe trará contratempos, porém a felicidade ao final da jornada vitoriosa compensará de sobra todas as frustrações e os conflitos com os que não entendiam a sua luta.

O *S8* insistente não pode, porém, ser inconsciente, indomável (um autocrata absoluto), incompleto (sem iniciativa, sem ideias e usando "velhas" inovações), inconveniente (procurar convencer de forma errada), intolerável, irritadiço ou indeciso.

Veja esse lindo exemplo da natureza com esses passarinhos pedindo comida. A insistência é vital para se conseguir o que se deseja.

Ele deve ter a capacidade de influenciar.

Influência é a habilidade de afetar os outros – perceptível somente nos seus efeitos – sem o exercício da força ou da autoridade formal.

No moderno processo de insistência, busca-se convencer as pessoas de forma democrática, quer dizer, por meio de uma correta argumentação.

Lute até o fim. Não desista nunca. Insista no que acredita!!!

Para que a **insistência** se transforme em um aluta menos dolorosa, é conveniente reduzir o desconforto que os outros sentem com as novas ideias e as inovações.

Assim, na fase de insistência é bastante comum perceber nos outros muita raiva, que é facilmente liberada quando a pessoa sai da sua zona de conforto – devido à **pressão** ou **persuasão** que sofre – para se adaptar à mudança que vem junto com a inovação.

Não se deve esquecer que muitas vezes se poderia ter ganhado a batalha se tivesse havido mais insistência.

O *S8* é aquele que sabe que com um pouco mais de fôlego vai chegar ao sucesso, e não para de insistir no seu objetivo de alcançar a **integração**.

A esquerda, os otimistas convencidos de que podem conseguir tudo e à direta, os pessimistas, para os quais só existem obstáculos, praticamente impossíveis para ultrapassar. É difícil convencê-los, por isso, livre-se deles...

Integrando todos com trabalho em rede (ou em equipe)

6.1 - O QUE SIGNIFICA A INTEGRAÇÃO?

A palavra **integração** pode significar tanto o processo de integração, como o seu resultado.

O objetivo principal da definição de integração nesse livro é o **resultado de um processo de integração**.

Integrar é obter uma operação mais eficaz dos processos de negócio de uma empresa e dela no mundo em competição com as outras, compreendendo nisso tudo o papel das pessoas, dos métodos e máquinas que eles utilizam, como se valem das informações e dados que recebem, como agem respeitando o meio ambiente e como desempenham o seu trabalho para atingir os objetivos da organização que os emprega respeitando sua visão, missão e valores.

Integração significa **unificar** componentes heterogêneos de uma forma sinérgica.

Em uma empresa trata-se de facilitar o acesso à informação, ao controle e fluxo de materiais, explicar claramente a necessidade se de introduzir certas mudanças, conectando todas as funções e entidades ou setores da organização.

O intuito da integração é suprir uma melhor comunicação, cumprir uma maior cooperação e estabelecer uma coordenação eficiente dentro da empresa, de maneira que ela se comporte com um "**todo**" integrado, obtendo, dessa maneira, uma maior capacidade de gerenciamento das mudanças, incrementando a produtividade da organização.

A integração requer também a promoção das qualidades próprias de um indivíduo, sem estigmatização e sem segregação.

Integração significa ser participante, ser considerado, fazer parte de, ser levado a sério e encorajado.

Assim, por exemplo, no campo pedagógico, a integração significa, seja no jardim de infância, na escola fundamental, no ensino médio e no ensino superior, que todas as crianças ou adultos (deficientes ou não) possam brincar, estudar e aprender de acordo com o seu nível próprio de desenvolvimento em cooperação com os outros.

Na verdade, "**integrado**" e "**integração**" derivam do latim, ou seja, *integrare*, que por sua vez se origina da palavra *integer* que significa intacto, não tocado, sem mácula, virgem, inteiro ou completo.

Portanto, a palavra "integração", neste sentido, tem de ser interpretada como alguma coisa de original e natural, sendo a "segregação" (o estado de não integração) algo anormal, imposto ou construído, algo artificial.

O mais interessante da história da palavra integração é o termo latino *integer* (intacto) que parece ter derivado em duas direções nas línguas modernas. Enquanto que numa delas está muito próximo do seu sentido original (aparecendo em termos como "integridade", "íntegro", "integral"), a outra direção inclina-se ao significado de "compor", "fazer um conjunto", "juntar as partes separadas no sentido de reconstruir uma totalidade", ou seja, este é o nosso **sexto I**.

Quando se aborda, por exemplo, o tema da educação de crianças e jovens com dificuldades especiais, nomeadamente devidas às suas deficiências físicas, mentais ou sensoriais, parece ser mais no segundo sentido indicado que se utiliza o termo **integração**, querendo com isso significar a educação de pessoas com **deficiência juntamente** com pessoas **não deficientes** no **mesmo lugar**.

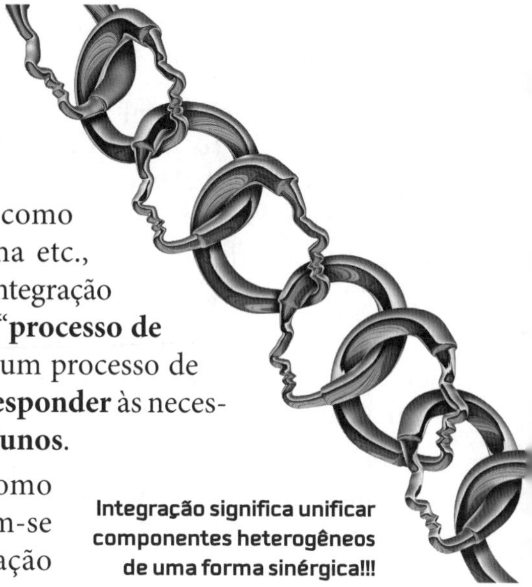

Integração significa unificar componentes heterogêneos de uma forma sinérgica!!!

Por exemplo, na Europa, países como Inglaterra, Dinamarca, Itália, Espanha etc., seguem uma linha que considera que a integração educacional é fundamentalmente um "**processo de mudança da escola regular**", ou seja, um processo de diferenciação da escola no sentido de **responder** às necessidades individuais de **todos** os seus **alunos**.

Já em outros países europeus como França, Bélgica, Luxemburgo etc., tem-se uma orientação que encara a integração educacional dos alunos com deficiência ou dificuldades especiais como um modo de "**normalizar**" esses alunos, de aproximá-los o mais possível de um "meio social e escolar normal", ou seja, um "**processo extrínseco à escola regular**".

Uma das principais raízes filosóficas do conceito de integração de crianças e jovens com necessidades educacionais especiais (NEEs) na escola regular ou na sociedade é o **princípio de normalização**.

Primeiramente, surgido na Escandinávia e depois nos EUA, em linhas gerais, este conceito indica a convicção de que se devem usar com as crianças com NEEs meios tão culturalmente normativos quanto possível, justamente para elas não se sentirem excluídas.

Para que uma pessoa com NEE esteja efetivamente integrada, a sociedade tem de encarar o seu papel e facultar-lhe o acesso aos serviços e oportunidades de educação mais valorizados.

A igualdade de oportunidades em educação é, na verdade, essencial, dada a sua importância na transmissão de conhecimentos e constituição de atitudes e competências, que a sociedade como um todo classifica como importantes para crianças e jovens.

Deve-se, portanto, praticar com as pessoas com NEEs a filosofia de inclusão total, ou seja, todos os alunos devem frequentar a escola para a qual todos deveriam ir se não tivessem qualquer problema!?!?

Dessa maneira, nenhum aluno será excluído da escola, independentemente do grau e tipo de deficiência que apresente.

Uma das estratégias que se deve implementar no processo de ensino e aprendizagem é a *cooperative learning* (aprendizagem cooperativa). Quando um professor da classe regular educa os alunos em grupos de trabalho, organizando-os na base da heterogeneidade das suas habilidades (por exemplo, juntando estudantes com NEEs numa determinada disciplina ou área com alunos mais habilidosos no assunto em estudo).

É possível também valer-se do *peer tutoring* (ensino pelos colegas), que é um método baseado na noção de que os alunos podem efetivamente ensinar seus colegas.

Nele, o papel do aluno ou do professor pode ser atribuído a qualquer estudante, com deficiência ou não, e alternadamente, conforme as matérias em estudo ou as atividades a desenvolver.

No entanto, quando um aluno com NEE assume o papel de docente (professor), o aprendiz (aluno) é, geralmente, um estudante mais novo e menos desenvolvido, ainda que sem dificuldades especiais em relação ao seu nível de desenvolvimento.

Pode-se, ainda, praticar a **integração reversa** (*reverse mainstreaming*), quando se colocam alunos sem qualquer tipo de problema na escola em classes predominantemente compostas por alunos com NEE, durante curtos períodos de tempo ou no decorrer de algumas atividades específicas.

É possível também estabelecer uma participação mais reduzida dos alunos com NEE, fazendo, assim, algumas adaptações nas atividades que eles vão desenvolver, facilitando-lhes o mais possível a participação, alterando as regras do "jogo", modificando a forma de apresentação de alguma tarefa ou até suprindo uma ajuda individual aos alunos com dificuldades nas partes mais difíceis das suas atividades escolares.

Existem escolas que inclusive desenvolvem atividades de simulação, nas quais os alunos ditos normais representam o papel de alunos com deficiência ou inadaptações de qualquer natureza, no sentido de levar os alunos sem problemas a modificar as suas atitudes em relação aos colegas com dificuldades especiais ou inaptidões físicas ou intelectuais mais graves.

Para finalizar esse assunto da integração dos jovens com NEE, deve-se salientar que ela pode ser dividida ou apresentada em quatro formas ou níveis principais:

- **Física**, ou seja, reduzindo da distância física (ou geográfica) entre as pessoas deficientes e não deficientes, significando isto a manutenção de salas de aula separadas (segregadas) em escolas regulares (no mesmo edifício ou no mesmo espaço).
- **Funcional**, promovendo uma diminuição funcional entre os dois grupos de pessoas (deficientes e não deficientes), o que significa – no caso de integração escolar – que todos os alunos usam os mesmos equipamentos ou recursos da escola, podendo tal uso de recursos e equipamento ser feito de forma simultânea ou em momentos diferentes ou ainda em cooperação (planejamento e realização de atividades em comum).

Deve-se pensar nas três integrações: física, funcional e societal.

- **Social**, isto é, implicando na redução social entre os dois grupos, significando isso que as pessoas deficientes fazem parte de uma mesma comunidade com as pessoas não deficientes, mantendo contatos regulares e espontâneos entre si.
- **Societal**, o que significa que a pessoa deficiente, já adulta, tem o mesmo acesso aos recursos sociais das outras pessoas e a oportunidade para influenciar a sua própria situação na sociedade, ou seja, tem um papel produtivo no mundo do trabalho e participa de uma comunidade social com todas as outras pessoas, deficiente ou não.

6.2 - A IMPERIOSA NECESSIDADE DE INTEGRAÇÃO.

Um livro muito interessante para se entender como é possível obter uma intensa **integração** é o de Simon Sinek – *Por quê? Como Grandes Líderes Inspiram Ação* – no qual ele destaca que existem uns poucos líderes que preferem **inspirar** a **manipular** todas as pessoas, no sentido de motivá-las.

Conscientemente ou não, a maneira como fazem isso é porque seguem um padrão que ocorre naturalmente e que Sinek chamou de **círculo de ouro** (Figura 6.1).

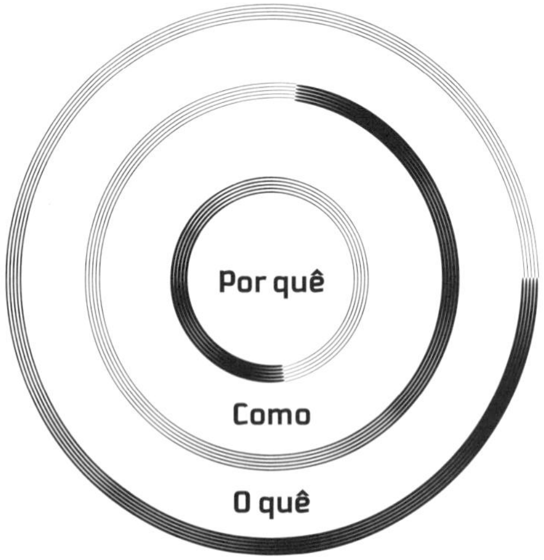

Figura 6.1 – O círculo de ouro de Simon Sinek.

O conceito do círculo de ouro foi inspirado no número ϕ (*phi*) – uma relação matemática simples que fascina há muitos séculos matemáticos, biólogos, arquitetos, artistas, músicos e naturistas. A proporção áurea é representada pelo ϕ que é uma constante real algébrica irracional, cujo valor é 1,61803398875 e arredondado para três casas decimais: **1,618.**

Dos egípcios a Pitágoras, e bem mais tarde com Leonardo da Vinci, muita gente tem recorrido à **proporção áurea** para obter uma fórmula matemática para indicar as proporções ideais, inclusive no que se refere à beleza dos seres humanos.

Ela também apoia a noção de que existe mais ordem na natureza do que imaginamos, como na simetria das folhas e na perfeição geométrica dos flocos de neve.

Até mesmo a Mãe Natureza – para muitos indivíduos um símbolo de imprevisibilidade – existe mais ordem do que nós interiormente percebíamos.

Assim como a proporção áurea, que oferece evidências de ordem na aparente desordem da natureza, o círculo de ouro encontra ordem e previsibilidade no comportamento humano.

Simplificando, ele nos ajuda a entender por que nós **fazemos o que fazemos**!!! Ou seja, o círculo de outro oferece evidências convincentes de quanto mais nós poderemos realizar se lembrarmos a nós mesmos de começar tudo o que fazemos perguntando antes o porquê.

Começando no círculo mais externo e em movimento para dentro:

- **O quê** – Claro que cada empresa ou a mais simples organização, sabe o que faz. Isso é uma verdade e não importa o seu tamanho, se é grande ou pequena, como também não importa o seu ramo de atividade. Cada pessoa que trabalha nela é capaz de descrever facilmente os produtos ou serviços que ela vende ou a função de trabalho que exerce na sociedade.

  Assim, "**os quês**" são fáceis de identificar.

- **Como** – Algumas empresas e pessoas até **sabem bem como fazem** e **o que fazem**. Quer você os chame de "**proposição de valor diferenciada**", "**processo patenteado**" ou "**proposta de venda exclusiva**", os "**comos**" quase sempre são estabelecidos para explicar como algo é diferente, ou melhor!!!

  Não são tão óbvios como "**os quês**"; e muitos acham que estes são os fatores diferenciados ou motivadores de uma decisão.

  Seria falso supor que isso é tudo o que é necessário.

  Mas está faltando o detalhe mais importante...

- **Por quê?** – Muito poucas empresas ou pessoas podem explicar (ou articular) concisa e claramente **porque fazem o que fazem**!!!

  E quando se diz "**por quê?**", não significa que a intenção é ganhar dinheiro, pois é o resultado do negócio.

  Com esse "por quê?", se quer saber a finalidade, a causa e a crença por que a empresa existe.

Isso também inclui as questões:

- Por que você se levanta da cama cada manhã para trabalhar nessa empresa?
- Por que cada um deve se importar com o desempenho da organização como um todo?

Quando a maioria das organizações ou pessoas pensa, age ou se comunica, elas fazem isso de fora para dentro, do "**o quê**" para o "**por quê?**".

E por uma boa razão – elas vão das coisas mais claras para as coisas mais difusas.

Dizemos **o que** fazemos e às vezes dizemos **como** fazemos isso, mas **raramente dizemos por que fazemos o que fazemos**!!!

Mas isso não acontece nas empresas inspiradas.

Não com os líderes inspirados, que são eficazes para obter a integração.

Em cada uma das empresas inspiradas, não importa o tamanho ou ramo de atividade, pensa-se, age-se e comunica-se de dentro para fora.

Numa organização eficaz, tudo começa pela clareza. Você tem de saber por que faz o que faz.

Se as pessoas não compram o que você faz, elas compram porque você o faz.

- Enfim, se você não sabe por que faz o que faz, como alguém mais saberá?

Se o executivo principal ou o líder de uma organização não conseguir articular claramente porque ela existe, além de seus produtos ou serviços, então como se pode esperar que os colaboradores saibam por que comparecem ao trabalho.

Assim, a **inspiração**, e daí a **integração**, começa pela clareza do por quê.

Uma vez que você saiba por que faz o que faz, a questão seguinte é como você vai fazer isso?

Os "**comos**" são seus valores ou princípios que guiam como dar vida à sua causa.

A maneira como nós fazemos as coisas se manifesta nos sistemas e nos processos dentro de uma organização e de uma cultura.

Entender como você faz as coisas e, mais importante ainda, **ter a disciplina** de manter a organização e todos os colaboradores responsáveis por esses princípios orientadores, melhora a capacidade da organização de trabalhar com sua energia natural.

Entender como fazer intensifica a capacidade, por exemplo, para contratar pessoas ou encontrar parceiros que naturalmente vão ter sucesso trabalhando com você.

Tudo o que você diz e tudo o que você faz tem de comprovar no que você acredita.

O "**por quê?**" é apenas uma **crença**. É só o que é.

Os "**comos**" são as **ações** que você vai adotar para tornar real essa crença.

E "**os quês**" são os **resultados** dessas ações – tudo o que você diz e o que você faz: seus produtos, seus serviços, seu *marketing*, suas relações públicas, sua cultura e quem e "os quês" você contrata para trabalhar na empresa.

Se as pessoas não compram o que você faz, mas **por que você faz isso**, então todas essas coisas precisam ser consistentes.

Com consistência, as pessoas vão ver, ouvir e perceber, sem sombra de dúvida, no que você acredita.

Afinal de contas, nós vivemos em um mundo tangível.

O único jeito de as pessoas saberem em que você acredita é pelas coisas que você diz e faz, e, se você não for consistente nas coisas que diz e faz, ninguém vai saber no que você acredita.

A autenticidade acontece em nível do "**o quê**".

Para unir todas para se envolverem com uma mudança e acreditarem nela é vital começar pelo "**por quê?**", mas obviamente saber explicar bem como isso irá ocorrer.

Um bom exemplo de um presidente-executivo integrador foi o de Steve Ballmer que substituiu na Microsoft, o carismático Bill Gates.

É verdade que em 2014, Steve Ballmer deixou esse posto para o indiano Satya Nadella que agora comanda a Microsoft que necessita grandes mudanças e uma delas é a **redução** no prazo de um ano da força de trabalho em 18 mil pessoas.

Mas era muito especial ver como Steve Ballmer "**explodia**" no palco ao dirigir uma reunião anual da cúpula global da empresa!?!?

Ele sabia como agitar a turma. Sua energia era quase folclórica. Ele cerrava os punhos e percorria o palco de uma ponta à outra, esbravejava, suava, enfim conseguia com que a plateia se envolvesse com as suas mensagens.

Sem dúvida nenhuma, a energia pode motivar um monte de gente, mas poderá **inspirar todos**?

O que acontecerá no dia seguinte ou na semana seguinte, quando a energia de Ballmer já não estiver mais lá para motivar seus colaboradores?

A energia dele bastava para manter o foco de uma empresa de cerca de 80 mil pessoas?

Bill Gates, um líder inspirador com a força de um imperativo moral devido as suas ações filantrópicas em benefício de muitos.

Em contraste, Bill Gates – que continua tendo grande influência na Microsoft – é bem tímido, de certa forma desajeitado e para alguns até um desajustado social?!?!

Ele não se encaixa no estereótipo do líder de uma corporação multibilionária.

Ele não é o palestrante público mais energizador!!!

Porém, mesmo assim, quando Bill Gates fala, as pessoas ouvem com a respiração suspensa. Elas acompanham atentas cada palavra dele.

Quando Gates fala, ele não convoca as pessoas, ele as **inspira**.

Quem o ouve capta o que ele diz, e carrega consigo as palavras dele por semanas, meses ou anos.

Gates pode não ter muita energia, mas inspira!!!

A **energia motiva**, mas o **carisma inspira**.

A energia é fácil de perceber, de medir e até de copiar.

O carisma é difícil de definir, é quase impossível de medir e também é evasivo, na hora de copiar.

Todos os grandes líderes têm carisma, pois têm a clareza do "**por quê?**", a crença eterna em uma finalidade ou causa maior do que eles mesmos.

Não é a paixão de Bill Gates pela computação e pela informática que nos inspira, é o seu incessante otimismo de que mesmo os mais complicados problemas podem ser resolvidos.

Ele acredita que podemos encontrar diversas maneiras para remover obstáculos para garantir que todo mundo possa viver e trabalhar com seu potencial maior. É para o otimismo dele que somos atraídos.

O carisma vem da convicção absoluta em um ideal maior do que a própria pessoa.

A energia, em contraste, vem de uma boa noite de sono ou muita cafeína.

A energia pode excitar, mas só o carisma pode inspirar.

O carisma comanda a fidelidade. A energia não.

A energia sempre pode ser injetada na organização para incentivar as pessoas a fazerem coisas.

Prêmios, promoções, outras cenouras e até algumas chicotadas podem levar as pessoas a trabalhar com mais afinco, sem dúvida, mas o ganho é, como em todas as **manipulações**, de curto prazo.

Com o tempo, essas táticas custam mais dinheiro e aumentam o estresse, tanto dos colaboradores como dos empregadores da mesma maneira, e por fim se torna a principal razão para as pessoas se apresentarem no seu trabalho todos os dias!?!?

Mas isso não é **fidelidade**.

A fidelidade entre os colaboradores se evidencia quando eles recusam mais dinheiro ou mais vantagens, para continuarem trabalhando na mesma empresa.

A fidelidade deles com a empresa está acima de pagamentos e vantagens.

E a menos que você seja um astronauta, também não é o trabalho que fazemos que nos inspira: mas sim a **causa**, para a qual vamos trabalhar.

Há aquelas pessoas que vão trabalhar para levantar uma parede e existem as que desejam trabalhar para construir uma catedral!!!

Qual é o seu caso?

Ao falar em **integração**, devem-se entender pelo menos duas coisas.

A **primeira**, que para ter sucesso em qualquer medida de mudança numa empresa é necessário comunicá-la a todos que serão atingidos pela "novidade", ou que estejam envolvidos em sua **implementação**.

E isto significa que se deve alcançar **integração** com todos (é o que se espera...), apoiando a introdução da melhoria.

A **segunda** é que a maneira mais adequada de se valer da integração é através do **trabalho de equipe**, e no caso de se ter uma tarefa complexa, tendo uma "equipe de equipes", principalmente quando o serviço é durante as 24 h do dia, todos os dias.

No que se refere à **integração**, ela se evidencia melhor quando realmente se consegue incutir em todos responsabilidade e compromisso, além de se estabelecerem relacionamentos francos e cooperativos.

É importante salientar que não somos responsáveis apenas pelo que fazemos, mas também pelo que deixamos de fazer.

Por outro lado, é o compromisso que permite transformar a promessa em realidade.

Entretanto, o indivíduo que não está interessado no seu semelhante é o que tem as maiores dificuldades na vida e que causa os maiores males aos outros.

Geralmente, é entre tais indivíduos que se verificam os fracassos humanos.

O gestor *S8* deve então buscar a constituição de uma excelente equipe cujos integrantes sejam responsáveis, comprometidos, francos e cooperativos.

Que pensem como dizia Ayrton Senna: "*Eu sou parte de uma equipe. Então quando venço, não sou eu apenas quem vence. De certa forma, termino o trabalho de um grupo enorme de pessoas.*"

Na 2ª década do século XXI, construir um espírito de equipe não é uma tarefa fácil, quando se tem uma sociedade onde **a celebração do ego é o passatempo nº 1** (veja como é popular a moda de tirar e divulgar as próprias fotos – os *selfies* – nas redes sociais).

É verdade que grupos com verdadeiro espírito de equipe competem consigo mesmos para fazer mais e melhor. Pode-se dizer que nas grandes equipes, alguns conflitos tornam-se produtivos, até porque o livre fluxo de ideias e sentimentos conflitantes é essencial para o pensamento criativo.

Para descobrir novas soluções, ninguém deve contar somente consigo mesmo.

Mas quem conseguir montar um bom time pode usar isso como uma grande vantagem competitiva, pois possui um grupo de pessoas integradas, todas cooperando e ajudando umas às outras na busca do objetivo comum, com compromisso e determinação.

Caso se queira ter sucesso na **integração** voltada para se conseguir melhores resultados no trabalho, é primordial que o *S8* saiba valorizar com quem trabalha.

Realmente, uma das reclamações mais comuns dos empregados de praticamente todas as áreas nos mais diferentes segmentos é achar que os seus superiores **não valorizam** adequadamente o seu trabalho.

Parece que existe um pressuposto tácito de que os funcionários já têm muita sorte de estarem empregados, o que evidencia implicitamente a apreciação.

Dessa forma, torna-se rara qualquer apreciação verbal ou comportamental, exaltando o bom desempenho.

O fato indiscutível é que as pessoas precisam e merecem a valorização, sendo que ao se sentirem valorizadas ficam mais felizes, menos estressadas e mais leais, e passam a ser excelentes membros de uma equipe, possibilitando a integração de esforços.

Por seu turno, as não valorizadas ficam ressentidas e perdem o entusiasmo pelo trabalho.

Mesmo que alguém esteja somente "fazendo o seu trabalho", é imprescindível que se sinta valorizado.

É por isso que o *S8* deve se esforçar para deixar claro que valoriza as pessoas com quem trabalha, elogiando-as com certe frequência e, inclusive, de vez em quando mandando-lhes algum tipo de mensagem, por telefone, *e-mail* ou um bilhete agradecendo o seu empenho no trabalho.

É recomendável, em certas ocasiões, até oferecer um pequeno presente, digamos no dia da secretária, para mostrar claramente a sua apreciação.

Com essa estratégia, fica bem mais propício o clima para se obter a integração, ou seja, fazer com que todos fiquem alinhados com alguma proposta de melhoria organizacional.

Existe uma outra maneira de trabalhar numa empresa que não seja em conjunto e cooperativamente?

A única opção para não trabalhar em conjunto, vale dizer, ser contra a integração, é **trabalhar contra**.

O lamentável é que quando alguém está trabalhando contra, não se integrando nos objetivos da empresa e da alta administração, isto nem sempre é visível!

Assim, tem gente que parece que simplesmente se "esquece" de fazer as coisas.

Com muita frequência, a falta de cooperação e a oposição à integração das metas traçadas a ser sentidas pela letargia, pela falta de interesse e de empenho das pessoas que trabalham na empresa.

É difícil obter a integração quando se tem gente que se "esconde" e é contra todas as mudanças.

Muitas vezes os empregados não cooperam porque não estão realmente do seu lado, e é provável que estejam assim procedendo por pensarem que a recíproca é verdadeira...

O gerente *S8* busca a cooperação e a consegue, sendo o primeiro a demonstrar cooperação, o que conduz a integração.

Os integrantes de sua equipe também esperam muito dele.

Esperam que ele seja justo e razoável na maneira de lidar com eles; querem que ele lute pelos seus interesses; que os consulte com frequência e que os coloque a par do que está ocorrendo na empresa.

Eles presumem que o *S8* vá exercer a sua autoridade de maneira plena e que tome sempre as melhores decisões.

Esperam que os oriente sempre que for necessário sobre o que precisa ser executado e que, principalmente, converse com eles.

E ao conversarem com ele, revelam todas as suas expectativas, da mesma forma que o *S8* expõe as suas para eles.

Essa é a maneira correta de conseguir uma sólida integração que conduzirá, sem dúvida, à **implementação** de todos os projetos e das novas ideias.

A moral de tudo isso é que o *S8* não pode esperar nunca mais do que ele próprio está apto a dar!!!

Caso as pessoas não saibam definir suas expectativas, nem o que se espera delas, estarão não só perdidas, mas também se sentirão completamente inseguras. É por isso que o *S8* procura que seus colaboradores sejam integrantes de uma equipe.

Comunica claramente a todos que espera que trabalhem com afinco, que se empenhem e que se auxiliem mutuamente.

Espera que sejam honestos.

Leva em conta que eles vão cometer erros, mas também vão aprender com isso e melhorarão seu desempenho na próxima vez.

Considera que todos vão dar o melhor de si todo o tempo.

Acredita que vão lhe comunicar os problemas que não conseguirem resolver, os quais inclusive podem estar obstruindo o seu progresso.

Presume que os seus colaboradores vão lhe externar suas queixas, em lugar de deixar que as mesmas os irritem substancialmente.

Imagina que os seus funcionários vão buscar ser cada vez mais criativos e que vão procurar dar sugestões para que ocorra a melhoria geral.

É essencial que o *S8* consiga essa integração, para que fique bem claro o que ele espera dos seus ajudantes.

6.3 - A REUNIÃO COMO FATOR DE INTEGRAÇÃO.

Uma das maneiras de se conseguir a integração é através das **reuniões**. Porém isto nem sempre é verdade, e reuniões conduzidas inadequadamente podem, ao contrário, levar à **desintegração**.

Barry Gibbons, que ficou famoso pela sua ação gerencial no início da década de 1990, à frente da cadeia de *fast-food* Burger King, promovendo uma grande revitalização nela, era bem cético quanto às reuniões.

Para ele, a maioria das reuniões é desnecessária, muitas delas são sem propósito e quase todas são mal organizadas. E a maior parte delas prejudica – em vez de ajudar – o processo de evolução empresarial.

Dizia Barry Gibbons: *"Em primeiro lugar, existe um ódio compreensível contra a burocracia inútil. Por isso, devemos acabar com demoradas minutas de reunião.*

É claro que um conjunto sucinto de no máximo uma página de ações concordadas colocadas no e-mail, enviadas aos que vão participar da reunião, *a tornam mais eficiente.*

Para mim, a regra de ouro nº 2 é que não se deve tentar extrair numa reunião uma decisão pelo processo de 'fornecimento de um mar de informações'. Isto até é perverso.

Contudo, para que uma reunião seja produtiva ***não se deve ter cadeiras*** *na sala de reuniões, porque assim não vai durar mais do que 15 min."*

Pois é, nesta **era da velocidade** parece que a maneira de pensar de Barry

Gibbons sobre a realização de uma reunião tem muitos seguidores, inclusive aqueles que apoiam fazer reuniões em pé.

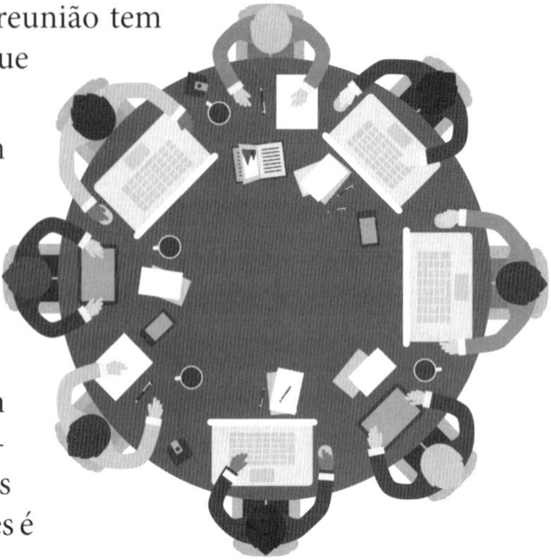

Uma boa reunião, é indispensável para chegar a integração.

Eles pensam como ele que existem somente três razões possíveis para reunir as pessoas: **dar informações, debater opções** ou **decidir algo.**

Claro que para uma reunião ser eficaz ajuda muito ter uma pessoa que seja a "dona" da reunião, com a tarefa primordial de definir previamente qual é o objetivo e informá-lo às outras pessoas. Transmitir informações é a finalidade mais fraca dos três motivos e, lamentavelmente, a mais usual.

Cabe ao *S8*, principalmente na etapa de integração, quando se está passando para todos, digamos, as informações sobre alguma mudança pretendida, tomar muito cuidado com esse tipo de reunião, pois a capacidade de cada um digerir informações é variável.

É muito mais produtivo usar o tempo comum disponível para debater ou decidir coisas.

Atualmente, apresentações e relatórios bem sofisticados podem ser transmitidos valendo-se da TIC, com muita eficiência, e as pessoas podem participar ou digerir os mesmos em seu próprio ritmo.

Já um debate (real ou virtual) necessita de um dono, ou no mínimo de um facilitador, cuja responsabilidade é fornecer informação antecipada.

Em qualquer processo de discussão, é geralmente crítico que você receba insumos de outras pessoas antes que possa recomendar ou tomar uma decisão final, principalmente daqueles que serão afetados e/ou dos que sabem mais que você em determinadas áreas.

Mas de longe a razão mais importante para se fazer uma reunião é **decidir algo**.

Para que isto funcione bem, todos os envolvidos numa reunião precisam entender o que foi decido antes que ela se encerre e concordar com isso. Conseguindo-se isto, ao fechar uma reunião, pode-se estar **seguro** de que houve a **integração** quando há concordância de todos os participantes.

Pode ser que você, caro leitor, ao estar fazendo a **introspecção** (falaremos disso no Capítulo 8) do seu desempenho na vida, chegue à conclusão de que é hora de mudar e tomar a iniciativa de desenvolver um novo projeto que lhe possibilite ganhos maiores e mais satisfação.

Às vezes ficamos perplexos com os salários dos jogadores de basquete ou de futebol, ou então de pilotos de Fórmula 1, ou ainda de alguns cantores. Mas eles fazem algo **muito bem**, e por isso devem ser bem remunerados!

Tenha confiança em si mesmo, e também poderá receber altos salários.

Busque ser uma pessoa singular, utilizando as suas habilidades e talentos inatos.

Procure girar o mais rápido possível a sua roda da melhoria, e aí perceberá que a alta administração da empresa na qual trabalha também estará sabendo que você é a vitamina e o nutriente que ela necessita, e o tratará e lhe pagará como se fosse alguém que faz milagres, ou melhor, que consegue resultados onde virtualmente todos os outros não se saem bem...

6.4 – AO PROCURAR INTRODUZIR AS MUDANÇAS, CUIDADO COM OS BAJULADORES.

Quem quer ser líder da transformação para alcançar uma integração bem-sucedida deve mostrar claramente a todos o "novo mundo" após a mudança...

Uma das piores coisas que terá que enfrentar um gestor *S8* quando insistir na introdução de uma nova ideia ou quiser promover uma mudança é a eliminação de bajuladores.

Uma pessoa ser bajuladora – ou como se diz no cotidiano, "puxa-saco" – pode até ter explicações biológicas, como evidenciou uma recente pesquisa.

Um estudo feito com macacos demonstrou que o nível de serotonina no cérebro desses animais aumenta quando veem comportamentos submissos em relação a eles, por parte de outros de sua espécie.

A serotonina é um neurotransmissor responsável pela sensação de satisfação. Quando essa substância aumenta, o mesmo acontece com a impressão e bem-estar.

Se o processo funcionar da mesma maneira com os seres humanos, o poder ou a proximidade dele – o ser humano bajulado – será capaz de agir com um poderoso afrodisíaco.

Claro que aceitar e incentivar o puxa-saquismo seria, nesse caso, somente uma forma de alcançar a sensação de bem-estar.

Uma das maiores dificuldades para se obter a integração e ter, digamos, um trabalho de equipe, é quando se está rodeado de bajuladores e não de colaboradores sinceros.

Richard Stangel, autor do livro *Você é o Máximo – A História do Puxa-Saquismo*, diz: "*Uma coisa é agradar o chefe por motivos ridículos, e outra é puxar-lhe o saco.*"

O primeiro tratadista anti-puxa-sacos foi o romano Plutarco, que dizia: "*Mude suas ideias abruptamente e observe se o bajulador o seguirá. Realmente, a bajulação é a arte da sedução. E é difícil para a maior parte das pessoas escapar da tentação de seduzir ou deixar-se seduzir.*"

Com muita sutileza, o ex-presidente Ernesto Geisel sabia usar o método de Plutarco, porém passou a duvidar dele quando notou que o número de pessoas capazes de abandonar a franqueza era muito maior do que os dos puxa-sacos propriamente ditos.

Bajular, entretanto, não significa obrigatoriamente mentir ou ser falso.

A bajulação é, às vezes, um elogio dotado de propósito, em alguns casos um pouco exagerado, e em outros, totalmente verídico.

De qualquer forma, tem objetivos práticos, isto é, conseguir maior empatia de alguém, um convite para participar de alguma atividade ou até uma possível promoção no emprego.

No fim das contas, é um tipo de manipulação da realidade que tira proveito da valorização da outra pessoa em benefício próprio.

Na maioria dos casos, a bajulação contemporânea não passa de uma trapaça inofensiva, um crime que não faz vítimas e quase sempre termina deixando tanto o emissor como o receptor se sentindo melhores.

Isto, porém, não significa que a bajulação funcione, pois realmente não incrementa o espírito de equipe para se ter integração e tampouco cria um clima melhor para se desenvolver o processo de implementação.

6.5 - SIMPLESMENTE EFICAZ.

Será que essa é a forma mais simples para conseguir que certos funcionários coloborem com os outros?

Ron Ashkenas, consultor de altos executivos sobre liderança, transformação organizacional e integração pós-fusão, é o autor de *Simplesmente Eficaz* (DVS Editora), no qual enfatiza a necessidade de **simplificar** cada vez mais para que se possa ser produtivo e eficaz no trabalho.

O autor destaca que **simplificar** não significa só adotar operações simplificadas, mas, sim, voltadas para a simplificação e que permeiem toda a organização.

Há quatro principais maneiras com que a **complexidade** se instaura nas empresas:

1ª) Mudanças de projeto mecânicas, e não orgânicas.

2ª) Crescimento desmedido de produtos e serviços.

3ª) Processos que evoluem e ficam impraticáveis.

4ª) Comportamentos gerenciais que geram confusão.

Ron Ashkenas, para explicar o que quer dizer com simplificação, conta a seguinte história: "Você quer dirigir até outra cidade que não fica muito longe, mas não conhece o caminho. Então procura descobrir como chegar lá estudando as estradas que deve percorrer, onde virar, fixando alguns pontos de referência e assim por diante.

Simples, não é mesmo?

Tudo parece indicar que irá chegar ao seu destino sem problemas. Mas nem tudo é tão fácil, pois durante a sua viagem pode chover e isso irá dificultar inesperadamente toda a sua visualização, ou, então, pode haver uma obra bloqueando a entrada, forçando-o a entrar num desvio não previsto, ou ainda estourar um pneu do seu carro num lugar difícil para trocá-lo.

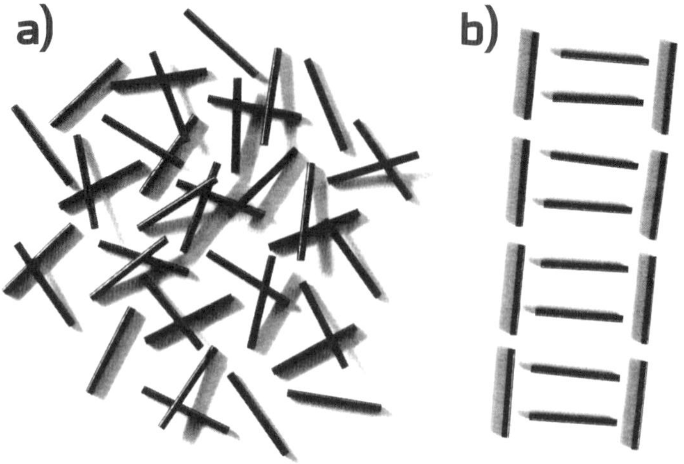

Tudo pode sair da desorganização (a) para uma estrutura significativa (b) não é? Basta saber simplificar.

De certa forma, a concretização de tarefas em uma organização é como viajar de uma cidade para outra. Às vezes, tudo corre na mais perfeita ordem, mas também acontecem eventos para os quais não se estava preparado e, mesmo assim, as decisões devem ser tomadas, lidando-se com os dados em **tempo real**!

Portanto, concretizar as tarefas com êxito nas empresas costuma não ser tão simples quanto parece. Quando você está no comando de uma organização, pode simplesmente aceitar a **complexidade** com um fato, como algo com que precisará conviver. Porém, também se tem a opção de agir para simplificar os processos no seu espaço de trabalho, tornando-o mais produtivo e mais satisfatório para clientes e funcionários.

É isso que vem a ser **simplificação: facilitar a maneira de concretizar as tarefas por seus funcionários e a forma de trabalho com os clientes e outros parceiros!**"

Todos conhecem bem o acrônimo *KISS*, ou seja: "***Keep It Simple Stupit!***" (Não complique, estúpido!). Ele até se tornou banal pelo uso exagerado. Mas se você ocupa uma posição de liderança, seja em uma empresa inteira, em uma função, numa equipe ou em um projeto, eis o seu desafio: **como manter procedimentos simples em meio a tanta complexidade?**

Numa empresa, um *S8* sempre irá se deparar com situações de complexidade, seja na mitose estrutural (quando surgem novas unidades ou setores da empresa), na proliferação de produtos e serviços (as empresas têm a tendência natural de aumentar seu portfólio), na evolução dos processos (implementação de novas ideias) e nas mudanças do comportamento gerencial (falhas nas instruções dos gestores).

Assim, fica evidente que o combate à complexidade é uma **tarefa sem fim!**

Entretanto, a simplificação de processos complexos não é tão complicada! Mas, caso você esteja esperando que alguém comece o processo de simplificação no seu luar, talvez tenha que esperar muito tempo... Porém, caso queira começar a simplificar, você deve ter um elenco de questionamentos semelhantes aos que estão descritos a seguir:

- Quantas vezes você foi a uma reunião que não tinha pauta, nem um conjunto claro de objetivos, foi mal conduzida e parecia improvável que iria gerar resultados claros e etapas subsequentes e, mesmo assim, você **não fez nada a respeito**?
- Quantas vezes recebeu *e-mails* ou relatórios desnecessários que não precisava verificar e, mesmo assim, **não comunicou** aos emissores que essas mensagens estavam obstruindo sua caixa de entrada?
- Quantas vezes assistiu a apresentações com *slides* demais, pontos confusos e um excesso de dados e, mesmo assim, **não fez comentários sobre isso para o apresentador**?
- Quantas vezes assumiu uma tarefa ou um projeto sem uma meta clara, prazo específico ou resultados mensuráveis e, mesmo assim, simplesmente aceitou a **confusa tarefa** como parte de suas obrigações na empresa?
- Quantas vezes escutou as reclamações de clientes e colegas sobre processos demorados ou que não faziam sentido e, mesmo assim, **não tomou providências** para corrigir os problemas subjacentes?
- Quantas vezes participou de atividades da empresa, como o planejamento orçamento e estratégico, acreditando que deveria existir uma opção melhor e, mesmo assim, **não compartilhou suas ideias com os outros**?
- Quantas vezes você pensou consigo mesmo que os produtos ou serviços de sua empresa eram complicados demais, muito numerosos e pouco amigáveis e, mesmo assim, simplesmente **aceitou essas complexidades como uma forma normal de fazer negócios ou trabalhar**?

Caso seus procedimentos sejam esses, cai de maneira perfeita para você a mensagem: **"Se você não fazia parte da solução, fazia parte do problema!"**

Costumamos presumir que as coisas são de determinada forma e que não podemos influenciá-las nem modifica-las.

- Mas por que não tentar simplificar, melhorar e agilizar as coisas?
- Se você não começar a simplificar, quem o fará?

E aí, se você realmente decidir enveredar para o caminho da maior eficiência, menos desperdício, maior facilidade de execução das tarefas etc., a grande questão é:**o que realmente se deve fazer quando você aceita a ideia de tomar a iniciativa de impulsionar a simplicidade na sua empresa e na sua vida?**

As cinco ideias simples que precisam ser **implementadas** para se chegar à simplicidade são:

1ª) Encare o espelho.

Grande parte da complexidade em organizações é **inconsciente** e **não intencional**. Tendemos a aceitá-la e a conviver com ela e, após algum tempo, passamos a não enxergá-la. É por isso que o espelho é uma ferramenta poderosa: **ele ajuda as pessoas a enxergarem coisas a respeito de si próprias e que não conseguem ver por si mesmas.**

Para, tanto é vital ter instrumentos de diagnóstico, os quais ajudarão o *S8* a ser aquela pessoa que mostra um espelho para a sua organização e auxilia os empregados a entender melhor a complexidade com a qual têm convivido, considerando-a como algo inerente e até "aceitável"!

Você acha que teria uma vida mais simples numa "casa-ovo" de 6m de comprimento por 3m de largura?

Sozinhos, os instrumentos de diagnóstico não são suficientes; eles precisam estar associados a uma grande dose de diálogos e discussões. Caso contrário, os funcionários de uma empresa terão uma visão fragmentada do espelho, podendo enxergar uma imagem distorcida.

2ª) Apresente um caso de negócios.

Há diversas formas de adotar a simplicidade no caso dos negócios de uma empresa. Você pode fazer uma análise do tempo quantitativo para saber o quanto demora para que você e seus colegas consigam concluir um processo de negócios importante e aí ressaltar as economias de tempo obtidas como resultado da eliminação de etapas desnecessárias. Também pode ser feita uma análise e semelhante de como você e seus colaboradores utilizam o tempo disponível, detalhando quanto dele é dedicado às tarefas de missão crítica e quanto tempo é destinado a atividades de pouca relevância ou quase sem valor agregado.

Você pode, ainda, fazer uma análise comparativa de seu desempenho *versus* o da concorrência - quanto tempo sua empresa leva para vender (instalar, precificar, resolver ou responder às necessidades do mercado), quando comparado ao tempo de um competidor.

A questão essencial é que você precisa criar um contexto convincente para justificar a importância da simplicidade e com ela fazer diferença. Caso queira realmente chamar a atenção das pessoas de uma empresa, mostre a elas onde o dinheiro se concentra ou deveria se concentrar.

3ª) Estimule novas ideias, vindas inclusive de fora para dentro!

Com exceção dos vendedores, funcionários de atendimento ao cliente, pessoal de *marketing* e de alguns altos executivos, na maioria das empresas, um grande contingente de empregados não tem contato direto constante com os clientes.

Portanto, é fácil se isolar, pensar de dentro para fora e não de fora para dentro!

Aí você deve colocar a perspectiva do cliente em primeiro plano. E entre as oportunidades de captar ideias de fora, aí vão algumas sugestões:

- Passe algumas horas escutando chamadas telefônicas com os funcionários do atendimento ao cliente, ao vivo ou ouvindo conversas gravadas.

- Solicite comentários e ideias gravadas através de questionários eletrônicos, redes sociais e grupos de interesse comunitários *on-line.*
- Convide alguns clientes para participar de uma reunião com a sua equipe durante a discussão do lançamento de um novo produto ou serviço.

Quando o foco no cliente se torna um hábito, isso quase sempre faz emergir novas ideias sobre como planejar seu trabalho (ou mesmo desenvolver seus produtos ou serviços) de maneira mais simples.

4ª) Crie uma coalizão.

Ao utilizar a simplificação como modelo na sua área de atuação, isso certamente terá um impacto sobre sua própria organização.

Naturalmente, isso não passará despercebido por outros gerentes, e suas inovações poderão se difundir na organização de forma orgânica.

Para que o impacto seja ainda maior, você pode intencionalmente criar uma **coalizão** de gerentes com o mesmo tipo de mentalidade, para compartilhar ideias e práticas recomendadas, além de discutir em conjunto sobre a **complexidade sistêmica.**

Entretanto, a condução de uma série de reuniões independentes não é a única forma de criar uma coalizão para simplificação. As tecnologias sociais de que dispomos hoje podem ser veículos poderosos para despertar o interesse pela simplificação, obter rápido *feedback* (realimentação), testar ideias e compartilhar experimentos.

Quanto maior for o número de pessoas na força de trabalho que crescerem usando estas tecnologias (*blogs, sites* de redes sociais, *YouTube* etc.), maior será a probabilidade dessas ferramentas tecnológicas se tornarem veículos ainda mais evidentes para criar coalizões.

5ª) Demonstre que a simplicidade faz a diferença!

Nada dá tanto impulso à simplificação quanto o **sucesso real**. O caminho para tornar as coisas mais simples na sua organização é **começar logo a simplificar!**

Assim, *S8,* não perca tempo!

Aprenda com suas experiências e tente fazer novamente de maneira mais simples.

Basicamente, todas as táticas, estratégias e planos se resumem a entrar em ação, obter alguns resultados iniciais ter como base o sucesso. Faça isso sozinho ou com a equipe de seus colaboradores mais próximos.

O importante é realmente fazer algo. Combater a complexidade e criar uma organização mais simples é uma tarefa nada fácil. As enxurradas de complexidade – **econômica, social, tecnológica e psicológica** – continuam intensas. E faz parte da natureza humana exacerbar e exagerar a complexidade. Se fosse fácil, todas as organizações seriam simples!

➛ **Quem não gostaria que fosse assim?**

Mas, apesar de tudo, a simplificação é possível quando você está disposto a começar a fazer algo. Simplifique uma apresentação. Otimize um processo. Concentre-se em suas ofertas de serviços. Facilite a compreensão das atribuições ou instruções. Reduza a sua quantidade de *e-mails*.

Comece por onde você tem um certo controle, domínio e pode fazer a diferença e depois prossiga em outras frentes.

Na sua essência, o livro de Ron Ashkenas oferece um amplo *kit* (conjunto) de ferramentas para a simplificação. Para facilitar a escolha da mais adequada, é vital levar em consideração as variáveis mostradas na Figura 6.2.

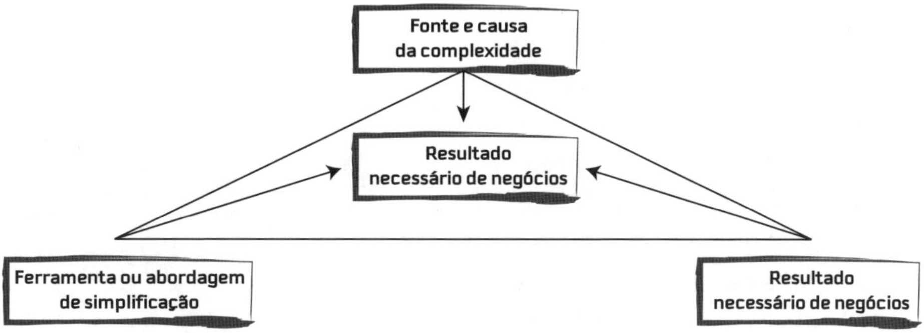

Figura 6.2 – Desenvolvimento de uma estratégia de simplificação.

- Qual e o resultado de negócios a ser alcançado?
- Que fonte de complexidade precisa ser tratada para atingir esse resultado?
- Qual é a causa da complexidade?
- Que ferramenta ou abordagem melhor se ajusta para eliminar essa causa da complexidade?
- Que tipo de liderança você e outras pessoas podem exercer para obter melhores resultados?

Ao se alinhar sua estratégia de simplificação pessoal com as respostas a essas perguntas, você pode criar uma forma poderosa e personalizada de começar a fazer algo e de expandir no entorno do seu trabalho e da sua carreira.

Mas lembre-se sempre: se você não tomar as rédeas da situação, quem o fará?

A simplicidade começa por você, meu caro *S8*!

6.6 - A INTERNET COMO FATOR DE INTEGRAÇÃO.

Todos devem aceitar que a Internet é realmente um instrumento revolucionário de **comunicação** e de **integração**.

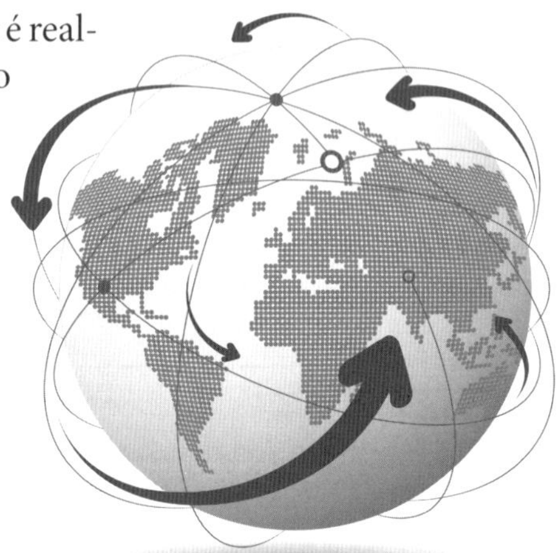

A Internet de fato conectou e integrou muita gente, principalmente nas redes sociais.

Ao contrário da televisão, que é baseada em concessões de rede, a Internet se mantém com um número sem restrições (por enquanto, pelo menos) de "emissoras" de informação.

Diferentemente dos outros meios de comunicação, a Internet não tem proprietários.

A capilaridade da rede possibilita que qualquer pessoa crie a sua própria *home page*, e que esta seja visitada por um estudante de Ibiúna (cidade do Estado de São Paulo), um operário de Kuala Lumpur (Malásia), ou um funcionário público de Londres (Reino Unido), caso isso lhe interesse.

Por incrível que pareça, esse caráter um tanto quanto anárquico do sistema tem permitido uma grande difusão de informações, às vezes até vetadas nos meios de comunicação convencionais.

A Internet ainda está no mundo todo, passando por uma fase de amadurecimento, após muitas contestações e desafios.

Já se percebeu, todavia, que a Internet tem regras próprias que regulam processos diferentes de fidelização e seleção.

Mas é o internauta quem decide com base em referências particulares e individuais, as rotas de navegação na rede, decidindo o que quer "visitar"...

A Internet possibilita uma intensa interação dialética por meio da comunicação.

Numa relação ideal de integração digital, o usuário busca se projetar no interlocutor virtual ou no *site* navegado.

Se isto acontece, e se porventura forem descobertas afinidades, o internauta instala-se em uma posição privilegiada, da qual é capaz de olhar até para si próprio.

Pode assim reordenar seus pensamentos, redefinir conceitos e reformar o próprio comportamento.

Exemplos dessa interação podem ser claramente percebidos nas intensas utilizações das redes sociais, com as pessoas comunicando-se com seus amigos.

Essas relações entre os membros muitas vezes transcendem o virtual e se transformam em processos reais de intercâmbio de ideias e informações.

É o caso de pessoas que se conhecem a princípio na rede e depois passam a ir ao mesmo clube, ou ainda a frequentar a casa de cada uma.

O certo é que a Internet, a partir de relações casuais, tem também permitido que pessoas que representem empresas façam acordos, fusões e bons negócios.

Ao contrário do que alguns previam, a Internet, em vez de desagregar, está permitindo que ocorram as mais variadas formas de **integração**, independentemente da distância que separa as pessoas ou as empresas, em especial nas reuniões de trabalho globais.

Que o digam os governantes e as empresas que enganam seus cidadãos (clientes) que rapidamente organizam comunicações e manifestações contra esses abusos valendo-se do Facebook, Twitter etc.

6.7 - REVOLUÇÃO DAS MÍDIAS SOCIAIS.

O professor André Telles, especialista em *marketing*, é o autor do livro *A Revolução das Mídias Sociais* (Editora DVS), tendo sido o primeiro brasileiro a publicar um livro sobre *social media marketing* no Brasil, em 2005, intitulado *Orkut.com*, e em 2008, escreveu a sua segunda obra, intitulada *Geração Digital.*

No livro *Revolução das Mídias Sociais*, ele salienta: "A ideia de rede social começou a ser usada há cerca de um século para representar um conjunto complexo de relações entre membros de um sistema social de diferentes dimensões.

A partir do século XXI, surgiram as redes sociais na Internet e, do ponto de vista sociológico, permaneceram os mesmos conceitos. A revolução das mídias sociais aconteceu dessa maneira, sem se derramar uma gota de sangue, diferentemente da Revolução Francesa.

Sob a ótica do *marketing*, as redes sociais (ou *sites*) de relacionamento social estão inseridas nas mídias sociais, as quais, por sua vez, estão englobadas em diversas estratégias do *marketing* digital, as quais, obviamente, estão dentro do grande guarda-chuva do *marketing*, de pensadores modernos como Kotler, Al Ries, Seth Godin, Jay C. Levinson, Jack Trout, dentre outros.

De tempos em tempos, a humanidade se vê diante de desafios para migrar sua herança cultural e sua produção de conhecimento, cada vez mais complexa, para novas bases e suportes tecnológicos da inteligência que desenvolvemos em determinados momentos históricos de nossa caminhada civilizatória.

Algumas tecnologias da inteligência causam um impacto profundo e alteram significativamente o modo como produzimos e tratamos as informações e nossas representações no mundo físico e social, **sendo esse o caso das mídias sociais**."

Várias pessoas confundem os termos **redes sociais** e **mídias sociais**, muitas vezes usando-os de forma indistinta.

Eles **não significam a mesma coisa!** O primeiro é uma categoria do último!

As quatro regras básicas para o leitor ou a empresa que trabalha com mídias sociais são:

1ª Regra – Mídias sociais significam **permitir conversações.**

2ª Regra – Você não pode **controlar** as conversações, mas pode influenciá-las.

3ª Regra – Seja social nas mídias sociais.

Sua empresa não pode falar apenas dela mesma. Construa relacionamentos, dê respostas rápidas, seja honesto e sincero e lembre-se de que mídias sociais são um **diálogo**, não um **monólogo**.

4ª Regra – O uso do texto nas mídias sociais deve ser de acordo com a linguagem do ***target*** (alvo).

Deve-se lembrar sempre, no planejamento, se a comunicação vai ser formal, informal ou intermediária.

As mídias sociais são *sites* construídos para possibilitar a criação colaborativa de conteúdo, a interação social e o compartilhamento de informações em diversos formatos.

Aí vão alguns números impressionantes (que crescem continuamente...) para se ter noção do poder das mídias sociais:

- 600 mil é o número de aplicativos ativos do Facebook.
- Mais de 5 bilhões de fotos estão hospedadas no *site* de compartilhamento Flickr.
- 2 bilhões é a média de vídeos exibidos no YouTube em um dia.
- Cerca de 35 milhões é o número de *tweets* (tuites) no Twitter por dia.
- No Brasil, mais de 80% dos internautas participam de alguma mídia social.

Esses números exibem claramente o cenário e a importância das mídias sociais. Mais do que isso, apontam para a importância de se desenvolver uma estratégia para a captação e utilização dessas redes poderosas.

No século XXI, a comunicação tradicional não sobreviverá se não for integrada às novas tecnologias.

Não se pode esquecer o que disse Ray Johnson: "Pessoas comuns conseguem agora espalhar boas e más informações sobre marcas (e empresas) mais rapidamente que as pessoas de *marketing*." Já Al Ries ressalta: "*Marketing* é uma guerra mental. São as ideias que estão na cabeça das pessoas que determinam se um produto terá sucesso ou não."

André Telles relembra: "Uma marca *on-line* deve ter caráter, personalidade, identidade e objetivos claros. Um perfil psicográfico planejado e bem posicionado de sua marca no ambiente *on-line*, preparado para respostas rápidas e bem elaboradas. Não esqueça nunca que você leva anos para ter credibilidade no ambiente *on-line*, e em segundos pode perdê-la."

Quem utiliza o Twitter, por exemplo, deve agir de acordo com a ressalva de Seth Godin: "Se você não consegue expressar sua posição em oito palavras ou menos, isso significa que você não tem posição."

Os *sites* de relacionamento ou redes sociais são ambientes que focam pessoas, os chamados integrantes da sociedade, que, uma vez inscritos, podem expor seu perfil com dados como fotos pessoais, textos, mensagens e vídeos, além de interagir com outros membros, criando listas de amigos e comunidades.

A maioria das grandes redes sociais, como o Facebook, reúne mais de 1,3 bilhão de membros e uma quantidade crescente de funções que permitem às pessoas interagir de diversas formas. Cada rede tem suas regras próprias, que moldam o comportamento de seus membros e definem a **forma de**

Graças as mídias sociais o mundo está agora integrado pelas ideias!

interação mais eficiente. Muitas delas incluem seus próprios mecanismos de busca e são fechadas em relação a estes, cujo conteúdo só pode ser encontrado por seus integrantes.

A era moderna das redes sociais começou em 2002, quando Jonathan Abrams lançou Friendster. Com ele, Abrams queria que o *site* fosse um local de encontros que não se fundamentasse em namoros!

Muitos especialistas consideraram que este foi um dos maiores erros financeiros da história recente na era digital e o Friendster rejeitou uma oferta de compra por US$30 milhões do gigante de buscas Google.

Aplicações de redes sociais têm exposto sua funcionalidade por meio de interfaces de programação de aplicações (API, do inglês *Application Programming Interface*) para desenvolvedores, permitindo-lhes criar aplicações que se conectam ao seu *site*.

A maioria das redes sociais contém o conceito de um grupo – um conjunto de pessoas unidas com um interesse comum. Os membros do grupo podem enviar mensagens privadas para qualquer um.

Entre os exemplos mais famosos de redes sociais, tem-se o Facebook, Twitter, LinkedIn e MySpace. Por exemplo, o LinkedIn foi lançado em maio de 2003, sendo um *site* que busca a criação de redes sociais voltadas aos negócios. Está focado em profissionais e seu intuito é o de construir uma rede de contatos profissionais que realmente possa ser utilizada nos negócios.

Os relacionamentos no LinkedIn são chamados de **conexões** e são originados de algum tipo de relacionamento existente na vida real. Você não pode se conectar a qualquer pessoa, somente se alguém com quem tenha trabalhado ou estudado. Com essa rede inicial, você pode solicitar conexões com pessoas que estejam conectadas às redes de seus colegas, mas, nesse caso, eles têm de recomendá-lo, ou seja, aceitar que você convide alguém de suas conexões profissionais baseadas em uma rede de relacionamentos e interesses reais.

O LinkedIn é uma espécie de currículo profissional em que consta sua posição atual, os cargos que exerceu, sua escolaridade, seus *sites*, particularmente *sites* de empresas e seu *blog*.

É uma excelente mídia social para ser utilizada no desenvolvimento de *networking* profissional ou de sua empresa, contribuindo para a localização de novos colaboradores, parceiros e clientes.

O MySpace, por sua vez, foi o primeiro *site* de rede social que permitiu aos usuários personalizar seus perfis.

Ele mantém a sua popularidade com adolescentes, músicos e outros artista. Dá ao usuário mais liberdade para personalizar do que qualquer uma das outras redes, porém muitos usuários abusaram dessa habilidade montando gráficos e música que tocam automaticamente, num piscar de olhos. Para os interessados em ter relacionamentos com a vida noturna ou comunidades de música, o MySpace é uma excelente escolha.

6.8 - A ERA DO ACESSO.

O filósofo alemão Martin Heidegger explicou que a palavra **humano** vem de húmus, que em latim quer dizer solo fértil e nutritivo.

Porém, o nosso longo vínculo com o solo, que se fixou nas relações de propriedade e nos direitos de posse, ajudou muito para modelar e definir a essência de quem somos, está **enfraquecendo**.

A revolução das mídias sociais está desempenhando um papel significativo na temporização da vida ao anular distâncias e aproximar as pessoas em tempo real, não obstante as separações espaciais.

O telefone celular, a televisão e agora a Internet estão tornando a localização menos importante na moldagem de relações sociais.

Centenas de milhões de pessoas no século XXI conduzem negócios, estudam e têm vida social ativa independentemente da referência espacial.

Os endereços virtuais estão substituindo velozmente os endereços tradicionais de pessoas do mundo todo.

A facilidade com que as pessoas estão dispostas a eliminar em definitivo a referencia geográfica de suas atividades comerciais, educacionais e sociais é notável, sendo, portanto, um testemunho da perda progressiva do **significado de lugar na vida** das pessoas.

Efetivamente o papel de propriedade está mudando de modo radical, e as implicações disto para a sociedade são enormes, pois a economia capitalista se fundamentou na ideia de troca de bens materiais nos mercados. Na nova era, os mercados estão cedendo lugar às redes, e a noção de propriedade está sendo substituída rapidamente pelo **acesso**.

Claro que a propriedade continuará a existir, mas com uma probabilidade bem menor de ser trocada em mercados.

Na economia em rede, tanto a **propriedade física** quanto a **intelectual** têm mais probabilidade de serem acessadas pelas empresas do que de serem trocadas.

A posse do capital físico, que já foi o cerne da vida industrial, está ficando cada vez mais marginal no processo economico. O **capital intelectual**, por outro lado, é a força propulsora da nova era.

Conceitos, imagens e ideias – e não coisas – são os verdadeiros itens de valor da nova economia.

A riqueza está hoje sendo investida não tanto no capital físico, mas sim na imaginação e na criatividade humanas, elementos básicos da economia criativa.

Deve-se ressaltar que o capital intelectual raramente é trocado.

Em lugar disso, é retido pelos fornecedores, alugado ou licenciado para terceiros, para uso limitado.

Parece até que possuir coisas, muitas coisas, está sendo considerado fora de moda ou sem propósito numa economia mais efêmera, no ritmo acelerado do século XXI.

No mundo comercial contemporâneo, boa parte, senão a maioria do que é necessário para dirigir uma empresa é emprestado.

Não podemos, entretanto, nos livrar completamente da nossa natureza mais antiga, que está embutida tanto no espaço geográfico quanto na temporalidade.

Estamos ligados à Terra e ao tempo.

O território, então, é mais do que uma simples convenção social.

É também um estado de ser.

Provavelmente é por isso que ter uma casa seja tão importante.

Ter uma casa permite-nos experimentar o velho sentimento de estarmos enraizados ao lugar, ao território, às nossas origens.

Mas com a desregulamentação da indústria das telecomunicações, o ciberespaço foi também desregulamentado a partir de 1995.

Daí para frente, a questão do acesso começou a ser debatida de maneira mais enfática do que inclusive as questões dos direitos de propriedade o foram durante toda a era moderna.

Isso porque o acesso é um fenômeno potencialmente mais abrangente.

Um fato é indiscutível: a revolução digital está trazendo todas as formas importantes de **comunicação – voz, dados, vídeos** – para uma **rede integrada**.

Cada vez mais comunicações comerciais, educacionais e pessoais ocorrem nas redes eletrônicas, tornando-as indispensáveis à sobrevivência num mundo cada vez **mais conectado**.

A questão já não é apenas de acesso aos meios em si, mas ao acesso – através dos meios – à cultura.

Nossa própria capacidade de conexão com outros seres humanos, de nos engajarmos no comércio, de criar comunidades de interesses compartilhados e de estabelecer significado em nossas vidas é cada vez mais mediada por essas novas formas poderosas das TICs.

Embora o ciberespaço possa não ser um lugar no sentido tradicional, é uma arena social em que bilhões de pessoas estão começando a interagir e a se engajar num discurso cada vez mais humano.

Muito da vida da civilização humana está ocorrendo nesse mundo eletrônico, portanto, é vital participar dessa **integração virtual.**

A questão do acesso, então, se torna uma das considerações mais importantes do século XXI, pois teremos os que estarão **integrados** e os que talvez continuarão **"desintegrados"**.

As novas redes de comunicações digitais globais, por serem muito abrangentes têm condição de criar um novo espaço social, uma segunda esfera terrestre acima da Mãe Terra, suspensa no éter do ciberespaço.

A migração do comércio humano e da vida social para o âmbito do ciberespaço pode isolar uma parte da população humana do restante, de maneiras nunca antes imaginadas.

Assim, a grande divisão no século XXI – a **desintegração** – é entre aqueles cujas vidas são cada vez mais levadas ao ciberespaço e aqueles que continuarão não tendo um acesso adequado a esse novo e poderoso âmbito da existência humana.

Sem dúvida, esse deve ser o cisma básico que irá determinar a luta política e econômica nas três próximas décadas, principalmente nos países pobres do mundo...

6.9 - A GRANDE VITÓRIA PESSOAL DE BILL CLINTON, GRAÇAS À SUA VASTA REDE DE CONTATOS.

Bill Clinton, antes da sua vitória eleitoral em 1992 sobre George Bush na corrida presidencial norte-americana, basicamente foi sempre um grande *networker* (pessoa que sabe desenvolver o trabalho integrado ou rede).

Bill Clinton, considerado o melhor ex-presidente dos EUA, que continua sendo um dos homens mais poderosos e influentes do mundo.

Sua vida, por sinal, demonstra a persistente busca de um propósito, bem como o uso disciplinado da atuação em rede para atingi-lo.

Desde o seu tempo de bolsista na Universidade Oxford (Grã-Bretanha) em 1968, Bill Clinton já tinha um livrinho de endereços de capa preta no qual anotava os nomes, dados pessoais e, principalmente, o endereço daqueles com os quais tinha conversado.

Certa vez, quando interpelado por um dos colegas de curso a respeito do por que fazia isso, Clinton respondeu:

"Vou entrar na política, estou planejando candidatar-me a governador do Estado de Arkansas e estou mantendo registros de todas as pessoas que encontro."

Já aplicava na totalidade o princípio dos 3Rs – **registrar, reter** e **retornar**. Bill Clinton esteve urdindo seu tecido político durante muito tempo antes de ter anunciado a sua candidatura – na Georgetown University, na Universidade de Oxford, na Faculdade de Direito Yale Law School – onde, por sinal conheceu sua esposa Hillary Rodham –, no Partido Democrata nas campanhas para o Senado de Joe Duffy (1970), na de George Mc Govern para presidente (1972), nos seus muitos anos como governador do Estado de Arkansas (a partir de 1979), na sua participação no conselho do Partido Democrata e na própria campanha presencial de 1992, que o projetou no cenário mundial.

Como a maioria das campanhas, a dele dependeu, em grande proporção, de *networking*, baseando-se nos cinco princípios das *teamnets* (redes de equipes).

Em 28 de agosto de 2001, Bill Clinton, que após dois mandatos como presidente dos EUA levou o seu país a níveis de crescimento de produtividade e diminuição de desemprego **jamais conseguidos** em nenhum outro ano do século XX, em tempos de relativa paz e abrindo as portas para um contínuo desenvolvimento no século XXI, fez uma palestra para professores, alunos e convidados da FAAP.

Nós estávamos lá também e pudemos ouvir Bill Clinton, o presidente da **paz** e da **prosperidade** dizer:

"Li tempos atrás o livro de Robert Wright: *Não Zero – A Lógica do Destino Humano*, e ele me impressionou muito, pois as ideias expostas pelo autor coincidam com o que penso!!!

Acredito que todos sabem de num **jogo de soma zero** existe um vencedor e deve haver um perdedor, como num jogo de voleibol ou numa eleição presidencial.

Já um jogo que **não é de soma zero** é aquele em que, para que alguém ganhe, o outro lado também deve ganhar.

Este é o caso de um processo de paz, de um bom casamento ou do mercado de ações em alta.

Concordo, pois, com Wright, que defende que as sociedades e as relações humanas estão ficando cada vez mais complexas, e isto traz a necessidade de encontrar mais e mais a **solução não zero**.

Ou seja, o mundo moderno não quer mais que existam perdedores!!!

O trabalho escravo, por exemplo, não é mais aceitável, visto que se trata de uma relação de soma zero: **um ganha e um** (submisso) **perde.**

Para mim, essa é a característica central da **era da interdependência.**

Há **interdependência positiva** quando os países ricos apoiam iniciativas de sucesso dos países pobres no combate à pobreza, em favor da educação e da saúde, de diversas formas para minimizar os efeitos negativos da globalização como, por exemplo, o treinamento de trabalhadores que perderam o emprego.

Por outro lado, tem-se a **interdependência negativa** quando países ricos simplesmente ignoram esses problemas e, neste caso, em alguns anos eles precisarão lidar com as consequências disto: violentas crises sociais, ameaças à democracia, fluxo contínuo de imigrantes (o grande estorvo com o qual muitas nações europeias convivem agora, pois os estrangeiros estão tirando os empregos dos que nasceram nesses países...).

Hoje, o bem-estar dos EUA depende intrinsecamente do sucesso do Brasil.

O fato de nossos futuros estarem ligados é a mais imediata manifestação do que acredito ser hoje a principal característica do mundo do século XXI.

Não é a economia global, nem a revolução da TIC, nem a revolução nas ciências biológicas, nem a crescente diversidade social de nossas nações, mas as consequências humanas de tudo isso.

Daqui a cem anos, este período será reconhecido pelos historiadores com a **era da interdependência**, isto é, de uma **integração mundial**.

E a grande questão será se o balanço social foi positivo ou negativo!!!

Minha receita para **humanizar a globalização** está estruturada em cinco pontos:

1º) Continuar a ampliar não só o comércio, mas também o desenvolvimento econômico, através do perdão da dívida, da extensão do microcrédito nos países pobres, estabelecendo medidas de apoio econômico.

2º) Ajudar a construir sistemas de saúde e educação sólidos, sem os quais um país não pode crescer.

3º) Reduzir a divisão digital, levando as tecnologias mesmo para os lugares mais pobres, ou seja, integrando as oportunidades de acesso.

De forma alguma é aceitável a noção de que pessoas de menos posses ou as que passam fome não devam ter acesso a computadores.

Ao contrário, a tecnologia precisa ajudar a reduzir as desigualdades.

4º) Combater o aquecimento global, apoiando o desenvolvimento ecologicamente sustentável, tecnologias alternativas e novas formas de energia.

5º) Fazer causa comum contra os inimigos comuns da liberdade: terrorismo, narcotráfico, armas de destruição em massa, conflitos relacionados a diferenças étnicas, religiosas e tribais.

Isto tem um custo?

É claro que sim!!!

Porém vai custar muito mais dinheiro se não avaliarmos e implementarmos esses pontos, pois aí sim teremos apostado na **interdependência negativa**, em outras palavras na **desintegração** dos povos."

Muitas coisas são fascinantes na vida de Bill Clinton, e uma delas, sem dúvida, é como ele montou desde jovem uma vasta rede de contatos e estruturou uma enorme quantidade de pessoas integradas por um objetivo básico, ou seja, **elegê-lo presidente dos EUA.**

Ele fez com que todas elas atuassem de acordo com os cinco princípios das *teamnets*, tendo:

1º) Um **propósito** muito claro focalizado pela campanha, e ele mencionou tal propósito em todos os seus discursos políticos.

2º) Cerca de 3 mil **voluntários independentes (participantes)** que surgiram em Little Rock, capital de Arkansas, para cooperar na campanha, com muitos outros milhares reunindo-se à operação de campanha em cada um dos 50 Estados dos EUA, os quais se dispersaram assim que a campanha foi encerrada.

3º) Aparelhos de *fax*, telefones celulares e chamadas tipo conferência telefônica que mantinham as operações regionais e estaduais em **constante contato** com a sede da campanha em Little Rock, proporcionando o uso muito disciplinado e intenso de interligação nos dois sentidos, entre Little Rock e os coordenadores estaduais, todos os dias.

4º) Muitos **líderes** que atuavam em todas as partes da campanha, tratando de todos os aspectos, desde a estratégia política até a elaboração de cronogramas, o levantamento de fundos e a coordenação da campanha.

5º) Múltiplos **níveis** da hierarquia existente foram recrutados para apoiar e auxiliar na campanha – desde generais de cinco estrelas e presidentes de empresas até o usual conjunto de políticos dos cenários local, estadual e nacional.

Como se pode notar, Bill Clinton, como ninguém percebeu que para ganhar a corrida presidencial, mais do que nunca, precisava promover uma forte integração em torno da sua candidatura.

E fez isso com muita maestria usando o conceito de redes e de equipe de equipes bem antes do *boom* da Internet.

Dá para perceber na estratégia desenvolvida por Bill Clinton, que as redes são a resposta organizacional específica às forças atuantes da informação, do mesmo modo que a **hierarquia** se desenvolveu na **era da agricultura** e a burocracia amadureceu na **era industrial**.

A grande promessa das redes de hoje está em sua capacidade de realizar trabalhos com grupos **fisicamente distribuídos** em locais diferentes, trabalhos anteriormente realizados por pessoas sediadas num mesmo local.

Ao interligar, por exemplo, colegas ou professores fisicamente dispersos, ou genericamente pessoas, grupos, empresas, escolas ou países, os interesses locais podem engajar-se em propósitos mundiais.

O **local** e o **mundial** são complementares nas redes, e ambos intrinsecamente importantes para se conseguir a integração total.

Caro *S8*, obviamente notou como Bill Clinton esteve construindo seu tecido político durante muito tempo antes de ter anunciado a sua candidatura a presidente, entrelaçando muitos eleitores diferentes, auxiliado bastante por um grupo altamente visível de pessoas das quais soube se aproximar e insistir para que o ajudassem – FOBs (*Friends of* Bill – amigos de Bill).

E isso aí, às vezes leva alguns anos (ou muitos) para se ter a **integração total**, que permita realizar uma ação com sucesso, e outras vezes consegue-se fazer isso em alguns meses, como foi o caso do nosso técnico de futebol Luiz Felipe Scolari, que montou um grupo de jogadores desacreditado pela grande maioria dos torcedores e dos cronistas especializados, e levou o Brasil ao pentacampeonato do futebol mundial invicto.

Pois e, o Brasil ganhou todas as partidas do campeonato mundial de futebol de 2002, realizadas na Coreia do Sul e no Japão – fato inédito para o nosso futebol – e ao analisar o motivo de tão brilhante campanha, o próprio técnico disse:

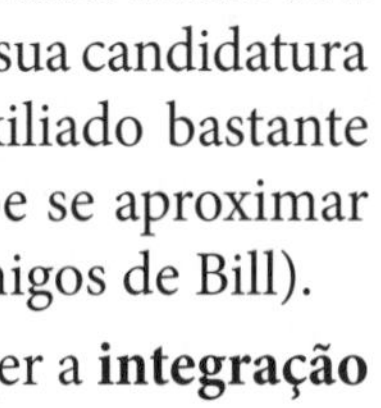

"*Foi o espírito de equipe, a integração de todos os envolvidos, um procurando ajudar o outro, inclusive desempenhando quando necessário uma função que não é a que normalmente faz, que nos levou à conquista.*

O ponto mais importante foi o trabalho de equipe de jogadores brilhantes!!!"

Observação importante 1 – Aí está um ponto importante: na seleção brasileira de futebol em 2002 havia muitos **jogadores brilhantes**.

O Scolari **não conseguiu** o mesmo resultado na Copa do Mundo de Futebol de 2014, realizada no Brasil, quando entre outras façanhas negativas, o Brasil foi goleado pela Alemanha por 7 a 1 (algo totalmente incomum) e na disputa pelo 3º lugar foi humilhada pela Holanda que ganhou de 3 a 0 da nossa seleção.

David Broker, um dos mais respeitados colunistas políticos norte-americanos, quando Bill Clinton assumiu o seu primeiro mandato, escreveu o jornal *The Washington Post*:

"Clinton assume a presidência dos EUA, podendo efetivamente ser considerado o político mais completamente ***networked*** *da sua era.*

Pode-se dizer que ele é uma central computadora humana".

Observação importante 2 – O "escorregão" grave que Clinton cometeu na sua vida, que quase o levou ao *impeachment* (cassação) foi o seu envolvimento com a estagiária Monica Lewinsky, como também com alguns outros escândalos sexuais não totalmente revelados...

Aliás, Monica soube aproveitar-se muito bem *affair* (caso amoroso), pois faturou com comerciais, entrevistas e com o livro escrito pelo inglês Andrew Morton sob o título *Monica's Story* (A História de Mônica) o mesmo que escreveu uma biografia da princesa Diana!?!?

Numa entrevista para a rede ABC, pela qual cobrou US$ 800 mil, Monica Lewinsky disse para a famosa entrevistadora Barbara Walters: "Quando tiver filhos, direi a eles: 'Mamãe cometeu um grande erro.'"

Porém saiu ganhando muito, e segundo as estimativas na o seu todo, o montante superou US$ 10 milhões.

Pois é, com esse seu comportamento, o então presidente Bill Clinton, desintegrou muito a sua rede de seguidores fiéis.

Observação importante 3 – É verdade que alguns anos para frente, surgiu nos EUA um outro fenômeno, na eleição e reeleição do seu primeiro presidente negro – Barack Obama – que na sua campanha, sem dúvida, superou Bill Clinton, na eficácia e na integração que conseguiu em torno de si, com a utilização das redes sociais.

6.10 - EUGENE KRANZ TROUXE A TRIPULAÇÃO DA *APOLLO 13* DE VOLTA À TERRA.

Se alguém deseja ter um exemplo marcante do que vem a ser integração, liderança e trabalho em equipe, sem dúvida deve conhecer a história dramática do resgate da tripulação da *Apollo 13* que começou no dia 13 de abril de 1970, quando o astronauta Jack Swigert, falando da nave espacial Odyssey, disse: "Ei, temos um problema aqui."

Eugene Kranz no comando do resgate da *Apollo 13*.

Quase que imediatamente, o controle da missão da NASA perguntou de volta: "Aqui é Houston. Repita, por favor."

Foi o comandante da missão James Lowell quem respondeu: "Houston, tivemos um problema sério aqui."

O técnico da NASA, George Bliss, estava atônito e horrorizado pelo que viu em seu terminal de computador numa sala de apoio em Houston.

A tela de vídeo informava que um dos dois tanques de oxigênio da *Odyssey* havia se danificado.

A pressão em duas de suas três células de combustível, dispositivos que utilizam oxigênio para gerar eletricidade, estava caindo vertiginosamente.

Começava aí o maior desafio da vida de Eugene Kranz, diretor de voo, responsável único por ele, que precisou resolver o terrível problema de promover a reentrada da nave na atmosfera terrestre, com a missão toda fiando fora de controle, pois o oxigênio e a eletricidade poderiam terminar bem antes da volta segura à Terra.

6.10.1 - As ações para o resgate.

Centenas de funcionários e engenheiros da NASA foram envolvidos na tarefa única e inédita de fazer com que os astronautas James Lovell, Jack Swigert e Fred Haise voltassem vivos.

Quatro equipes de voo chamadas Branca, Preta, Ouro e Marrom, que trabalhavam em turnos, foram estruturadas para se revezarem durante os longos dias que a missão se desenvolveria (o lançamento ocorreu no dia 11 de abril de 1970 às 13h13min, e alguns até acham que aí tanto treze deu azar...).

Uma equipe de apoio para a *Apollo 13* estava à disposição para transmitir conhecimentos especializados, e dezenas de colaboradores do programa espacial norte-americano estavam também prontas para ajudar.

Entretanto, ninguém em terra aguentou a carga que Eugene Kranz suportou a partir da noite de 13 de abril e nos quatro dias seguintes.

A diretriz da NASA era cristalina: é o diretor do voo quem tem a palavra final em todas as decisões, podendo fazer tudo o que julgar necessário para a segurança da tripulação e a condução do voo, independentemente das regras aplicáveis à missão.

Seymour Abraham Liebergot, ou simplesmente Sy Liebergot, o principal funcionário encarregado da parte elétrica, observando seu terminal nos minutos que se seguiram a uma explosão, disse ao seu engenheiro de apoio, George Bliss:

"*Só temos um tanque de oxigênio com menos de 300 libras de pressão, e se está perdendo 1,7 libra por minuto. Se a pressão do tanque cair abaixo de 100 libras, não haverá força suficiente para transportar o seu conteúdo vital às células de combustível para a geração de eletricidade, e isto vai acontecer em 116 min.*"

Após diversas tentativas, não foi possível estancar o fluxo, e Sy Liebergot começou a argumentar com Kranz que os astronautas deveriam ser imediatamente transferidos para o **módulo de excursão lunar** (MEL) anexo.

Denominado *Aquarius* nessa missão, o MEL tinha sido projetado para levar **dois** astronautas à Lua e permitir a vida durante vários dias, mas com **três** astronautas o *Aquarius* teria lotação excessiva, o seu sistema de força não operaria durante muito tempo e ele corria o risco de se vaporizar ao reentrar na atmosfera terrestre.

Por outro lado, no módulo de comando, os astronautas poderiam viver por mais alguns minutos, já o MEL oferecia algumas horas a mais...

Kranz gritou: "*Quero que vocês calculem a energia mínima necessária do MEL para permitir a sobrevivência e façam um acompanhamento ininterrupto dele.*"

Lovell, Swigert e Haise tiveram de trabalhar freneticamente para transferir dados de orientação imprescindíveis do módulo de comando para o computador do MEL, mas os graves problemas continuaram.

Um deles estava relacionado ao fato de a trajetória de retorno **não alcançar** a Terra, afastando-se dela cerca de 65 km.

Os astronautas teriam de acionar o foguete do MEL em apenas 5h para compensar aquela distância.

Para realizar o ajuste correto, era necessário fazer o imediato reajuste de todos os instrumentos.

Porém, com as equipes em Houston em perfeita integração e em grande atividade, foi possível fornecer a Jim Lovell e sua tripulação os dados necessários com **uma hora de antecipação**.

Aí, Eugene Kranz chamou todos os integrantes da equipe Branca, que foi designada a partir daí como **equipe Tigre**, e comunicou:

"*Para o resto desta missão, estou lhes pedindo que deixem os terminais.*

Os integrantes da equipe Preta, naquela outra sala, estarão cuidando do voo a cada momento, mas serão as pessoas da sala 210, ou seja, vocês é que estarão fornecendo os dados que eles utilizarão.

De agora em diante, o que desejo de cada um de vocês é simplesmente alternativas de soluções e um grande número delas."

6.10.2 - As decisões salvadoras da equipe Tigre.

A equipe Tigre, durante o resto do voo, trabalhou e viveu na sala 210, um espaço de apenas 6 m de comprimento por 6 m de largura, sem janelas.

Mas esse espaço permitiu, acima de tudo, que a equipe Tigre reunisse em um único local todas as informações - anteriores e atuais.

Assim - acreditava Kranz - eles poderiam determinar o que havia ocorrido e o que estava acontecendo, vital para antecipar o que deveria ocorrer em seguida.

Kranz pressionou muito todos os integrantes da equipe Tigre para se concentrarem em soluções.

É verdade que ele conseguiu desenvolver um estado de espírito positivo necessário para solucionar problemas, em um ambiente no qual o fator tempo era crítico e estava acontecendo uma emergência.

Fez várias perguntas sobre a água disponível, o tempo que iriam durar as baterias, quanto oxigênio tinha o MEL, em que oceano a nave regressaria etc.

A lendária *Apollo 13*.

O principal é que insistia sempre que precisava de **estratégias** e **soluções**, não de **suposições**.

Enfatizou: "*Nos próximos dias vamos fazer manobras e aplicar técnicas que nunca tentamos antes, e quero ter a certeza de que sabemos o que estamos fazendo.*"

Apesar de a equipe Preta ter conseguido passar para Lovell a correção da rota, a qual ele fez de modo impecável, as boas notícias eram ainda poucas.

Uma grande preocupação que surgiu foi com o suprimento do oxigênio do MEL, pois a nave tinha sido abastecida para várias caminhadas na Lua, porém a disponibilidade de hidróxido de lítio (usado para retirar o dióxido de carbono acumulado na cabina) era insuficiente, porquanto a sua capacidade era para dois homens no MEL, para dois dias, e não para três homens durante quatro dias.

A eletricidade disponível duraria ainda menos tempo se o *Aquarius* permanecesse com carga total.

Além disso, a água também era bem escassa.

Aí Kranz recorreu a Bill Peters da equipe Ouro, que embora tivesse uma certa dificuldade para se expressar, era absolutamente brilhante e conseguiu achar uma solução para reduzir a intensidade da corrente elétrica de 55 A para 12 A, se bem que com isso foi necessário impor medidas draconianas a bordo, tais como: desligar o computador, o sistema de orientação, o aquecedor e o painel de instrumentos.

No entanto, as comunicações ficariam ativas, um ventilador renovaria o ar e um pouco de ar frio circularia dentro da cabina, e quanto ao mais, todos os outros sistemas seriam desligados.

Kranz recrutou uma outra pessoa, John Aaren, especialista em eletricidade da equipe Marrom, que era inovador e conhecido pelo apelido de "Sr. Frieza", para tentar resolver o problema de conservação de energia na *Odyssey.*

Kranz, por sua vez, teve o terrível episódio e também uma "ajuda" inesperada de Deke Slayton, astronauta e diretor de operações de tripulantes dos voos, de Max Faget, diretor de engenharia para todo o Centro de Aeronaves Tripuladas; e de Chris Kraft, diretor de voo da NASA, para quem ele trabalhou nas primeiras missões.

Eugene Kranz sendo homenageado pelo seu extraordinário desempenho movido pela frase: "O fracasso não é uma opção".

Dessa maneira, todos eles deram opiniões sobre como promover o resgate dos três astronautas, verificando-se uma discussão agressiva com Kranz.

Aí Eugene Kranz que, entretanto, falou pouco durante a discussão, disse finalmente para os seus superiores:

"*Senhores, eu lhes agradeço por sua colaboração.*

A discussão está terminada.

Ao contrário do que vocês sugerem, a próxima tarefa para essa tripulação será executar *um controle técnico. Depois disso, desligarão a energia de sua aeronave.*

E, finalmente, deverão dormir por algumas horas.

Uma tripulação descansada pode dominar seu estresse, porém se danificarmos essa nave um pouco mais, não haverá mais nada a ser feito."

Tendo tomado a decisão, Kranz voltou para o seu terminal, e Slayton e Faget viraram-se para sair.

Kraft permaneceu, pensou ainda em discordar, mas depois se afastou silenciosamente, pois acreditou que seu protegido estava no controle da situação e havia sido muito firme.

6.10.3 - O retorno.

Tendo fixado uma trajetória para um retorno com sucesso à Terra. Kranz e a sua equipe Tigre continuaram a fazer ainda muitos cálculos.

O maior desafio precisava nesse momento ser vencido, que era dar a partida no módulo de comando moribundo.

O *Aquarius* permitia a vida em seu interior, pois o módulo de comando possuía um escudo antitérmico para suportar a temperatura de 2.760 °C durante o reingresso.

Porém, para que isso acontecesse, a *Odyssey* tinha de sair da sua letargia, não tendo, contudo, um sistema regular de suprimento de energia elétrica, e com apenas 2h de eletricidade disponíveis em suas baterias auxiliares.

Mas John Aaron, o encarregado de eletricidade emprestado da equipe Marrom, e um dos engenheiros-chefes do módulo de comando, Arnie Aldrich, com a ajuda do astronauta Ken Mattingly, que havia testado todas as possibilidades em um simulador do módulo de comando que se encontrava próximo, chegaram a uma solução.

Na noite de quinta-feira, apenas 18 h antes que o módulo caísse no oceano, a lista de procedimentos para dar novamente a partida na *Odyssey* foi finalizada e estava pronta para a transmissão.

O controle da missão precisou de quase 2h para transmitir por rádio a Jack Swigert a sequência dos passos iniciais, linha por linha, o qual teria de copiar manualmente cada uma das centenas de instruções técnicas.

Swigert e a tripulação seguiram com sucesso o protocolo dos passos iniciais, transferiram-se de volta à *Odyssey* e abandonaram o *Aquarius*.

Na sexta-feira à tarde, o módulo de comando se aproximava da atmosfera mais distante da Terra a uma velocidade de 40.000 km/hora, e aí Kranz ocupou o terminal de direção para a etapa final.

Faltando apenas 4 min antes que a *Odyssey* atingisse as camadas superiores da atmosfera, ele se levantou e perguntou a cada um dos encarregados de sistemas se eles estavam prontos.

Cada encarregado confirmou a sua prontidão, e aí Kranz deu o sinal verde ao astronauta Joe Kerwin, o comunicador da missão, falando: "*Você pode avisar à tripulação que eles devem se preparar para a reentrada.*"

Interromperam-se em seguida todos os contatos por rádio com a tripulação, enquanto um calor intenso envolvia a nave que retornava.

A partir da esquerda, Jim Lovell, Jack Swigert e Fred Haise, os astronautas da missão *Apollo 13*.

Após alguns minutos de muita tensão, com uma fraca intensidade, escutou-se a voz do astronauta Jack Swigert: "*Ok Joe.*"

Em seguida Jim Lovell, Jack Swigert e Fred Haise estavam flutuando em três paraquedas, descendo suavemente no Pacífico.

Em Houston, Eugene Kranz **deu um soco no ar**!!!

Numa entrevista algum tempo depois, Jim Lovell declarou: "*A missão fracassou, mas gosto de pensar que foi um fracasso bem-sucedido.*"

6.10.4 - Prontos para uma missão que não pode falhar.

Como se pode notar no relato feito, Eugene Kranz, James Lovell, Jack Swigert e Fred Haise aplicaram a sagacidade a uma falha tecnológica, e **conseguiram vencer**.

Eles orquestraram centenas de ações – minúsculas na sua maioria e outras muito importantes –, e graças à **integração** e ao forte espírito de equipe conseguiram reparar o que parecia impossível de ser consertado.

E ao final, conseguiram triunfar sobre um dos maiores pesadelos de toda a história da NASA.

No centro de toda essa turbulência estava Gene Kranz, um homem que com autodisciplina, determinação e frieza até enervante galvanizou todas as energias conseguindo um a **integração fantástica**.

O pessoal constitui o que trivialmente achamos que é liderança: a força da personalidade, o poder de persuasão.

Já o organizacional é o que comumente deixamos de notar de saída, mas a seguir fica evidente a habilidade do líder de juntar bem os integrantes de uma equipe e utilizar o pleno potencial dos seus colaboradores.

No caso da *Apollo 13*, considerado, isoladamente, nenhum tipo de liderança seria suficiente para trazer os astronautas de volta.

Combinados na pessoa de Gene Kranz, foram capazes de salvar vidas e demonstrar a competência dos que trabalham na NASA.

A primeira ameaça aos colaboradores de Kranz era o pessimismo decorrente das circunstâncias, pois como consequência imediata da explosão, os sistemas que sustentavam a vida dos astronautas estavam se desfazendo ao redor deles, antecipando um desastre iminente.

O módulo de comando danificado possuía horas, e não dias de combustível remanescente.

Mas Eugene Kranz captou instintivamente os perigos inerentes ao momento e insistiu em manter todos calmos, e então os animou a resolver o problema procurando descobrir o que é que realmente ainda estava funcionando na espaçonave.

Ficou famosa a sua expressão: "**Não admitimos o fracasso**", que mais tarde no filme de Ron Howard, *Apollo 13*, passou para: "**O fracasso não é uma opção**".

Tal otimismo que ele possuía não era um produto de uma fé cega, mas sim de confiança adquirida em outras missões.

É o próprio Kranz quem disse:

"Quando você pensa em se render, em capitular, está no caminho do fracasso.

Tão logo você comece a pensar dessa maneira, já está perdido... só a agilidade e a perspicácia mentais que uma situação de sobrevivência exige é que podem conduzir-nos a um término bem-sucedido."

O fato é que é real o poder demonstrado pelas expectativas positivas em conduzir o comportamento humano para um alto desempenho.

Assim, se você **não estiver entusiasmado** a respeito do sucesso, aqueles que trabalham para você estarão menos ainda.

Uma outra coisa que Kranz sabia é que ele deveria tomar decisões rapidamente, se bem que isto poderia também significar menor precisão.

Como a escolha clássica entre risco e recompensa ou entre qualidade e custo, uma ação rápida poderia facilmente transformar-se em uma ação temerária.

Quando o tempo é de primordial importância e nem todas as informações estão disponíveis, tendemos a reincidir naquilo que alguns analistas denominam de "suficientemente bom", e que é aceito por muitos, embora saibam que esta solução não representa o ponto ótimo.

Ao solicitar respostas rápidas para perguntas vitais, Kranz advertiu repetidamente contra a armadilha do "suficientemente bom".

"*Não suponham nada*", ele dizia aos seus engenheiros, "*descubram o que está acontecendo, o estado avariado da espaçonave tornou-a muito mais sensível a erros do que em ocasiões anteriores, por isto agora é imprescindível estar sempre certo.*"

Uma tomada de decisão eficaz exige também que se saiba julgar opiniões conflitantes.

Chris Kraft, Deke Slayton e Max Faget, cada um deles superior a Kranz na cadeia de comando, insistiram em medidas opostas nos momentos após a importante correção da rota, mas isto não o abalou.

Mais tarde, ele comentaria: "*A firmeza no leme era a única opção que nos levaria a sermos bem-sucedidos.*"

Manter o otimismo coletivo e evitar decisões ruins depende de outro princípio fundamental e mais profundo, ou seja, ter construído um **verdadeiro trabalho em equipe,** pois só neste caso pode-se pensar em obter **ações que são maiores do que a soma de suas partes**.

Eugene Kranz havia formado suas equipes com base em duas vertentes que se cruzavam.

Inicialmente, estimulou a proliferação da camaradagem e a compreensão nas equipes de voo individuais, testando-as continuamente por meio de crises simuladas.

Desse modo, os instrutores estudaram as equipes submetidas a condições restritivas, avaliando se elas trabalhavam com eficácia e tomavam decisões rápidas e tecnicamente perfeitas.

Eles analisaram se alguns membros falhavam em se comunicar de forma clara, se tinham sua atenção desviada por problemas familiares, ou simplesmente se não tinham condições de realizar alguma tarefa.

Os que não estavam preparados foram logo cortados do programa.

Kranz incentivou a mesma compreensão mútua e prontidão coletiva por toda a organização, constituindo uma **equipe de equipes**, ou melhor, buscou a **integração total**.

Por sua ordem, membros equivalentes das quatro equipes de voo dividiam a mesma sala.

Isso, pensava ele, asseguraria que os quatro engenheiros eletricistas, por exemplo, se conhecessem entre si muito antes que tivessem de se comunicar e demonstrar confiança mútua nos mais varados assuntos.

Assim, ele conseguiu estabelecer uma uniformidade de decisões de turno a turno, possibilitando um revezamento sem problemas entre as equipes de voo e uma interface coerente entre elas e os astronautas.

Também conseguiu agrupar pessoas de diversos níveis e uniu colaboradores externos e colaboradores seus da NASA.

Os bons resultados na formação das equipes que Kranz estruturou ficaram evidentes com as soluções que emergiram da sala 210 durante o problema com a missão *Apollo 13*.

As cerca de 40 pessoas que lá trabalharam foram obrigadas a resolver dezenas de problemas inter-relacionados sobre o voo, estabelecendo centenas de passos específicos para formar um quadro mais amplo.

Precisaram reestruturar sistemas tecnológicos acoplados tão intimamente que pequenas alterações em um deles poderiam criar um dano em outro.

Quando, por exemplo, um controlador de orientação propôs o descongelamento dos defletores da *Odyssey*, ligando por pouco tempo os motores, um outro controlador protestou imediatamente afirmando que o descongelamento poderia danificar o sistema de orientação do módulo *Aquarius*.

Já aqueles responsáveis pela dinâmica, orientação e posterior retorno do voo acrescentaram que o acionamento dos motores poderia desviar a espaçonave da trajetória correta.

Mas, apesar de tudo isso, eles acharam uma solução eficaz, comprovando as suas virtudes coletivas adquiridas em treinamentos com as mais variadas simulações.

Em 1998, no 84º Congresso da ICMA (International City/County Management Association), realizado na cidade de Orlando no Estado da Flórida, a palestra de abertura para mais de 8 mil participantes, praticamente todos atuando na gestão de cidades, foi de Gene Kranz, quando foi possível ouvi-lo dizer: "O trabalho de equipe foi fundamental tanto para o lançamento como para o resgate dos astronautas da missão *Apollo 13*.

Aliás, acredito que isto é vital também para se poder gerenciar bem uma cidade e resolver, inclusive, os seus problemas inesperados, como por exemplo algum tipo de catástrofe provocada pela natureza.

A terrível enroscada que a minha equipe teve de enfrentar para trazer de volta a tripulação e o módulo a salvo, quando aconteceram falhas não esperadas, só foi possível, porque, realmente havia um time muito coeso, com grande integração entre todos os membros, que conseguiram dessa maneira solucionar até dificuldades não previstas.

Quando soubemos que uma faísca, ao final do segundo dia da missão, provocou a explosão de um tanque de combustível, o que pôs em enorme risco toda a missão, ficamos numa situação como aquela de '**enfrentar o olhar de um tigre faminto**' no meio da selva e acreditar que mesmo assim existe salvação.

Nós tivemos sucesso no resgate devido ao excepcional trabalho de equipe dos homens de terra, muitos dos quais trabalhavam conosco dede o início da década de 1960, no programa *Mercury.*

Aliás, no programa *Mercury* eu tinha o cargo de diretor-assistente, e já no projeto das missões *Gemini* fui promovido a diretor, e depois designado para chefiar toda a divisão das Operações de Controle de Voo.

Aposentei-me em 1994, depois de 37 anos de serviço público, e durante todo esse tempo, o meu *slogan* e da minha equipe sempre foi: **a falha não é uma opção**.

Nós sempre trabalhamos com uma equipe unida e integrada, tendo como objetivo final: **colocar norte-americanos no espaço e trazê-los vivos e em boas condições de volta** à **Terra.**

E assim fizemos!!!

Seis norte-americanos foram lançados ao espaço nos primeiros dois anos do programa.

Ao terminar o programa *Mercury*, já tínhamos aprendido muito sobre liderança.

Sabíamos que se deve aceitar o risco e nunca se pode brincar com a incerteza quando se é líder.

O meu segundo estágio e do meu grupo na NASA foi no programa *Gemini*, quando realmente começamos a nos defrontar 'cara a cara' com as novas tecnologias do espaço.

Com o término do programa *Gemini*, começou o programa *Apollo*.

E ele começou muito mal, pois aí vivemos nosso primeiro desastre com o incêndio que ocorreu na *Apollo 1*, cujo resultado foi a morte de três astronautas.

Aprendemos muito de maneira trágica, mas crescemos em conhecimento e acreditamos que o que ocorreu serviu como uma têmpera.

Entretanto, a *Apollo 1* não foi o nosso primeiro e último problema.

Na *Apollo 11* ficamos praticamente sem combustível e lutamos muito para mesmo assim chegar à superfície.

Na *Apollo 12* houve a infelicidade de sermos atingidos por um raio assim que subimos, e tivemos apenas alguns minutos para combater o problema.

Outra vez a equipe de controle se superou e resolveu o problema.

Na *Apollo 13* foi a terceira missão lunar da NASA, prevendo inclusive a alunissagem.

Quando veio a *Apollo 13,* estávamos prontos para outras coisas inesperadas!

Na minha equipe, após todo esse treinamento, os integrantes sabiam que o pior erro não é ter tentado e falhado, porém ao tentar não se esforçar para dar o máximo de si.

É por isso que o nosso *slogan* era: **a falha não é uma opção.**

Foi por isso que apesar de todos os problemas que os astronautas tiveram de enfrentar: a elevação da temperatura interna do módulo, a sua desidratação, a perda de energia e a ameaça iminente de um tufão no lugar programado para a aterrissagem no Pacífico Sul, com muita disciplina e um grande trabalho de equipe foi possível orientar o pessoal dentro do módulo a fim de conduzir as ações de tal maneira que a sua volta para à Terra fosse um êxito.

O sucesso depende do esforço de todos, e o exemplo da *Apollo 13* serve de referência para os gestores de cidade e para todos aqueles que precisam de um bem-estruturado trabalho de equipe para efetuar resgates em inundações, incêndios, terremotos etc.

É em acontecimentos como estes que se deve ter muita calma e coragem para enfrentar todos os desafios e assumir a responsabilidade pela liderança do processo que leva a sobrepujar as dificuldades.

Para tanto, o líder precisa desenvolver uma grande confiança e autoestima entre as pessoas que compõem o seu *staff*, e mais do que isso, fazer com que esses indivíduos queiram ser 'heróis' (como foi o caso dos *controllers* da missão *Apollo 13*), pensando sempre que a **falha não é uma opção**.

É imprescindível buscar as seguintes características nas pessoas que colaboram conosco, caso queiramos ter uma equipe de profissionais excelentes que consegue ter bom desempenho nas mais variadas missões:

- **Disciplina** – Ser capaz de seguir, bem como de liderar, sabendo que é necessário, antes de tudo, saber controlar a si mesmo.
- **Competência** – Não existe nenhum tipo de substituto para a própria preparação e a completa dedicação. No espaço (ou em qualquer parte da Terra) não se tolera a negligência ou a indiferença consigo mesmo, e principalmente com os outros.
- **Confiança** – É necessário acreditar sempre em si mesmo, bem como nos outros, sabendo que é preciso controlar o medo e a hesitação, caso se queira ser bem-sucedido.
- **Responsabilidade** – É essencial não esquecer que não se pode passar ou delegar responsabilidade para outros, pois ela pertence a um de nós, e por isso precisamos estar preparados para responder pelo que fazemos ou pelo que deixamos de fazer.
- **Obstinação** – É necessário procurar ficar de pé, por maior que seja o esforço que façam para nos derrubar.

A persistência, o tentar de novo e de novo, mesmo que isto signifique seguir por outro caminho talvez até mais difícil, em vez de ser uma teimosia criticável torna-se uma **obstinação vitoriosa**!

Aqueles que têm disciplina, competência, confiança, responsabilidade e obstinação serão provavelmente bons componentes de uma equipe e saberão como respeitar e utilizar as aptidões dos outros, percebendo imediatamente que todos têm um objetivo comum a atingir e que o sucesso só será obtido se todos se esforçassem juntos.

A vida prepara para todos nós, continuamente, surpresas, e repentinamente pode surgir o inesperado exigindo em pouco tempo que tomemos decisões importantes e acertadas"

Deve-se recordar também que um dia após o retorno bem-sucedido da *Apollo 13*, o *The New York Times*, provavelmente o mais importante jornal dos EUA, publicou no seu editorial:

"*Por três dias e meio todos os três astronautas tinham vivido à beira da morte em um veículo danificado, cujas reservas estavam tão perto de terminar que não havia margem mais nem para um erro humano e tampouco para um defeito adicional de seu equipamento.*

O incrível feito de um retorno seguro teria sido impossível se não tivesse ocorrido o controle emocional, a coragem e a grande habilidade dos próprios astronautas, que souberam tomar decisões próprias e seguir religiosamente todas as recomendações da rede de apoio da NASA, liderada por Eugene Kranz, cujas equipes especializadas realizaram milagres de improvisação emergencial."

De toda essa espetacular história, o que se pode tirar como lição é que nenhuma faceta da liderança constitui um direito de nascença, nem a **pessoal** nem a **organizacional**.

Ambas podem ser dominadas, porém isto requer toda uma vida, começando cedo, e tendo a orientação daqueles que já as compreendem e as praticam.

Observação importante - **Os criadores** a teoria dos jogos John von Neumann (matemático húngaro) e Oskar Morgenstern (economista austríaco) definiram que um **jogo de soma zero** é aquele no qual o ganho de um jogador representa necessariamente a perda para o outro jogador.

Já em jogos de **soma não zero**, a vitória de um jogador não é necessariamente ruim para o(s) outro(s).

Inclusive, em jogos de soma radicalmente não zero, os interesses dos jogadores coincidem completamente.

Por exemplo, em 1970, quando os três astronautas da *Apollo 13* estavam tentando descobrir como levar sua nave danificada de volta para a Terra, ele estavam envolvidos em um jogo claramente de soma não zero, porque o resultado seria igualmente bom ou ruim para todos eles (felizmente foi bom para todos...).

Robert Wright escreveu o livro *Não Zero – A Lógica do Destino Humano*, no qual procurou demonstrar que tanto a evolução biológica quanto a da cultura humana são produtos de uma mesma força, que lhes dá uma direção certa.

Ele salientou: "*Não zero indica, pois, situações, em que a colaboração é favorável, em que faz sentido unir forças, negociar os interesses e realizar ações coordenadas.*"

6.11 - O GRANDE INTEGRADOR: RUDOLPH GIULIANI.

Rudolph Giuliani é um bom exemplo de um gestor integrador, que soube enfrentar com obstinação diversas crises...

Bem, a personalidade para representar um grande **integrador** é a do 107º prefeito de Nova York, Rudolph William Louis Giuliani, que nasceu em Brooklin, em 28 de maio de 1944, descendente de imigrantes italianos de Toscana, que se tornou um dos mais importantes políticos norte-americanos. Na realidade ele poderia também se chamado de **influenciador** e ainda um eficaz **implementador**.

Ele foi prefeito de Nova York por dois mandatos, consecutivos, de 1º de janeiro de 1994 a 31 de dezembro de 2001, e tornou-se uma referência pela sua competência administrativa no que se refere à recuperação urbana.

Com mão firme, reduziu pela metade as taxas de criminalidade e transformou a cidade em uma das mais seguras dos EUA.

Em 2000, apesar de ter a eleição praticamente certa, Giuliani deixou de concorrer ao Senado porque sua vida estava uma bagunça. Tinha se separado de sua mulher e descoberto um câncer de próstata, a mesma doença que matou seu pai.

Mas em 2001, com a sua determinação de fazer Nova York voltar à normalidade depois dos ataques terroristas de 11 de setembro de 2001, isso o transformou em um dos políticos mais populares do país.

Giuliani concluiu os seus estudos do ensino médio na Bishop Loughlin no primeiro semestre de 1961, e foi eleito o "**político da turma**" pelos seus colegas.

Inscreveu-se em seguida para se tornar padre (!?!?), mas logo percebeu que estava mais inclinado a cuidar da saúde das pessoas do que à devoção religiosa.

Matriculou-se numa faculdade de medicina, mas também não demorou para convencer de que gostava mais de ideias que tratar de pessoas doentes.

A sua escolha final seria então o **direito**.

Mesmo que Rudy ainda não soubesse, o seu pai Harold, sem dúvida estava convicto que o seu filho teria um futuro brilhante.

Na Manhattan College, Rudy Giuliani concorreu à presidência da fraternidade contra Sal Scarpato, que recebeu um telefonema de Harold Giuliani, pedindo-lhe para desistir da disputa, argumentando que aquela função seria mais importante para Rudy do que para ele.

Scarpato não desistiu, mas perdeu a eleição para Rudy.

Assim que se formou, logo conseguiu o cargo de assistente na procuradoria geral, um cargo de peso para um jovem promotor.

Ele se destacou pelo seu rápido raciocínio, traquejo na área jurídica e por ser um promotor exigente, mas justo e aberto à criatividade, disposto a renovar o pensamento sobre vários assuntos.

Bob Leuci, um detetive que ajudava os promotores a desvendar a corrupção na polícia de Nova York, tornou-se amigo de Giuliani e lembrou: "Com o passar do tempo, Rudy passou a ter menos paciência com as pessoas que cometiam erros na vida. Para ele, se alguém estava errado, estava errado e ponto final.

Quando interrogava no tribunal, um detetive corrupto era devastador, encurralava-o, praticamente devorando-o!!!"

Assim, seus processos movidos contra a máfia, criminosos do colarinho branco e contra a corrupção pública lhe renderam destaques e manchetes e sua "maquininha de relações públicas", aproveitava toda oportunidade que valesse a pena, às vezes exagerando um pouco o desempenho de Giuliani.

Essa popularidade toda estimulou Giuliani a candidatar-se para o cargo de prefeito de Nova York, uma cidade onde havia cinco democratas para cada republicano e ele tornou-se republicano!?!?

Concorreu para o cargo em 1989, mas perdeu por uma margem mínima para o democrata David Dinkins.

Mas ele não desistiu e em sua segunda candidatura a prefeito, Giuliani conseguiu **convencer** os nova-iorquinos de que ele era a **cura** para uma cidade doente, na qual se nivelavam por baixo os padrões de moralidade e se banalizava a criminalidade.

Desenvolveu sua campanha enfatizando a qualidade de vida, combate ao crime, incremento do comércio e melhoria do ensino e aprendizagem.

De novo contra Dinkins, mas desta vez, em 1993, ele venceu e repetiu o feito em 1997, mais uma vez contra Dinkins, mas aí ganhando do oponente por larga margem.

Logo na sua primeira posse, ele começou o seu governo envolvido em muitas brigas e conflitos, mas ao longo dos seus dois mandatos venceu a maior parte de suas grandes contendas.

Com Giuliani como prefeito, os crimes em Nova York reduziram-se de **57%** e os assassinatos diminuíram em **65%**.

A partir desses resultados, o FBI (Federal Bureau of Investigation) considerou Nova York a **mais segura** das grandes cidades norte-americanas.

Passou a ser um modelo para outras cidades e, com isso, viu crescer significativamente o número de turistas na cidade.

Outra medida importante de Giuliani foi limpar a cidade, o metrô e os espaços públicos, e o grande exemplo foi o que ocorreu na parte mais famosa da cidade, a Times Square.

Ele nunca se omitiu em definir a sua posição com as questões polêmicas como:

- **Aborto** – Apoiou o direito do aborto, mas acabou indicando juízes que votariam a favor de restrições ao aborto!?!?
- **Casamento *gay*** – Foi contra, entretanto, apoiou o reconhecimento legal limitado de casais do mesmo sexo!?!?
- **Aquecimento global** – Considerava positiva a expansão de usinas nucleares, bem como o investimento em energias alternativas e renováveis.
- **Controle de armas** – Inicialmente, defendeu restrições à posse de armas, mas depois começou a defender a posição de que os governos estaduais é que deviam estabelecer os controles.
- **Saúde pública** – Defendeu a expansão da cobertura "orientada pelo mercado", mas ficou contra a cobertura universal patrocinada pelo governo como fez o presidente Barack Obama.
- **Imigração** – Foi a favor da concessão de *status* legal se a proficiência em inglês fizesse parte das condições para a respectiva atribuição.
- **Guerra no Iraque** – Apoiou o aumento de tropas e a permanência dos EUA até que tudo de fato fosse resolvido e pacificado naquele país!?!?

- **Pesquisa com células-tronco** – Posicionou-se a favor da diminuição de restrições ao financiamento de pesquisas com células-tronco embrionárias.
- **Impostos** – Expressou sempre o seu desejo que deveria tornar-se permanente o programa de redução de impostos, em especial aquele implementado nos mandatos do presidente George W. Bush.

Como se nota, ele nunca fugiu de dizer qual era a sua posição nos assuntos mais conflitantes e procurava agir sempre como um **integrador das ideias que difundiu**.

Ele foi um prefeito que se mantinha à base de esteróides, pois parecia, aparentemente, que não dormia nunca, pois eram comuns as reuniões que realizava com a sua equipe de assessores nas madrugadas ou os seus pronunciamentos na TV depois delas, logo às 7h da manhã.

Em quaisquer incêndios, prédios desmoronando, acidentes de avião, lá estava Rudy para ajudar a resgatar as pessoas envolvidas nessas catástrofes.

Quando o voo 800 da empresa TWA (Trans World Airlines) caiu na região de Long Island, em julho de 1996, Giuliani varou a noite em vigília com os familiares das vítimas que aguardavam notícias de seus entes queridos, finalmente passando de um em um para informar os nomes dos mortos na tragédia.

Ele **compareceu ao enterro** de cada pessoa morta em serviço na cidade, até que a impressionante quantidade de mortes no ataque terrorista de 11 de setembro de 2001 – cerca de 3.000 – inviabilizou tal gesto.

O seu amigo Gay Molinari uma vez lhe recomendou: “Rudy, você não pode fazer esse tipo de coisa, entrar nos detalhes de tudo que acontece em uma cidade do tamanho da nossa.

Ele na verdade não me escutou e continuou fazendo isso, do seu jeito.”

Giuliani realmente ocupava-se dos menores detalhes que tivesse alguma relação com a gestão municipal.

Entretanto, com o passar do tempo, os seus aborrecimentos foram aumentando e até com minorias as suas relações se desgastaram com ele se recusando ter reuniões com líderes representantes da comunidade negra.

E, aliás, o seu pequeno círculo mais próximo de assessores passou a ficar conhecido como um **grupo extremamente leal de bajuladores**!?!?

Ao passo que a sua lista de inimigos foi crescendo.

O ex-prefeito de Nova York Ed Koch chegou a afirmar: "Giuliani não é racista, ele é desagradável com todos."

Os acessos de raiva de Giuliani contra seus críticos, momentos em que ele muitas vezes questionava a saúde mental dos adversários, fizeram com que algumas pessoas questionassem a própria estabilidade mental dele, quando começou a surgir uma desintegração em relação ao que ele queria que fosse implementado.

Por exemplo, a sua reprimenda em 1999, em um programa de rádio contra um ativista que defendia o **direito de criar furões como animais de estimação**, a quem ele se referiu como "perturbado" e doente, tornou-se algo digno de um clássico *cult*.

Mark Green, um democrata liberal, que trabalhou como procurador público da prefeitura durante a gestão de Giuliani, relatou: "Ele trabalhava muito, era inteligente e competente como poucos, mas à medida que o tempo foi passando, tornou-se autoritário, propenso a entrar em conflitos com os que não concordavam com ele, e muito impositivo nas suas relações pessoais."

Giuliani justifica isso dizendo que esse comportamento impositivo era necessário, se alguém quisesse obter resultados e completava dizendo: "Se os munícipes quisessem um cara bonzinho, teriam ficado com o David Dinkins, referindo-se à postura do seu antecessor."

Lamentavelmente, a sede por publicidade que Giuliani evidenciou quando era promotor só aumentou com o passar do tempo no comando da prefeitura de Nova York, e não conseguiu conviver com ninguém que tivesse mais fama que ele na cidade.

Dessa maneira, William Bratton, delegado de polícia que exerceu um papel fundamental na campanha de redução dos índices de criminalidade em Nova York, foi convidado por Giuliani a se "aposentar" depois de receber o que, segundo Giuliani, foi um excesso de crédito pela reviravolta positiva da segurança na cidade.

Quando William Bratton apareceu na capa da revista *Time* vestindo um sobretudo com a gola virada para cima, perto do East River, seu destino foi selado.

"Belo sobretudo", Giuliani disse para ele, comentando sarcasticamente a reportagem.

Depois disso, como Bratton escreveu em sua autobiografia: "Foi uma morte lenta no meu trabalho, com o aparecimento de investigações da ética como desenvolvia minhas funções, manchetes constantes sobre algumas falhas, pequenas interferências na minha administração, vazamento de informações, desrespeito e atrasos nos pagamentos."

Ao estar já quase no fim do seu mandato como prefeito, vários fatos ocorreram que impossibilitaram a disputa entre Rudy Giuliani e Hillary Clinton pelo Senado dos EUA.

Seu segundo casamento estava ruindo (o primeiro casamento, com uma prima de segundo grau, havia durado 14 anos).

Em seguida, ele foi diagnosticado com câncer de próstata, doença que matou seu pai, aos 23 anos.

Tudo parecia estar eclodindo em uma coletiva de imprensa em Nova York em que Giuliani falou publicamente sobre o câncer, apresentou para todos sua "grande amiga" (e futura esposa) Judith Nathan e até "preparou" o caminho para a disputa ao Senado.

Como se isso não bastasse, soltou a informação de que estava em processo de separação judicial de Donna Hanover.

Na verdade, informou a esposa através da coletiva de imprensa (!?!?) que o casamento deles estava acabado.

A posterior briga do divórcio assumiu um caráter digno de novela de televisão quando Giuliani colocou na "briga" seu advogado que declarou que a mãe dos dois filhos do prefeito "grunhia como um porco ferido" e antecipou que talvez tivesse que retirá-la à força "com ela gritando, arranhando e chutando tudo" por se recusar a deixar a mansão Gracie, residência oficial do prefeito.

O deprimente rompimento e o subsequente casamento de Giuliani com Nathan fez com que a relação de Giuliani, com seus filhos, Andrew e Caroline, com 21 anos e 18 anos respectivamente, na época, ficasse extremamente abalada.

Giuliani explicou: "Ter de trabalhar era necessário e isso me fez superar todos os meus problemas."

Aliás, nessa altura, ele havia se mudado da mansão Gracie e se refugiado no luxuoso apartamento de Howard Koeppel, um seu amigo *gay* assumido e seu companheiro.

Koeppel não fazia nenhuma questão de evitar as fotos do trio, acompanhado por *Bonnie*, o cão da raça *shih tzu*.

Giuliani deixava Koeppel escolher suas roupas, em especial as gravatas, além disso, ele e o seu parceiro ganhavam sempre um beijinho rápido do prefeito na bochecha antes de ele sair para o trabalho.

No dia 11 de setembro de 2001, uma terrível catástrofe aconteceria nos EUA com os ataques de terroristas suicidas, e em particular os dois aviões que eles atiraram contra os dois edifícios do complexo *World Trade Center* (*WTC*) derrubando-os!!!

Rudy Giuliani, naquela manhã, estava no hotel Península com seu assessor e um amigo quando escutou a primeira notícia de que um avião havia colidido com o *WTC*.

Imediatamente dirigiu-se para o local e foi tomando mais conhecimento da gravidade da situação à medida que o seu *Chevy Suburban* se dirigia para o sul da cidade.

Ao dar a volta no quarteirão e ter a primeira dimensão da tragédia, Giuliani viu um homem saltar da torre norte e, em seguida, outras pessoas saltando em sequência.

A partir disso, o horror só aumentou e Giuliani e seu grupo de assessores começaram a correr na direção norte, enquanto a primeira e depois a segunda torre **vieram abaixo**.

O chefe do corpo de bombeiros Tom Von Essen lembra-se de Giuliani, com o rosto coberto de poeira, estava instruindo os transeuntes a "continuar caminhando para o norte" e aconselhando-os a "ficarem calmos e simplesmente continuarem andando."

Nas horas e dias que se seguiram a tragédia, Rudy Giuliani parece que sempre se lembrou do conselho do pai: "**Em uma crise, seja a pessoa mais calma da sala!**"

Peter King, congressista de Nova York, recorda-se de ter encontrado Giuliani em diversos funerais a que o prefeito compareceu naqueles dias terríveis e de ter ficado admirado com o modo como ele se controlou durante todo o processo.

Disse Peter King "Tenho a certeza de que se você colocar um medidor de pressão no braço dele, o resultado será 12 por 8!!!"

Muitos nova-iorquinos até que ficaram irritados alguns dias com a superioridade e autoconfiança que o prefeito Rudy Giuliani demonstrou par que todos ficassem cientes e integrados com o que pretendia fazer.

Mas assim que ocorreu a tragédia do dia 11 de setembro de 2001, era exatamente de um **líder integrador** que eles precisavam, e lá estava ele para tranquilizar a sociedade a e sobreviver-se da terrível crise de segurança.

A famosa apresentadora de TV Oprah Winfrey o designou informalmente o "**prefeito dos EUA**".

A rainha Elizabeth II da Grã-Bretanha o condecorou pelo seu extraordinário desempenho por acabar com toda a turbulência causada pelos atos terroristas e a revista *Time* o nomeou: "**Pessoa do Ano**".

Se um dia antes do ataque ele era um indesejável no campo político, um dia depois muitos especulavam porque ele não deveria ser o candidato para presidente dos EUA.

Assim, sua imagem foi transformada do estilo Nixon (a época da sua mais baixa avaliação...), que existia até o dia 10 de setembro, para o estilo Churchill (no seu momento mais decisivo...) no dia 12 de setembro de 2001.

O próprio Rudy Giuliani declarou: "O 11 de setembro de 2001 foi o **pior** e o **melhor** momento da minha vida.

Poderia falar horas seguidas sobre os horrores desse dia.

Jamais esquecerei tais cenas.

Mas prefiro ver as coisas de forma positiva.

O incidente provocou uma comoção sem precedentes.

Mas nunca na história norte-americana as pessoas se uniram, se integraram tanto, se esforçaram para ajudar umas às outras.

Foi um marco nos termos de resistência, de reação e de solidariedade.

A vida pode se vista pelo lado negativo ou positivo. Prefiro a segunda opção."

O prefeito Giuliani, cujo mandato expirou quatro meses depois do ataque de 11 de setembro de 2001, começou a se achar **indispensável**!?!?

Ele propôs uma extensão emergencial de três meses do mandato, mas a ideia não vingou até porque ele tinha um concorrente de muito peso, ou seja, o bilionário Michael Bloomberg que viria a sucedê-lo e comandaria Nova York por três mandatos, até quase o final de 2013.

Assim que deixou o cargo, Giuliani aproveitou seu "bom" desempenho no 11 de setembro e partiu para uma carreira bem lucrativa como palestrante, lançando um livro que tornou-se *best-seller*, chamado *Leadership* (*Liderança*), expandindo a sua rede e clientes em direito e fazendo trabalho de consultoria sobre segurança das metrópoles.

Suas aparições no seu circuito de palestras *Motiva-se* rotineiramente lhe rendiam US$ 100 mil, cada uma.

Mas também surgiram muitos questionamentos sobre o fato de que ele não se empenhou muito em proteger a saúde dos funcionários públicos que trabalharam no *Ground Zero* (local onde ficavam as torres gêmeas do *WTC*) e se os bombeiros de Nova York estavam suficientemente bem equipados para enfrentar uma crise como aquela...

Rudolph Giuliani veio diversas vezes ao Brasil e numa delas deu uma entrevista, em 17 de junho de 2009, para a revista *Veja* quando falou se é possível usar os métodos que aplicou em Nova York nas grandes cidades brasileiras.

Ele disse: "Há muito em comum entre Nova York e São Paulo, por exemplo.

São cidades bem grandes, cercadas por bolsões de pobreza, com um histórico de violência bem similar.

Assim como em Nova York, em São Paulo coexistem as duas maiores pilastras da criminalidade: grandes grupos organizados de tráfico de drogas e autoridades corrompidas.

Em metrópoles dessa amplitude e com esse perfil, a primeira coisa a ser feita é a medição diária do crime por região.

É preciso fazer isso com acuidade, exatidão e constância, **todos os dias, em todas as regiões da cidade**.

A medida é simples, mas tem um impacto surpreendente na qualidade e na eficácia da ação policial.

O crime aumenta e diminui com muito mais frequência do que se imagina. Isso pode acontecer porque há mais ou menos viaturas em uma área ou porque o método de ação de uma equipe é mais ou menos adequado.

Com essa medição, o policial percebe como o crime muda e entende o motivo dessa variabilidade, o que permite uma reação imediata e eficaz.

Depois de entender a dinâmica do crime, é preciso pensar com mais humildade e olhar para os detalhes da violência na cidade.

Em Nova York, havia tantos roubos, assassinatos e narcotráfico que nenhum policial queria perder tempo com '**crimes pequenos**', como as pichações, os pontos de prostituição, a destruição de propriedades, ou com os lavadores de para-brisas que limpam o seu carro mesmo contra a sua vontade.

Aí residia o nosso maior erro, pois havia uma integração entre tudo isso com a insegurança nas cidades.

É fundamental combater os pequenos crimes, como a pichação com toda seriedade e severidade.

Parto do seguinte princípio: quem não presta atenção aos detalhes não atinge a sua meta.

Em Nova York, ninguém queria prender o ladrão de rua, só o assaltante que levou US$ 1 milhão de um banco ou do chefe do tráfico.

O problema é que tanto o ladrãozinho quanto o adolescente que picha muros estão diretamente relacionados ao chefão do tráfico.

Um leva ao outro. Um só existe por causa do outro.

Antes de mais nada, cidades degradadas pela violência precisam resgatar a moral, o respeito.

O que é seu é seu, e eu não posso pichar.

Não se pode discutir essa condição e nem ser tolerante com algo ao contrário.

Também não posso roubar, nem quebrar, nem vender drogas, nem morar na rua.

Sem valores morais, toda a sociedade acaba no círculo do crime, de uma forma ou de outra.

Se o respeito volta, o crime adoece. Assim é mais fácil combatê-lo.

Foi dessa maneira que Nova York deixou de ser a cidade mais violenta dos EUA para, em alguns anos, tornar-se a **mais segura**.

Fui criticado por alguns setores por não aceitar e não permitir que na cidade houvesse um contingente de pessoas que morava nas ruas.

Uma cidade precisa ser organizada e limpa.

O oposto promove o crime e por isso em Nova York há diversos abrigos. Se há uma pessoa que vive na rua, há algo muito errado com ela: ou é alcoólatra ou drogada, ou ainda é alguém que tem problemas mentais.

Nas ruas, pessoas frágeis tornam-se mais isoladas, amedrontadas e suscetíveis.

Um cidadão pode fazer o que quiser, desde que não invada ou agrida os direitos de outro cidadão.

Viver na rua não só machuca a própria pessoa como agride a toda a sociedade. **Não é verdade?**

Cabe, portanto, aos governos resgatar, tratar e abrigar todas as pessoas que estão nessa situação."

Recentemente, mais precisamente no dia 15 de maio de 2014, Rudolph Giuliani fez uma palestra no National September 11 Memorial Museum, quando se mostrou uma pessoa bem diferente de uma década atrás, apoiando-se em crenças e valores sobre os quais pouco falava.

Assim, ele salientou: "Atualmente, recomendo que toda pessoa desenvolva as seguintes atitudes ou competências: **fé, compaixão, força, intenção, caráter** e **amor.**

Quando era adolescente, pensei seriamente em me tornar um pastor ou um médico, pois sempre estive entusiasmado e com muita fé divina de que o meu **propósito** deveria ser o de poder ajudar os outros.

A religião foi sempre um assunto favorito para mim e adorava falar com os meus professores sobre o tema.

Orar e ter fé em Deus sempre me deu a força e a coragem que não conseguia de nenhuma outra fonte.

Quando as coisas se complicavam para mim, sempre foi uma boa ideia orar para perceber a orientação adequada e ter a necessária coragem e atitude para enfrentar o problema.

A maior parte do meu tempo como prefeito foi gasto sob a máxima de que é melhor ser respeitado (ou temido) do que ser amado.

Mas o acontecimento de 11 de setembro elevou a minha compaixão com todos, normalmente reservada apenas para a minha família e para os amigos mais próximos.

Descobri recentemente que revelar a sua compaixão e seu amor, não significa evidenciar uma liderança fraca. Ao contrário, isso a torna mais forte.

É fundamental sobrepujar o medo, a preocupação e as dúvidas que nos conduzem inevitavelmente para o caminho do fracasso.

Não podia dar-me ao luxo de cometer qualquer falha depois de 11 de setembro.

Para tanto, foi necessário achar muita força interior e tomar decisões que levassem todas as preocupações e dúvidas para longe da minha mente.

Durante a minha vida, passei muito tempo lendo para aprender como os grandes líderes que admirava evoluíram e formaram o seu caráter para lidar de forma eficaz com todos os desafios, que deveriam sobrepujar.

Entre esses líderes destaco Winston Churchill e Franklin D. Roosevelt, o que sempre vinha para minha mente é a frase: **'A única coisa da qual temos que ter medo é de nós mesmos!!!'**

O amor, por sua vez, pode espalhar os momentos mais intensos e profundos de bondade.

Quando analisei o amor de nossos heróis (policiais, bombeiros etc.) de Nova York, que fizeram o seu trabalho desprezando os possíveis riscos para a própria segurança ou o que seria melhor para eles mesmos e focaram-se especificamente nas vidas e na segurança dos outros, aprendi que é o amor que coloca de lado todas as diferenças para se poder compartilhar a nossa humanidade, solidariedade, ou seja, todas aquelas coisas que temos em comum.

Eu rezei com esses homens e mulheres corajosos.

Fiquei bem próximo dessas pessoas e consegui aprender muito com eles.

Na raiz de todo esse comportamento está o amor e não tanto o senso do dever, como vi os bombeiros entrarem nas torres em chamas para salvar alguém que nunca tinham visto antes.

O amor pode ser tão poderoso que nos faz ajudar até aqueles que têm sido cruéis conosco"

Em setembro de 2014, Rudy Giuliani esteve em São Paulo para proferir uma palestra para os gestores de *shopping centers,* quando disse: "Tenham sempre um plano para poder combater uma catástrofe ou emergência, sejam otimistas e corajosos e formem um bom time para executá-lo. Isso serve para quem for governar uma cidade, um Estado, um País, ou até um *shopping center*!!!"

6.12 - MORAL DA HISTÓRIA DO SEXTO I.

Você, caro leitor, já deve ter notado que para tornar-se um *S8* global é necessário não apenas a **iniciativa** para conseguir novas **informações**, para daí tirar novas **ideias** e assim chegar à **inovação** na maneira de pensar, de sentir, de se comportar, mas, além disso, desenvolver com influência eficaz o seu processo de **insistência** par alcançar a **integração** na empresa em que trabalha ou na sua própria vida.

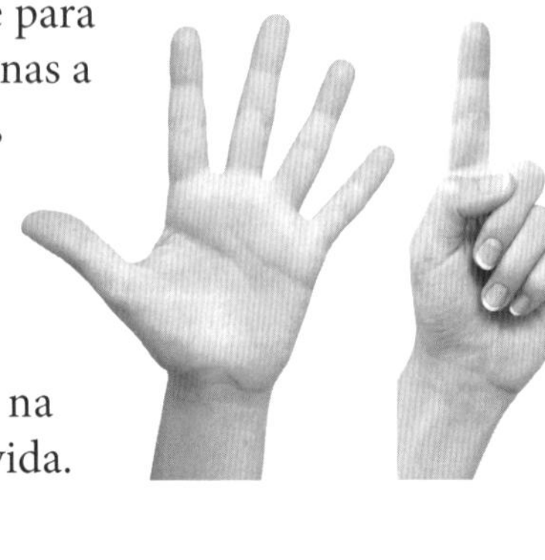

Pode-se entender a **integração** como a útil adaptação à vida real dos novos e dos antigos dados, de experiências novas, das observações e capacidades emocionais das pessoas.

O Brasil todo integrado por conexões, é o que devemos alcançar, devido ao nosso vasto território, com todos falando bem o português...

Quando existe falta de uma clara definição de políticas emanadas de órgãos diretivos de uma empresa, aliada à ausência de informações quanto às decisões de interesse geral, isto gera as inseguranças e as suspeitas que provocam atitudes defensivas.

Nesse caso, a integração não é apenas uma técnica, mas uma filosofia de administração.

Sem **integração** fica muito difícil desenvolver a cultura e fixar tradições numa companhia, com a consequência direta de que credos e princípios de ação não terão nenhum tipo de continuidade.

Ademais, o que emerge geralmente, quando há falta de **integração**, é o conflito alimentado por atitudes maquiavélicas.

Os que buscam **integração** por toda a vida normalmente são movidos por um grande idealismo, cujos valores são:

- integridade;
- honestidade;
- credibilidade;
- respeito pelos outros;
- respeito próprio;
- família;
- realização;
- confiabilidade;
- justiça;
- lealdade;
- amor;
- trabalho duro;
- religião.

Para promover mais facilmente a integração, o *S8* deve estimular o espírito de equipe.

Como a **integração** de uma mudança implica que todos a aceitem, isto se consegue de maneira mais simples quando se pode recorrer ao poder do trabalho em equipe.

Portanto, o objetivo da **integração** é o de evitar problemas e garantir o sucesso das novas ideias, das inovações, dos novos processos de trabalho etc.

Só existindo integração é que se pode promover com sucesso a **implementação** de mudanças ou a introdução plena de processos inovadores.

"Senhor, chegaram os dois consultores, especialistas em integração!!!"

Você acha que esse júri vai conseguir um consenso?

Implementando efetivamente as mudanças

7.1 - TOMANDO DECISÕES SIMPLES E EFICAZES.

Ao ter passado pelos **seis** Is anteriores, acreditamos que as sementes de uma **implementação** bem-sucedida já foram plantadas.

Isto no fundo significa que se tomou a iniciativa de avaliar a viabilidade da mudança que se quer introduzir, informou-se e insistiu-se com todos que se trata realmente de uma ideia inovadora, disseminou-se dentro da empresa todo o conhecimento sobre ela – a integração –, elaborando-se um plano para a sua execução.

Bem, a **implementação** implica tirar esse plano do papel e ir para as "frentes de batalha", quando o "conhecimento" tem que ser transformado em ação.

A **implementação** é uma das etapas mais difíceis de todo o processo que permite girar a roda da melhoria.

Para que ela realmente aconteça, é conveniente que no decorrer da **implementação** o plano elaborado permita alguma flexibilidade para ajustes de acordo com as circunstâncias que surgirem e as oscilações das emoções.

Para **implementar** melhorias, comumente será necessário tomar muitas decisões.

E para tomar bem uma decisão, ou se deve ter muita intuição ou pelo menos ter a noção de um critério do tipo SEMPRE (**s**implicidade **é** a **m**elhor **p**roposta de **r**esposta, **e**stúpido).

Thomas A. Edison usava uma forma muito criativa para contratar seus engenheiros.

Ele dava ao candidato uma lâmpada e perguntava: **"Quantos mililitros de água cabem dentro de uma lâmpada?"**

Havia pelo menos duas formas para dar a resposta correta.

A primeira opção usada pelos engenheiros versados em cálculo de volume era usar medidores para mensurar os ângulos da lâmpada.

Isso não é nada fácil, dada a forma de uma lâmpada.

Porém, de posse das medidas, o engenheiro pretendente ao emprego calcularia a área da sua superfície e em seguida chegaria ao seu volume interno.

Entretanto, essa abordagem, em média, levava aproximadamente meia hora.

A segunda opção era encher a lâmpada de água e depois entornar o conteúdo em um recipiente de medida.

O tempo total que decorria para esse processo não ultrapassava **1 min**.

Os engenheiros que escolhiam o primeiro procedimento e faziam suas medidas como manda o figurino, ouviam do genial inventor um cordial "**muito obrigado**" e eram dispensados.

Já quem escolhesse o segundo método ouvia Edison dizer: "**Está contratado!!!**"

A moral dessa história é que para se implementar algo com sucesso é necessário comumente fazer uso do SEMPRE como, aliás, T. A. Edison buscava nos engenheiros entrevistados, ou seja, chegar ao resultado de maneira mais simples.

Se você quer gente criativa para implementar melhorias, precisa ter um miniarcabouço de testes semelhantes a este de Edison.

E mais ainda, não é crime adaptar ou até usar os testes que dão certo em outro lugar.

A síndrome do "**se não foi inventado aqui não vamos usá-lo**" pode ser fatal.

Não há nada de tão errado em basear-se em alguma ideia não desenvolvida na sua organização, se ela o ajudar a promover mais eficazmente a implementação das mudanças.

Ser excelente em implementação significa que se deve ser um competente equilibrador de condições instáveis.

Acreditamos que os 6 Is vitais anteriores evidenciaram o que se deve fazer para melhorar a si mesmo ou o desempenho da empresa onde se trabalha.

O que resta agora é por tudo em prática, isto é, implementar, que não é uma **parte tão fácil**.

Não podemos ser bons apenas em descobrir o que temos de fazer. O importante, realmente, é conseguir fazer alguma coisa.

A agenda exposta nos 6 Is anteriores não é curta e nem fácil, e para convertê-la em realidade é um desafio.

A implementação de uma agenda de mudanças geralmente vai contra a índole das pessoas e de quase tudo nas organizações.

E por que essa oposição?

A verdade nua e crua é que nas mudanças que se quer implementar sempre surgem **perdedores**, pelo menos a curto prazo.

Quando se dissolvem, por exemplo, as fronteiras (uma das metas da integração) que separam numa empresa as unidades de negócios, os executivos serão forçados a abrir mão de parte de sua autonomia.

A perturbação dos padrões vigentes de poder e controle sempre provoca retrocessos e resistências.

Porém, em tempos de mudanças drásticas, a estratégia mais arriscada é não atuar com ousadia e continuar deitado em berço esplêndido.

É a receita certa para o fracasso.

Por outro lado, se você agir, terá pelo menos alguma possibilidade de sucesso.

É exatamente a dificuldade de implementar as mudanças almejadas que torna esta ação tão importante.

Um *S8* é aquele que é capaz de arregimentar disposição suficiente para superar os obstáculos e converter todo o temário de mudanças em realidade, alcançando desta forma, **recompensas extraordinárias**.

7.2 - FATORES PARA O SUCESSO NA IMPLEMENTAÇÃO DA MUDANÇA.

Para se ter sucesso na implementação, os seis fatores são:

1º) Integrar e concentrar os seus esforços.

É conveniente para que o implementador tenha sucesso que evite fazer várias mudanças ao mesmo tempo: quanto maior for a quantidade, menor a probabilidade de sucesso global.

O fato é que quando uma empresa procura implementar várias iniciativas ao mesmo tempo, seus empregados se tornam um tanto quanto cínicos.

Os funcionários chegam à conclusão (muitas vezes com razão) de que a administração não está encarando com seriedade nenhum dos programas, e que em lugar de investir no sucesso de um específico plano, os executivos da empresa decidiram espalhar suas fichas, na esperança de que com alguma vão ganhar num lance de sorte ou através de alguma mágica.

Ao se defrontarem com diversos programas de mudança, os empregados inevitavelmente se confundem com as relações e as diferenças entre as várias iniciativas.

O que se nota hoje em dia é que poucas empresas têm a experiência de executar dois ou três programas ao mesmo tempo, exceto, talvez, as grandes empresas dos setores aeroespacial e construção civil, que são capazes de gerenciar simultaneamente um elevado número de projetos.

É por isso que o gerenciamento de programas deve converter-se em uma competência essencial de todas as empresas que queiram nos seus quadros ter muitos *S8s*, os quais possam estar à frente dos vários projetos a serem implementados.

O conselho assim é de concentrar os esforços sobre um único guarda-chuva temático.

2º) Dispensar bastante atenção às questões pessoais e culturais.

As verdadeiras questões que determinam o sucesso ou o fracasso de qualquer empreendimento importante na maior parte das vezes não são de natureza técnica.

Ao contrário, quase sempre dizem respeito a temas de pessoas e de culturas.

Uma vacina contra o vírus da falta de atenção no tocante a pessoas e culturas é a observância da seguinte regra prática: gaste um terço do orçamento com projeto e a implementação do programa de mudança em si, um terço com a tecnologia de apoio, e um terço com as questões pessoais e culturais!!!

Apesar de essa diretriz ser genérica, podendo não se encaixar com exatidão em diversas situações reais, ela serve como ponto de partida para a distribuição dos recursos.

Seu principal destaque é o fato de que as pessoas não são um espetáculo à parte ou simplesmente algum "acidente geográfico", mas um item vital dentro do empreendimento de melhoria, merecendo por isso mesmo recursos e investimentos prioritários.

É essencial cuidar do treinamento, da educação, da comunicação e da gestão da mudança, pois são os principais tópicos ligados aos aspectos pessoal e cultural do orçamento de implementação.

3º) Gerenciar de maneira diferente as diversas partes interessadas.

Michael Hammer, um dos grandes pensadores contemporâneos sobre como promover mudanças fundamentais nas empresas, disse:

"Nos programas de mudança descobri que vale a regra ***20/60/20****.*

Quando numa empresa se divulga uma iniciativa importante, aproximadamente 20% da população de empregados recebem-na com entusiasmo.

Todo esse ardor deve ser aproveitado.

É necessário converter esses entusiastas em missionários e evangelistas das mudanças propostas.

É vital identificá-los e instigá-los.

Esses pioneiros não podem, contudo ser desapontados ou traídos, pois aí a sua empolgação poderá degenerar-se em cinismo.

Mas a situação não é tão boa assim, porquanto os outros 20% dos que trabalham na empresa são aqueles funcionários que se oporão ferrenhamente a essa mudança, e inclusive a qualquer outra mudança.

O pior é que geralmente esses 20% de opositores à mudança concentram-se nos escalões gerenciais, onde é maior a fidelidade às convenções e ao conservadorismo.

Essas pessoas – mais do que quaisquer outras – podem criticar a ideia, levantar objeções aparentemente bem intencionadas, porém cujo intuito é o de atrasar o progresso, não cumprir os compromissos formais de apoiar e reforçar a iniciativa, e de várias outras formas de inibir o progresso da inovação.

A melhor maneira de lidar com essas pessoas é força-las a se identificarem, o que se consegue quando se está firmemente convencido sobre a necessidade e os efeitos da mudança.

Vale dizer, é necessário ser inflexível e inequívoco sobre o advento da mudança e das suas implicações para a empresa e para todos os outros empregados.

*Os 20% (**incorrigíveis**) acabarão dessa maneira reconhecendo que a mudança é irresistível, e pode ser que alguns até saiam da empresa.*

*Os 60% do **meio** são evidentemente onde se ganha ou se perde a batalha.*

É aí que deve concentrar-se todo o arsenal de técnicas de gerenciamento da mudança (comunicações, incentivos, participação etc.).

Muitos executivos (que inclusive têm tudo para serem S8s) infelizmente concentram seus esforços nos dois extremos.

Erram fazendo isso, porque os 20% de seguidores não precisam ser convencidos, e os 20% de opositores dificilmente mudarão a sua atitude...”

4º) Liderar demonstrando claramente o compromisso com a mudança.

O líder da mudança (o mais indicado é o gestor *S8*) deve comprometer publicamente a própria credibilidade com o sucesso do programa de mudança.

Deve ter também recursos adequados para a realização do projeto de mudança, e isto inclui que sejam escalados para a iniciativa alguns dos “melhores e mais brilhantes talentos” da empresa.

Quando se aspira a promover uma mudança é necessário ir fundo no coração e no cérebro das pessoas, para que entendam que ela é de importância vital não apenas no aspecto econômico.

5º) Comunicar-se com eficácia.

Se as pessoas que trabalham numa empresa não compreenderem, não acreditarem ou não se importarem com o que está ocorrendo, elas não farão nada para reverter a situação inadequada.

A maneira de fazê-las compreender, acreditar e se importar, é comunicando-se bem com elas.

No processo de comunicação não se pode cometer erros, porém o pior deles é **mentir**.

Não se pode mentir, por exemplo, a respeito do impacto do programa de mudança sobre o trabalho e a remuneração de cada empregado.

As mentiras tácitas, por omissão, são tão ruins quanto às mentiras expressas por palavras e atos.

Evitar algo doloroso simplesmente chama a atenção de todos para o que se quer encobrir.

A honestidade é sempre a melhor política.

Na realidade, os funcionários de uma organização começam a internalizar uma mensagem quando lidam com ela na prática.

Ninguém gosta de ser colocado de lado e ficar mudo como se fosse uma peça de mobília.

Cabe, desse modo, ao gestor da mudança – o *S8* –que quer promover uma implementação bem-sucedida em lugar de só discursar, instigar os envolvidos na mudança a apresentar as suas ideias.

Debates abertos, sessões de *feedback* (realimentação) e pesquisas de opinião são algumas das alternativas que podem ser usadas para o envolvimento daqueles que participam do processo de mudança.

6º) Dividir o processo de implementação em uma série de etapas.

É necessário dar uma abordagem nova à implementação, ou melhor, fugir do tradicional método *big bang*, no qual tudo se realiza por meio de uma única grande iniciativa.

A implementação tem maior probabilidade de ser bem–sucedida se ela

Não esqueça que em qualquer implementação alguns acabarão ficando insatisfeitos.

seguir uma sequencia de etapas menores, cada uma delas representando um pequeno (mas significativo) avanço rumo ao objetivo final.

Todas essas etapas precisam, entretanto, ser feitas rapidamente para que surjam resultados animadores e recompensas concretas.

Assim, por exemplo, em vez de se tentar reformar totalmente os canais de distribuição por meio de um programa único, talvez seja preferível que a empresa comece com um pequeno conjunto de serviços pela Internet para seus clientes internos ou externos, cujo desenvolvimento e cuja instalação sejam relativamente fáceis.

Depois da implementação e do uso do bem-sucedido desses serviços, a empresa deve prosseguir com a instalação de outros recursos, e assim por diante.

Se você, caro leitor, observar com diligência essas recomendações, o sucesso na implementação do seu projeto de mudança na empresa em que trabalha (ou do seu próprio desempenho) não estará garantido, mas se tornará muito mais provável de ser bem executado.

Na realidade, você estará seguindo as pegadas de muitas empresas (de muitos gestores) que aprenderam de forma traumática que são estes os passos que levam ao sucesso!!!

7.3 - AS DIFICULDADES QUE DEVEM SER SUPERADAS PARA SE TER UMA IMPLEMENTAÇÃO BEM-SUCEDIDA.

Quem deseja fazer a **implementação** de uma mudança de fato, na maior parte das vezes quer resolver um problema existente.

E para que essa implementação seja bem-sucedida inicialmente, deve-se ter a certeza se realmente o que se vai introduzir resolverá o problema.

Nesse caso, é prudente fazer antes algumas perguntas do tipo:

- Quem tem o problema?
- Na conjuntura atual, que é de fato um problema?
- Qual é a essência do seu problema?

Ao procurar as respostas a estas perguntas, se notará que na prática é quase impossível definir os problemas de forma simples, única e totalmente não ambígua.

Por outro lado, sem um adequado entendimento comum do problema, a solução que se quer implementar tem grande probabilidade de dar errado.

Você seguramente já teve um desses dias em que as coisas não dão certo e se pegou dizendo: "**Cara, estou com problemas!**"

A maioria das pessoas já passou por isso, e muitas até enfrentaram essa situação quase todos os dias.

A dificuldade que elas sentem é a discrepância entre a forma como as coisas estão evoluindo à "maneira deles" – a maneira como elas deveriam estar indo, na opinião de outra pessoa, seu chefe.

Realmente para se chegar a uma implementação bem-sucedida de um processo de mudança numa empresa, não se pode descartar a possibilidade de ter sérias baixas entre os seus funcionários.

Um problema não é nada mais, nada menos do que uma **discrepância**!!!

Um problema é a diferença entre as coisas quando **desejadas** e as coisas quando **percebidas**.

Digamos que um problema pode ser tão simples como, na nossa percepção, "as crianças estão muito barulhentas" e o desejo é "crianças quietas"; ou até: a economia mundial está em grande turbulência (percepção) e o bom seria ter a estabilidade (desejo).

O fato incontentável é que nunca nos livraremos dos problemas.

Problemas, soluções e novos problemas se entrelaçam numa cadeia interminável, e o melhor que podemos esperar é que os problemas que "eliminamos" sejam substituídos por outros menos problemáticos do que aqueles que "resolvemos".

Um exemplo pode ser este livro ou outro que você esteja lendo.

Não se preocupe no momento com a qualidade do conteúdo, mas apenas com o seu *design* mecânico.

Muitos são os problemas que o editor pode ter introduzido para você, tais como:

1. É difícil marcar a página quando você larga o livro.
2. Como não é possível levar uma parte do livro consigo, você tem de carregá-lo todo, mesmo sabendo que vai usar apenas parte dele.
3. A encadernação é muito difícil (ou pesada) para se manusear, porém muito fraca para uso prolongado.
4. O livro não fica aberto sem que seja preciso segurá-lo.
5. As páginas se soltam muito facilmente.
6. Algumas das páginas estão grudadas umas às outras.
7. As páginas são muito acetinadas e refletem uma indesejada quantidade de luz.
8. Uma vez que as linhas de cada página são muito extensas, às vezes o leitor volta à mesma linha ou pula de linha.
9. As margens são muito estreitas para fazer anotações.
10. Sem algum tipo de alça, o livro é difícil de ser carregado.

Esperamos que o nosso não esteja lhe causando esses problemas, mas evidentemente são muitos os cuidados que devem ser tomados na produção gráfica para minimizar a insatisfação do leitor, que de alguma forma acaba acontecendo. Aliás, pode ser até que você esteja lendo a versão eletrônica (*e-book*) e tudo o que foi dito perde o sentido, não é?

Em certas situações, no entanto, a fonte do problema pode estar nele mesmo!!!

Aliás, sempre que encontramos uma vasta circulação de atividades burocráticas, cheias de efeito e furor, não significando nada, podemos estar ante o caso de um problema que vem de **lugar nenhum**.

Ou, mais precisamente, que vem do próprio problema.

Um exemplo clássico deste tipo de problema macro, que se autoperpetua, são as conferências internacionais voltadas para a corrida armamentista, devastação do meio ambiente, combate às drogas, comércio internacional, presença de imigrantes ilegais etc.

Há quem diga que se essas conferências começassem às 6h30min, horário em que muitos brasileiros começam a trabalhar, se as cadeiras onde se sentam os participantes fossem de madeira dura em vez de couro macio, e se as suas refeições fossem de tiras de peixe congelado com batata frita em lugar de caviar e champagne dos melhores restaurantes das cidades onde ocorrem os encontros, seguramente as decisões tomadas seriam mais próximas da solução almejada.

Mas parece que isso não lhes interessa porque uma das grandes vantagens dessas conferências é que elas são muito atraentes e agradáveis **para os participantes**!?!?

Saber que se tem um problema é uma questão de sensibilidade, ou seja, se você sente que existe um problema.

Saber **qual** é esses problema – isso já é bem diferente.

Infelizmente, a maioria das pessoas com problemas acha que sabe quais são eles e lamentavelmente elas estão erradas!

Muitas dizem: "**Meu maior problema é que não sou um solucionador de problemas.**"

Mas bem mais frequentemente do que parece, **solucionar** (ou **resolver**) um problema é um exercício bastante trivial – desde que naturalmente saibamos qual é o problema.

Provavelmente o motivo pelo qual as instituições de ensino (IEs) tradicionais produzem solucionadores de problemas tão ruins é que nunca é dada aos alunos a possibilidade de descobrirem qual é o real problema, pois o mesmo é qualquer coisa que o professor diz que é.

E a regra vigente é que é bom acreditar nisso!

A maioria de nós teve educação escolar, e por isso desenvolvemos um instinto que nos faz agarrar a primeira declaração que pareça um "problema".

Depois nós o "solucionamos" tão rápido quanto podemos porque, como todos sabem, nas provas e exames a rapidez é o que conta.

Assim foi adquirido o hábito de apoderar-se da primeira declaração de problema, posicionar-se rápido, e às vezes "agarrar-se nela até a morte"...

Não fique preocupado, com o fato de que os profissionais talentosos são só criativos. Eles também podem ser implementadores!!!

Pode-se chamar essa abordagem de "**pulo cego com os dois pés juntos**", que até dá certo na maioria das coisas triviais.

Mas não é mais a estratégia adequada para os problemas cada vez mais complexos que estão surgindo no século XXI, quando o verdadeiro **solucionador de problemas** é extremamente valorizado, bem como o **problematizador de soluções** (pessoa que encontra imperfeições nas soluções propostas).

O que se deseja do *S8* especialista em girar bem a roda dos 8Is, é que ele saiba desempenhar os dois papéis, ou seja, de solucionador de problemas e de problematizador de soluções, visto que sabe usar muito bem os dois lados do seu cérebro.

Ao procurar implementar as mudanças, o *S8* lembra sempre do que costumavam dizer os radicais quando eram realmente radicais: "**Se você não faz parte da solução, faz parte do problema.**"

E assim, ele sabe distinguir e separar quem o ajuda a resolver o problema e quem o atrapalha, e isto tem tudo a ver com o sucesso da implementação já que, se alguém não faz parte da solução hoje, com grande probabilidade fará do problema amanhã!!!

7.4 - OS OBSTÁCULOS PARA SE PROMOVER A IMPLEMENTAÇÃO EM FUSÕES, AQUISIÇÕES E NAS MUDANÇAS ESTRUTURAIS.

Quem tentar fazer uma implementação de mudanças estruturais numa empresa, ou promover a transição com sucesso de fusões ou aquisições de companhias, não deve cometer os seguintes pecados:

1º) Pecado – Obsessão com listas.

Comumente, dias após o acordo de uma fusão ou aquisição ter sido anunciado, os "chefões" da infraestrutura passam a fazer listas quilométricas de coisas a fazer.

A cada dia que passa, novas equipes de transição são formadas e mais detalhes são acrescentados, até que a lista principal se torne uma infindável relação de tarefas que confundem a mente, destroem a moral, comprometem o ego e provocam o desânimo geral.

Ela consome 50 páginas digitadas (ou mais), complementadas por gráficos que ocupam folhas de alguns metros lineares e raramente incluem um gerador de receita.

As transições apoiadas em listas são transições prolongadas.

Diluem recursos, descapitalizam esforços e subotimizam resultados.

Dando a detalhes administrativos e ao corte de custos a mesma prioridade que outras ações que criam valor, elas **retardam** o progresso, **frustram** a força de trabalho e **alocam** inadequadamente os recursos.

2º) Pecado – Comunicações sem conteúdo.

Infelizmente, após o início de um acordo ou de uma mudança radical, a maioria dos comunicados tende a ser destituída de conteúdo.

Consistem basicamente em conversa fiada e autopromoção, e sempre geram mais perguntas que respostas.

Imagine que a sua organização adquiriu uma empresa com 10 mil funcionários.

Vamos supor que eles se sintam "relativamente seguros", e gastem apenas 30 min do tempo de serviço por dia especulando e comentando com os outros sobre o seu futuro.

Isso equivale a 5.000h de produtividade perdida, 25.000h por semana a mais de 100.000h por mês, para cada mês em que se deixá-los preocupados, desejando saber o que está acontecendo.

A boa comunicação é um **estabilizador**!!! Mantém as pessoas concentradas e cheias de energia, e não confusas e perplexas.

É por isso que se deve evitar a todo custo que funcionários, clientes, fornecedores e investidores percam tempo com preocupações, imaginando coisas, pois nesse estado eles não estão produzindo, comprando, fornecendo ou investindo, respectivamente.

3º) Pecado – Criação de um "circo" de planejamento.

Existe uma velha crença que se credita a um iatista que disse: "**Se você não consegue dar nós, pratique bastante.**"

Muitos adquirentes parecem aplicar essa crença às inúmeras equipes de transição que constituem.

Apoiados na noção equivocada de democracia representativa, formam dezenas de equipes de ambas as organizações para coordenar decisões e atividades após o acordo.

Lamentavelmente, as equipes são organizadas em uma estrutura bizantina que impõe seu próprio peso, complexidade e inércia à transição.

Isso **retarda** o progresso da fusão e **abala** a credibilidade!!!

4º) Pecado – Comportamento de galinheiro.

É só observar e se notará claramente que as galinhas seguem uma ordem hierárquica bem definida em seu galinheiro.

Bastará misturar as galinhas de um galinheiro com outro e se destruirá a ordem hierárquica. As regras de comando que determinam qual ave está acima de outra ficam confusas. Voam penas para todos os lados.

No caos, algumas saem feridas, outras morrem.

Raramente os CEOs, ou seja, os executivos principais são mais pressionados a exercer a autoridade, o controle e as relações hierárquicas do que após o início de uma fusão.

Ao cederem à pressão, as decisões deles favorecem o formato em vez da função, os títulos em vez da responsabilidade e a hierarquia em vez da clareza de papéis.

O resultado costuma levar ao **comportamento de galinheiro** e a uma preocupação precoce com os quadros organizacionais.

Não se consegue definir papéis e inter-relações complexas elaborando-se um correto quadro organizacional.

Os quadros organizacionais dizem mais respeito à autoridade, *status*, poder e delimitação de território que ao fluxo de informações e à maneira pela qual as decisões são tomadas.

As disputas continuarão, talvez sutilmente, até que os papéis e as inter-relações sejam esclarecidos.

As brigas de galinheiro não se limitam a violações da ordem hierárquica.

Poucas coisas podem fazer as penas voarem mais rapidamente do que a promessa vazia de selecionar as melhores práticas de cada uma das partes envolvidas em uma fusão.

Poucas coisas podem produzir um grito mais alto do que uma tentativa desastrada de juntar duas políticas diferentes.

Poucas medidas podem exaltar mais os ânimos que um enxugamento brutal ou uma estratégia de redução de custos que sacrifique o crescimento para conseguir um "prêmio" de uma aquisição absurda.

5º) Pecado – Pregar a visão e os valores.

Apesar da evidência contundente de que as diferenças culturais devem ser resolvidas de imediato, muitos executivos acreditam ser possível fundir culturas gradualmente, por meio do contato e da interação.

Ironicamente, os cientistas sociais da década de 1950 referiram-se a essa estratégia desacreditada com a "**abordagem de contágio**", fazendo uma analogia com a disseminação de infecções.

Não se pode fundir duas culturas levantando uma faixa que proclame visão e valores comuns.

A mudança cultural não se concretiza com boletins informativos, logotipos ou cartazes.

Não adianta fazer discursos em sua defesa, promoção, mantras ou orações.

Interagir duas culturas requer a **integração** de dois conjuntos idiossincrásicos de comportamento.

6º) Pecado – Colocar "tartarugas" em postos que exijam ações rápidas e pessoas talentosas.

Os gerentes começam desde cedo a competir pelas posições. Os executivos tentam proteger seus funcionários ou procuram mostrar imparcialidade, empregando o máximo possível de gerentes da empresa adquirida.

Raramente há informações suficientes para se tomar decisões ponderadas.

O erro mais comum é usar decisões de seleção para equilibrar a negociação que se iniciou quando o acordo foi fechado.

Essas tentativas fracassadas de recrutar de uma forma democrática acabam parecendo um sistema de cotas que viola todo o discurso que a administração costumava fazer sobre a **importância do talento**.

O resultado é um número muito grande de pessoas em cargos que não podem ser defendidos e nem absorvidos.

Existe um velho provérbio chinês que diz: "**Se você vir uma tartaruga sobre uma cerca, sabe que alguém a colocou lá.**"

A relevância do provérbio para as fusões atuais é evidente.

Para piorar mais a situação, **as tartarugas executivas aumentam o índice de idiotice**.

Como destacou há algum tempo um executivo do Vale do Silício, nos EUA: "Profissionais de primeira linha contratam profissionais de primeira, profissionais de segunda contratam profissionais de terceira categoria, e estes contratam idiotas."

E assim os erros cometidos pela direção vão se multiplicando pela organização.

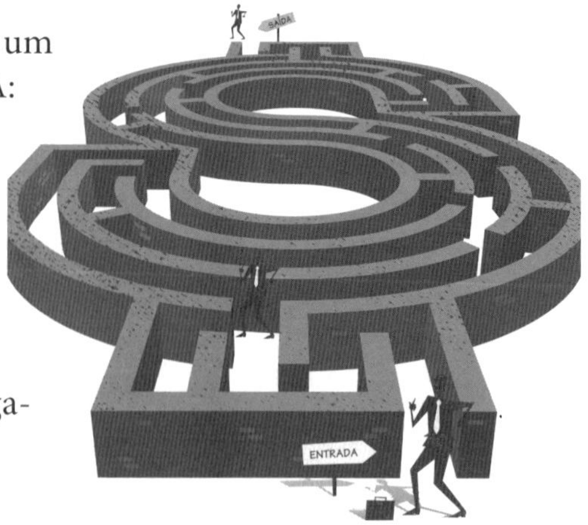

Para implementar com eficácia é essencial saber atribuir as tarefas complexas para as pessoas certas!!! Essa é uma das grandes habilidades de um *S8*.

7º) **Pecado – Recuperar os comportamentos errados**.

Imagine-se num cassino em Las Vegas (EUA). Centenas de jogadores estão diante das máquinas, mas cada pessoa está interessada apenas naquela em que está jogando.

Por quê?

Porque ela fez uma aposta naquela máquina.

Os gerentes não são diferentes.

Quanto mais apostam, mais se esforçam para captar recompensas.

O progresso significativo raramente ocorre em aquisições até que as remunerações dos executivos principais sejam definidas.

Lamentavelmente, os responsáveis pelos planos de incentivo após os acordos costumam se preocupar com fórmulas para efetuar a fusão, critérios de elegibilidade, mecanismos de distribuição, tratamentos dos impostos e exigências administrativas.

Os planos tornam-se geringonças que desafiam a lógica, frustram os gerentes e confundem os envolvidos.

Com isso, eles perdem o verdadeiro objetivo: promover o dinamismo e enfocar comportamentos desejáveis.

Assim, se você está comprando outra empresa ou estabelecendo uma nova visão de futuro, é hora de fazer mudanças profundas sem incorrer nos **sete pecados capitais** citados há pouco.

As empresas bem-sucedidas, cada vez mais são aquelas que aprendem com rapidez, agem mais depressa e se adaptam primeiro.

Elas poupam tempo ao tomar e por em prática decisões bem ponderadas sobre a criação de valor econômico e determinação de prioridades, e a alocação precisa de recursos.

Usam essas decisões para assumir posições firmes desde cedo, sobre como a administração poderá operar mais efetivamente, como serão a estrutura e a cultura da organização.

Atuam de uma forma cada vez mais ligada à criação de valor econômico sustentado a longo prazo.

Efetuar a implementação de uma grande transição é uma corrida contra o tempo.

Os executivos descobrem que estão atrasados, mesmo antes de inicia-la.

Tudo se torna prioridade.

Decisões sobre a forma eficiente de utilização dos recursos humanos, que levam anos, devem ser tomadas em dias.

Existem centenas de perguntas e apenas algumas respostas vagas.

Neste ínterim ninguém está fazendo seu trabalho com eficiência.

Os clientes não recebem a atenção adequada.

A produtividade acaba despencando.

O caos se alastra como o fogo na mata.

Este é o ambiente no qual a equipe dos executivos é jogada, na implementação de uma fusão.

Realmente não é nada fácil promover a implementação bem-sucedida de uma fusão ou de uma nova aliança entre empresas, pois nesse processo parece que os executivos não tem muito clara a diferença entre **decidir** e **fazer**, isto é, muitos não se dão bem com a seguinte charada de criança:

"Cinco sapos estão em um tronco.

Quatro decidem pular

Quantos ficaram?

Resposta: cinco.

Por quê?

Porque decidir e fazer são coisas diferentes."

7.5 - GÊMEO DO MAL.

Uma coisa é muito importante citar: às vezes, quando no processo de implementação as coisas começam a não andar bem, é conveniente escutar o nosso "**gêmeo do mal**".

Ronna Lichtenberg e Gene Stone, no livro: *Trabalho Seria Ótimo, se Não Fossem... as Pessoas*, introduzem o conceito do "**gêmeo do mal**".

O conceito de "gêmeo do mal" tem tudo a ver com algo de ruim que acontece com alguém, digamos no seu trabalho, e aí essa pessoa ouve duas vozes: uma madura, racional e ponderada, e outra raivosa, que só pensa em vingança.

A primeira costuma dizer: "Vamos resolver isso com calma e bom senso."

Já a outra argumenta vociferando: "Estou louco de ódio e vou partir para a briga já."

Justamente essa segunda voz é a do "gêmeo do mal".

Lamentavelmente (ou não...) cada um de nós tem esse "gêmeo do mal", que conversa conosco o dia inteiro.

O pior é que ele nunca para de pensar em meios de nos ajudar.

Suponhamos, por exemplo, que você esteja sentado calmamente na sua mesa quando acha um memorando com alguma aprovação ou informação que um "inimigo" seu precise desesperadamente.

Ninguém sabe que o memorando está com você.

→ **O que você faz?**

O seu "gêmeo do mal" lhe sussurra: "Não envie nada, aproveite para sabotá-la!?!?"

O fato é que na maior parte das vezes você não deve aceitar o conselho do seu "gênio do mal", principalmente quando estiver com muita raiva porque a etapa de implementação de alguma mudança pela qual você é responsável não está indo bem, ou até está sendo de certa forma minada.

Em lugar disso, siga o **caminho do bem.**

Analise o problema mais a fundo, fazendo notável esforço para compreender as preocupações de cada uma das partes envolvidas, procurando descobrir o que está ocorrendo de errado e tentando achar uma solução boa para todos.

Entretanto, quando a falta de compromisso, de responsabilidade ou a provocação extrapola os limites da paciência, você deve revidar.

É nesse momento que se deve ouvir cuidadosamente o "gêmeo do mal", e talvez até seguir o seu conselho.

Quando decidir agir como o seu "gêmeo do mal" sugere, pense minuciosamente no que vai fazer e por quê.

Uma das justificativas para recorrer ao seu "gêmeo do mal" é em **legítima defesa**.

Mesmo assim é conveniente ser discreto.

Se precisar agir, escolha bem o momento e o local com sabedoria. Pois confrontações em público nunca terminam bem, inclusive perturbam a harmonia do ambiente de trabalho e deixam todos em situação desconfortável – especialmente você.

Portanto, cuidado com a sua conversa com o seu "gêmeo do mal", pois ele adora falar e não há problema em ouvi-lo, mas só aceite seu conselho quando não houver outra opção.

Você deve ser capaz de se lembrar de todas as vezes que seguiu o conselho do seu "gêmeo do mal", caso contrário, estará fora dos trilhos e exagerando.

Um primeiro exemplo de como se pode usar os conselhos do "gêmeo do mal" é quando você está cercado de muitos insetos corporativos!!!

Realmente a maioria das empresas tem a sua comunidade de insetos corporativos, sejam vespas na sala da diretoria, ou lesmas no setor de entregas.

As baratas corporativas, porém estão por todas as partes.

Assim, as "pessoas" baratas são sobreviventes, estão na organização desde a sua criação e continuarão há até se uma bomba de nêutrons for lançada contra a empresa.

Elas representam os burocratas que nunca mudam: os funcionários imunes a quaisquer maquinações corporativas.

Cuidado com a horda de baratas que existe em toda empresa...

Esses burocratas sabem de tudo e não são alvos de atenção especial porque não são nem bons, nem maus. Nem rudes, nem simpáticos.

Simplesmente são!!!

Quando você vê uma ou duas delas, existe uma grande possibilidade de existirem outras baratas escondidas no recinto.

Uma empresa que permita que se criem duas ou três, cria sempre muitas.

Baratas vivem juntas, almoçam juntas, bebem juntas, sua única preocupação é sobreviver e o seu principal objetivo na vida é combater mudanças.

Sempre que você quiser implementar uma mudança, terá de se defrontar com elas, e aí se baratas corporativas estiverem em seu caminho, **pise nelas rapidamente**.

Do contrário, elas avançarão em formas que você jamais imaginou, saindo de trás das paredes, vindo de outros andares, surgindo de lugares nos quais, para você, seria impossível qualquer ser corporativo viver.

Elas conhecem a empresa bem melhor que você.

Conhecem todos os altos e baixos, as entradas e as saídas.

Se você, caro *S8*, não cuidar delas logo, elas darão cabo de você depois.

Claro que existem outros insetos que infestam a estrutura corporativa.

Há as sanguessugas, que necessitam do seu sangue para sobreviver.

Quando você entra em uma empresa, cheio de energia e estâmina – essas sanguessugas sentem de longe o seu cheiro de sangue novo.

Elas têm uma agenda a cumprir e, como não possuem uma fonte própria de energia, tentam usar a sua para alimentar seus avanços.

Farão sua abordagem divulgando reclamações do tipo: este projeto vai ser um fracasso, fulano de tal é um tonto etc.

Elas realmente podem lhe contar onde está o sangue contaminado.

Contudo, não fique muito próximo delas nem lhes declare nenhum tipo de compromisso ou lealdade, se não quiser sair de tudo isso manchado de vermelho...

Existem também as borboletas, que voam em torno da fonte de energia.

Elas não têm fonte própria, mas a sua beleza física ou charme inerentes lhe possibilita um tipo especial de acesso ao *godfather* (o "chefão") que todos cobiçam.

Elas não têm nenhuma função específica, mas o "chefão" as deixa sobreviver porque são muito decorativas para serem destruídas...

Caso a sua empresa seja grande, então você, meu caro *S8*, já viu as formigas operárias.

Elas habitam a maioria dos pavimentos entre o *hall* de entrada e a cobertura dos poderosos e executam uma parcela significativa do trabalho.

Não esperam avançar mais, todavia, ao contrário das baratas, sua lealdade não está relacionada ao local, mas ao trabalho em si.

S o "formigueiro" for destruído, elas partirão em busca de outro.

Vamos ver como o "gêmeo do mal" o aconselha quando você está num ambiente com tantos insetos corporativos.

Realmente o que ele sugere é algo diabólico, ou seja, se o *S8* sentir-se ameaçado por algum inimigo repulsivo, o "gêmeo do mal" diz-lhe para estimular a ira das baratas, mostrando a elas quem é o seu **inimigo que está boicotando a mudança que ele deseja implementar!?!?**

Isso será motivo de grande irritação no ninho, e apesar do seu inimigo estar de prontidão esperando algo maligno de sua parte, não imagina que seja um esquadrão de horripilantes insetos marrons que pode derrubá-lo mais rápido e com maior eficiência, como você jamais conseguiria.

Mas cuidado, pois este cenário infalivelmente se revela – para o grande descontentamento do alto escalão – quando você, devido à sua competência de *S8*, é contratado para um cargo gerencial na empresa.

O gerente novato geralmente tem carta branca para fazer mudanças corporativas, e não é nada difícil que o "gêmeo do mal" de algum outro gerente com bom tempo de casa, invejoso desse seu prestígio, queira "auxiliá-lo" comunicando isto às baratas corporativas...

Outra situação interessante para invocar o conselho do "gêmeo do mal" é quando surgem consultores salvadores na sua companhia.

De um modo geral, os consultores (que chamaremos de "**curandeiros**") aparecem na empresa porque o "chefão" está sentindo algum mal-estar sério.

Ele tem a certeza de que há algo errado, está precisando de ajuda, mas não sabe onde encontrá-la.

Provavelmente contou sobre o sintoma para alguém de sua confiança que, por sua vez, comentou que quando teve um sintoma parecido chamou um "curandeiro".

E aí chega o curandeiro para atuar exatamente no setor que você está dirigindo, meu caro *S8*.

Claro que isso não quer dizer necessariamente que ele esteja lá para ajudar você.

Tome muito cuidado a partir de agora, porque a principal função do "curandeiro" é falar que encontrou problemas, que algo não funciona, que existem falhas etc.

Para localizar os problemas, o "curandeiro" precisa saber o que acontece dentro e fora de sua companhia, e isso significa sugar tudo o que existe no cérebro dos funcionários, atuando como se fosse um aspirador de pó.

Bons "curandeiros" são como terapeutas: criam um clima de segurança em que se pode falar abertamente e sem censura.

Frequentemente transmitem aquela sensação de que você e suas ideias são importantes para eles.

Assim, o "curandeiro" lhe confidencia: "**Você é um dos poucos que entendem o que o 'chefão' quer com esse projeto**."

Só que ele disse o mesmo para dez outras pessoas só nessa manhã.

Escolha, portanto, as suas palavras com muito cuidado.

Dessa maneira, por exemplo, se o "curandeiro" jogar uma isca para você ofender algum desafeto seu, **não morda**.

E só emitir um comentário inconveniente sobre alguém na empresa, e em poucos dias – pode ter certeza – você terá um novo e vingativo inimigo.

Os "curandeiros" de modo geral não estão preocupados em fazer você parecer bom e competente.

Estão de fato preocupados em se fazerem parecer bons e indispensáveis.

Tome, então, muito cuidado ao expor suas vulnerabilidades a eles.

O bom posicionamento que o seu "gêmeo do mal" lhe dará sobre os "curandeiros" é o seguinte: **use-os para "plantar" informações que lhe parecem úteis**.

O consultor vem até você e lhe pergunta sobre o projeto X, que não o envolve especificamente.

Mas existe outro projeto Y para o qual vale a pena usar um pouco de desencorajamento, então você comenta que, enquanto o X parece estar indo muito bem, sobre o Y tem ouvido coisas terríveis.

Um bom "curandeiro" é um ímã de informações, e sua opinião de alguma forma poderá chegar a um lugar onde lhe será de grande ajuda.

Como sempre, assegure-se de que os seus motivos são justos.

Finalizando, é importante ressaltar que é **fantasia** pensar que existe uma empesa apolítica, na qual se tem um paraíso utópico, em que todos se olham nos olhos e trabalham para o bem comum, sem precisar lidar com a tensão inerente aos desejos conflitantes.

Isso simplesmente não é realista.

Castelos de areia podem ser esteticamente agradáveis à vista, mas não devem servir de referência para se implementar algo que leve a bons resultados durante um tempo razoável.

Nenhuma utopia, seja ela no mundo capitalista, socialista, comunista, ou transcendalista, jamais funcionou.

Em outras palavras, a política corporativa é um indicativo de que o ambiente de trabalho é saudável, de que a empresa está prosperando, de que o futuro é brilhante.

A maioria das pessoas não é derrotada pelas outras, mas por sua reação às atitudes de outras pessoas.

Diante disso nos convencemos de que não teremos o que merecemos, ou tememos que alguém tomará o que nos é de direito (um salário melhor, um escritório maior etc.).

Nessas situações de tensão, as pessoas passam a duvidar de si próprias e a sentir-se arrasadas, sem poder. Isso, por sua vez, as leva a um comportamento imprudente do qual mais tarde se arrependem.

Deve-se pensar sempre que o mundo é grande, a vida é longa e, à medida que for dominando a arte da política corporativa (usando às vezes o que diz o "gêmeo do mal"), você descobrirá que o trabalho, as pessoas e tudo mais podem **ser verdadeiramente bons**!?!?!

7.6 - ENTUSIASME-SE E AJUDE A MOTIVAR TAMBÉM OS OUTROS!!!

Para se ter resultados tanto no trabalho como na vida pessoal, um ingrediente essencial é o **entusiasmo.** Aliás, com o seu entusiasmo torna-se muito mais fácil influenciar os outros a ficarem "motivados" para auxiliá-lo, caro *S8,* na estratégia que pretende implementar.

O problema que as pessoas e empresas enfrentam é que só podem manter um estado de **visível entusiasmo** durante um intervalo curto de tempo.

Isso acontece, por exemplo, quando os funcionários ficam estimulados por alguma apresentação interna na empresa, ou ainda por terem participado de algum curso ou seminário externo.

Porém em pouco tempo – pois depois são tragados pela rotina – retomam os hábitos seguidos a vida toda e voltam à normalidade monótona.

Sentir-se entusiasmado e manter a vibração significa alcançar e sustentar uma atitude positiva e uma energia formidável, com uma vivacidade inovadora.

Todavia, é complicado manter sempre essa atitude quando se enfrenta a realidade do dia a dia.

Outras pessoas e diversos eventos nos tiram do rumo, abalam o nosso entusiasmo e desencadeiam atitudes negativas.

Além disso, as longas horas de atividade e de sobrecarga de trabalho influenciam o brilho com que nos desempenhamos, fazendo cada um sentir-se às vezes como indicado na figura 7.1, isto é, um **derrotado** (pouca energia e com atitude negativa) , um **cínico** (muita energia mas com atitude pouco positiva), um **político** (com boa atitude mas com pouca energia), e inclusive como um **vencedor** (com excelente atitude combinada a muita energia).

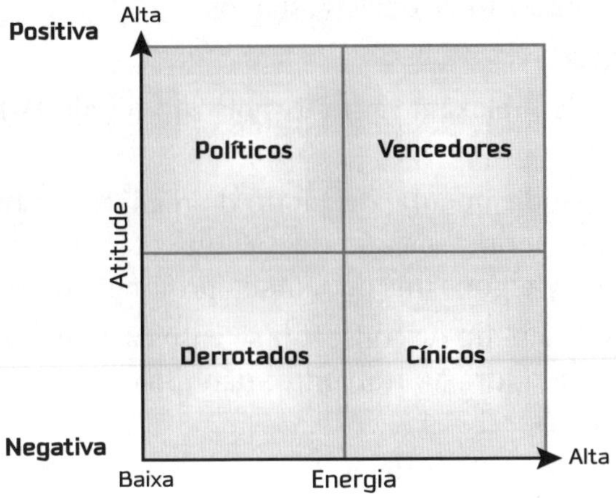

Figura 7.1 – Grade de variação da atitude e energia de uma pessoa.

Claro que a meta desbravadora de cada indivíduo é fica a maior parte do tempo na área do quadrante dos vencedores, e também fazer com que a sua empresa chegue lá, com muita vibração de todos os colaboradores.

Quem quiser promover uma implementação, sem dúvida deve sentir-se sempre num estado de **vencedor entusiasmado**, porque é assim que a sua probabilidade de sucesso torna-se muito maior.

É vital para poder estar sempre entusiasmado seguir o ciclo perpétuo de **energia**, **atitude** e **vibração** (Figura 7.2).

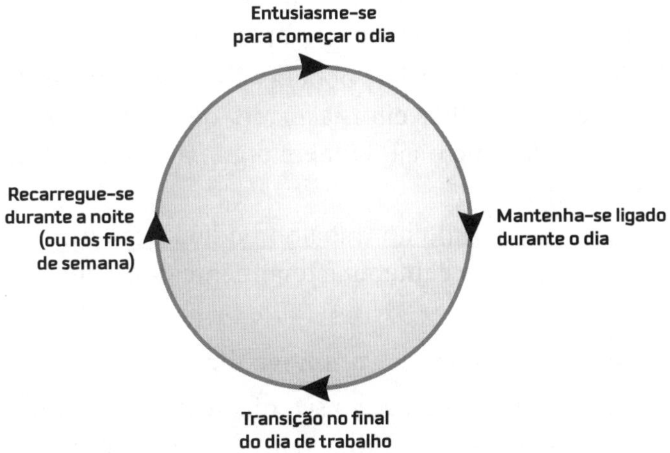

Figura 7.2 – O ciclo perpétuo de energia, atitude e vibração.

Este ciclo é composto de quatro estágios:

1º) Recarregue-se.

É bom fazer algo relaxante à noite, pois isto irá ajudá-lo a descarregar a tensão.

Descansar periodicamente, deixando de realizar as atividades de costume, auxiliará a melhorar sua atitude e a aumentar sua energia, por isso é bom tirar férias e ter alguns fins de semana prolongados também.

Mas a melhor maneira de conseguir se entusiasmar é quando o indivíduo se sente realizado fora do trabalho e não usa o tempo fora do trabalho **apenas para descansar**.

E você poderá se realizar plenamente se souber equilibrar as metas que deseja atingir em todas as áreas de sua vida e se estiver tomando iniciativas para alcançá-las.

Então, você estará feliz com sua vida como um todo, ganhando energia em cada parte dela para empregar na outra.

Você alcançará a máxima energia em seu trabalho e em sua vida quando estiver trabalhando ativamente para conseguir equilíbrio de metas nas várias áreas de sua vida – **o equilíbrio que é adequado para você**!!!

O que ocorre fora do seu dia de trabalho sem dúvida afeta o que acontece dentro dele.

Esta é uma verdade inevitável e, para alguns, **desagradável**.

Existe uma conexão profunda entre a vida no trabalho e a vida fora dele.

Portanto, o que você faz no trabalho afetará sua vida fora: o que você faz fora do trabalho afetará sua vida dentro dele.

Sem dúvida, o que você faz fora poderá não somente trazer-lhe satisfação, mas poderá fazê-lo trabalhar entusiasmado, o que por certo influenciará positivamente aqueles que o ajudam em alguma implementação e os que têm contato consigo.

E sentir-se entusiasmado no trabalho poderá permitir-lhe fazer coisas fora dele com uma atitude e interesse totalmente diferentes.

2º) Entusiasme-se ao iniciar um novo dia.

A maioria das pessoas começa o seu dia de uma forma neutra.

Claro que o dia será bom ou ruim, dependendo do que acontecer a elas.

Caso as coisas comecem mal, elas poderão ir velozmente de mal a pior, e o que é incrível é que tudo pode ter começado por algum desapontamento ao ler um jornal ou uma mensagem eletrônica logo cedo, pela grosseria de alguém, ou até devido à cansativa viagem para chegar ao trabalho.

Para conseguir resultados surpreendentes, você precisa tomar iniciativas positivas **a fim de que o seu dia se torne um grande dia**.

Muita gente se cumprimenta desejando um "Bom-dia"; outras dizem "Passe bem", entretanto poucas tomam a iniciativa de desejar-lhe que tenha **um grande dia**!!!

Portanto, cabe a você, *S8*, decidir e planejar como fazer com que o seu novo dia seja maravilhoso.

Nesse sentido, considere todas as ações que você pode realizar na ampla gama de metas em que esteja trabalhando, e toque as coisas para a frente, **na direção que você tanto almeja.**

E não faça isso de uma forma lógica, que usa só o lado esquerdo do cérebro.

Use o cérebro por inteiro e não se esqueça da logitividade.

Demonstre seu poder e paixão pelo seu dia.

Supere o lado punitivo do dia, evitando que seja uma repetição desinteressante, rotineira, de milhares de ideias que você deixou passar, mas não viveu – **mais um dia a caminho da sua morte**!?!?

3º) Permaneça ligado durante o tempo todo.

Qualquer chama se apagará caso não haja reposição de combustível, e dessa maneira não convém jogar muita água fria em uma fogueira, pois assim o fogo se extinguirá.

O mesmo acontece com sua chama de energia e atitude.

É essencial ficar sempre atento, pois será preciso seguramente colocar algum combustível em você durante o dia de trabalho.

E todos sabem, inclusive você, que a vida organizacional é tal que haverá muita água fria à sua volta para que perca o seu "fogo".

Para se manter ligado e muito entusiasmado, de início é vital conservar continuamente uma atitude positiva, procurando no novo dia encontrar uma forma de melhorar seus relacionamentos.

Existem quatro áreas-chave para se manter conectado durante o dia de trabalho.

➛ **Insistir em fazer somente as coisas importantes.**

Realmente, resultados extraordinários surgirão quando for possível focalizar apenas as atividades mais importantes.

Assim, descubra o que precisa se feito pelos outros, concentre-se em **ser eficaz**, e aplique o princípio "**lixo lixe-se**", quer dizer, use a lixeira para tudo que for trivial, não arquivando coisas inúteis.

➛ **Comemorar os simpáticos "nãos" que conseguiu dar.**

Não dance no ritmo atual do telefone que toca, das mensagens de *e-mail*, do SMS (*short message service*) do colega interrompendo o seu trabalho etc.

É vital comemorar pelo menos cinco "**nãos**" por dia, com as respectivas razões que você deu para não fazer (ou permitir fazer) algo que lhe pediram.

Se for possível, ofereça, no entanto, uma sugestão alternativa sobre como a pessoa que requereu sua ajuda poderia obtê-la em outro lugar.

Encerre alegremente o seu dia depois de ter feito as coisas mais importantes.

Não prossiga com mais e mais trabalho só para sentir que está cumprindo um certo número de horas no seu serviço.

Em lugar disso, vá e recarregue suas baterias, e volte a trabalhar entusiasmado.

➛ **Focalizar os três níveis de satisfação: a realização, a experiência e o aprendizado.**

Seja qual for a atividade em que você estiver engajado, sempre haverá três níveis de satisfação que, juntos, produzem mais energia e entusiasmo que são: a **realização** por ter tido sucesso na tarefa, a **experiência** de acompanhar a execução da tarefa e o **aprendizado** de como efetivamente se faz a tarefa.

Um número bem grande de pessoas focaliza apenas um nível – mais frequentemente a realização.

Porém, isso as leva a esquecer do imenso valor de tomar iniciativas simultaneamente em dois outros níveis: aproveitar a experiência à medida que você passa por ela, e aprender o que puder com a atividade à medida que a realiza.

Focalize, pois, sempre os três níveis, e assim seguramente terá maior energia e entusiasmo para alcançar resultados inovadores.

→ **Administrar o próprio humor.**

Suas melhores intenções de se manter entusiasmado poderão desaparecer em um só instante se água fria for lançada na fervura do seu entusiasmo.

Desse modo, você precisará de dicas e técnicas para gerenciar seu humor e conseguir deixar de ficar aborrecido por muito tempo, quando algo negativo acontecer.

Não faça isso apenas logicamente, faça-o usando o cérebro por inteiro.

Então, quando um comentário injusto for feito, imagine que a pessoa que o fez esteja de alguma forma fora de si (por exemplo, alcoolizada); por conseguinte, a opinião dela foi ridícula, e simplesmente **sorria.**

4º) Execute uma transição para um tempo de "não trabalho".

Seria uma grande burrice fazer tudo bem durante o dia de trabalho, e ao voltar para casa ter uma noite desagradável.

Lamentavelmente muitas vezes acabamos tendo uma noite chata no próprio lar.

→ **Por quê?**

Porque raramente nos sentamos para penar como poderíamos fazer a transição entre o trabalho e o não trabalho de maneira brilhante.

Ao contrário, o clima na volta para casa, chega a ser decidido quase por casualidade, pelas primeiras coisas ditas ou não ditas, pelas primeiras palavras interpretadas correta ou incorretamente, pelas primeiras coisas feitas ou não feitas, pelo primeiro olhar no rosto, intencional ou não, pela primeira ação ou omissão.

A transição no final do dia é **bem mais importante** que a transição no início do dia, do sono para o trabalho.

No início do dia, você está descansado e está entrando em uma parte do dia cheio de ações e ocupações de rotina.

No final do dia de trabalho ocorre justamente o oposto.

Você está cansado e entra em um período no qual não existe necessariamente uma rotina de ação e de ocupações profissionais.

A maneira como flui essa transição ditará em quantas atividades que lhe dão energia você estará se engajando naquela noite.

Esta é a parte final do "**círculo perpétuo**", e aí vão algumas sugestões para que você use o seu cérebro por inteiro nesta fase:

À noite trate sua família melhor que os seus colaboradores, com quem teve contato durante o dia de trabalho. É muito importante ter consideração e disposição para ouvir os familiares, mostrando cortesia e compreensão.

Não descarregue naqueles com quem vive, os "atritos" que trouxe do seu trabalho.

Não responda apenas racionalmente ao que lhe pedem (principalmente aos seus filhos).

Mostre empatia e compreensão para as suas solicitações dos familiares.

Concentre-se também nas qualidades dos seus familiares, valorizando-as.

Crie novos rituais nas noites e nos fins de semana na sua casa.

Concluindo, pode-se dizer que se o *S8* seguir as sugestões apresentadas, ele percorrerá com sucesso o ciclo perpétuo de energia, atitude e vibração, ou seja, seguramente conseguirá se recarregar e se entusiasmar.

E com o seu comportamento, disposição e alegria (sorrindo de muitas formas como indicado na Figura 7.3), terá facilidade para influenciar todos os demais para o ajudarem na sua empreitada de implementação ou no, mínimo, a terem tanta energia, atitude e vibração como ele.

Figura 7.3 – Ideias para sorrir "fora da rotina"...

7.7 - JUSCELINO KUBITSCHEK DE OLIVEIRA, O GRANDE IMPLEMENTADOR.

Juscelino Kubitschek, o nosso maior implementador e responsável pela grande mudança na história do País.

Como um modelo de **implementador** - e como é difícil concluir projetos contra os quais a maioria é contra, pelo menos no início? - vamos recorrer à figura de Juscelino Kubitschek de Oliveira, filho de um caixeiro-viajante e de uma professora, ele que nasceu em 12 de setembro de 1902.

Em 1927, formou-se médico, na cidade de Belo Horizonte, e depois fez estágios complementares no exterior, em Paris e Berlim.

Em 1931, casou-se com Sara Lemos.

Começou a trabalhar como capitão-médico da Polícia Militar, quando fez amizade com o político e futuro governador Benedito Valadares.

Nomeado interventor federal no Estado de Minas Gerais, em 1933, Benedito Valadares colocou o amigo como seu chefe de gabinete.

A seguir, Juscelino Kubitschek foi eleito deputado federal (1934 a 1937), nomeado prefeito de Belo Horizonte (1940-1945), quando realizou diversas obras notáveis de remodelação da capital mineira.

Após uma gestão como deputado constituinte, em 1946, foi eleito governador em Minas Gerais (1950-1959).

Venceu em seguida a eleição para presidente da República com 36% dos votos com o *slogan*: "**Cinquenta anos em cinco.**"

Na presidência, construiu hidrelétricas, estradas, promoveu a industrialização e a modernização da economia do País.

Porém, sem dúvida, o seu maior feito foi a construção da nova capital do País - Brasília - e a instituição do Distrito Federal, o que realmente promoveu uma forte **interiorização**, com o quê, em pouco tempo, surgiram as cidades pujantes como Goiânia, Cuiabá, Campo Grande, a criação do Estado do Tocantins e a grande evolução em especial de Manaus e Belém.

Em 21 de abril de 1960, a capital do Brasil foi transferida do Rio de Janeiro (o que até hoje muitos lamentam e criticam...) para Brasília.

Numa era pós-Getúlio Vargas, seu governo foi marcado também por muitas mudanças sociais e culturais com o surgimento de muitos festivais de música brasileira e o aparecimento da **moda da bossa-nova**.

Quando terminou o seu mandato presidencial, Juscelino Kubitschek, ou seja, JK, como era conhecido, foi em seguida eleito senador pelo Estado de Goiás, mas teve seu mandato cassado e os direitos políticos suspensos em 1964, pelo regime militar.

Em 1966, tentou organizar uma frente pela redemocratização do País, junto com Carlos Lacerda e o ex-presidente João Goulart, mas nunca mais voltou ao poder.

Afastou-se da política e dedicou-se ao trabalho como empresário.

Morreu em um desastre automobilístico no quilômetro 165 da via Dutra, nas proximidades da cidade de Resende, no Estado do Rio de Janeiro, em 22 de agosto de 1976, o que gerou muitas suspeitas de ter sido planejado...

JK foi um prefeito dinâmico e voltado, principalmente, para três áreas:

a) Obras públicas e embelezamento de Belo Horizonte.

b) Incentivo à cultura.

c) Assistência às classes proletárias.

Os bons resultados que conseguiu introduziram o seu nome no cenário político nacional e foi eleito deputado federal, dando, assim, o primeiro passo para em seguida tornar-se govenador.

JK assumiu o governo de Minas Gerais em 31 de janeiro de 1951, quando começou a cumprir as promessas de sua campanha: "**Energia e transporte.**"

Ele criou a Centrais Elétricas de Minas Gerais (CEMIG), pois a eletrificação iria estimular a industrialização e foi aí o início do surgimento da indústria siderúrgica.

JK governou de 1950 a 1954 e não decepcionou todos aqueles que votaram nele, pois o desenvolvimento do Estado de Minas Gerais foi algo palpável, em especial o crescimento de alunos na escola primária.

No dia 3 de outubro de 1955, JK foi eleito 20º presidente do Brasil e João Goulart seu vice-presidente, vencendo Ademar de Barros, Juarez Távora e Plínio Salgado.

Mesmo após ter sido eleito pelo voto popular, ainda houve tentativas por parte da oposição de anular as eleições e de até mesmo dar um golpe, porém uma facção do Exército, sob a liderança do general Teixeira Lott, garantiu a posso de JK, em 31 de janeiro de 1956.

JK foi um líder inteiramente identificado com sua ideologia desenvolvimentista: **desenvolvimento autônomo**, **industrialização** e **democracia**. Concretizou ideias baseadas naquilo que considerava básico em termos de desenvolvimento econômico e social.

Dessa maneira, o **progresso** foi a característica básica de seu governo.

O seu **plano de metas** tinha como objetivo atingir "**50 anos de desenvolvimento em 5 anos de governo!!!**".

Basicamente, com isto, ele visava ao processo de acumulação de riqueza, aumento da produtividade, incremento de investimentos em atividades produtivas.

Ao todo, eram 30 metas e mais a **meta síntese: inauguração de Brasília**!!!

Essas metas podem ser agrupadas em seis grandes grupos:

1ª) Energia.

2ª) Transportes.

3ª) Alimentação.

4ª) Indústria de base.

5ª) Educação.

6ª) Construção de Brasília.

Esse plano de metas alcançou total sucesso e apenas algumas metas não foram totalmente concluídas.

Enfim, o governo JK foi muito **dinâmico**, quando não se aceitou imposições de forma alguma, chegando até a romper com o Fundo Monetário Internacional (FMI), em 1959, em decorrência de "**imposições monetárias**" que pretendia fazer ao governo brasileiro.

JK deixou a presidência da República em 31 de janeiro de 1961, ao passar a faixa presidencial ao seu sucessor Jânio da Silva Quadros, tendo como vice-presidente João Goulart.

Em 3 de outubro de 1961, JK foi eleito senador e começou a divulgar a ideia de sua volta para a presidência, ou seja, "**JK-65**", com o novo *slogan*: "**Educa-**

ção e agricultura", sendo que especificamente nos seus cinco anos, prometia desenvolver tanto a agricultura que ela permitisse 50 anos de fartura do País...

Teve, entretanto, o seu mandato cassado em 31 de março de 1964, e seus direitos políticos suspensos por 10 anos, quando a situação política no Brasil sofreu mudanças consideráveis, e uma junta militar assumiu o governo com promessas de organizar o País.

O presidente JK foi um democrata e gostava de se misturar ao povo para saber e mesmo sentir as suas necessidades e carências.

O liberal, o progressista, o **eficaz implementador**, o homem contemporâneo com intensa visão para o futuro constituíam esse cidadão de origem humilde, o "**Nonô de Diamantina**", o Juscelino de Belo Horizonte, o JK que a Nação admiraria em seu corajoso projeto de fazer o Brasil avançar cinquenta anos em cinco, dirigido a partir da sua nova capital: Brasília.

Em 19 de setembro de 1956, o Congresso aprovou o projeto da lei da construção de Brasília.

JK comemorou a notícia com lágrimas.

Ele, nessa oportunidade, disse para o velho amigo Joubert Guerra, seu companheiro desde os tempos de prefeito de Belo Horizonte: "**Hoje é o dia mais feliz da minha vida. E sabe por que o projeto foi aprovado?**

Eles pensam que não vou conseguir executá-lo!!!"

Polêmica muito antes de nascer, apaixonadamente idolatrado ou execrada, Brasília produziu no final pelo menos uma unanimidade, talvez única: sua construção no ermo goiano em **apenas 43 meses**, desde a primeira vez que JK pôs os pés no cerrado, é um **feito admirável**!!!

Esse resultado excepcional se deveu em parte ao bom trabalho do governo, da arquitetura e da engenharia, dos construtores e dos técnicos, do "exército" de candangos movidos à necessidade – no início de 1959, mais de 30 mil deles estavam trabalhando na construção da nossa capital.

No decorrer da construção de Brasília, entretanto, ocorreram também muitos desmandos e "**rios de dinheiro público**" correram no cerrado brasiliense.

Não esqueça nunca que uma boa implementação significa gastar o que foi planejado e se possível até menos.

Isso porque foram estabelecidos gastos colossais, uma impressionante quantidade e diversidade de obras, um controle interno precário, um controle externo distante, não havia bancos e tudo era pago com **dinheiro vivo**!!!

Os adversários políticos de JK divulgavam que material de construção, como cimento, estava sendo levado de avião para o canteiro de obras.

Além disso, diziam: **"Onde está o homem, está o perigo!!!**

Onde estão os empreiteiros também!?!?"

O sociólogo Herbert de Souza, o Betinho, gostava de contar uma anedota em que Deus e o diabo resolveram fazer as pazes.

Para comemorar, combinaram de construir uma ponte sólida entre o céu e o inferno.

Acertaram o projeto, marcaram a inauguração para um ano depois.

Dois meses depois, o trecho do capeta já despontava e o de Deus, não.

Seis meses, o diabo tinha 50% da obra pronta, e Deus, nada.

Quase um ano depois, satanás pede audiência e reclama: "Minha parte já está quase concluída e nem sinal do resto. Assim não dá!?!?"

Deus respondeu: "Preciso de sua ajuda. Não há empreiteiros aqui no céu. Estão todos no inferno!!!"

Um fato é inquestionável: com a construção de Brasília, o nosso País voltou-se mais para o interior e acabou se transformando em uma grande potência agrícola, tendo tudo para ser a "**maior fábrica de alimentos**" do planeta, agora que nossos portos, ferrovias e aeroportos estão sendo ampliados, modernizados e concluídos (muitas dessas obras após décadas, desde o seu início...).

Tudo isso se deve ao nosso **presidente empreendedor** e **implementador JK**, que deve ser lembrado como o responsável por uma grande virada no nosso País, rumo ao progresso.

É verdade que o exemplo dado por JK há quase 6 décadas quando começou a construção de Brasília e a inaugurou em menos de 4 anos, não foi bem assimilado até agora pelas nossas autoridades governamentais e nossos empreiteiros, pelos exemplos recentes que tivemos na conclusão das obras para a Copa do Mundo de Futebol de 2014 (estádios, infraestrutura, telecomunicações etc.) e aquelas para os Jogos Olímpicos na cidade do Rio de Janeiro, em 2016.

7.8 - MORAL DA HISTÓRIA DO SÉTIMO I.

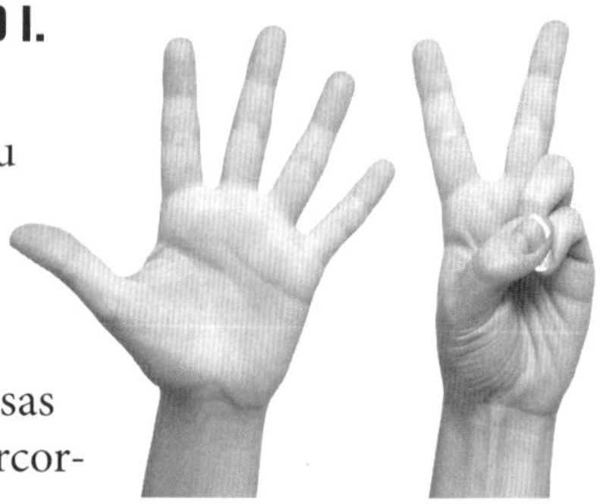

Implementar significa complementar ou prover partes que integrem um conjunto.

E a **implementação** é o ato ou efeito de implementar.

A **implementação** é vital para que as coisas aconteçam, principalmente após termos percorrido os 6Is anteriores.

É como recomenda a famosa frase da empresa Nike: "*Just do it*", que significa: **faça o acontecer**.

Naturalmente, a **implementação** é o coroamento do enorme esforço desenvolvido nos estágios anteriores.

A palavra **implementação** tornou-se extremamente popular junto com a palavra **qualidade,** e, seguramente nesta 2ª década do século XXI, o que mais desejarão as organizações é implementar a qualidade dentro do seu ambiente.

O termo **implementação** de fato ganhou muita popularidade com a febre da qualidade que assolou (e continua assolando...) praticamente todas as empresas brasileiras, já que implementar um trabalho de qualidade é uma corrida sem fim...

O *S8* que for bem-sucedido numa **implementação** sabe que em breves dias deverá fazer uma **introspeção** – para concluir que talvez tenha que recomeçar o seu trabalho devido ao **fator renovação**.

Naturalmente a **implementação** é o coroamento do muito esforço desenvolvido nos estágios anteriores, principalmente nas fases da **insistência** e da **integração**.

Obviamente ninguém quer uma implementação caótica como a da história que vem a seguir:

"Num dia extremamente ensolarado, numa estrada escaldante, o andarilho, cansado e suado, depois de um dia inteiro de caminhada em direção a uma cidade onde esperava ter uma mudança na sua vida, avistou uma árvore frondosa, oferecendo uma sombra hospitaleira e resolveu descansar.

Não sabia ele que a árvore era sagrada.

Já repousando, pensou o andarilho como seria bom ter uma cama e, tão rápido como pensou, apareceu um confortável e macio leito.

Pensou em seguida: 'Se eu tivesse bebida e comida...'

E imediatamente surgiu uma suculenta refeição acompanhada de água cristalina.

Já satisfeito e tranquilo, ele se preparou para dormir.

Porém aí começou a meditar sobre o horrível dia que tivera caminhando, com muita fome sede, e na vida miserável que estava vivendo, e concluiu: 'Só faltava aparecer uma terrível sucuri, me estrangular e depois me engolir.'

E tão pronto pensou, apareceu..."

Para chegar à **implementação**, o caminho é árduo, mas quem o percorreu lutando tem grande possibilidade de não ser engolido pela sucuri, desde que tome certos cuidados.

E mais que isto, estará pronto bem breve para fazer uma **introspecção** para concluir se já não é hora de iniciar novas melhorias.

E isso acabou acontecendo quando fizemos aquela implementação radical!

Aí vão os nossos melhores implementadores de vendas!

Fazendo a introspecção para poder girar a roda da melhoria

8.1 - PROMOVENDO A RENOVAÇÃO PESSOAL.

Todo aquele que chegou a esta 8ª etapa – a **introspecção** – tem que aceitar que não podemos entender os hábitos ou os processos novos implementados como eternos, ou que passam a ser as suas "**vacas sagradas**".

É necessário no mundo da era digital e da revolução da genética entender que o que servia há três anos (ou bem menos) não serve hoje, e certamente não servirá daqui a dois anos.

Não podemos, pois, ficar presos ao que já se conquistou ou se implantou.

Porém, lamentavelmente, somos criaturas de hábitos conservadores.

Se você acha que não, experimente os seguintes exercícios:

- Entrelace seus dedos e veja que polegar está na parte de cima.
  Faça isso de novo com o outro polegar para cima.
  Você sente uma sensação estranha, não é?
  É como se tivesse perdido o polegar.

- Agora, cruze os braços. Tente cruzá-los de outra maneira.

  Que lhe parece?

  Bastante incômodo, não é?

- Experimente agora bater palmas, note qual de suas mãos é a que aplaude.

  Agora, use a outra mão e observe a diferença.

  E também ouça como o som é diferente.

Os seres humanos têm um tremendo impulso em direção ao que já é **conhecido**.

Seu corpo está acostumado com a maneira habitual de fazer as coisas e vai opor resistência à mudança.

E caso você tentar alguma coisa diferente, sentirá um desejo irresistível de voltar ao que é confortável.

A situação não é diferente no trabalho.

"Aprender sem pensar é inútil. Pensar sem aprender é perigoso." Confúcio
"Quem pensa com grandeza se engana com grandeza." Martin Heidegger
"Pensar é o trabalho mais difícil que existe. Talvez por essa razão tão poucas pessoas o façam." Henry Ford

Há uma resistência à mudança porque ela tira as pessoas do equilíbrio.

Ela significa novo esforço, mas se você deseja ser um *S8*, vai ter que se acostumar a fazer uma **introspecção periódica** do que já realizou ou ao que se habituou e procurar alterar essa situação, naturalmente com o intuito de melhorá-la, o que levará a girar a sua **roda da melhoria** e voltar para a etapa **iniciativa**, quando vai começar um novo processo de aperfeiçoamento.

O indivíduo *S8* deve ser obcecado por aplicar o 8º passo da roda da melhoria, isto é, promover a **introspecção**, que na realidade significa verificar se já não é o **momento de renovação**.

Para manter-se atualizado no plano pessoal/profissional é preciso acionar constantemente um investimento para a **renovação** (essa é a palavra começando com "**re**" que não podemos classificar como ruim, mas ao contrário, benéfico).

Em outras palavras: deve-se buscar desenvolver novas habilidades, conhecer novas pessoas, praticar novas atividades fora do trabalho e, principalmente, ser capaz de acrescentar (ao menos semestralmente) algo novo ao seu currículo.

Ninguém deve esquecer que no século XXI, o conhecimento das pessoas é um **ativo rapidamente depreciável** e, por isso, para manter a sua empregabilidade, cada indivíduo deve, em curtos períodos de tempo de maneira formal e ao mesmo tempo obsessiva, criar o seu plano de investimento em renovação, que inclusive deve conter a possibilidade de você se envolver em atividades fora do trabalho que sejam atraentes e excitantes.

Aí vão algumas ideias para que você possa promover a sua renovação, ou a do trabalho no qual está envolvido.

1ª) Para as suas férias de fim de ano, escolha um lugar totalmente diferente.

2ª) Crie um novo hábito, como, por exemplo, ler revistas que não costuma adquirir, conversar com alguém interessante que não vê há muito tempo, ou então vá para a Internet e visite pelo menos dez *sites* nos quais você nunca entrou antes.

3ª) Ao ler um artigo polêmico sobre economia ou administração num jornal, mande um *e-mail* para o autor com as suas observações. Veja o que ele responde (o que geralmente acontece...).

4ª) Verifique de forma minuciosa se você está progredindo na sua carreira e descubra os seus pontos fracos.

5ª) Você gosta de pescar, de dançar ou tirar fotografias? Então saia da rotina e pratique uma dessas atividades numa tarde (ou noite) de terça-feira.

6ª) Fale seriamente com o seu chefe sobre a possibilidade de trabalhar em casa pelo menos um dia por semana.

7ª) Elabore um novo conjunto de perguntas para usar nas próximas reuniões do tipo: "**Isso fará realmente uma diferença sensível?**"

8ª) Inicie uma pesquisa para ver se existe algum trabalho interessante para você em algum outro Estado ou até no exterior.

9ª) Analise os novos cursos que estão sendo oferecidos pela sua universidade (ou uma outra de boa reputação), e se sentir curiosidade, matricule-se em um deles.

10ª) Há quem diga que o futuro do emprego está na **economia criativa**. Assim, você deve interessar-se pelos setores que fazem parte da economia criativa e planeje "especializar-se" em um deles.

11ª) Ligue para a pessoa mais sábia que conheça e peça-lhe para conversar consigo sobre a trajetória da sua carreira no mínimo uma vez a cada semestre.

12ª) Procure constantemente responder à pergunta: "**Quando foi a última vez que fiz algo pela primeira vez?**"

Para não fazer "feio" com a sua introspecção, não deixe de levar em conta todas as sugestões e críticas que já recebeu.

Claro que é possível ter muitos outros pontos de renovação, mas estes servem de referência para que você adote alguns deles e comece a se mexer no sentido de **reiniciar** todo o seu ciclo de melhoria!!!

Um bom exemplo de alguém que soube fazer uma enorme introspecção é o de Ted Turner.

Ele concebeu e criou a primeira estação de televisão do tipo "**só notícias o tempo todo**", sendo assim um protótipo óbvio e muitíssimo visível da pessoa pronta para a mudança.

Ted Turner analisou o que estava fazendo até então e pôs em leilão o seu negócio de *outdoor* (placas de anúncios) para comprar uma estação de televisão em UHF (*Ultra High Frequency*, ou seja, frequência ultra alta).

Ao mesmo tempo, ele a hipotecou para comprar duas franquias de esporte profissional, o Atlanta Braves (beisebol) e o Atlanta Hawks (basquetebol).

Em seguida, arriscou toda a sua organização, que valia US$ 100 milhões por ano, para criar a CNN.

Para Ted Turner fazer a introspecção e promover uma mudança pareceu tão comum como alterar o cardápio no café da manhã...

Ele provou com a sua ação empresarial que o *status quo* é um anátema que deve se evitado a todo custo.

Ted Turner tem abraçado as novas possibilidades de maneira tão entusiasmada como um sedento peregrino faz quando lhe é oferecido um copo de água, tomando-a em goles ávidos e enormes tragos.

Quem quiser ser um *S8*, realmente deve se espelhar em pessoas como Ted Turner para ser um **mestre na introspecção**.

Isto quer dizer: possuir a competência de empreender novas ações, ou seja, viver dentro da prontidão para a mudança, planejar e saber iniciar a mudança em lugar de apenas reagir aos acontecimentos.

8.2 - FAZENDO DE FATO A INTROSPECÇÃO.

Ao chegar neste ponto, várias introspecções podem e devem ser feitas para que você possa de novo girar a sua roda da melhoria.

Aí vão algumas delas:

8.2.1 - Gerencie a sua própria atitude.

Uma das coisas que o *S8* deve fazer é o gerenciamento contínuo de suas próprias atitudes, o que lhe permitirá provavelmente assumir o controle de seu ponto de vista em relação às coisas que o rodeiam.

Vamos tomar como exemplo os sábados.

A maior parte das pessoas aguarda ansiosamente pelos sábado, comemorando isto inclusive com alegres *happy hours* nas tardes das sextas-feiras.

É muito difícil ver alguém falar aborrecido da chegada de um sábado como normalmente se ouve sobre a segunda-feira.

➛ **Mas os sábados são de fato tão diferentes dos outros dias da semana?**

O relógio anda com a mesma velocidade e marca o mesmo número de horas que em qualquer outro dia, o Sol nasce e se põe, porém quase todo mundo prefere os sábados às segundas-feiras...

Claro que existe uma razão fundamental: é que geralmente se trabalha às segundas e os sábados são livres.

O dia não muda, o que muda é a sua **atitude em relação ao dia**.

Pois é isso mesmo, tudo depende da sua avaliação.

O comediante norte-americano George Carlin, de maneira simples, mas original, explicou o que vem a ser o gerenciamento de atitude de cada um, dizendo: "*Você já notou que qualquer um que dirija mais devagar que você é um idiota, e qualquer um que seja mais rápido é um maníaco?*"

Já a lindíssima artista de cinema Michelle Pfeiffer enfatizou: *"Em algum momento da vida consegui notar algo muito importante quer dizer, que se deve optar sempre pelo lado bom das coisas em lugar do lado ruim."*

Vital para a boa introspecção é a elaboração de diversos cenários futuros e como você poderá evoluir em cada um deles. Certo?

Que belo conselho de Michelle Pfeiffer para gerenciar a sua própria atitude, não é?

Lembre, por exemplo, o dia em que você conseguiu o seu emprego atual, quando ficou entusiasmado, contou para os amigos e familiares com muita emoção (e não foi num sábado...).

➛ **Por que agora sua atitude mudou?**

➛ **É o trabalho que está enfadonho e tedioso?**

➛ **Não dá mais para agradecer aos deuses que o seu trabalho é divertido, estimulante e contribui para a qualidade de vida das pessoas?**

Bem, sempre que ocorrer este tipo de irritação ou insatisfação relevante, você deve parar e fazer uma introspecção do que está acontecendo.

Nesse mesmo caminho você deve analisar o que fazer para que a segunda, a terça, a quarta, a quinta e a sexta (menos a *happy hour*) sejam tão alegres como o sábado e o domingo na sua vida, ou sentir a mesma alegria e felicidade que se apossou de você no primeiro dia de trabalho.

Você pode, sem dúvida nenhuma, fazer os outros dias da semana bem melhores.

Só existe uma pessoa neste mundo capaz de lhe dar uma autoestima saudável – **você mesmo**!!!

É você quem tem o poder sobre as suas atitudes.

É só você quem pode impedir que o que **você não pode fazer** venha a interferir naquilo que **você pode fazer**.

A autoaprovação exige que inicialmente convença a si mesmo, criando uma opinião positiva a seu respeito, parecendo sempre otimista e agindo de maneira positiva.

É de pensamentos positivos que surgem metas e objetivos positivos.

Quando você pensa nos outros de modo negativo e crítico, na realidade está praticando um certo tipo de ***vodu*** (religião de origem africana) mental.

Nessa atitude de vingança, uma boneca de ***vodu*** é vestida como alguém que o desagrada, e aí você enfia alfinetes nela para gerar dor.

É exatamente isso o que você faz consigo mesmo quando alimenta pensamentos negativos, com exceção de que, neste caso, **você é a boneca**.

Caso não haja nada de errado com a sua saúde (que é o normal...), para sair da melancolia você precisa mudar seu ponto de vista, gerenciar melhor as suas atitudes e controlar a sua conversa interior.

Você já se sentiu culpado por ser ansioso, por ser incapaz de falar em público, estar infeliz com a sua aparência, com o seu estilo agressivo de dirigir, por ter oscilações de humor, por sua desorganização, ou por passar tempo demais na Internet ou olhando para o seu telefone celular.

Claro que sim, pois isto acontece de uma forma ou de outra com todos os seres humanos, que podem, entretanto, aprender a controlar a sua atitude e comportamento!!!

O que você não pode é continuar se orgulhando dos genes que lhe deram coisas boas como inteligência, coragem, gentileza etc., e as que lhe desagradam chamar até de “doença”.

A biologia **não traçou o seu destino**.

Apenas em casos extremos as pessoas são incapazes de ativar pensamentos saudáveis voluntariamente para que dominem e até mesmo façam desaparecer todos os pensamentos doentios.

Aliás, é assim que o "impossível" se torna possível, porque você acredita nisso.

Desta maneira, a sua conversa interior deve estar sempre voltada a fazê-lo pensar em seu potencial, não em suas limitações, em quem você quer ser e quem quer que os outros enxerguem.

Aceite a opinião do famoso especialista em cirurgia cerebral, dr. Benjamin Carson:

"*As pessoas precisam ter esperança.*

A mente controla o corpo.

Somos muito mais do que carne e sangue, somos sistemas complexos.

Os meus pacientes têm melhores resultados quando acreditam que vão melhorar."

E você não pode fazer diferença em apenas um dia, mas sim em toda a sua vida.

Portanto, o que cada um deve fazer, principalmente os que desejam ser *S8*, é promover continuamente a sua conversa interior (dezenas de vezes por dia, se necessário) e procurar corrigir-se.

Corrija os seus erros com coerência.

Se você prestar atenção no que está fazendo o tempo todo, os outros também vão prestar.

O motivo para a coerência ser tão importante é que ela cria padrões e as pessoas de um modo geral lembram e respondem aos padrões.

É grande a sua vantagem de estabelecer padrões positivos, pois caso você venha a errar uma vez ou outra, não de proposito, será geralmente e rapidamente perdoado.

Para fazer uma introspecção bem feita, analise em detalhes o que pode ocorrer num futuro próximo, lembrando sempre das falhas que cometeu nessa análise no passado.

Além da conversa interior para mudar de modo eficaz, muitas mulheres e homens que são descritos como pessoas "brilhantes", mas que não sabem dar o passo final para marcar o gol e assumir o controle do poder que está ao seu alcance, precisam realmente de um aconselhamento, isto é, de um *coaching*.

Claro que você deve começar aceitando o fato de que pode, quer e precisa fazer mudanças.

A mudança de cada pessoa começa com um objetivo: a análise e a incorporação da opinião de outros indivíduos.

É a partir de um estudo mais minucioso que surge comumente uma lista de ações em áreas que evidenciam problemas na atitude de cada pessoa, e devem por isso mesmo ser abordados e solucionados.

Assim, por exemplo, após essa introspecção é possível que se chegue à conclusão de que o indivíduo precisa mudar nos seguintes aspectos:

- na conversa que tem consigo mesmo;
- no que pensa dos outros;
- no fato de precisar acompanhar com mais cuidado a sua conversa interior e corrigir-se inúmeras vezes por dia;
- no uso da técnica de pensar no contrário, quando as coisas não estão funcionando;
- na autodisciplina necessária para desenvolver novos hábitos e padrões de comportamento;
- na vontade de desacelerar e pensar melhor sobre as coisas em vez de continuar confiando cegamente em antigos hábitos;
- nas ações que criam a primeira e a última impressão que você quer evidenciar;
- no controle físico que deve exercer em sua postura, na sua maneira de caminhar, de falar e de sorrir;
- na sua aparência, que o torna notável, confiável e lembrável;
- na persistência em fazer tudo o que estiver ao seu alcance para elevar a autoestima das pessoas que o ajudam ou que estão ao seu redor;
- no tom de humor que você quer inserir nas conversas sérias para que possa relaxar e reduzir a tensão alheia, ao mesmo tempo em que aperfeiçoa a sua comunicação;
- na natureza afável que você deve e pode assumir, mesmo sem ter vontade;
- nas atitudes corajosas que você irá tomar para realizar suas obrigações e tarefas no trabalho, independentemente de suas hesitações, medos e inseguranças.

Todo aquele que souber – com muita energia física e emocional – fazer uma correta **introspecção** da sua situação nos aspectos acima citados, e em seguida diminuir as suas deficiências, notará uma evidente remodelação da sua imagem percebida também pelos que o rodeiam, visto que estará desenvolvendo um estilo que reflete muito conteúdo, ou seja, que é um *S8*!!!

8.2.2 - Busque a felicidade no trabalho.

A **introspecção** que deve ser feita periodicamente é sobre a maneira como você trabalha (e vive) e se isto ainda lhe traz satisfação.

Na realidade, cada situação de trabalho é constituída de quatro elementos:

1º) **Fazer bem**.

São as suas competências que lhe possibilitam executar bem o seu trabalho (aptidão para números, facilidade de redigir, inclinação artística etc.).

2º) **Ganhar satisfatoriamente**.

O empregador paga a você num nível que sustente o estilo de vida que você quer?

Devido à grande competição pelos empregos, nem sempre a resposta para esta pergunta é afirmativa.

3º) **Aprender no trabalho**.

Efetivamente é horrível passar a vida trabalhando num lugar onde a oportunidade para adquirir conhecimentos novos é quase nula.

Naturalmente, neste caso, o trabalho torna-se degenerativo.

4º) **Adorar o que faz**.

Aqui está se falando de emoção, de paixão, de amar a sua profissão, a sua carreira.

Não dá para pensar em ser um *S8* com esse esquema de trabalho.

O segredo do sucesso no trabalho é ter esses quatro elementos em equilíbrio, ou melhor, que se possa dizer algo assim do próprio trabalho: "Adoro o que estou fazendo e parece que todos estão gostando como faço as coisas. A remuneração que recebo é adequada e continuamente estou sendo levado a aprender novas coisas."

Infelizmente, em muitas situações isto não ocorre, e cabe a cada um fazer uma introspecção da sua vida para reposicionar os elementos que não são atendidos.

É o caso, por exemplo, de alguém que ganha muito bem, mas vive envolvido em politicagem empresarial, em conflitos com os empregados, cercado de mesquinhez etc.

No fundo, essa pessoa, apesar de esta bem financeiramente, não gosta do que faz, e as lindas abotoaduras de ouro que usa se parecem mais com algemas para ela...

Pode-se dizer que existem cinco estratégias ou passos que cada indivíduo pode usar para reformular significativamente o seu trabalho no sentido de conseguir um maior equilíbrio entre os quatro elementos: **fazer bem, dinheiro, aprender** e **amar.**

As cinco estratégias são:

1ª) Fazer **melhor** alguma coisa.

É o caso, por exemplo, se você for um professor e inscrever-se num curso de técnicas de apresentação, ou então **planejar melhor o seu material de apoio** para que as suas palestras ou aulas tenham um forte apelo na comunicação com os alunos-clientes, tirando mais valor delas.

2ª) Dedicar **menos** tempo a alguma coisa.

Uma ideia pode ser a **eliminação do desperdício** de tempo com a papelada, reuniões etc., e uma saída é tornar suas comunicações eletrônicas mais eficientes, mas sem perder tempo demais com elas...

3ª) **Parar** de fazer algo.

Uma possibilidade que deve ser levada em conta é a de **não atender** a uma série de convites para comparecer a cerimônias festivas, delegando essa função para algum colaborador.

4ª) **Iniciar** a fazer algo novo.

Aqui é o caso de pensar em **trabalhar** em uma área **bem diferente**, digamos que você é especialista em *design* e quer ocupar uma vaga existente no departamento de *marketing* da sua empresa.

É sempre fundamental sentir os sinais que o mercado indica sobre o que os clientes querem, para elaborar as estratégias corretas.

5ª) Fazer alguma coisa de maneira totalmente **diferente**.

Naturalmente nesse caso é conveniente executar uma **reengenharia radical**, ou de alguma tarefa que você faz, ou do tempo que dedica a ela sem cair na estratégia 2. Um exemplo: pode ser que nessa era do acesso, o seu empregador lhe permita fazer boa parte do seu trabalho na sua casa sem a necessidade de ir todos os dias ao escritório da empresa.

Agora, meu caro *S8,* que você já está ciente das ações que pode executar, complete as seguintes frases:

- Farei melhor...
- Dedicarei menos...
- Pararei...
- Iniciarei...
- Farei de maneira diferente...

E aí comece a girar a sua roda da melhoria passando pelos **sete Is** (iniciais) cujos conceitos você já assimilou.

8.2.3 - Não se atormente com a aposentadoria.

Conscientemente ou não, muitas pessoas praticamente vivem para a **aposentadoria**, achando que a vida será **espetacular** sem ter que carregar o fardo do trabalho cotidiano fora de casa.

Pois é, certos indivíduos chegam a contar freneticamente os anos, os meses e mesmo os dias que antecedem a aposentadoria.

Infelizmente um enorme percentual de pessoas acredita que a vida futura assim que se alcançar a aposentadoria será melhor que agora!?!?

Acreditam que terão mais liberdade, mais tempo para viajar e para cuidar de coisas de que mais gostam...

Estabelecer um plano de vida do tipo: "Algum dia a vida será melhor", não é a escolha certa!!!

O correto é apreciar cada novo dia, fazer a introspecção sobre as suas experiências sem sucesso para não cometer mais esses erros, estar aberto a novos desafios e oportunidades, querer aprender coisas novas e inspirar-se nos feitos de outros profissionais.

A melhor atitude é a de despertar cada manhã pensando no velho ditado: "**Hoje é o primeiro dia do resto da minha vida**."

É vital entender que todos os dias foram criados iguais e que hoje é tão importante como qualquer dia futuro, inclusive aqueles depois da aposentadoria.

Outra razão essencial para se evitar viver para a aposentadoria é que com esse comportamento aumenta a nossa probabilidade de ficar desapontado quando ela efetivamente chegar.

Não devemos levar a nossa felicidade para o futuro, porque isso é quase a mesma coisa que dizer que seremos felizes mais tarde, pois atualmente a nossa vida não é suficientemente boa.

O que se deve realmente fazer é uma imediata introspecção para descobrir no que a vida não é boa o bastante agora, e tomar a iniciativa para começar a girar a roda da melhoria no sentido de eliminar, ou minimizar tudo o que está errado no seu caminho.

A sugestão é, então, que cada um busque aproveitar ao máximo o trabalho ou a carreira que tem agora e não fique pensando que a felicidade virá após a aposentadoria.

O *S8* é aquele que faz disso o seu modo habitual de pensar sobre o seu trabalho e a sua presença no mundo.

Ele pratica esse tipo de pensamento saudável e otimista no seu dia a dia a cada instante.

Assim fazendo, se a sua aposentadoria de fato chegar daqui a três anos ou vinte, ele, contudo, conhece o **segredo da felicidade**, ou seja, que não existe caminho para a felicidade, pois a felicidade é o próprio caminho que ele percorreu.

Dessa maneira, deve-se até imaginar e planejar uma aposentadoria fantástica, mas desde que não se perca um dia sequer do caminho de cada um até chegar a ela.

8.3 - Você é tão feliz quanto o seu cão?

Digamos que ao fazer a sua **introspecção** você descubra que não é tão feliz quanto deveria ou quer ser.

Nesse caso, talvez a saída seja acompanhar o conselho de Alan Cohen, autor do livro *Você é Tão Feliz quanto o seu Cachorro?* Que diz:

"Durante anos eu vivia tão infeliz, que pedia a Deus diariamente que me desse a bênção de acordar tão contente quanto o meu cachorro!

Voltei um dia para casa e pensei mais a respeito.

***E eu?** Será que sou tão feliz quanto o meu cachorro?*

Hummmm! Hummmm!

*Comecei a observar o meu cão **Muzzy** (o estimado leitor deve ter sua **Laika**, seu **Urso**, sua **Dolly**, seu **Scoobby Doo**, sua **Duquesa**, seu **Buster**, sua **Maia**, seu **Tufão** e assim por diante, não é?), que está feliz o tempo todo.*

***Muzzy** é a criatura mais animada que já vi.*

Ele vive num estado de contínuo encantamento e novas descobertas.

Então decidi estudar suas atitudes para perceber o que ele fazia e que faltava em mim."

Aqui está um pouco do que Alan Cohen aprendeu com o seu animalzinho de estimação a respeito da felicidade e que serve sem dúvida para você também.

1º) Aprenda a "latir" com o vento em suas costas.

Assim como o nosso cão de estimação, que sempre fica alegre ao voltarmos para casa, faça sol, chuva, frio ou calor, está na hora de rever os nossos relacionamentos com as pessoas amigas que nem sempre tratamos bem, e muitas vezes nem "caprichamos" para evidenciar isto.

2º) **Aprenda a amar.**

Vamos supor que o nosso cão se chame *Urso* ou *Dolly*.

Para o *Urso* não existe amor perdido, e ele ama tudo o que está diante dele.

Cada um de nós deve fazer o mesmo, ou melhor, aproveitar e amar a oportunidade no momento em que é oferecida, tornando-se assim, um mestre em *carpe diem* (**aproveite o seu dia**).

3º) **Mantenha seus olhos fixos na bola!!!**

É muito importante que cada um saiba concentrar--se em seus objetivos com a mesma intensidade com que os olhos da *Dolly* se fixam na bola, e aí será bem mais fácil alcançar uma melhor qualidade de vida sem abrir mão do seu sucesso profissional.

4ª) **Mantenha o seu nariz frio!!!**

Provavelmente o *Urso* nunca ouviu falar da "ética ocidental capitalista do trabalho", pois a sua filosofia se aproxima da "ética do divertimento na sombra e no sol das 10 h".

O *Urso* (e também a *Dolly*) sabe que o seu propósito essencial na vida é desfrutar a aventura, por isso saiba também relaxar e divertir-se até mesmo enquanto trabalha.

Não há necessidade de dividir a sua via de maneira rígida em tempo de trabalho e tempo para diversão. Ninguém deve esquecer que nasceu sem coleira e que deve libertar-se dela caso ela seja representada pelo excesso de trabalho e respirar livremente, correndo alegremente em algum parque, na praia, ou até no quintal da sua casa...

5º) **Apoie-se nas "patas" que realmente o sustentem!!!**

É vital que cada pessoa tenha um grupo de amigos dos quais gosta, que não a magoem e nos quais confia.

É, portanto, essencial construir bons **relacionamentos**, mas convém conhecer adequadamente os outros antes de se comprometer.

Às vezes, alguns "farejos" a mais podem salvá-lo de uma longa vivência com algum **cheiro desagradável**!?!?

Isso não significa, entretanto, que não se deve deixar o amor entrar...

Cada pessoa deve amar alguém tanto quanto precisa ser amada!!!

Todos devem saber também que pessoas em casas de recuperação, centros de reabilitação e até em prisões, tornam-se saudáveis rapidamente se tiverem um animal de estimação para cuidar (de preferência um cãozinho...).

Quando o *Urso* ou *Dolly* gostam de você, eles demonstram isto efusivamente, ou seja, "beijando-o" muito, isto é, lambendo partes do seu corpo. Use este fato para concluir que quando o seu cão o ama, ele faz questão de demonstrá-lo.

→ **Que tal você assimilar este conceito, com as devidas adaptações?**

6º) Cave onde os verdadeiros ossos estão enterrados!!!

Cão relativamente esperto (ou adestrado), quando o está na frente de uma cerca que não consegue escalar, começa a cavar para passar do outro lado, por baixo.

Pois é, as pessoas também devem tomar cuidado para não ficarem muito infladas com o orgulho de suas conquistas, e aí perderem a sua humildade, não conseguindo mais passar por uma série de aberturas que, por exemplo, lhes permitissem minimizar o seu estresse e melhorar a sua qualidade de vida.

Cada pessoa deve preocupar-se em desenvolver a sua flexibilidade, e assim conseguirá passar por muitas barreiras e dificuldades (que outras mais arrogantes e rígidas não conseguem) baseando-se no ensinamento canino: "**Se você não pode pular um obstáculo, passe por baixo dele.**"

7º) Use uma "coleira" mais folgada na vida, exigindo mais respeito.

Nem o *Urso* nem a *Dolly* acham que são pequenos, e parece que estão sempre "pensando grande" quando saem latindo atrás de enormes caminhões, ou tentam espantar um cavalo ou vaca, bem maiores que eles.

E não é que eles conseguem que esses animais bem maiores que eles se mexam, mostrando muito respeito pelo seu latido...

Em inglês cão é *dog*, e quem ler ao contrário vai ter a palavra *God* que significa Deus, o que parece explicar em parte porque os cães nunca estão nas trevas...

Siga, pois, caro *S8*, este comportamento do seu cão, não ficando dias e dias questionando algum desejo ou vontade que você tenha.

Pegue essa sua meta ou objetivo, que pode à primeira vista estar além de seus limites, e cante, isto mesmo, **cante para ele(ela)**!!!

Cante, que você vai atingi-la, e mesmo que não consiga, ao menos vai achar que se divertiu muito...

Por outro lado, caso queira realizar os seus sonhos (por exemplo, ser mais feliz ou ter uma melhor qualidade de vida), faça algo com relação a eles, até quando estiver dormindo, e não espere que o sonho termine, porque aí poderá se muito tarde!!!

Caso você queira de fato aprender bastante como o seu cão descobre novas alternativas, leve-o para passear num terreno acidentado com muitas pedras, e aí acreditará que efetivamente ele é capaz de achar sempre o caminho que melhor lhe serve (provavelmente bem diferente do seu), e fará de tudo o que for necessário para conseguir chegar aonde queria!!!

Que tal, essa introspecção recheada de "**filosofia canina**" vai servir para que você tome a iniciativa de ir em direção aos seus sonhos com outras estratégias?

Que bom!!!

8.4 - Seja mais você!!!

A ação introspectiva deve se uma atitude que cada pessoa precisa praticar regularmente.

Na verdade precisamos periodicamente proceder a um "balanço" do que estamos fazendo a nós mesmos, aos que nos rodeiam e ao mundo em que vivemos. Isto porque provavelmente na busca de mais felicidade e sucesso precisamos de novas perspectivas e discernimentos para desenvolver melhores estratégias para própria vida.

Claro que o maior segredo consiste em ser quem você realmente é, e ser você mesmo.

Cada um de nós é uma pessoa ímpar, de acordo com um conjunto particular de experiências de vida – que influencia a forma pela qual respondemos ou reagimos ao mundo à nossa volta.

O *S8* deve ser um mestre em reflexão e meditação para poder fazer introspecções eficazes constantemente.

Cada qual tem seu próprio estilo de aprendizado: as pessoas com tendência à visualização preferem observar; as presas à sensibilidade tátil buscam experiências "palpáveis"; as que adoram falar buscam fatos concretos, e as intuitivas inclinam-se para os conceitos abstratos.

Como se percebe, não existe um estilo particularmente bom ou mais conveniente que os outros, entretanto convém saber que a maioria das pessoas presume que todo mundo pensa da mesma forma – **o que não é verdade**!!!

Os nossos estilos individuais de personalidade podem ser, por natureza, mais imaginativos, lógicos, práticos ou entusiásticos.

Obviamente, cada estilo tem suas vantagens e desvantagens, conforme os níveis de confiança e persistência que nele depositamos para seguir em frente coma vida.

Os indivíduos **imaginativos** comumente enxergam as coisas em perspectiva, elaboram inúmeras alternativas e procuram avaliar suas potenciais vantagens.

As pessoas **lógicas** tendem a reunir os fatos de maneira organizada, estimando cuidadosamente as probabilidades e recorrendo às suas experiências passadas.

Os seres humanos **práticos** encaram os problemas como acontecimentos normais, juntando fatos e opiniões antes de testarem as soluções de acordo com um planejamento.

Já os indivíduos **entusiásticos** costuma ser pessoas que não tem medo de correr riscos, envolvendo os outros no desenvolvimento de ideias e opções de mudança.

Claro que todo ser humano ficará em posição evidentemente vantajosa se ao lidar com as situações da sua vida tiver a possibilidade de usar um pouco de cada estilo de personalidade.

Porém, naturalmente é a **autoestima positiva** a qualidade mais importante que caracteriza os **indivíduos bem-sucedidos** da nossa sociedade, independentemente de seu estilo específico de personalidade.

Aliás, as pessoas bem-sucedidas possuem, em vários graus de intensidade, os seguintes atributos:

- seguem firmemente certos princípios e valores, os quais defendem, todavia estão aptas a corrigi-los ou adaptá-los;
- não perdem seu tempo lamuriando os enganos ou falhas que aconteceram no passado ou atormentando-se com o que o futuro lhes reserva;
- têm confiança em sua capacidade de achar soluções para os problemas e interpretam os fracassos ou os contratempos como reais oportunidades de aprendizado e crescimento;
- inclinam-se a achar o que há de bom nas outras pessoas e sensibilizam-se com as necessidades dos que as rodeiam;
- creem que possuem sempre várias opções para viver e atuam de acordo com sua própria iniciativa para conseguir as alterações que querem para a sua vida;
- têm competência para aceitar elogios sem falsa modéstia e as críticas sem mágoa e de forma construtiva.

Portanto, a primeira coisa que cada um deve fazer para tirar o máximo proveito do resto da sua vida é **aumentar a autoestima**.

Os seres humanos de fato não foram feitos para se contentar em viver a vida como versões contrariadas e inibidas de si mesmos.

Acredite, pois, que você é mais, que existe em você um eu interior, um verdadeiro eu que só pode emergir se lhe der atenção.

Timothy Pole, no seu livro *Ser Você*, apresenta a seguinte história: "*Victor Serebriakoff, aos 15 anos, recebeu de um professor o conselho de abandonar a escola e aprender uma profissão.*

Assim, durante os 17 anos que se seguiram, Victor desempenhou a maçante atividade de trabalhador braçal e teve diversos empregos adequados à educação incompleta e falha que receberá.

Em 1945, aos 32 anos, entrou para o Exército e foi submetido a um teste rotineiro de inteligência, que revelou um quociente de inteligência (QI) de 161 pontos.

Classificado como um oficial em potencial, recebeu o treinamento adequado e a educação que faltava, o que lhe proporcionou toda uma gama de novas esperanças e aspirações.

E aí aconteceu uma transformação.

Devido à mudança de sua autoimagem, Victor passou a se comportar como o gênio que realmente era e acabou se tornando um industrial da área da alta tecnologia, inventor, conferencista e escritor.

Victor Serebriakoff, que não acreditou no "alerta" do seu professor e tornou-se um notável intelectual.

Um significativo marco na sua vida pessoal foi sua eleição para presidente da ***Internacional Mensa Society****, cujos membros têm QIs superiores a 140.*

Não foi de uma hora para outra que Victor Serebriakoff adquiriu uma ampla quantidade de novos conhecimentos, mais foi de forma instantânea que ele obteve uma nova imagem de si mesmo.

Essa nova imagem proporcionou-lhe a confiança necessária para conseguir resultados diferentes em sua vida."

Lamentavelmente existem muitas pessoas por aí, como Victor, que agem como se fossem ignorantes apenas porque alguém algum daí possa ter-lhes dito que não eram inteligentes.

Isso abala fortemente a autoestima.

E as pessoas com baixa autoestima frequentemente estabelecem para si mesmas metas e ambições para as quais não se prepararam adequadamente, e assim vivem navegando de fracasso em fracasso.

Geralmente não é necessário fazer uma introspecção com tanta energia, a ponto de lançar chamas...

Chegam, na verdade, a não acreditar na viabilidade de nenhum dos seus sonhos.

Não seja assim!!!

Ao fazer a introspecção do que está se passando consigo, acredite firmemente no próprio valor e merecimento. Não abra mão nunca de seus sonhos.

Acredite nas suas ideias e parta para a implementação delas.

Mas sempre que sentir que a sua autoestima está em baixa, leia o poema de Howard Jerome e Jean Houston – ***Você é Mais***:

Você é mais do que finge ser
Você é mais do que a maioria dos olhos pode ver
Você é mais do que toda a sua história
Procure dentro de si e encontrará
Há esplendor em sua mente
Torne-se o tipo de pessoa que deveria ser...

Você é mais que seus chefes dizem
Você é mais do que recebe como pagamento
Você é mais do que parece hoje
Portanto tire essa máscara de fracassado
Você vale o que faz
A pergunta que deve fazer é quem é você...

Você é mais do que berram os pregadores
Você é mais, vamos liberte seu espírito
Você é mais, sua alma não tem nenhuma dúvida
Levante, desperte
A cada vez que respirar
O deus interior anseia por manifestar-se...

Você é mais do que célula, sangue e ossos
Você é mais do que simplesmente o seu nome
Você é mais do que tudo o que possa possuir
Olhe para todos os lados à sua volta
Há algo que temos em comum
A magia que está no ar é você!

Você é mais do que qualquer estatística
Você é mais do que a soma de todas as suas partes
Você é mais no fundo do coração
Você sabe que isso é verdade
Este ser que é você
Tem milagres por fazer
Acredite...

Como é, agora está mais animado para procurar sempre uma nova e melhor imagem sua?

Que bom!!!

8.5 - VIRGINIA WOOLF, A ESCRITORA INTROSPECTIVA.

A incrível escritora Virginia Woolf, que viveu inclusive abalada mentalmente devido as suas intensas introspecções.

Howard Gardner, no seu livro *Mentes Extraordinárias*, apresenta a **figura magistral da introspecção** que para ele foi a escritora inglesa Virginia Stephen Woolf, que foi responsável pela introdução de um novo ciclo na sua produção literária e contemplou uma perspectiva desconhecida em sua vida pessoal.

Virginia Woolf de fato destacou-se como uma pessoa **introspectiva**, que procurou sondar o seu interior, buscar entender a si mesma como mulher e ser humano.

Muitos indivíduos se dedicam à introspecção, entretanto apenas alguns podem transmitir aos outros, de maneira convincente, os processos essenciais e os *insights* de suas introspecções.

Pode-se dizer que os implementadores (ou realizadores) também são introspectivos, como foi o caso de Sigmund Freud, que nos seus escritos enfatizou que a introspecção serviu como um **instrumento** para a compreensão da **psicologia humana de maneira científica**.

Virginia Woolf registrou suas introspecções em cinco copiosos volumes do seu diário, que fez religiosamente desde 1915 até a sua morte em 1941.

E em seus romances, como *Ao Farol*, Virginia Woolf procurou analisar a natureza e a continuidade da experiência humana:

"*Qual é o sentido da vida?*

Isso era tudo – uma pergunta simples; das que tendem a prender uma pessoa com os anos.

A grande revelação jamais chegou.

Em vez disso, houve pequenos milagres diários, iluminações, fósforos acesos repentinamente na escuridão e estou vivendo agora um deles..."

Oriunda de uma família pouco comum, os primeiros anos de Virginia Stephen foram marcados por muitas experiências fortes e comoventes.

A mãe, Julia Jackson, uma linda e generosa mulher, deu à luz sete filhos e morreu quando Virginia tinha apenas 13 anos.

O seu pai, Leslie Stephen, foi um famoso escritor e crítico, além de organizador e criador do ambicioso *Dictionary* of *National Biography* (*Dicionário de Biografia Nacional*).

Assim, Virginia cresceu numa ambiente altamente intelectual, bastante ligada à irmã mais velha, Vanessa, e aos dois irmãos, Thoby e Adrian.

De acordo com a "proteção" vitoriana às mulheres, Virginia e Vanessa não receberam educação formal, ao passo que os irmãos foram para a Universidade de Cambridge.

Mas os pais de Virginia conseguiram inculcar na filha brilhante e voluntariosa o gosto pela leitura e escrita.

Sua juventude foi repleta de assincronias de **doença**, **morte** e **loucura**.

Aos 22 anos, ela já havia perdido os pais e a meia-irmã Stella; e duas vezes durante a adolescência, Virginia sofrera de desequilíbrio mental.

A carreira de Virginia Woolf iniciou para valer no século XX, quando ela passou a escrever resenhas de livros para *The Times Literary Supplement*, *The Guardian*, *The Nation* e outras publicações.

Ela lia e escrevia com rapidez e se mostrou capaz de penetrar, em **poucas palavras**, no espírito dos escritores e das suas obras.

Este aprendizado de resenhar com prazo de entrega e mediante remuneração contribuiu para sua autoconfiança e, em uma década, ela começou a escrever romances como *The Voyage Out (A Viagem)* (1915) e *Night and Day (Noite e Dia)* (1919).

O desenvolvimento literário de Virginia Woolf coincidiu com o seu envolvimento com um notável grupo de jovens intelectuais britânicos que logo passou a ser conhecido como o círculo de Bloomsbury.

Em seus primeiros anos, o grupo incluía futuros luminares como o pintor Duncan Grant, os críticos de arte Clive Bell e Roger Fry, o autor Edward Morgan Forster, o economista John Maynard Keynes e os críticos literários Desmond MacCarthy e Lytton Strachey.

O grupo admirava muito Virginia Stephen, sua irmã Vanessa, que se casou com Clive Bell, seu irmão Thoby (até sua morte prematura de febre tifóide) e o futuro marido de Virginia, o jornalista Leonard Woolf.

De início, Virginia se conformou com a expectativa de que, por ser mulher, ela se limitaria a ficar ouvindo, cheia de admiração, aqueles eloquentes jovens educados em Cambridge.

Mas os costumes deste grupo iconoclasta, ou seja, formado de pessoas hostis aos princípios moralistas, postulava que as mulheres tivessem pensamento próprio e eles esperavam que elas também participassem, sem inibição, da troca intelectual de ideias.

Apesar de certa timidez, Virginia se equiparou aos homens no plano intelectual e, com a sua competência, os superou na capacidade de compreender os mundos de outros seres humanos.

Não resta dúvida de que a educação adulta de Virginia Woolf ocorreu nesses intercâmbios entre os participantes do grupo de Bloomsbury.

Virginia Woolf viveu num mundo **dominado por homens fortes** e, assim, não sem uma ambivalência considerável, se casou com um homem com formação religiosa judaica.

Virginia Woolf diferia de outras pessoas em dois aspectos profundos.

Era nitidamente uma **anômala sexual** – entre os termos que foram usados para descrevê-la constam andrógina, bissexual, neutra.

Talvez por causa dos assédios sexuais na infância por parte de seus meios-irmãos. Virginia não sentia atração física pelos homens e achava o ato sexual embaraçoso.

Pelo menos uma vez na vida ela se sentiu fortemente atraída por uma mulher – a escritora Vita Sackville-West – e tudo indica que esse relacionamento se consumou...

Ela nunca se considerou lésbica (uma "safista"), julgando-se, em lugar disso, uma artista com fortes identificações com homens e mulheres.

Virginia Woolf era também, como ela mesma dizia, **louca**!?!

Várias vezes durante a adolescência e vida adulta, ela padeceu com períodos de depressão, quando teve de ser isolada, mantida sob vigilância e em repouso.

Frequentemente, seu estado de espírito oscilava entre os estados de obsessão e crises depressivas.

Esses períodos de enfermidade costumavam coincidir com traumas em sua própria vida – a morte da mãe ou do pai, a finalização de um livro etc. –, mas parece não haver dúvida de que havia uma tendência à **doença maníaco-depressiva hereditária**.

No final, porém, ela foi incapaz de continuar lidando com vozes imaginárias, grave sofrimento psíquico e sensação de fracasso. Virginia Woolf cometeu suicídio **afogando-se num rio** que atravessava sua propriedade.

Não foi realmente nada fácil para Virginia Woolf falar abertamente de suas experiências sexuais e psicóticas. Nada surpreendente, visto que eram profundamente pessoais, bastante embaraçosas e passíveis de não serem compreendidas pelos outros.

Ainda assim, preocupada com sua vida íntima, Woolf estava determinada a partilhar sua perspectiva – **suas introspecções** – com os demais.

Ela ansiava por explorar suas áreas de força: o conhecimento do *self* ("eu") e a habilidade de escrever.

Uma variedade de hábitos literários e de conversas estava disponível e ela fez um uso criterioso de cada um.

O romance *Orlando*, em que um homem é transformado em mulher, lhe ofereceu ampla oportunidade para explorar a natureza da sexualidade.

Woolf olhou para o indivíduo não como um único ser dominante, e sim como uma coleção de facetas, diversas pessoas, que vinham à frente e lutavam entre si.

Ela ansiava por contrastar as percepções dos indivíduos diferentes, bem como as percepções distintas da mesma pessoa.

Qual é afinal o valor das introspecções?

Bem, quando se chega ao **conhecimento do mundo físico** ou **biológico**, qualquer indivíduo treinado pode ter acesso ao mesmo corpo de informações, e quando isso chega ao conhecimento de outras pessoas, esses dados são também abertos para introspecção.

Mas, em relação ao autoconhecimento, o conhecedor evidentemente dispõe de informação privilegiada, dados a que os outros não têm acesso.

É provável que o introspectivo aspirante relate uma história forçada que não é válida, ou inversamente, que um relato realmente precioso não pareça convincente a outros.

Mas Virginia Woolf foi também uma notória mexeriqueira e muitos dos seus contemporâneos achavam que ela **preferia uma fantasia bem contada a uma versão verídica**!!!

Além do mais, uma vez que alcançara certa notoriedade, ficou evidente que suas cartas e diários seriam por fim publicados e dessa forma em algumas de suas passagens note-se que ela escreveu para um público leitor futuro ou na pior das hipóteses, estava ensaiando para uma obra de ficção posterior...

Woolf falou e escreveu muito sobre o seu desejo de ser sã, de escrever como um meio de manter (e testar) sua sanidade e das experiências de estar fora de si.

Desde cedo ela pensou em suicídio e tentou pôr fim à vida ainda na juventude.

Em retrospecto, parecia destinada a cometer suicídio, mais especificamente por afogamento.

Virginia Woolf era ambígua em relação à experiência de concluir um livro, e se apavorava com a perspectiva de críticas negativas e, nessas ocasiões, ficava particularmente vulnerável à depressão.

E os fatores objetivos dos últimos anos de sua vida – a morte de muitos amigos, a ascensão do nazismo (e de antissemitismo), bombas caindo sobre a Grã-Bretanha, a própria saúde decadente – praticamente asseguraram futuros acessos da doença, se não a derradeira fuga por meio do suicídio.

Mas ela dedicou-se muito ao seu contínuo aprendizado e assim se convenceu que um escritor tinha de ser um **eterno experimentador**.

Nutria pouco respeito por escritores que descobriam e aderiam a uma fórmula, ou pelos que escreviam apenas obras ocasionais.

Em sua opinião, uma escritora (ou escritor) tinha de estar a postos o tempo todo, criando continuamente material novo, avançando, especialmente em relação ao estilo.

Ela sempre pensou assim da literatura: "Estou envergonhada, ou talvez orgulhosa, do tempo que gasto pensando sobre literatura. Mas duvido que algo na vida valha mais a pena do que se tornar uma escritora e amar a literatura."

Certa vez Virginia Woolf declarou: "Tenho até certo ponto, me forçado a romper com cada modelo e descobrir uma forma nova de existência que expresse tudo o que sinto e penso. Assim, quando isso acontece, tenho a sensação de estar plenamente revigorada - nem um pouco tolhida."

Conclui-se que Virginia Woolf passou boa parte da sua vida meditando, fazendo introspecções.

Os seus escritos, sem dúvida, permitem exatamente confirmar os seus contínuos esforços para captar o funcionamento do consciente, a experiência do momento, os misteriosos movimentos da mente, provavelmente mais do que qualquer outra coisa.

Woolf acreditava ter vindo ao mundo como escritora a fim de documentar o que era um ser humano que pensa, sente e intui.

Outros intelectuais abordariam este aspecto por meio da filosofia, psicologia ou da descrição de outras pessoas em outras épocas.

Virginia Woolf tentou essa façanha por meio de suas cartas, anotações em diários e ensaios.

A única coisa que **não podemos de forma alguma aceitar** de Virginia Woolf é que ela queria com a arte mudar a sociedade, ficou de certa forma frustrada por não ter conseguido isso e dessa maneira enlouquecida, **pôs fim a sua vida**!!!

8.6 - MORAL DA HISTÓRIA DO OITAVO I.

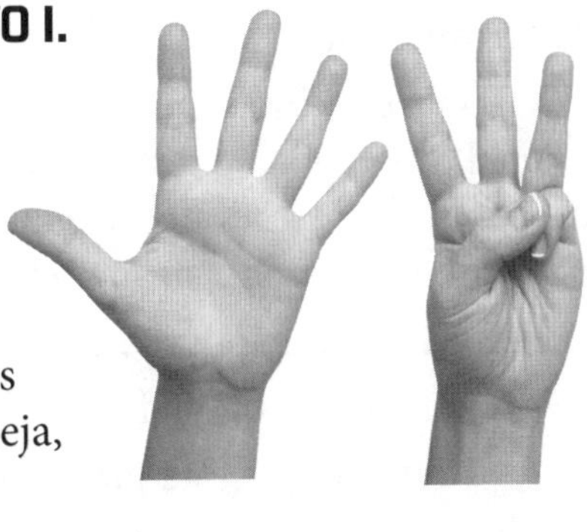

De tempos em tempos, precisamos ficar num local calmo e efetuar um exame interior a respeito da nossa vida, das coisas que estamos fazendo, para onde estamos caminhando, enfim, um exame dos próprios pensamentos e sentimentos, ou seja, iniciar um processo de **introspecção**.

A introspecção é muito necessária para, inclusive, detectar o momento de mudar o que já foi implementado ou se – apesar de termos nos baseado em tantos Is "respeitáveis" – não foi tomada alguma decisão fomentada por um **incendiário**.

A **introspecção** tem muito a ver com os resultados ou comentários daqueles que usarem um processo ou um serviço, ou ainda um produto que consumiram.

Nesse sentido, ninguém pode chegar a uma efetiva introspecção sem realimentação ou, como se chama em inglês, sem *feedback*.

A introspecção é imprescindível para se fazer as manobras de renovação, reconfiguração, revitalização e reestruturação.

Agora é um pouco tarde para fazer uma introspecção!?!?

O famoso ciclo do PDSA (*plan* – planejar, *do* – fazer, *study* – estudar e *act* – agir) criado pelo renomado guru da qualidade, dr. W. E. Deming, tem uma grande ligação com os nossos 8Is, com a **introspecção** ligada à avaliação que se faz e que leva a um novo planejamento, fazendo girar o ciclo da melhoria, principalmente nos programas de qualidade.

Os japoneses, que foram os primeiros a aplicar com sucesso o ciclo do PDSA, não só implementaram, mas também souberam mudar paradigmas tendo feito muitas **introspecções** e notado o que deveriam abandonar.

Estabeleceram assim novas regras, novos procedimentos, novas formas de produzir (novos processos) e se tornaram extremamente competitivos, pois estavam continuamente renovando, reconfigurando, revitalizando e reestruturando.

Ao fazer a introspecção, os *S8* precisam sempre vencer um problema crucial, que não é mais o de saber e ter aprendido, mas o de esquecer e desaprender para poder aceitar, conhecer, fazer e ter coisas novas, novos processos, enfim, novas maneiras de trabalhar e viver.

A **introspecção** leva naturalmente de volta à **iniciativa**.

Na realidade, quem faz a introspecção precisa executar o seguinte ciclo:

- rever o que está fazendo;
- rever como está fazendo;
- aceitar que é a pessoa certa para fazer este trabalho;
- tomar a iniciativa de executar o trabalho de maneira melhor com a ajuda dos outros.

Na verdade, o *S8* para ter sucesso na introspecção precisa perceber o que é real, sabendo que nada disso é para sempre...

Caro leitor, esperamos que tenha lido o livro com muita atenção, já tenha desenvolvido muitas das atitudes 8Is, e que esteja de fato no caminho de se transformar em um *S8* que sabe gira realmente a sua roda da melhoria.

Porém, se algo estiver incompleto, tome a **iniciativa** de reler a parte do livro cujo conteúdo acredita não ter assimilado.

Uma coisa você vai fazer: nunca desistir (como mostra a figura 8.1) **até tornar-se um eficaz *S8*!!!**

É isso aí!!!

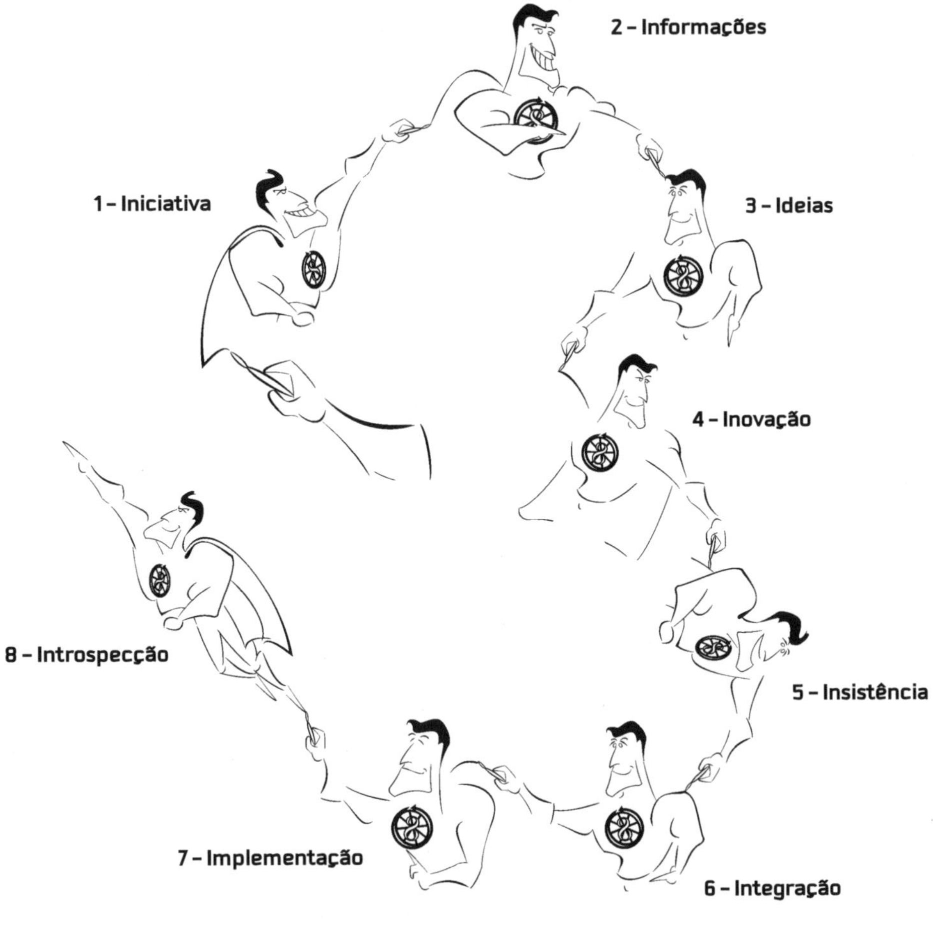

Figura 8.1 - Faça da roda da melhoria movida pelos 8Is a paranoia da sua vida!!!

Temos aqui gente tão competente, que consegue até levitar,
e por isso que conseguimos sucesso nas nossas introspecções,
percebendo como se deve reiniciar todos os processos.

Siglas

ALGUMAS DAS SIGLAS UTILIZADAS NO LIVRO

- BNDES – Banco Nacional de Desenvolvimento Econômico e Social.
- BRICS – Bloco dos países formado por Brasil, Rússia, Índia, China e África do Sul.
- CELAC – Comunidade dos Estados Latino-Americanos e Caribenhos.
- CEMIG – Centrais Elétricas de Minas Gerais.
- CEO – *Chief executive officer* – ou seja, o executivo principal.
- CGM – Controladoria Geral do Município.
- CGU – Controladoria Geral da União.
- CIO – *Chief information officer* – ou gestor principal da informação.
- CPF – Cadastro de Pessoas Físicas.
- DARF – Documento de Arrecadação de Receitas Federais.
- ELP– Exército da Libertação Popular.
- EUA– Estados Unidos da América.
- FBI – *Federal Bureau of Investigation*.
- FMI – Fundo Monetário Internacional.
- GE – General Electric.
- GQT – Gerenciamento da qualidade total.
- IE – Inteligência emocional.
- IES – Instituição de ensino superior.

- IGO – Índice Geral de Inovação.
- IS – Inteligência social.
- INSS – Instituto Nacional do Seguro Social.
- MEL – Módulo de excursão lunar.
- MIT – *Massachusetts Institute of Technology,* ou seja, Instituto de Tecnologia de Massachusetts.
- MP – Ministério Público.
- NASA – *National Aeronautics and Space Administration.*
- NASDAQ – *National Association of Securities Dealers Automated Quotations System.*
- NSA – *National Security Agency ou Agência de Segurança Nacional dos EUA.*
- NEE – Necessidade educacional especial.
- OMPI – Organização Mundial da Propriedade Intelectual.
- ONG – Organização não governamental.
- P&D – Pesquisa e desenvolvimento.
- PIB – Produto Interno Bruto.
- QI – Quociente de inteligência.
- TI – Tecnologia da informação.
- TIC – Tecnologia da informação e da comunicação.
- UE – União Europeia.
- URSS – União das Repúblicas Socialistas Soviéticas.
- W3C – *World Wide Web Consortium.*
- WWW – *World Wide Web.*

Bibliografia

- Altucher, J.
  Escolha Você.
  Editora Alaúde – São Paulo – 2013.

- Armstrong, D.
  A Gerência Através de Histórias – Um Novo Método de Liderança Através da Narrativa de Casos.
  Editora Campus – Rio de Janeiro – 1994.

- Bacon, W – O'Donnel, K.
  No Olho do Furacão - Sobrevivência para Organizações e Indivíduos em Tempos de Caos.
  Casa da Qualidade – 1999.

- Barger, C.
  O Estrategista em Mídias Sociais.
  DVS Editora – São Paulo – 2013.

- Barlow, J – Maul, D.
  Valor Emocional – Criando Fortes Vínculos Emocionais com seus Clientes.
  Makron Books – Pearson Education – São Paulo – 2001.

- Belsky, S
  A Ideia é Boa. E Agora?
  Editora Saraiva – São Paulo – 2011.

- Benton, D. A.
  Faça o que Eles Fazem. Técnicas de Coaching para o Desenvolvimento Pessoal.
  Negócio Editora – São Paulo – 2000.

- Bes, F. T. de – Kotler, P.
  A Bíblia da Inovação.
  Texto Editores Ltda. – São Paulo – 2011.

- Bossidy, L. – Charan, R.
  Execução.
  Elsevier Editora Ltda. – Rio de Janeiro – 2004.

- Brady, C. – Woodward, O.
  Os Cinco Níveis de Influência.
  Elsevier Editora Ltda. – Rio de Janeiro – 2008.

- Brown, J. S. – Duguid, P.
  A Vida Social da Informação.
  Makron Books – São Paulo – 2001.

- Buckingham, M. – Coffman, C.
  Primeiro Quebre todas as Regras! – As Melhores Práticas dos Melhores Executivos.
  Editora Campus – Rio de Janeiro – 1999.

- Cain, S.
  O Poder dos Quietos.
  Editora Agir – Rio de Janeiro – 2012.

- Carlson, R.
  Não Faça Tempestade em Copo D'Água no Trabalho.
  Editora Rocco Ltda. – Rio de Janeiro – 1998.

- Christensen, C. M.
  O Dilema da Inovação.
  M.Books do Brasil Editora Ltda. – São Paulo- 2012.

- Christensen, C. M. – Anthony, S. D. – Roth, E. A.
  O Futuro da Inovação.
  Elsevier Editora Ltda. – Rio de Janeiro – 2007.

- Christensen, C. – Eyring, H. J.
  A Universidade Inovadora.
  Bookman Editora Ltda. – São Paulo – 2014.

- Cialdini, R. B.
  As Armas da Persuasão.
  GMT Editores Ltda. – Rio de Janeiro – 2012.

- Cohen, A.
  Você é Tão Feliz Quanto o seu Cachorro?
  Insight Editora – São Paulo – 2000.

- Cooper, R. K.
Os Outros 90% - Como Desbloquear seu Vasto e Não-Aproveitado Potencial no Trabalho e na Vida.
Editora Campus – Rio de Janeiro – 2001.

- D'Aveni, R. A.
Superando as Armadilhas da Comoditização.
DVS Editora – São Paulo – 2012.

- Davenport, T. H.
Pense Fora do Quadrado.
Elsevier Editora Ltda. – Rio de Janeiro – 2006.

- Davies, J - Kourdi, J.
A Verdade sobre o Talento.
DVS Editora – São Paulo – 2013.

- Delboni, T. H.
Vencendo o Stress.
Makron Books – São Paulo – 2000.

- Donovan, J.
How to Deliver a TED Talk.
McGraw Hill Education – New York – 2014.

- Enriquez, J.
O Futuro é Você – Como a Genética está Mudando sua Vida, seu Trabalho e seu Dinheiro.
Negócio Editora – São Paulo – 2002.

- Estrin, J.
Estreitando a Lacuna da Inovação.
DVS Editora – São Paulo – 2010.

- Fairbrothers, G. E. – Winter, T.
From Idea to Success.
McGraw-Hill – New York – 2011.

- Fairbanks, M. – Lindsay, S.
Arando o Mar – Fortalecendo as Fontes Ocultas do Crescimento em Países em Desenvolvimento.
Qualitymark Editora – Rio de Janeiro – 2000.

- Feldman, M. L. – Spratt, M. F.
  Cinco Sapos em Tronco – Decisão Versus Ação.
  Makron Books – São Paulo – 1999.

- Fontana, D.
  Saiba quem Você É, Seja o que Você Quiser.
  Editora Gente – São Paulo – 2000.

- Fontes, E.
  Segurança da Informação: O Usuário Faz a Diferença.
  Editora Saraiva – São Paulo – 2006.

- Fradette, M. – Michaud, S.
  O Poder da Cinética Corporativa – A Empresa Auto-Adaptável, Auto-Renovadora e de Ação Instantânea.
  Editora Rocco Ltda. – Rio de Janeiro – 1995.

- Fresán, R.
  La Parte Inventada.
  Literatura Random House – Barcelona – 2014.

- Gallagher, R. S.
  Os Segredos da Cultura Empresarial.
  Editora Campus Ltda. – São Paulo – 2003.

- Gause, D. C. – Weinberg, G. M.
  Seus Olhos Estão Abertos? – Como Definir, Analisar e Resolver Problemas...seus...e dos Outros.
  Makron Books – São Paulo – 1992.

- Gazzaniga, M. S.
  The Ethical Brain.
  Dana Press – New York – 2005.

- Godwin, M.
  Quem é Você? 101 Maneiras de Ver a Si Mesmo.
  Editora Pensamento – São Paulo – 2006.

- Gomes, O. J. A.
  Segurança Total.
  Makron Books – São Paulo – 2000.

- Govindarajan, V. - Trimble, C.
  Inovação Reversa.
  Elsevier Editora Ltda. - Rio de Janeiro - 2012.

- Grouard, B. - Meston, F.
  Empresa em Movimento.
  Negócio Editora - São Paulo - 2001.

- Heath, D. - Heath, C.
  Ideias que Colam.
  Elsevier Editora Ltda. - Rio de Janeiro - 2007.

- Herald, J.
  Atitude! 1, 2, 3 e 4.
  Editora Fundamento Educacional Ltda. - Curitiba - 2007.

- Herculano-Houzel, S.
  O Cérebro Nosso de cada Dia.
  Vieira & Lent Casa Editorial Ltda. - Rio de Janeiro - 2002.

- Hope, J - Palyer, S.
  Beyond Performance Management.
  Harvard Business Review Press - Boston - 2012.

- Hunter, J. C.
  De Volta ao Mosteiro.
  GMT Editores Ltda. - São Paulo - 2014.

- Jaworski, J.
  Sincronicidade - O Caminho Interior para Liderança.
  Editora Best Seller - Rio de Janeiro - 2005.

- Jennings, J. - Haughton, L.
  Não São os Grandes mas os Rápidos que Ganham - A Empresa e a Velocidade.
  Negócio Editora - São Paulo - 2002.

- Katzenbach, J. R.
  Desempenho Máximo - Unindo o Coração e a Mente de seus Colaboradores.
  Negócio Editora - São Paulo - 2002.

- Kelley, T. - Littman, J.
  As 10 Faces da Inovação.
  Elsevier Editora Ltda. - Rio de Janeiro - 2007.

- Kestenbaum, N.
  Obrigado pela Informação que Você Não me Deu!
  Elsevier Editora Ltda.– Rio de Janeiro – 2008.

- Kets de Vries, M. F. R.
  O Efeito Porco-Espinho.
  DVS Editora – São Paulo – 2013.

- Kets de Vries, M. F. R.
  Reflexões sobre Grupos e Organizações.
  DVS Editora – São Paulo – 2014.

- Key, S.
  One Simple Idea.
  McGraw-Hill – New York – 2011.

- Kingdon, M.
  Os Verdadeiros Heróis da Inovação.
  DVS Editora – São Paulo – 2014.

- Koch, R.
  As Leis do Poder – A Ciência do Sucesso.
  Editora Rocco Ltda. – Rio de janeiro – 2003.

- Kourdi, J.
  100 Ideias que Podem Revolucionar seus Negócios.
  Ediouro Publicações Ltda. – Rio de Janeiro – 2010.

- Kranz, G.
  Failure Is Not an Option.
  Simon & Schuster – New York – 2009.

- Kriegel, R. – Brandt, D.
  Vacas Sagradas Dão os Melhores Hambúrgueres.
  Bertrand Brasil – Rio de Janeiro – 1998.

- Lakhani, D.
  Persuasão – A Arte de Conseguir o que Você Quer.
  Alta Books Editora – Rio de janeiro – 2009.

- Langdon, K.
  As 100 Melhores Ideias de Negócios de Todos os Tempos.
  Editora Best Seller – São Paulo – 2000.

- Larusso, N. - Spurrier, B. - Farrugia, G.
  Think Big, Start Small, Move Fast.
  McGraw-Hill - New York - 2014.

- Lefkon, W., uma das *imagineers*
  Se Você Pode Sonhar, Pode Fazer.
  Editora Original Ltda. - São Paulo - 2009.

- Lichtenberg, P. - Stone, G.
  O Trabalho Seria Ótimo se não Fossem...as Pessoas - Como Fazer a Política Interna das Empresas - Trabalhar Para Você.
  Makron Books - São Paulo - 2000.

- Lindegaard, S.
  A Revolução da Inovação Aberta.
  Editora Évora - São Paulo - 2011.

- Lovell, J. - Kluger, J.
  Apollo 13.
  Houghton Mifflin Company - Boston - 1999.

- MacNair, C. J.
  Maximizando o Lucro Final - Alto Desempenho em Todas as Linhas de "Lucros e Perdas".
  Makron Books - São Paulo - 1999.

- Madsbjerg, C.
  A Filosofia nos Negócios.
  Elsevier Editora Ltda. - São Paulo - 2014.

- Matos, F. G. de
  Negociações - Modelos de Estratégia e Estudo de Casos.
  Reichmann & Affonso Editores - Rio de Janeiro - 2003.

- McSill, J.
  5 Lições de Storytelling - Fatos, Ficção e Fantasia.
  DVS Editora - São Paulo - 2013.

- Medina, J. P.
  Realize o Impossível - Frases para Estimular e Inspirar Executivos e Esportistas.
  Editora Gente - São Paulo - 1999.

- Melo, E. de – Stéfano, R. di
  Vencendo os Limites.
  Qualitymark Editora – Rio de Janeiro – 2001.

- Melohn, T.
  Um Novo Conceito de Parceria: Como Maximizar uma Parceria com seu Pessoal, Clientes, Fornecedores e Alcançar Resultados Incríveis.
  Makron Books – São Paulo – 2000.

- Miller, P. e Wedell-Wedellsborg, T.
  Inovação como Rotina.
  M.Books do Brasil Editora Ltda. – São Paulo – 2013.

- Mirshawka Junior, V.
  Pequeno Livro da Alegria.
  DVS Editora – São Paulo – 2013.

- Monarth, H.
  360 Graus de Influência.
  DVS Editora – São Paulo – 2014.

- Monteiro, D. – Azarite, R. O.
  Monitoramento e Métricas de Mídias Sociais: Do Estagiário ao CEO.
  DVS Editora – São Paulo – 2012.

- Morgan, P. S. – Hoving, E. – Smit, H. – Slot, A. van Der
  The End of Change: How Your Company Can Sustain Growth and Innovation While Avoiding Change Fatigue.
  McGraw-Hill – New York – 2001.

- Mortensen, K. W.
  QI de Persuasão.
  DVS Editora – São Paulo – 2010.

- Nader, J. C.
  Como Fazer Amigos e Enfurecer as Pessoas.
  Makron Books – São Paulo – 2001.

- Nardy, C.
  O Desafio da Mudança.
  Editora Gente – São Paulo – 1999.

- Nordström, K. A. – Ridderstråle, J.
  Funky Business – Talento Movimenta Capitais.
  Makron Books – São Paulo – 2001.

- O'Dell, C. – Grayson, Jr, C.J.
  Ah – Se Soubéssemos Antes o que Sabemos Agora – As Melhores Práticas Gerenciais ao Alcance de Todos.
  Editora Futura – São Paulo – 2000.

- O'Keffe, J.
  Superando os Limites – Como Tornar-se Eficiente e Eficaz através da Superação de seus Próprios Limites.
  Makron Books – São Paulo – 2002.

- O'Malley, M.
  A Sabedoria das Abelhas.
  Editora Cultrix – São Paulo – 2011.

- O'Reilly, K. W.
  Gerenciando as Correntezas – Como Inovar Frente às Turbulências.
  Editora Futura – São Paulo – 1995.

- Owen, J.
  A Arte de Influenciar Pessoas.
  Editora Lafonte – São Paulo – 2013.

- Paharia, R.
  Loyalty 3.0
  McGraw-Hill – New York – 2013.

- Pantalon, M.
  Influencie!
  Texto Editoras Ltda. – São Paulo – 2012.

- Patterson, K. – Grenny, J. – Maxfield, D. – McMillan, R. – Switzler, A.
  As Leis da Influência – Descubra o Poder de Mudar Tudo.
  Elsevier Editora Ltda. – Rio de Janeiro – 2008.

- Peters, J.
  A Marca Você.
  Editora Campus – Rio de Janeiro – 2000.

- Predebon, J.
  Gestão da Inovação.
  Profitbooks – São Paulo – 2008.

- Pyle, R.
  Innovation – The Nasa Way.
  McGraw-Hill – New York – 2014.

- Ribeiro, B.
  Eu Odeio Meu Chefe!
  Universo dos Livros Editora Ltda. – São Paulo – 2010.

- Rifkin, J.
  A Era do Acesso.
  Makron Books – São Paulo – 2001.

- Sahakian, W. S. – Sahakian, M. L.
  Ideas of the Great Philosophers.
  Barnes & Noble – New York – 1966.

- Sassoon, D.
  Mona Lisa.
  Editora Record – Rio de Janeiro – 2004.

- Schwartz, E. I.
  The Last Lone Inventor.
  Harper Collins Publishers – New York – 2002.

- Shallcross, D. J. – Sisk, D. A.
  Intuition: An Inner Way of Knowing.
  Bearly Limited – Buffalo – 1989.

- Shapiro, G.
  O Ninja Corporativo.
  Editora Saraiva – São Paulo – 2013.

- Shefsky, L. E.
  Invent, Reinvent, Thrive.
  McGraw-Hill Education – New York – 2014.

- Sheridan, K.
  Construindo uma Cultura Magnética.
  DVS Editora – São Paulo – 2013.

- Silva, A. C. T. de
  InovAção - Como Criar Ideias que Geram Resultados.
  Qualitymark Editora - Rio de Janeiro - 2003.

- Silva, C. L.
  Harmonia no Conflito - A Arte da Estratégia de Sun Tzu.
  Qualitymark Editora - Rio de janeiro - 1999.

- Simmons, J.
  Os 100 Maiores Cientistas da História.
  Editora Bertrand Brasil - Rio de janeiro - 2002.

- Sinek, S.
  Por Quê? - Como Grandes Líderes Inspiram Ação.
  Editora Saraiva - São Paulo - 2012.

- Spector, R.
  Amazon.com
  Editora Campus - Rio de Janeiro - 2000.

- Stanley, C.
  Inteligência Emocional para Sucesso nas Vendas.
  M.Books do Brasil Editora Ltda. - São Paulo - 2014.

- Stashower, D.
  The Boy Genius and the Mogul.
  Broadway Books - New York - 2002.

- Stengel, R.
  *Você é o M*áximo - A História do Puxa-Saquismo.
  Editora Campus - Rio de Janeiro - 2001.

- Stibel, J. M.
  Conectado Pelas Ideias - Como o Cérebro Está Moldando o Futuro da Internet.
  DVS Editora - São Paulo - 2012.

- Stokes, P.
  Os 100 Pensadores Essenciais da Filosofia.
  Editora Bertrand Brasil - Rio de Janeiro - 2013.

- Useem, M.
  O Momento de Liderar – Nove Histórias Reais Sobre Triunfos e Catástrofes e suas Lições para Todos Nós.
  Negócio Editora – São Paulo – 1999.

- Webb, L.
  Como Ser Feliz.
  DVS Editora – São Paulo – 2014.

- Wells, J. R.
  QI Estratégico – Criando Empresas Sagazes.
  DVS Editora – São Paulo – 2013.

- Whiteley, R. C.
  Ame Seu Trabalho – Como Encontrar o Emprego dos seus Sonhos sem Precisar Pedir Demissão.
  Editora Futura – São Paulo – 2002.

- Wiseman, R.
  59 Segundos.
  Editora Best Seller Ltda. – São Paulo – 2011.

- Woolf, V.
  O Valor do Riso e Outros Ensaios.
  Cosac Naify – São Paulo – 2014.

- Zenger, J. H.
  Desperte o Líder que Há em Você – Segredos para Ser Bem-Sucedido em Uma Organização.
  Editora Futura – São Paulo – 1999.

DVS
EDITORA

www.dvseditora.com.br